JN449855

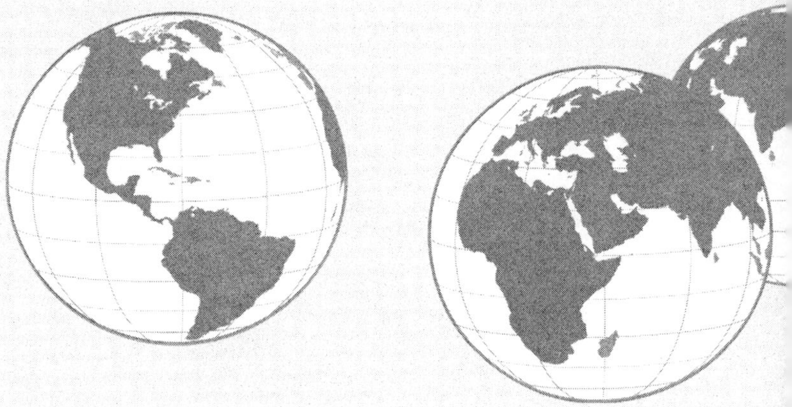

개정판

무역클레임과 국제상사중재론

이성민 | 김석민 공저

도서출판 두남

불법복사는 지적재산을 훔치는 범죄행위입니다

저작권법 제97조의 5(권리의 침해죄)에 따라 위반자는 5년 이하의 징역 또는 5천만 원 이하의 벌금에 처하거나 이를 병과할 수 있습니다.

Preface

머리말

경제협력개발기구(OECD)에 따르면 한국의 무역의존도(수출입이 국내총생산에서 차지하는 비중)는 110%를 초과하고 있으며, 이는 G20 국가 중 가장 높은 것으로 집계되고 있다.

이와 같이 우리나라의 무역의존도가 높은 이유는 부존자원과 내수시장 규모가 제한된 상황에서 경제성장을 지속하기 위한 외향적 성장정책을 채택할 수 밖에 없는 필연적 결과이지만, 이에 따라 우리 기업들이 직면하게 되는 무역분쟁이나 국가적 차원의 통상분쟁 역시 급증하고 있는 추세이다. 따라서 무역분쟁 및 국제상사분쟁 해결제도에 대한 이해는 학문적으로나 산업계의 실무적 측면에서 매우 중요하다고 할 수 있다.

현재 우리나라 대학의 경상계열 및 법학계열의 대부분 학과에서 국제상사중재와 관련한 교과목이 개설되어 강의가 진행되고 있다. 그 간 수많은 주옥같은 강의교재 및 학술연구도서가 출판되었으며, 관련논문이 매년 저명한 학술지를 통하여 발표되고 있다.

그러나 본 저자가 대학에서 상사중재론을 수년간 대학에서 강의하면서 느꼈던 아쉬운 점은 일부 교재는 법리적인 측면을 너무 강조하고 있는 나머지 경상계열 학생들을 대상으로 한 강의에는 그 내용이 너무 무겁고, 또한 일부교재는 실무적인 측면만을 강조하여 대학교재로서는 부족한 면이 적지 않다는 것이다. 또한 최근 개정된 국제규범 및 중재규칙 및 국내 관련법의 제・개정 내용이 미쳐 반영되고 있지 않아 내용상 오류가 많이 나타나고 있는 실정이다.

이에 본 교재는 총 3부로 나누어 제1부에서는 무역클레임과 그 해결제도를 제2부에서는 국제상사중재의 일반내용을 마지막으로 제3부에서는 국제상사중재의 실제를 담고자 노력하였다.

본 교재는 특히 2006년 개정된 UNCITRAL 모범법안 및 2010년 UNCITRAL 중재규칙, 2012년 1월 1일 발효된 ICC 중재규칙, 2013년 3월 6일 법률 제11690호로 일부 개정된 현행 중재법과 국내중재규칙 및 국제중재규칙의 제·개정 내용이 빠짐없이 반영되도록 노력하였다.

본 교재를 출판함에 있어 법리적인 부문은 주로 목영준 前헌법재판관님과 석관현 서울대학교 법과대학 법학전문대학원 교수님의 저서를, 중재실무와 판례는 김경배 대한상사중재원 중재사업본부장님 및 법무법인 태평양의 김갑유 변호사님의 저서를 주로 인용하였음을 밝혀둔다.

또한 중재의 학문적 발전과 실무능력 배양을 위해 저술된 다양한 저서, 논문 및 인터넷 공개자료 등을 인용하였으나 본 교재 내용 중 인용한 부분들에 대해 일일이 표기하지 못하고 일부는 참고문헌에만 표기한 점에 대하여 원저자 및 관련기관에게 송구한 마음을 표하며, 미래 청년 무역학도의 교육에 이용된다는 점에서 넓은 이해를 부탁드린다.

끝으로 이 책의 개정판 출판을 위해 여러모로 수고해 주신 도서출판 두남의 관계자 여러분들께 감사의 마음을 전한다.

2014년 8월
저자 씀

Contents

차 례

PART I 무역클레임과 해결제도

Chapter 1 _ 무역클레임의 개요 ········15

제1절 무역의 특수성과 위험 ········15

1. 무역의 특수성 / 15
2. 무역거래시의 위험 / 18

제2절 무역클레임의 개념 ········19

1. 무역클레임의 정의 / 19
2. 무역클레임의 분류 / 22
3. 무역클레임의 발생원인 / 25

Chapter 2 _ 무역클레임의 처리절차 ········33

제1절 무역클레임의 구제방법 및 범위 ········33

1. 금전적 구제방법 및 범위 / 33
2. 비금전적 구제방법 및 범위 / 36

제2절 무역클레임의 제기 ········39

1. 목적물의 검사와 제기당사자의 결정 / 39

2. 클레임 발생의 통지 및 제기기간 / 44
3. 클레임 제기장의 필요서류 / 51

제3절 무역클레임의 수령 53
1. 클레임 수령의 통지 / 53
2. 클레임의 정당성 및 전가가능성 검토 / 54
3. 자구적 해결방안의 모색 / 56
4. 클레임 수락여부의 통지 / 57

Chapter 3 _ 무역클레임의 해결제도 59

제1절 당사자 간의 해결방법 59
1. 청구권의 포기(Waiver of Claim) / 59
2. 화해(Amicable Settlement) / 60

제2절 제3자에 의한 해결방법 61
1. 알선(Intercession) / 62
2. 조정(Conciliation) / 65
3. 중재(Arbitration) / 69
4. 소송(Litigation) / 70

제3절 온라인 분쟁해결제도 71
1. 온라인 ADR의 정의 및 특징 / 71
2. 온라인 ADR의 활용영역 / 73
3. 온라인 ADR 운영기관 및 사례 / 75

PART Ⅱ 국제상사중재 일반

Chapter 4 _ 상사중재의 이해 ……87

제1절 상사중재제도의 역사 ……87

1. 일반적 연혁 / 87
2. 주요 시대별 상사중재제도 / 88

제2절 상사중재의 장·단점 ……93

1. 중재제도의 장점 / 93
2. 중재제도의 단점 / 96

제3절 상사중재의 대상 및 종류 ……98

1. 중재의 적용대상과 요건 / 98
2. 중재의 종류 / 101

Chapter 5 _ 국제규범과 국가별 중재제도 ……107

제1절 중재에 관한 국제협약과 규칙 ……107

1. 중재관련 국제협약 / 107
2. 중재관련 국제규칙 / 109

제2절 국가별 중재제도 및 주요 중재기관 ……111

1. 주요국의 상사중재제도 / 111
2. 주요 국제중재기관 / 117

Chapter 6 _ 한국의 상사중재제도 ······121

제1절 한국 중재제도의 연혁 ······121
1. 중재법 제정 및 개정과정 / 121
2. 개정 중재법의 입법배경 및 특징 / 126

제2절 한국 중재법의 법원(法源) ······128
1. 국내법 / 128
2. 국제조약 / 135

제3절 대한상사중재원 ······138
1. 대한상사중재원 연혁 / 138
2. 주요 기능 및 현황 / 140
3. 대한상사중재원의 중재절차 / 144

PART Ⅲ 국제상사중재의 실제

Chapter 7 _ 중재합의 ······155

제1절 중재합의 정의와 대상 ······155
1. 중재합의의 정의와 종류 / 155
2. 중재합의의 당사자와 대상 / 157

제2절 중재합의의 효력과 유효성 ······158
1. 중재합의의 효력 / 158
2. 중재합의의 유효성 / 164

제3절 분쟁 대상의 중재가능성 ······173
1. 중재가능성의 개념 / 173
2. 중재가능성의 심사 / 174
3. 중재가능성의 판단기준 / 176

제4절 중재합의의 내용과 방식 ······178
1. 중재합의의 내용 / 178
2. 중재합의의 방식 / 181
3. 중재합의의 실례 / 186

Chapter 8 _ 중재지와 준거법 ······199

제1절 중재지 ······199
1. 중재지의 의의 / 199
2. 중재지 선정의 중요성 / 200
3. 중재지의 결정 방법 / 203

제2절 준거법 ······209
1. 절차의 준거법 / 209
2. 실체의 준거법 / 213
3. 집행의 준거법 / 218

Chapter 9 _ 중재판정부 ······221

제1절 중재인과 중재판정부 ······221
1. 중재인의 정의와 중재인 수 / 221
2. 중재인의 자격과 국적 / 224

제2절 중재인의 선정과 기피 ······229
1. 중재인의 선정 / 229
2. 중재인의 기피 / 240

제3절 중재인의 권한, 의무 및 면책 ······245
1. 중재인의 권한 / 245
2. 중재인의 의무 / 252
3. 중재인의 책임과 면책 / 254

Chapter 10 _ 중재절차 ············261

제1절 중재절차의 의의와 기본원칙 ············261

1. 중재절차의 의의 / 261
2. 중재절차의 기본원칙 / 262

제2절 중재절차의 개시 및 철회 ············266

1. 중재신청서와 답변서 / 266
2. 중재판정부의 구성과 관할권 항변 / 274
3. 중재언어의 결정 / 275
4. 절차협의 및 일정결정 / 277
5. 주장서면의 제출과 입증방법 / 279
6. 중재신청의 철회 / 281

제3절 중재심리 ············282

1. 중재심리절차 / 282
2. 심리기일의 절차와 방식 / 284
3. 증거조사와 법원의 협조 / 286
4. 일방 당사자의 해태 / 288

제4절 심리종결과 중재절차 종료 ············290

1. 심리종결과 재개 / 290
2. 중재절차의 종료 / 291

제5절 신속절차 ············292

1. 신속절차의 의의 / 292
2. 적용범위 및 중재인 선정 / 292
3. 심리절차 및 판정기한 / 294

Chapter 11 _ 중재판정 297

제1절 중재판정의 의의와 성립 297

1. 중재판정의 의의 / 297
2. 중재판정의 성립 / 300
3. 종국판정의 기한 / 302

제2절 중재판정의 형식 302

1. 중재판정의 형식 / 302
2. 중재판정의 정정, 해석 및 추가판정 / 308
3. 중재판정의 송부 및 보관 / 309

제3절 중재판정의 효력 311

1. 중재판정의 효력 개관 / 311
2. 구체적 효력 / 312

제4절 중재판정의 취소 314

1. 중재판정 취소의 의의 / 314
2. 중재판정의 취소사유 / 314
3. 중재판정 취소의 소 제기 / 317
4. 중재판정 취소판결 확정 후 재심 여부 / 318

Chapter 12 _ 중재판정의 승인과 집행 321

제1절 중재판정의 유형과 적용 법조 321

1. 중재판정, 승인 및 집행의 개념 / 321
2. 중재판정 유형별 적용 법조 / 322

제2절 중재판정의 승인 및 집행 거부 사유 324

1. 중재판정의 승인 및 집행 거부 관련 규정 / 324
2. 중재판정의 승인 및 집행 거부 사유 / 327
3. 중재판정의 집행판결청구소송 절차 / 337

부 록 ·· 341

1. 중재법 / 343
2. 대한상사중재원 국내중재규칙 / 354
3. 대한상사중재원 국제중재규칙 / 366
4. UNCITRAL 모범법안 / 380
5. 외국중재판정의 승인 및 집행에 관한 UN협약 / 414

참고문헌 / 425

찾아보기 / 429

▌제1장 무역클레임의 개요

▌제2장 무역클레임의 처리절차

▌제3장 무역클레임의 해결제도

PART I

무역클레임과 해결제도

Chapter 01

무역클레임의 개요

제1절 무역의 특수성과 위험

1. 무역의 특수성

국제무역도 일종의 상거래라는 점에서는 국내 상거래와 크게 다를 바가 없다. 그렇지만 무역거래는 각국의 국경을 넘어 이루어지고 있는 특유하고 복잡한 성격을 갖는 상거래라는 점에서 무역고유의 특수성을 지닌다. 그 특징을 간단하게 소개하면 다음과 같다.[1)]

1) 해상의존성

국제무역은 전통적으로 바다를 중심으로 이루어졌고 또 발전해 왔기 때문에 해운과 무역은 불가분의 관계를 가지고 있다. 이러한 관계는 해양국가의 무역에만 국한되지 않고 프랑스나 독일 등과 같은 전형적인 대륙국가에서도 무역의 대부분은 해상운송에 의존하고 있다. 이처럼 해상국가에서는 물론 대륙국가의 무역도 해상을 중심으로 이루어지고 있기 때문에 국제교역은 85% 이상이 해운에 의해서 이루어지고 있다. 한편, 근래 들어 운송방법과 운송수단의 발달로 해운에 의한 무역이 타 운송수단과 연계하여 복합운송에 의한 수송체계로

1) 박길상 (2003), 「무역학개론」 (서울: 법문사), pp.6-10.

변화하면서 무역패턴도 달라지고 있다. 또한 무역의 이 같은 해상운송 특성 때문에 해상보험이 무역과 함께 발전하였고 또한 긴밀한 관계를 유지하고 있다. 이처럼 국제무역은 해상운송을 바탕으로 이루어지고 발달하고 있기 때문에 국제상거래에서 해운의존성의 중요성은 더욱 커지고 있다.

2) 국제관습성

국제무역은 국가 간의 사적 매매활동의 총체이다. 국제무역도 국제상사매매와 마찬가지로 매매 쌍방 간에 법률상의 권리와 의무를 발생시키는 법률행위로써 일종의 상사계약이다. 그러나 국제무역을 규율하는 국제공통의 국제매매법은 아직까지도 제정되지 못하고 이는 실정이다.

무역은 다른 국가 간에 이루어지는 국제상거래이기 때문에 무역을 규율할 수 있는 어떤 강제법이나 특정국의 법률, 규칙에만 의존할 수 없다. 따라서 무역은 무역업자들이 오래 동안 무역을 수행하면서 겪었던 많은 무역마찰과 분쟁을 경험함으로써 얻었던 정형화된 무역관습에 준거(準據)하여 계약을 체결하는 국제상관습성을 가지고 있다. 이러한 무역관습은 무역계약에 대한 보완적 기능과, 무역거래의 해석기준으로 사용되고 있기 때문에 오늘날 대량의 무역거래도 신속하고 원활하게 적용할 수 있는 것이다.

국제상관습의 표준화를 위해 준비된 대표적인 무역규칙에는 신용장통일 규칙(Uniform Customs and Practice for Documentary Credits: UCP 600)과 정형거래조건의 해석에 관한 국제규칙(International Rules for the Interpretation of Trade Terms: INCOTERMS 2010) 등이 있는데 과거부터 지금까지 이들은 오랫동안 국제무역거래에 있어서 지대한 역할을 하고 있다.

3) 영업상의 위험성

국제무역은 국내거래와는 달리 각기 다른 상대국의 법률, 정치, 행정상의 장벽과 또한 상이한 언어, 관습, 문화, 사회제도, 기술, 천연자원, 종교, 역사, 통화제도, 경제발전단계 및 관세, 비관세 장벽 등의 장애요인을 극복하며 이루어지는 국제거래이다. 그렇기 때문에 자국의 국내거래에서 발생하는 위험과는 비교 할 수 없는 국제시장에서의 위험에 노출되기 마련이다. 또한 국제무역에서는 국내거래보다 상품의 보관기간이 길어지기 마련인데, 장기간의 운송·보관에 따른 수출품의 품질변질, 파손, 멸실, 분실위험 등의 물리적 위험(physical risk)과 수출품에 대한 대금결제 거절 및 지급불능사태 그리고 대금결제 지연에 따른 금융상의 위험(financial risk) 및 환율의 변동에 따른 환위험(exchange risk) 등에 항상 노출되어 있다.

4) 산업연관성

국제무역은 일국의 생산성향상, 기술향상, 고용증대, 국제수지개선 등 국민경제발전에 중요한 요인으로 작용하게 된다. 즉, 국제무역의 발전은 산업발전을 가져오게 하고 산업의 발전은 국제무역의 발전에 크게 이바지 하게 된다. 예 컨데 수출은 자국의 비교우위산업에 특화하여 대량생산이 이루어질 경우, 특정산업 또는 관련 산업의 발전을 동시에 가져올 수 있게 한다. 예를 들어 선박을 수출할 경우 이는 조선산업의 발전뿐만 철강산업, 화학공업, 해운업, 무역업 등 여러 관련 산업의 발전에도 대단한 영향을 미치게 된다. 이와 같이 여타 산업의 발전에 영향을 미치는 산업을 국가에서 정책적으로 육성하는 경우가 있는데, 이를 전략산업(Strategic Industry)이라고 한다. 수입은 국내에서 구할 수 없는 원재료나 자본재들을 사용할 수 있도록 함으로써 관련 산업의 발전에 기여를 한다. 예를 들어 석유를 수입하여 이를 사용한 석유화학산업 발전의 도모는 물론 합성섬유, 생활용품, 자동차, 전기, 전자, 건설 등 수많은 산업의 발전에도 영향을 미치게 되는 것이다.

5) 재화 및 생산요소의 이동제한

무역거래에서는 이민법, 외환거래법, 생활습관, 언어 장벽 등으로 상품은 물론 노동과 자본 등과 같은 생산요소가 국내 거래처럼 자유롭게 외국으로 이동할 수 없다. 지금은 무역장벽이 많이 낮아졌다고는 하지만 대부분의 국가들은 아직까지도 인적 · 물적 자원의 국가 간 이동을 규제하는 장치를 설치하여 놓고 있다. 그리고 각국의 독특한 언어나 기타 문화적인 특성을 기반으로 한 이질적인 무역환경이 존재하기 때문에 국내에서의 제품 이동에 따른 어려움보다는 훨씬 복잡하고 까다로운 문제가 국제간의 이동에는 뒤따르기 마련이다.

2. 무역거래시의 위험

무역은 격지 간 소재하는 수출입상이 물품을 매개로 하는 매매거래로 수출상은 계약과 일치하는 물품을 인도하고, 수입상은 해당 물품에 대한 반대급부로 대금을 지급한다. 무역은 거래하는 양 당사자가 국제적이며 원거리에 소재하기에 국내거래보다 여러 위험성을 가지고 있다. 무역거래 시 발생할 수 있는 위험은 다음과 같다.

1) 운송중의 위험(Transportation Risk)

거래상품의 국제운송 중 발생할 수 있는 거래상품의 멸실 및 손상에 대한 위험이다. 우리나라의 무역운송은 대부분 선박 또는 항공기에 의존하며, 대량의 상품을 저렴하게 운송할 수 있는 선박운송이 주종을 이룬다. 운송 중의 위험은 통상 해상보험 또는 운송보험 등을 통해 회피한다.

2) 상업위험(Mercantile Risk)

거래상대방의 신용상태 변화에 따른 일방 당사자의 위험을 말한다. 수출상 입장에서는 물품수출 후 수입상의 신용변화로 대금회수를 못할 위험이 있으며, 매수인 입장에서는 대금을 사전송금 후 매도인이 물품을 선적하지 않아 손해를 볼 수 있는 상품인수 불능위험이 있다. 이는 신용장방식으로 결제방식을 진행하거나, 무역보험의 부보로 회피할 수 있다.

3) 비상위험(Emergency Risk)

수출입국의 전쟁, 내란, 환거래의 제한 및 금지조치, 수입제한 조치 등 당사자가 제어할 수 없는 정치, 경제적 변동에 따른 수출불능 및 대금회수불능의 위험을 의미한다. 이러한 수출상의 위험은 무역보험으로 회피할 수 있다.

4) 신용위험(Credit Risk)

수출상이 수입상으로부터 대금을 지급받지 못하는 위험으로서 비상위험에 상대되는 개념이다. 무역거래상의 신용위험은 일반적으로 매수인의 파산이나 지급불능, 화물 인수불능, 전쟁 등으로 인해 발생하는 경우가 많다. 무역거래의 경우 미지급의 사유에 따라 인수거절, 지급불능, 지급거절, 지급지체로 구분된다.

첫째, 인수거절(non-acceptance)은 수입업자가 상품의 인수를 거절하는 것은 물론 인수할 수 없는 상태를 함께 의미한다. 신용장 거래 등 환어음이 있는 거래에서 환어음 자체를 인수하지 않는 경우도 포함한다.

둘째, 지급불능(insolvency)은 지급수단이 부족하여 수입업자가 채무를 순조롭게 변제할 수 없는 상태를 말한다. 파산이나 해산·화의절차 또는 정리절차 개시 및 이에 준하는 상태에 있는 경우, 소송 등 법적 수단에 의하여도 채무를 변제할 수 없다는 것이 확인된 경우가 이에 속한다.

셋째, 지급거절(repudiation)은 수입업자가 채무 자체를 인정하지 않고 고의적으로 대금지급을 거절하는 것을 뜻한다.

넷째, 지급지체(protracted-default)는 수입업자가 상품을 인수한 후 대금지급을 태만히 하는 경우를 말한다. 약정된 기일로부터 보통 4~6개월 이상 대금결제가 이루어지지 않는 것으로 가장 흔한 위험이다.

제2절 무역클레임의 개념

1. 무역클레임의 정의

1) 본래적 의미

클레임(claim)은 무역에서 상당히 광범위한 범위로 사용되고 있으나, 일반적으로는 구상(求償) 또는 손해배상청구라고 번역되고 있다. 무역거래에서 고객으로부터의 불평, 불만까지도 클레임이라고 부르는 경우도 있으나, 클레임은 이처럼 고객의 단순한 불평, 불만과 같은 주관적인 것은 아니고 객관적 타당성에서 출발한 권리의 주장이라고 할 수 있다.

따라서 클레임(claim)이란 정당한 권리를 요구하는 것(a demand for something due as a right)으로서, 무역거래를 전제로 한 경우에는 매매당사자 간의 어느 일방이 매매계약내용을 불이행함으로써 상대방에서 손해를 입힐 때 그로 인하여 손해를 입은 당사자(Claimant)가 상대방(Claimee)에 대하여 손해배상 등을 청구하는 것을 말한다.

2) 무역실무상의 의미

무역실무상 클레임은 손해화물에 관한 클레임(claim on damage or lost cargo)과 무역거래상의 클레임(business claim)으로 크게 구별되어 진다. 그러나 일반적으로 클레임이라고 말할 때에는 무역거래상의 클레임을 의미하며, 양자의 구별을 위하여 이것을 무역클레임이라고 부른다.

또한, 클레임은 객관적 자료의 입증에 의한 주장이며 변상을 요구한다는 점에서, 주관적 요소가 많고 구체적인 청구는 하지 않는 항의나 불만(complaint)과는 구별된다.

가. 손해화물에 관한 클레임(claim on damage or lost cargo)

이 클레임은 운송 중의 사고에 의하여 화물에 손해가 생겼을 때에 피해자가 선박회사 또는 보험회사에 대하여 손해배상을 청구하는 것을 말하며, 여기에는 운송클레임과 보험클레임이 있다.

(1) 운송클레임

이 클레임은 무역화물의 해상운송상에 직접원인에 의해 발생한 손해를 선박회사를 상대로 손해배상청구를 하는 것을 말한다. 구체적으로는 적하, 양하, 보관, 적입 및 운송상의 불비나 해상운임 또는 용선계약 체결상의 결함 등이 클레임의 원인이 되고 있다.

일반적으로 해상운송상의 원인에 의한 손해가 발생할 경우는 피해자인 화주측은 선박회사에 대하여 손해배상청구를 하는 것이 원칙이다. 그러나 선박회사가 독점적인 지위에서 선하증권(B/L)이나 용선계약서에 매우 광범위한 권리 및 면책사항을 삽입하고 있으므로 화주측이 선박회사에 제기할 수 있는 운송클레임은 불착(non-delivery), 우중(雨中)하역의 강제(forced loading of unloading in the rain), 출항의 변경(change of sailing), 잔적(shat out)으로 인한 손해 등과 같이 제한된 범위 내에서 취해지고 있다.

(2) 보험클레임

상기와 같이 화주가 선박회사에 제기 할 수 있는 클레임이 매우 제한적이기 때문에 화주는 보험을 이용하여 이러한 위험을 부보(cover)하고자 한다. 따라서 무역화물의 해상운송 중의 위험에 직접 기인하는 손해배상청구는 주로 해상보험이 그의 대상범위로 하고 있는 보험클레임으로서 보험회사에 구상하게 된다.

나. 무역거래상의 클레임(business claim)

무역거래상의 클레임은 일반적인 무역클레임을 의미하며, 손해화물에 대한 클레임과 구별된다. 즉, 무역거래상의 클레임은 매매당사자(수출업자와 수입업자)의 일방이 매매계약의 내용을 충실히 이행하지 않았을 경우 그로 인해 손해를 입은 당사자가 권리의 회복을 요구하거나 손해배상을 청구하는 것으로서 이것을 무역분쟁의 구상(claim for trade dispute)이라고도 한다.

즉, 무역거래 시 손해를 입은 당사자는 손해를 유발시킨 당사자에게 무역클레임을 제기하고 구상권(求償權)을 행사할 수 있다. 무역클레임은 무역계약의 불이행이나 이행지체에 따라 발생되는데 통상 상품자체에 대한 약정인 품질조건, 수량조건 또는 포장조건 등이 클레임 대상이 되며, 계약의 이행과 관련한 선적조건, 보험조건 및 결제조건이 클레임 대상이 된다.

3) 용어상의 구분

정식클레임은 객관적인 배상청구의 의사표시를 요구한다. 즉, 육하원칙에 따른 내용기술과 입증자료를 갖추어 정식으로 제기하는 것을 말한다. 반면 클레임과 구분되는 여러 용어들은 다음과 같이 정의된다.

가. Complaint(불평, 불만, 항의)

불평, 불만, 항의 등을 내용으로 하는 주관적인 감정표시이며, 정식클레임의 전 단계(前段階)이다. 그러나 Complaint라고 하더라도 객관적인 타당성을 가질 수 있고 단순한 감정표현 이상의 엄중한 경고일 수도 있기 때문에 진실하고 적극적인 대처가 필요하다. 이를 피하거나 소극적으로 대처하는 경우 분쟁으로 진행될 가능성이 높고, 혹은 계약파기나 추가 주문의 단절까지 악화될 가능성도 존재하기 때문이다.

나. Dispute(분쟁)

클레임의 수락거절 등으로 인하여 발생한 분쟁을 의미한다. 이는 주로 소송이나 중재 등 법적절차가 진행되고 있는 법적분쟁(legal dispute)을 지칭한다.

다. Difference(의견차이)

당사자 간의 의견차이를 말한다. 주로 당사자 간에 감정대립 없이 순수한 감정으로 제3자의 판단을 받고자 하는 경우에는 전문가의 자문이나 조정을 통하여 해결한다.

라. Controversy(논쟁)

주로 논쟁을 의미하며, 이 경우에도 감정대립의 유무에 따라 의미가 달라진다. 감정개입이 없는 경우에는 단순히 의견차이(difference)라고 볼 수 있으나 감정대립이 있는 경우에는 분쟁(dispute)으로 정의될 수 있다.

2. 무역클레임의 분류

1) 발생원인에 따른 분류

무역클레임은 언급한 바와 같이 손해화물에 관한 클레임(claim on damage or lost cargo)과 무역거래상의 클레임(business claim)으로 구별되며, 이를 직접적인 발생원인에 따른 분류하면 다음 <표 1.1>과 같이 운송, 보험, 품질,

수량, 대금결제, 포장, 서류클레임 등으로 구분되며, 이중 가장 많이 발생하고 있는 것은 품질불량으로 인한 클레임이다.

▌표 1.1▐ 무역클레임의 종류 및 발생원인

<table>
<tr><th colspan="2">구 분</th><th>발생원인</th></tr>
<tr><td rowspan="2">손해
화물에
관한
클레임</td><td>운송클레임</td><td>선적지연(Delayed Shipment)
선적불이행(Non-Shipment)
하역불량(Bad Handing)
환적(Transshipment)
분실(Missing)
유실(Drifting away)
도난(Pilferage)</td></tr>
<tr><td>보험클레임</td><td>보험가액의 불비 및 착오(Incorrect Cover)</td></tr>
<tr><td rowspan="6">무역
거래상의
클레임</td><td>품질클레임</td><td>품질불량(Inferior Quality)
품질상위(Different Quality)
규격상위(Different Specification)
변질 및 변색(Deterioration or Discoloration)
등급저하(Inferior Grade)
손상(Damage)
변질(Deterioration) 및 변색(Discoloration)</td></tr>
<tr><td>수량클레임</td><td>수량부족(Shortage)
중량부족(Under Weight)
감량(Diminution)</td></tr>
<tr><td>대금결제
클레임</td><td>초과지급(Over Payment)
대금불지급(Non-Payment)
어음할인 거부(Reluctance to Negotiate Draft)</td></tr>
<tr><td>포장클레임</td><td>불완전포장(Insufficient Packing)
포장불량(Inferior Packing)
부정포장(False Packing)</td></tr>
<tr><td>서류클레임</td><td>송장과오(Error in Invoice)
서류불비(Lack of Documents)
기재사항상이(Misdescription)</td></tr>
<tr><td>기타클레임</td><td>신용장발행 지연(Delaying L/C)
계약취소(Cancellation of Contract)
계약불이행(Breach of Contract)</td></tr>
</table>

2) 클레임 성격에 따른 분류

가. 일반적 클레임

무역거래 수행과정에서 발생하는 통상적인 클레임으로서 매매당사자 가운데 한편의 과실 또는 태만에 의하여 발생하거나 또는 당사자 이외의 제3자에 의해 야기된다. 무역클레임이 제3자에 의해 발생한 경우(생산업자, 공급업자 혹은 운송업자 등) 계약당사자가 일단 클레임을 해결한 후 책임 있는 제3자에게 구상함으로써 그 손해를 전가시킬 수 있다.

나. 마켓클레임(Market Claim)

무역계약 성립 후 상품의 시세가 하락하여 매수인이 손해를 입을 것으로 예상될 때 일반적으로는 클레임의 대상이 되지 않을 경미한 과실을 이유로 가격인하를 요구하며 제기하는 클레임을 마켓클레임이라고 한다. 경우에 따라서는 마켓클레임인지 정당한 클레임인지 판별하기 어렵다. 또한 신용장 방식이 아닌 경우 환어음지급을 거부하겠다고 위협할 가능성도 있기 때문에 거래 전 신용조사 시 매수인의 대외평판도(character)와 신용도를 잘 파악하여야 한다.

다. 계획적 클레임

계획적 클레임은 매매당사자의 고의에 의한 클레임을 말한다. 예를 들어 매수인이 처음부터 교묘한 술책을 사용하여 매도인으로 하여금 계약이행에 지장을 일으키게 하여 제기하는 경우의 클레임이다.

3) 클레임 제기 주체에 따른 분류

무역클레임은 그 제기(提起) 주체에 따라 매도인클레임(seller's claim)과 매수인클레임(buyer's claim)으로 나눌 수 있다.

매도인클레임은 매수인이 어음부도를 내거나 약정한 신용장을 개설하지 않는 경우 등의 사유로 매도인이 제기하는 클레임을 말한다. 그리고 매수인클레임은 매도인의 선적지연이나 상품의 하자가 있는 경우 등을 이유로 매수인이 매도인에게 제기하는 경우이다.

3. 무역클레임의 발생원인

무역클레임을 예방하고 또한 이를 해결하기 위해서는 그 원인과 발생형태를 정확하게 알아두어야 한다. 특히 무역이란 언어와 관습이 상이하고 법률이나 경제, 사회의 모든 제도가 다른 국가 간에 오직 당사자자치의 원칙에 따라 국경을 넘어서 이루어지는 매매현상이므로 거래당사자 간에 이견이 발생할 소지가 항상 내재되어 있다. 따라서 무역거래에서 근본적으로 클레임의 원인이 되는 것은 이루 헤아릴 수 없을 것이다. 클레임의 발생 원인을 무역계약의 성립 및 이행과정에서 나타나는 직접적인 원인과 환경적 요인에 기인하는 간접적 원인으로 구분하여 살펴보면 다음과 같다.

1) 무역클레임 발생의 직접적인 원인

무역클레임발생의 직접적인 원인은 무역거래 당사자 간에 이루어지는 개별계약에 의해 발생되는 클레임으로서 크게 세 가지로 분류할 수 있다. 첫째는 계약 성립 과정상의 원인, 둘째로는 계약내용의 미비로 인한 원인, 셋째는 계약이행의 불완전 또는 불이행으로 일어나는 분쟁이다.

가. 무역계약 성립 과정상의 원인

무역계약은 매도인의 청약과 이에 대한 매수인의 승낙으로 성립된다. 그러나 무역실무상에서는 각국의 법제가 다르기 때문에 계약의 성립에 관련된 클레임이 발생할 때가 많다. 이를 클레임 처리 면에서 보면 무역거래가 완료된 후에 발생된 클레임보다도 계약의 성립과 관련한 클레임을 해결하는 것이 더 어려운 것으로 나타나고 있다. 따라서 무역계약의 성립 시에는 청약과 승낙의 법적 효력에 관한 명확한 주의를 기울여야 한다.

나. 계약서 내용의 미비

무역거래에서 흔히 발생되는 분쟁 가운데 계약서 내용의 불완전한 표기로 인한 분쟁사항이 많다. 원래 무역거래도 국내거래와 마찬가지로 전화, 전문 혹은 직접상담에 의하여 최종적인 합의에 도달하여 계약을 체결하는 구두계약과 당사자 간의 합의를 서면으로 작성한 서면계약에 의해 계약이 체결된다.

따라서 구두계약은 물론 서면계약에 있어서도 일단 계약서상에 명문화되지 않은 사항에 대해서는 그것이 상담 과정 중에 합의를 보았던 사항이라 할지라도 법적인 구속력을 갖지 못하게 된다. 즉 계약서상에 나타난 제반사항만이 확실한 의사표시로 받아들여지기 때문에 무역거래에 있어서 계약서상에 명시되지 않은 사항은 항상 분쟁발생의 소지가 있다. 따라서 무역클레임의 방지를 위해서는 계약서상에 합의된 내용을 정확히 기재하고 서명·날인하여야 한다.

그러므로 계약을 체결할 때에는 그 주요 조건인 물품(Article), 품명(Description), 수량(Quantity), 선적시기(Shipment), 보험조건(Insurance), 결제조건(Payment), 신용장의 조건(Terms of L/C), 검사·수량의 방법(Inspection of Quality and Quantity), 불가항력(Force majeure), 중재조항(Arbitration clause) 등에 대하여 명백한 합의를 보아야 하며 이를 계약서에 정확히 기재하여야 한다.

다. 계약이행의 불완전 또는 계약불이행

무역거래의 당사자인 매도인과 매수인은 신의성실원칙에 기인하여 각기 자신의 계약상의 의무를 성실하게 이행하여야만 하기 때문에 이를 이행하지 않으면 전적으로 책임을 져야 한다. 따라서 객관적으로 계약서상의 합의내용 중 어느 한 가지라도 불이행하였다든지 혹은 불성실하게 이행하였을 때 이로 인하여 발생하는 모든 손해를 보상해야 할 것이다. 무역클레임은 계약내용에 대해 의도적이거나 악의적인 불이행, 무지나 비합리적인 관리 혹은 불성실이행에 의해 발생된다.

2) 무역클레임발생의 간접적인 원인

무역클레임 발생의 간접적 원인은 사전 신용조사의 미비와 상이한 환경적인 측면에 근거하여 발생되는 경우가 많다.

가. 언어사용의 차이

국제무역에 있어서 가장 어려운 점은 각국의 상이한 언어의 존재이다. 우리나라는 미국, 유럽연합(EU), 일본, 중국뿐만 아니라 남미, 중동 및 아프리카 국가들과의 무역거래도 활발히 진행하고 있다. 이로 인해 각국과의 무역거래를 하기 위해서는 거래 상대국의 언어를 사용해야함은 물론이다. 특히, 무역통신이나 무역계약과정에서는 특유한 전문용어가 쓰이고 있으며, 무역거래와 관련한 국제규칙이나 상관습상 정형화된 용어도 많이 사용되고 있다. 이러한 용어들은 일반인들의 의사소통 언어와는 의미가 다른 경우도 많이 있기 때문에 이들 해석의 문제로 분쟁이 발생하는 경우도 종종 발생하고 있다.

나. 국제상관습과 국제규칙에 대한 지식 부족

국제상관습의 무역조건에 대한 지식이 불충분하다거나 무역과 관계가 있는 국제규칙에 대한 무지 등으로 말미암아 클레임이 발생하는 경우가 있다. 또한 국제무역을 하는 당사자들은 서로 나라가 다르기 때문에, 이들 간에 체결된 매매계약의 법률관계를 규율하는 법률이나 상관습 등에 많은 차이가 존재한다. 다음 <표 1.2>는 국제무역관련 주요 국제규칙들이다.

▌표 1.2▐ 국제무역 관련 국제규칙

무역계약 성립단계
① 물품매매 • 국제물품매매계약에 관한 유엔협약(UNCCISG, 1980, 비엔나협약) • 미국계약법에 관한 제2차 Restatement(1981) • 미국통일상법전 제2편(UCC Article 2) • 영국물품매매법(Sales of Goods Act, 1893: SGA) • 미국통일동산매매법(Uniform Sales Act, 1906) ② 정형거래조건 • 정형거래조건의 해석에 관한 국제규칙(INCOTERMS 2010)
무역계약 이행단계
① 국제운송 <해상운송> • 선하증권에 관한 통일조약(Hague Rules, 1924) • 개정 선하증권 통일조약(Hague-Visby Rules, 1968) • UN 해상화물운송조약(Hague Rules, 1978) • 해상화물운송장에 관한 통일규칙(Uniform Rules for Sea Waybills, 1990) • 전자식 선하증권에 관한 규칙(CMI Rules for Electronic B/L, 1990) <육상운송> • 국제도로물품운송조약(CMR, 1978)

• 국제철도물품운송조약(CIM, 1985)

<항공운송>

• 국제항공운송통일조약(Waesaw Convention, 1929)
• 개정 국제항공운송통일조약(Hague Protocol, 1955)
• 국제항공운송몬트리올조약(Montreal Convention, 1999)

<컨테이너 운송>

• 컨테이너통관협약(CCC, 1972)
• 화물국제운송통관협약(TIR, 1972)
• 컨테이너안전협약(CSC, 1972)

<복합운송>

• 복합운송증권에 관한 통일규칙(1975)
• UN국제물품복합운송조약(1980)

② 해상보험

• 영국해상보험법(Marine Insurance Act, 1906: MIA)
• 신협회적화약관(Institute Cargo Clause, 2009: ICC)
• 공동해손국제통일규칙(York-Antwerp Rules, 1994: YAR)

③ 대금결제

• 신용장통일 규칙(UCP 600)
• 전자적 제시를 위한 UCP 보충(eUCP)
• 국제표준은행관행(ISBP 745)
• 추심에 관한 통일규칙(URC 522)
• 미국통일상법전 제5편(UCC Article 5)
• 영국환어음법(Bills of Exchange Act, 1982)

무역계약 종료단계

① 당사자 간 구제

• 국제물품매매계약에 관한 유엔협약 제2장(CISG Chapter Ⅱ)

② 상사중재

• 외국중재판정의 승인과 집행에 관한 UN협약(New York Convention, 1958)
• 국제상사중재에 관한 UNCITRAL 모범법안
• UN국제무역법위원회 중재규칙(UNCITRAL Arbitration Rules)
• 국제상업회의소 중재규칙(ICC Arbitration Rules)

이와 같은 국제적 노력에 의하여 국제상관습의 통일화가 시도되고 있으나 이들 규칙도 그 대부분이 아직까지 구속력(binding force)이 없다. 또한 그 채용은 매매당사자 간의 자치에 맡겨져 있으며, 적용범위도 방대한 상관습의 일부에 불과하다.

한편 매매계약서상에 명기된 사항 또는 계약당사자 간의 합의 이외의 사항에 대해 어느 국가의 법률을 해석의 준거법으로 삼을 것인가를 결정하는 것은 계약당사자의 이익과 첨예하게 연관되어 있다. 법규에는 강행법규와 임의법규가 있는데, 임의법규는 당사자의 합의에서 빠진 내용에 적용되는 법규이므로 무역계약에서 준거법은 임의법규를 의미한다. 준거법은 대부분 국제무역계약에서 매매계약서나 일반거래협정서, 운송서류, 보험서류의 한 조항으로 포함되어 있는데, 이러한 준거법은 매매계약의 성립, 이행, 종료분야에 걸쳐 국제무역법규 형식으로 제정되어있다. 따라서 준거법의 명시적 약정이 있는 경우 그 법이 최우선적으로 적용되고, 준거법의 명시가 없는 경우는 계약 조항을 보아 법원에서 국제사법을 준거법으로 결정하고 있다.[2)]

다. 신용조사(Credit Inquiry)의 미흡

국제무역은 원격지간의 거래이기 때문에 필연적으로 해외의 거래선을 발굴해야 한다. 그러나 해외 거래선은 국내 거래선과는 달리 거래선의 신용에 관한 정확한 정보를 입수하기에는 어려움이 있다.

한편 신용조사의 필수적인 조사항목으로서는 대상업체의 평판(Character), 대금지불능력(Capital), 거래능력(Capacity) 등이 있는데 이를 3C's라고 한다. 이 외에도 거래조건(Condition), 담보능력(Collateral), 거래통화(currency), 소속국가(Country) 가운데 한두 가지를 추가시켜 4C's 또는 5C's라고 한다.

(1) 평판(Character)

상대방의 성실성, 평판, 업무에 대한 태도, 채무이행에 대한 열의 등 상대방의 평판도를 조사하지 않으면 안 된다. 특히 원거리간의 매매거래인 무역거래는 무엇보다도 신용이 중요시 되고, 채무이행에 대한 열의는 상대방의 자금이나 영업실적보다 회사의 성격, 경영진의 성실성에 의존하는 경우가 많다. 따라서 마켓클레임, 대금지불 지연, 인위적 선적지연, 선적 후 가격인하 요구 등을

2) 우리나라는 당사자가 준거법을 지정하지 않은 경우 행위지법(行爲地法)에 따르도록 규정하고 있으며, 매매계약서 해석순서는 ① 국내강행법규 ② 당사자 간 특약 ③ 국내임의법규 ④ 국제규칙 순이다.

미연에 방지하기 위해서는 상대방의 평판에 대한 면밀하고 철저한 조사가 행해져야 한다.

(2) 대금지급능력(Capital)

상대방의 대금지불능력을 확인하기 위해서는 자산관계 전반에 대해 조사하지 않으면 안 된다. 이것은 재정상태(financial standing)를 말하는 것으로 물적 신용을 나타낸다. 따라서 재무제표를 중심으로 하여 자본금 규모 및 자산내용 등을 충분히 검토하여야 한다.

(3) 거래능력(Capacity)

거래상대방의 거래능력을 조사하기 위해서는 회사의 연혁(history)이나 경영자의 경력 및 능력 등을 검토할 필요가 있다. 또한 회사의 거래실적, 취급상품, 거래처 등도 조사하여야 한다. 성실하고 재정상태가 양호한 회사라도 영업능력이 없으면 장기적인 전망이 없는 것이다.

라. 운송중의 위험

대부분의 무역거래는 원격지간의 거래로서 주로 해상운송에 의존하고 있다. 그러나 해상을 이용한 매매물품의 이동은 많은 위험이 수반된다. 물론 위험을 부보하기 위해 해상보험을 가입하고 있지만 보험조건에 따라 부보 되지 않은 해상위험에 따른 분쟁이 종종 발생한다.

또한 보험에 의한 보상은 정확한 증빙자료, 예컨대 검정보고서(Survey Report) 등이 요구되는데, 만약 이것이 피보험자의 사전 동의 없이 선정된 검정원이 작성한 것이면 그 자체의 진실성 여부에 관한 문제가 생긴다.

마. 무역실무지식의 부족

무역업무는 복잡할 뿐만 아니라, 그 절차도 까다롭다. 그러므로 제조업체 · 무역상사 · 은행 · 보험회사 · 선박회사 · 관계관청 간의 사무연락이 불충분하거나 각 관계 당사자의 무역실무지식에 대한 이해에 차이가 있을 시 클레임이 발생될 가능성이 높아진다.

바. 도량형 및 규격의 상위

각국에 따라 도량형 및 표준규격이 다르기 때문에 이에 대한 오해나 부주의가 클레임의 원인이 된다. 예컨대 수량을 나타내는 톤도 영톤(English Ton, Long Ton, Gross Ton, 1톤=2,240lbs, 1,016kg), 미톤(American Ton, Short Ton, Net Ton, 1톤=2,000lbs, 907kg), 불톤(French Ton, Metric Ton, Kilo Ton, 1톤=2,204lbs, 1,000kg)의 각기 다른 단위가 사용되고 있다. 그러므로 가격표시를 톤당 몇 달러라고 할 경우에는 세 가지의 톤 중에서 어느 것인가를 항상 명백히 약정하여야 한다. 또한 전기기기 등을 거래할 때에는 전압이나 주파수 등도 사전에 반드시 합의하여야 한다.

사. 상대국 법규에 대한 무지

무역계약의 목적물이 거래상대국의 각종 법규, 예컨대 식품위생법・독점금지법・덤핑방지법・지식재산권법・환경규제법 등에 저촉되어 클레임이 발생하는 경우도 결코 적지 않다.

아. 시세의 변동

무역계약이 성립되어 계약 목적물이 집화 또는 제조되고 선적되서 매수인에게 인도되기까지는 상당한 기간이 소요된다. 만일 그 사이에 시세의 변동으로 거래당사자의 어느 한편이 손해를 보게 되는 경우에는 계약이행과 관련된 클레임이 발생하든가 혹은 전술한 마켓클레임이 발생 되는 경우도 있다.

자. 경쟁의 격심

무역에서의 경쟁은 좋은 물건을 남보다 더 싸고 신속히 공급하려는 데서 비롯된다. 즉, 품질을 보증하면서 가격과 생산능력이 어느 정도 상대방을 압도할 수 있는가가 경쟁의 승패를 가름한다. 그러나 경쟁으로 야기된 가장 삼가야 할 클레임은 가격을 낮추기 위하여 품질을 저하시키는 것이다. 즉, 그 가격에 맞추어 제품을 만드는 것이다. 클레임 가운데 품질에 관한 클레임이 통계상으로 가장 많은 것은 대부분 격심한 경쟁의 결과이다.

차. 불가항력(force majeure)

일반적으로 불가항력에 의한 손해는 면책된다. 그러나 손해를 입은 측에서 여러 가지 명목에 의한 클레임을 제기할 가능성이 있다. 불가항력이 성립하기 위하여 일정한 요건이 구비되어야 한다. 그것은 불가항력이 어떤 사실이나 사태를 가리키는가에 대하여 정형적으로 정해져 있지 않고 또한 개개의 경우에 따라 다르기 때문이다.

요컨대, 불가항력의 사태발생에 따라 이행이 불가능하게 된 당사자는 어떤 책임을 지는가, 어떠한 범위라면 면책되는가, 계약해제는 가능한가 등에 대하여 계약당사자 간에 충분한 결정을 해 두는 것이 필요하다. 또한 평가절상(revaluation), 평가절하(devaluation) 등의 경우, 환차손의 부담을 놓고 클레임이 발생하는 수도 있다.

Chapter 02

무역클레임의 처리절차

제1절 무역클레임의 구제방법 및 범위

1. 금전적 구제방법 및 범위

1) 대금감액의 청구

대금감액(reduction of price)의 청구란 목적물의 수량이 부족하거나 품질, 포장, 화인 또는 상표 등이 불량한 경우에 매수인이 매도인에 대하여 계약가격보다 감액된 가격으로 당해 목적물을 인수하겠다고 요청하는 것을 말한다.

한국[1]과 독일[2]은 물론 영국물품매매법(SGA)[3]이나 국제물품매매조약에 관한 유엔협약(UNCCSG)[4] 역시 이 같은 대금감액청구권을 명시적으로 인정하고 있다. 따라서 결제조건이 후불인 경우에는 대금지급 이전에 감액을 청구할 수 있고, 이미 대금이 지급된 이후에도 매수인이 수량부족이나 하자의 사실을 합리적인 기간 내에 매도인에게 통지 및 입증함으로써 이미 지급된 대금 중에서 하자나 수량부족에 상응하는 금액의 반환을 청구할 수 있다.

---

1) 상법 제69조.
2) 독일민법 제462조.
3) The Sale of Goods Act, 1983, Sec. 53(1).
4) United Nations Convention on International Multimodal Transport of Goods, 1980, Article 50.

대금감액의 방법으로는 ① 당해계약금(잔액)에서 직접감액하거나 ② 다음계약금에서 감액하거나 ③ 감액금액을 별도로 반환 송금하는 방법이 이용되고 있다.

2) 대금지급의 거절

대금지급의 거절이란 채무자인 매수인이 채권자인 매도인에 대하여 자신의 채무 즉 대금지급의무의 이행을 거절하는 것을 말한다.

무역대금 결제방식은 크게 ① 송금방식(Remittance) ② 추심방식(Collection) ③ 신용장방식(Letter of Credit)으로 분류된다.

또한 송금방식은 사전송금(Advance Remittance)과 사후송금(Later Remittance)으로, 추심방식은 서류인수도(Documents against Acceptance)와 서류지급도(Documents against Payment)로 구분된다. 이때 사전송금(A/R)이나 서류지급도(D/P) 및 신용장방식(L/C)하에서 대금지급의 거절은 원칙적으로 불가능하고 오직 사후송금(L/R) 및 서류인수도(D/P)인 경우에만 대금지급의 거절이 가능하다.

대금지급거절권의 행사가 불가능한 경우 클레임제기자는 이와는 별개의 구제권을 행사할 수밖에 없다.

3) 손해배상의 청구

손해배상(compensation for damages)이란 법률이 규정하는 일정한 경우에 타인이 입은 손해를 전보(塡補)하여 손해가 없는 것과 같은 상태로 하는 법률행위로서, 그 성격상 일방당사자의 계약위반으로 인하여 타방이 입은 손해를 금전적으로 보상함으로써 가능한 한 상대방을 계약이 이행된 것과 동일한 지위에 놓이게 하려는데 그 목적이 있다.

민법상 손해배상의무를 발생시키는 가장 중요한 원인은 위법행위 즉 채무불이행과 불법행위이지만 일정한 경우에 손해를 전보하는 계약인 손해담보계약(indemnity)[5]을 원인으로 하는 일도 있다. 또한 위법이라고 할 만한 행위가 아니더라도 무과실책임 및 광해배상(鑛害賠償)[6]과 같이 형평의 원칙상 손해배

5) 당사자의 일방이 상대방(피담보자)에 대하여 일정한 사항에 관한 위험을 인수하고, 그 위험에서 발생하는 손해를 담보하는 것을 목적으로 하는 계약을 말한다.

상의무가 발생하는 경우도 있다.

배상되어야 할 손해의 범위는 손해배상책임을 발생시키는 원인인 사실과 인과관계가 있는 것에 한정되는 것은 당연하지만, 다시 그 범위를 상당인과관계설(相當因果關係說)로써 제한하는 것이 대륙법계는 물론 영미법계의 통설이다. 따라서 채무불이행으로 인한 손해배상은 통상의 손해를 그 한도로 하나 특별한 사정으로 인한 손해는 채무자가 그 사실을 알았거나 알 수 있었을 때에 한하여 배상할 책임이 있다.

손해배상은 실질적 손해의 전보를 목적으로 하고 피해자로 하여금 그 이상의 이익을 취득하게 하는 것은 그 본지(本旨)에 반하므로 손해를 입은 것과 동일한 원인으로 이익도 얻는 때에는 그 손익을 상계하여 손해로부터 이익을 공제한 잔액만을 배상할 손해로 한다. 그러나 예외적으로 실 손해의 유무다소(有無多少)를 묻지 않고 일정한 배상을 요하는 경우(예컨대 배상액의 예정이나 지연이자)도 있다. 손해배상의 방법은 다른 의사표시가 없는 한 금전배상을 원칙[7]으로 하고 예외적으로 원상회복이 인정된다.

국제무역에서 ① 계약당사자의 일방이 부당하게 계약을 해제한 때 ② 약정된 신용장을 부당하게 개설하지 않거나 개설지연 또는 정당한 정정요청을 거절한 때 ③ 약정품을 부당하게 인도하지 않거나 또는 지연인도한 때 ④ 약정품의 인수를 부당하게 거절하거나 지연한 때 ⑤ 대금지급을 부당하게 거절하거나 지연한 때 ⑥ 불량품이나 상위품(相違品)을 수령한 때 ⑦ 하자품이나 수량부족품을 수령한 때 ⑧ 기타 계약내용을 위반한 때에는 경제적 손해가 발생되므로 이 경우 피해당사자는 상기한 손해발생사유로 인한 파생적·부가적 손해(consequential incidental damages)를 포함한 일체의 손해를 배상청구 할 수 있다.

따라서 손해배상에는 다음과 같은 손해를 포함한다. ① 만약 매수인이 계약의 최종이행을 위하여 대체품을 합당한 가격으로 구매하였다면 계약가격과 대체품 구입가격의 차액 ② 계약위반으로 발생된 법적 이자 ③ 계약대로 이행되었을 경우 매수인이 얻을 수 있었던 일실이익(逸失利益) ④ 물품의 하자로 인

---

6) 광해란 광물을 채굴하기 위한 토지의 굴착, 갱수(坑水)나 폐수의 방류(放流), 폐석(廢石)이나 광재(鑛滓)의 퇴적(堆積) 또는 광연(鑛煙)의 배출로 인하여 타인에게 가한 현저한 손해를 말한다.

7) 민법 제394조.

한 운송료, 관세 및 검사료 등의 제반 부수경비 ⑤ 하자로 인해 매수인이 자신의 고객들에게 배상한 금액 등이며, 이 밖에도 손해를 본 근거가 명확할 때에는 그 손해를 배상청구 할 수 있다.

그러나 손해배상의 범위와 방법에 관한 당사자 간에 특약이 없거나 타협도 성립되지 아니하는 경우에는 상관습에 의해 결정되며, 상관습이 없다면 계약의 준거법에 따라 중재판정부나 재판부가 결정할 수밖에 없기 때문에 각국의 법률에 따라 그 범위 및 방법은 달라질 수 있다.

2. 비금전적 구제방법 및 범위

1) 목적물의 인수거절

목적물의 인수거절이란 현저히 저질의 물품이 공급된 때, 약정내용과 상위품(相違品)이 공급된 때, 면책비율이상의 이물질이 혼입된 물품이 공급된 때에 매수인이 목적물의 일부 또는 전부의 인수를 거절하는 것을 말한다. 매수인의 목적물인수거절권은 영미법상 법률로서 인정되고 있다.[8)]

한국의 민·상법에서는 매수인의 구재수단으로서 물품인수거절권에 대하여 별도의 명문규정을 두고 있지는 않지만 관련 법률과 학설을 통관해 볼 때 하자 있는 물품이 공급된 경우 매수인은 계약해제[9)]나 손해배상청구권을 행사하지 아니하고 그 대신 하자 없는 완전한 물품을 청구할 수 있는 자유가 인정[10)]되므로 영미법상의 그것과 유사한 것으로 볼 수 있다.

목적물의 인수거절은 매수인의 대금지급거절권이나 대금반환청구권 또는 대체품청구권을 당연히 수반하게 된다. 그런데 무역대금은 실무상 거의가 취소불능화환신용장(Irrevocable L/C)에 의하여 결제되므로 은행의 지급약정이 없는 서류인수도(D/P)나 단순한 사후송금방식이 아닌 한 현실적으로 대금지급거절

---

8) The Sale of Goods Act, 1983, Sec. 35-36; UCC 2-601-604, 2-606, 2-703, 2-711(3).

9) 계약해제는 민법상 계약당사자의 일방적인 의사표시에 의하여 유효하게 성립된 계약의 효력을 소급적으로 소멸시켜 계약이 처음부터 없었던 것과 같은 법률효과를 발생시키는 일이며, 해지는 계속적인 계약을 장래에 향하여 소멸시키는 것을 말하는 것으로 이는 장래에 향하여 계약을 소멸시키는 점에서 해제의 소급적 효력과는 구별 된다(민법 제548조, 제550조)

10) 민법 제581조.

권의 행사는 불가하고 오직 대금반환이나 대체품을 청구할 수 있을 뿐이다.

한편 목적물의 인수거절은 목적물이 인도(delivery) 또는 제공(tender)된 때로부터 합리적인 기간 내에 행해져야 하는 바, 매수인이 적시에 이를 매도인에게 통지하지 아니하는 한 거절은 효력이 없다. 따라서 매수인이 목적물을 검사할 수 있는 합리적인 기회가 있었음에도 불구하고 합리적인 기간 내에 거절의 취지를 매도인에게 통지하지 아니하고 그 목적물을 취득(take) 또는 보유(retain)한 경우 당해 목적물은 매수인에 의하여 수리된 것으로 간주된다.

2) 대체품의 청구

매수인이 목적물의 인수를 거절하고 매도인으로 하여금 다시 약정품을 적출(積出)하도록 요구하는 것을 대체품의 청구라 한다. 민법상 특정된 목적물에 하자가 있는 때는 매수인은 계약해제 또는 손해배상청구를 하지 아니하고 하자 없는 물건을 청구할 수 있다. 이 경우 당초의 목적물이 반송되더라도 대금은 반환하지 아니하므로 매도인은 대체품을 적출할 때에 무환수출허가(無換輸出許可)를 받아야한다.

한편 매도인이 계약을 위반하여 제공한 물품으로써는 도저히 계약목적을 달성할 수 없을 경우 매수인은 합리적으로 매도인이 인도를 해태한 물품에 대신할 대체매입권을 가지며, 이에 기하여 만약 매수인이 대체품을 제3자에게 매입하였다면 매수인은 대체품 매입가격과 약정가격과의 차이와 그로 인한 파생적 또는 부가적 손해(consequential incidental damages)를 합산한 금액에서 매도인의 계약위반으로 인하여 매수인이 지출을 면(免)한 비용을 공제한 금액을 배상 청구할 수 있다.

또한 대체품이 적출된 때에도 당초의 목적물 도착시점과 대체품의 도착시점 사이에 시장가격의 변동이 생겨 발생한 손해나 또는 도착지연으로 생산공정에 지장을 초래하여 생긴 손해 등이 있다면 매수인은 이러한 손해도 배상청구할 수 있다.

3) 계약의 해제

민법상 매매의 목적물에 하자가 있는 때에 매수인은 그 하자로 인하여 계약목적을 달성할 수 없는 경우에 한하여 계약을 해제할 수 있다.[11] 이 같은 계약해제권은 일본이나 독일에서도 인정되고 있으며, 영미법에서도 매도인이 계약의 중대한 사항에 대하여 그 담보책임을 위반한 때에 매수인에게는 계약해제나 또는 대체품을 매입(cover)할 수 있는 권한이 보장되어 있다.

그러나 취소불능신용장에 의하며 무역대금이 결제되는 실무적 여건을 고려할 때 이 같은 당해 계약의 해제는 현실적으로 불가능한 것이나, 단 할부선적(installment shipment)[12] 방식의 계약하에서는 별도의 약정이 없는 한 원칙적으로 각각의 할부분은 독립된 별개의 계약으로 취급되기 때문에 특정의 할부분에 대한 중대한 위반이 있는 경우 그 이후의 잔여 할부분에 대하여 해제가 가능하다. 실제로 매수인이 계약위반이 있는 특정 할부분에 대하여 클레임을 제기함과 동시에 잔여 할부분에 대하여도 해약을 신청하면 매도인이 이를 승낙함으로써 해제되는 경우가 빈번하다. 계약해제는 채약당시의 약정내용에 따라 무조건해제나 아니면 해제손해금의 청구를 수반하는 경우가 있다.

4) 특정이행의 청구

특정이행(specific performance)의 청구란 손해배상이 충분한 구제가 되지 못하는 경우에 원래의 계약내용에 따라 약정한대로 이행할 것을 청구하는 형평법상의 구제수단이다. 한국을 비롯한 대륙법계 국가에서는 클레임의 구제수단으로서 특정이행을 원칙으로 하는데 반하여 영미법계 국가에서는 특정이행을 예외적으로만 인정하고 있다.

대륙법상 특정이행의 청구범위 및 내용에는 ① 계약대로의 약정품인도청구 ② 대체품의 인도청구 ③ 부족분의 인도청구 ④ 인도품에 대한 부적합의 수리·수선청구 ④ 기타 계약이행의 완료를 위하여 필요로 하는 모든 구제행위의 청구가 포함된다. 그러나 영미법상 특정이행의 청구는 약정품의 대체품 매입이 불가능하여 당초의 계약대로 이행되지 않는 한 충분한 구제를 받을 수 없는 경우에 한해서만 예외적으로 인정된다.

---

11) 민법 제580-581조, 제575조.

12) 할부선적은 분할선적(partial shipment)의 범주에 속하지만 분할로 선적해야할 기간 또는 수량이 신용장상에 명기되어 있다는 점에서 다르다. 분할선적은 매도인이 임으로 선적기일 내에 분할하여 물품을 선적할 수 있으나, 할부선적의 경우에는 신용장에서 정하고 있는 수량을 기간 내에 선적되지 못한 경우에는 그 신용장은 그 할부분과 그 이후의 모든 할부분에 대하여 효력을 상실한다.

따라서 대륙법상의 특정이행청구는 제1차적인 구제수단이고 손해배상청구는 제2차적인 구제수단이므로 매수인 측의 주된 구제는 계약이행을 청구하는 것이라 할 수 있다. 이에 비하여 영미법상의 특정이행은 단지 형평법상의 임의적 구제일 뿐이며, 물품이 특정물이거나 확정 가능한 것이어야 한다는 특정이행의 인정요건을 구비한 경우에도 중재판정부나 법원은 특정이행 청구를 기각할 수 있다.

제2절 무역클레임의 제기

1. 목적물의 검사와 제기당사자의 결정

1) 목적물의 검사

물품을 수입하고자 하는 자는 세관장에게 수입신고를 하여야 한다. 이러한 수입신고는 물품을 수입하려는 의사를 세관장에게 표시하는 것으로 수입신고를 함으로써 적용법령, 과세물건, 납세의무자가 확정된다. 물품을 수입하고자 할 때에는 당해물품의 품명・규격・수량 및 가격[13]과 포장의 종류・번호 및 개수, 목적지・원산지 및 선적지, 원산지표시 대상물품인 경우에는 표시유무・방법 및 형태, 상표, 사업자등록번호・통관고유부호 및 해외공급자부호, 물품의 장치장소, 그 밖의 참고사항을 세관장에게 신고하여야 한다.[14]

수입신고는 소정의 서류 즉, 송품장, 가격신고서, 선하증권(B/L) 부본이나 항공화물운송장(AWB) 부본, 포장명세서, 원산지증명서 등의 서류를 첨부한 수입신고서를 세관에 제출함으로써 이루어진다.[15]

수입신고서를 접수한 세관에서는 신고한 물품의 검사여부를 결정하게 되며,

---

13) 관세법 제241조 제1항.

14) 관세법시행령 제246조 제1항.

15) 수입통관 사무처리에 관한 고시 제15조.

검사대상으로 선정된 물품에 대해서는 화물과 현품의 일치성 여부, 수입금지품목이 아닌지의 여부, 화물의 품명·수량·용적·규격·성질·용도, 화물의 생산지 및 선적지, 화물의 손상·변질 여부 및 정도, 신고가격의 정당성 등을 확인한다.

따라서 통관을 위한 세관검사 시에도 품질의 불량 및 상위, 수량부족, 포장불량으로 인한 하자가 발견될 수도 있지만 세관은 통관의 신속을 위하여 대부분의 물품을 현품검사 없이 신고 서류의 형식적, 법률적 요건만 심사하고 수리하고 있기 때문에 개별상품의 하자내용이 밝혀지기는 매우 어렵다.

따라서 화물의 하자는 보세구역에서 반출되어 매수인의 창고로 내륙 운송된 후 밝혀지는 것이 일반적인 상황이다. 이때 선적품과 검사·감정품이 동일품이 아니라는 의혹이 매도인에 의해 제기될 가능성이 있다. 따라서 계약상 반드시 세관검사와는 별도로 물품의 검사·감정 장소 및 방법에 관한 당사자 간의 약정이 있어야 하며, 만약 이러한 약정이 없다면 물품의 하자 및 수량부족 등이 발견되는 즉시 공인감정기관에 이의 검사 및 감정을 의뢰하여 검정보고서(Surveyor's Report)를 발급받아야 한다.

2) 클레임 제기당사자의 결정

무역클레임의 당사자란 당해 클레임에 대한 이해관계인(interested party)을 말한다. 좁은 의미에서 무역클레임의 당사자는 무역계약의 당사자인 수출업자와 수입업자로 한정되지만 클레임의 형태나 원인 및 그 발생경로가 복잡한 경우에는 계약당사자 이외에도 운송, 보험, 신용장, 수출포장, 창고, 검정 또는 검품계약 등의 모든 당사자중 일부 또는 전부가 클레임의 당사자로 등장되기도 한다. 그러므로 그 형태나 원인 및 발생경로가 복잡한 클레임인 경우에는 누구의 귀책사유로 인해 클레임이 발생하였는가를 법률적인 기준으로 판단하여 클레임 제기당사자를 확정짓는 것은 실로 어려운 일임과 동시에 중요한 문제이다.

이상과 같이 국제상거래에서는 일반적으로 의무불이행, 불법행위 및 하자담보책임을 근거로 하여 클레임이 제기된다. 따라서 클레임의 제기자(Claimer)는 의무불이행과 하자담보의 경우는 약인(consideration)이 누구로부터 누구에게 주어졌는가를 탐구하고, 불법행위의 경우에는 엄격책임(strict liability),

의도적 불법행위(intentional torts), 과실(negligence)을 고려하여 클레임의 상대방 당사자인 피제기자(Claimee)를 결정하게 된다.

사례 1 의무불이행에 의한 클레임의 제기당사자의 결정

미국의 수입상사 U사가 기존의 거래선인 한국의 수출상 A사 앞으로 양면식 공기펌프(Two Way Air-pump) 3,500세트에 대한 청약(offer)을 하였으나 당시 주문의 쇄도로 이를 수락할 수 없게 된 A사는 역시 한국의 B사를 U사를 소개하여 준 바, 미국의 U사는 자사가 직접 제시한 샘플에 의거하여 재작된 B사의 견본을 확인한 후, 편의상 양도가능신용장(Transferable L/C)을 A사 명의로 개설하여 B사에게 양도되도록 하는 조건의 매매계약을 체결하였다. 본건 계약의 이행과 관련하여 매수인인 미국의 U사측에서 볼 때 상품의 불량으로 인한 클레임의 사유가 발생하였다고 가정해보자. 이때 클레임의 상대방 당사자인 피제기자는 과연 누가될 것인가? 이 경우에는 청약과 승낙이 U사와 B사 간에 이루어졌을 뿐 아니라 대가(consideration)의 수수도 이들 앙사 간에 이루어진 것이므로 U사는 A사를 상대로 클레임을 제소 할 수 없으며, 심지어 B사가 파산한 경우에도 마찬가지이다. 따라서 본건 클레임의 상대방 당사자인 피제기자는 A사가 아닌 B사가 된다.

사례 2 불법행위에 의한 클레임의 제기당사자의 결정

민법상 불법행위란 행위자의 고의 또는 과실로 인한 위법행위로 타인에게 손해를 가하는 행위이므로 이로 인하여 발생된 손해는 가해자가 배상할 책임이 있다(민법 제750조).

2-1 : 한국의 A사가 중국의 C사로부터 우황청심환을 수입하여 국내시판도중 동 청심원에 우황과 사향이 들어있지 않다는 사실이 밝혀졌다면 그로인한 손해에 대해 소비자는 수입판매상인 한국의 A사는 물론 중국의 C사를 상대로 제소할 수 있다.

2-2 : 호주의 S상사가 한국의 수출상인 A사로부터 무선전화기를 수입하여 시판하였으나 소비자가 이를 사용하다가 청각장애를 일으켰다면 호주의 소비자는 한국의 A사를 상대로 디자인의 결함(design defect)으로 기인한 제조물책임소송을 제기하는 것이 가능하다.

2-3 : 檢數人(tallyman)의 실수로 수량이 오기되었으나 선화증권(Bill of Lading)상의 不知約款(Unknown Clause)[16]으로 인해 선박회사에게 이에 관한 책임을 묻지 못하게 된 경우에도 과실의 당사자인 검수인을 상대로 제소가 가능하다.

사례 3 매매계약의 대리 관련 클레임의 제기당사자[17]

• 사건의 내용 및 발생배경

한국의 수출업자 A사(제3자)는 1999년 7월 실수입업자(위탁인)인 북경의 B사와 '상품매매계약서'(北京签订99-RTYJ-1005号)를 체결하여 수입금액이 미화 1만 달러 이상일 경우에는 실수입업자인 B사가 수입대행회사를 지정하고 최종지급책임은 실수입업자인 B사가 진다는 내용에 합의하였다. 이후 양 당사자 간에 수출상담이 구체적으로 진행되자, 직원 5명의 개인무역회사에 불과한 실수입업자는 1999년 10월 25일 대외무역경영권을 지닌 국영기업체 C사(대리인)와 '수입대리계약'(进口代理协议)을 체결하였다. 그리고 1999년 11월 5일 한국 수출업자, 실수입업자 그리고 명의수입업자 3자가 모두 모인 상황에서 수출상품은 밸브, 계약금액은 24,429달러, 선적일인 1999년 11월, 대금지급조건은 T/T 30일, 지급만기일은 1999년 12월의 조건으로 수출업자와 명의수입업자간의 수출입계약과 수출업자와 실수입업자간의 구매계약서가 각각 체결하였다. 물론 양 계약서상의 물품내용과 금액은 동일한 것이었다.

이후 명의수입업자 C사는 만기일이 지났음에도 불구하고 실수입업자와 체결한 '수입대리계약'을 근거로 실수입업자의 대금지급 미이행을 이유로 대외결

16) FCL(Full Container Load) 화물인 경우 하주는 생산공장 또는 창고에서 CY(Container Yard)까지 자신의 책임하에 운송하여 선박회사에 인도한다. 따라서 선박회사는 인수받은 화물이 하주가 포장하고 봉인한 것이기 때문에 그 내용을 알 수 없다는 뜻으로 B/L 상에 "SHIPPER'S LOAD & COUNT SAID TO CONTAIN" 또는 "SAID BY SHIPPER TO CONTAIN"이란 문구를 기재한다.
만약 LCL(Less than Container Load)의 경우에는 선박회사가 지정한 CFS(Container Freight Station)의 보세장치장에 화물이 반입되고 CFS Operator에 의하여 Container에 혼재되는데, 이것은 선박회사(Carrier)의 책임하에 행하여지므로 Carrier's Pack 또는 Carrier's Load라고 부른다.

17) 김석민, 이성민 (2010), "중국 무역대리제도 관련 중재판정의 계약법 제402조 적용에 관한 연구," 「국제상학」, 제25권, 제2호 (한국국제상학회), pp.74-75.

제를 거절하였다. 한편 동 수입대리계약에 따르면 실수입업자가 명의수입업자 앞으로 수입대금을 지급하면 명의수입업자는 대금지급 받은 후 10일 이내에 대외결제하기로 되어 있었다. 한편 실수입업자는 대금지급 만기일에 이르러 물품하자를 주장하면서 우선 10,000달러를 지급하고 잔액은 2000년 2월말 이후 물품에 하자가 없을 경우에만 지급하겠다고 주장하였으나 2000년 2월이 경과 했음에도 선 지급키로 한 금액마저 지급하지 않았다.

참고로 수출입계약서상에는 물품하자 관련 주장은 '중국상품검사국 발행 검사증명서'에 근거하여 하자를 제기토록 되어 있음에도 불구하고 실수입업자는 검사증명서를 발급받지도 않은 상태에서 물품하자 주장만 반복하였다. 이에 수출업자는 결제능력이 의문시되는 B사 보다는 신용도가 양호한 C사 앞으로 채권추심을 진행키로 결정하고, 수출계약서상의 중재조항에 따라 명의수입업자 C사를 상대방으로 하여 중국대외무역중재위원회에 2001년 1월 5일자로 중재신청을 하였다.

- **중재판정의 결과**

중국 중재판정부는 2001년 4월 7일 본건에 대한 중재판정 결과로 한국 수출업자의 주장이 부당함을 선언하였다. 즉, 1999년 10월 발효된 중국 계약법 제402조에 근거하여 명의수입자는 본건과 관련한 대금지급책임이 없다고 판정한 것이다.

즉, 중국 중재판정부는 명의수입업자인 B사와 실수입업자인 C사 간의 업무처리 위탁관계에 있어서 제3자적 지위에 있는 한국의 수출업자 A사의 수출입계약체결 당시 위탁인인 A사와 수탁인인 B사의 대리관계 인지여부에 주목하였다. 그 결과 1999년 7월 수출자 A사와 실수입자 B사와의 '상품매매계약서' 체결사실과 본건 수출계약이 수출자 실수입자 명의수입자 3자가 모두 있는 상황에서 수출자가 실수입자 및 명의수입자간의 대리관계를 알고 있었던 것으로 판단하여 수출자의 명의수입자 앞 대금결제 주장은 이유 없다고 결정한 것이다.

2. 클레임 발생의 통지 및 제기기간

1) 클레임 발생의 통지

가. 클레임 제기서한의 작성요령

클레임 제기는 불평의 지위를 넘어선 정당한 권리의 주장이다. 정당한 사유 없이는 클레임 통지서(notice of claim)를 쓸 수 없기 때문이다. 목적물의 검사 결과로 클레임의 사유가 발견되면 제기자(claimer or claimant)는 우선 책임의 소재를 규명하여 클레임의 피제기자(claimee)를 확정하고 확정된 당사자에게 약정이 있으면 그 기한 내에, 약정이 없으면 하자발견 즉시 통지하되 추후 증빙서류를 갖추어 클레임을 제기코자한다는 의사도 함께 통보한다.

나. 클레임 통지의 방법과 내용

통지의 방법과 내용에는 일정한 제한이 있는 것은 아니나 특히 그 내용에는 최소한 계약위반이나 하자의 종류 및 범위 또는 수량부족의 정도 등을 명확히 기재하여야 한다. 이때 단순히 "계약위반임", "부적합함", "하자있음", "수량부족임" 등과 같이 추상적으로 통지하는 것은 상대방에게 의구심만을 갖게 할 뿐이기 때문에 바람직한 통지자세라 할 수 없다. 그러나 하자발생의 시기・장소・원인 및 그 정도나 계약해제・대금감액・손해배상청구 등의 구체적인 구제방법은 이때 통지되지 않아도 무방하며, 정식으로 클레임 노트(Claim Note)를 송부할 때 관련서류를 첨부하여 클레임의 해결을 촉구하게 된다.

2) 클레임의 제기기한

국제법 및 국제상관행상 매매 목적물에 하자 또는 수량부족 등이 발견된 경우 매수인은 매도인에게 그와 관련된 담보책임을 물을 수 있는 권리가 부여되어 있다. 그러한 이러한 권리를 행사하기 위해서는 우선 매수인은 목적물을 검사하되 하자가 발견되면 그 사실을 매도인에게 통지할 권리 및 의무를 다해야 한다. 그런데 문제는 권리의무관계(right-duty relationship)의 이행기한 즉, 어디에서 어느 시점부터 언제까지 매매목적물에 대한 검사가 이루어져야하며, 그 결과로 발견된 하자의 내용은 언제까지 통지되어야 하는가? 그리고 만약 그러한 권리의무를 해태한 경우 당사자는 구제권을 상실하게 되는 것인가 하는 점이다. 이점에 대해 당사자 합의가 있으면 그에 따르고, 없으면 준거법(govern law)의 규정이 적용된다.

가. 당사자의 약정이 있는 경우

당사자의사자치의 원칙에 의거하여 계약당사자는 권리주장에 필요한 기한 즉, 물품의 하자통지기한을 합의로서 정할 수 있으며 그렇게 하는 것이 바람직할 뿐만 아니라 실무상 관례화되어 있다. 목적물의 성질, 특성, 기타 모든 주위의 사정에 가장 정통한 당사자가 물품의 하자통지기한을 직접 설정하는 것은 그로 인한 법률관계의 조기 및 합리적 확정을 도모하여 거래의 신속과 안정을 꾀하는데 그 목적이 있으므로 일단 정해진 기한은 원칙적으로 엄격하게 준수되어져야 한다. 그러나 종기(終期)있는 법률행위는 기한이 도래한 때로부터 그 효력을 잃게 되므로[18] 당사자합의로 정해진 물품의 하자통지기한이 경과되면 당사자는 모든 구제수단을 상실하게 된다.

나. 당사자의 약정이 없는 경우

(1) 한국상법 제69조

① 상인간의 매매에 있어서 매수인이 목적물을 수령한 때에는 지체 없이 이를 검사하여야 하며 하자 또는 수량의 부족을 발견한 경우에는 즉시 매도인에게 그 통지를 발송하지 아니하면 이로 인한 계약해제, 대금감액 또는 손해배상을 청구하지 못한다. 매매의 목적물에 즉시 발견할 수 없는 하자가 있는 경우에 매수인이 6월내에 이를 발견한 때에도 같다.

② 전항의 규정은 매도인이 악의인 경우에는 적용하지 아니한다.

(2) 중국계약법 제158조

① 당사자가 검사기간을 약정한 경우, 매수인은 검사기간 내에 목적물의 수량 또는 품질이 약정에 부합하지 않는 것은 매도인에게 통지하여야 한다. 매수인이 통지를 게을리 한 경우, 목적물의 수량 또는 품질이 약정에 부

18) 민법 제152조(기한도래의 효과) ① 시기 있는 법률행위는 기한이 도래한 때로부터 그 효력이 생긴다. ② 종기 있는 법률행위는 기한이 도래한 때로부터 그 효력을 잃는다.

합하는 것으로 본다.

② 당사자가 검사기간을 약정하지 않은 경우, 매수인은 목적물의 수량 또는 품질이 약정에 부합하지 않는 것을 발견하였거나 발견할 수 있었던 합리적인 기간 내에 매도인에게 통지하여야 한다. 매수인이 합리적인 기간 내에 통지를 하지 않았거나 목적물을 받은 날로부터 2년 내에 매도인에게 통지하지 아니한 경우, 목적물의 수량 또는 품질이 약정에 부합하는 것으로 보고, 다만 목적물에 대하여 품질보증기간이 있는 경우, 품질보증기간을 적용하고 위의 2년의 규정을 적용하지 아니한다.

③ 매도인이 제공한 목적물이 약정에 부합하지 않는 것을 알았거나 알 수 있었던 경우, 매수인은 전항 규정의 통지시기의 제한을 받지 아니한다.

(3) 일본상법 제526조 (한국상법 제69조와 동일함)

① 商人間の売買において、買主は、その売買の目的物を受領したときは、遅滞なく、その物を検査しなければならない。

② 前項に規定する場合において、買主は、同項の規定による検査により売買の目的物に瑕疵があること又はその数量に不足があることを発見したときは、直ちに売主に対してその旨の通知を発しなければ、その瑕疵又は数量の不足を理由として契約の解除又は代金減額若しくは損害賠償の請求をすることができない。売買の目的物に直ちに発見することのできない瑕疵がある場合において、買主が六箇月以内にその瑕疵を発見したときも、同様とする。

③ 前項の規定は、売主がその瑕疵又は数量の不足につき悪意であった場合には、適用しない。

(4) 미국통일상법전(Uniform Commercial Code 2-606, 2-602)

매수인은 합리적인 물품의 검사기회를 가진 후(a resonable opportunity to inspect the goods) 합리적인 기한 내에(within a resonable time) 적절하게(seasonably) 하자를 통지하여야 한다.

(5) 국제물품매매계약에 관한 유엔협약(CISG Article 38.1, 39.1, 39.2)

물품의 검사는 실행 가능한 단기기간 내(within as short a period as is practicable), 하자의 통지는 합리적인 기간 내에(within a resonable time),

단 어떠한 경우에도 물품이 매수인에게 현실적으로 인도된 날로부터 늦어도 2년 이내에 통지되어야 한다.

(6) CIF 계약에 관한 바르샤바-옥스퍼드 규칙 (Warsaw-Oxford Rules for CIF Contract 1932, Article 19)

합리적인 검사의 기회(a reasonable opportunity of inspecting them)와 하자의 통지는 검사완료 후 3일 이내(within three days from the completion of such inspection)에 이루어져야 하나, 단 숨은 하자(latent defect)의 경우는 예외로 인정된다.

(7) 영국물품매매법(Sales of Goods Act 1893, Article 34, 35)

합리적인 검사의 기회(a resonable opportunity of examination)와 합리적인 기간의 경과 이전(before the lapse of d resonable)에 통지하여야 한다.

사례 4 일반거래조건협정서상의 클레임조항

Any claim by the Buyer regarding the goods shipped shall be notified by the Buyer to the shipper specified on the face hereof with a public surveyor's report within thirty(30) days after the arrival of the goods at the destination specified in the relative Bill of Lading.

If the Buyer claims that the goods are defective, the Buyer shall in addition to the foregoing submit a full and final written statement of a defect on which the Buyer proposes to rely and, in the event Buyer shall fail to do so,

The Buyer shall be deemed to have waived such claim and the Seller not be liable therefor.

해설 클레임의 제기는 관련 B/L상에 지정되어 있는 목적지에 화물이 도착한 후 30일 이내에 공인검정보고서를 첨부하여 송화인에게 통지하도록 규정하면서, 품질상의 하자로 인한 클레임의 경우에는 하자명세서의 제출을 요구하고 있다. 만약 매수인이 이를 나태한 경우에는 클레임제기권을 포기한 것으로 간주되어 매도인은 당연히 면책된다는 내용이다.

다. 하자통지의무 나태(懶怠)의 효과

이상의 관련법 내용을 종합해 볼 때 매도인의 담보책임을 묻기 위해서는 매수인은 수령한 목적물을 지체 없이 검사하여야 하며, 그 결과로 발견된 하자 및 수량부족은 즉시 통지하여야 하는 두 가지 의무를 다하여야 한다. 따라서 매수인의 목적물검사의무와 하자통지의무는 국제상거래법상 확립되어 있는 일반원칙이며, 이러한 의무의 이행기간도 특약이 없는 한 합리적인 기간 이내로 해석되고 있으므로 매도인에게 하자담보책임을 물을 수 있는 매수인의 권리는 원칙적으로 동 기간의 경과와 함께 상실된다. 즉, 하자통지의무를 나태한 경우 계약해제, 대금감액, 손해배상, 대체품 및 하자보수의 청구권은 상실된다.

그러나 어느 정도의 기간을 적절하고 합리적인 단기간으로 볼 것인가 하는 문제는 법률문제라기보다는 사실문제(question of fact)이기 때문에 개별적인 거래의 내용과 목적물의 특성, 거래의 관행, 검사의 장소나 시설 및 능력, 당해 목적물의 검사에 소요되는 통상적인 기간, 기타 모든 주위의 사정을 고려하여 종국적으로 중재판정부나 재판부가 판단 할 수밖에 없다.

3) 출소기한(出訴期限)

가. 출소기한의 정의

출소기한이란 민법상 소송을 제기할 수 있는 법정기간, 즉 특정한 권리를 특정한 기간 행사하지 아니하면 그 권리자체는 소멸하지 않지만 이에 대하여 제소할 수 없게 하는 제도 혹은 그 기간을 말한다. 따라서 출소기한의 경과는 소권(訴權)만을 소멸시킬 뿐 실체법상의 권리는 소멸하지 않는다는 점에서 소멸시효(消滅時效)와는 다르다.

나. 주요입법 사례

(1) 한국법의 경우

한국법의 경우 출소기한을 정한 독립된 법률은 없으나 클레임은 채권이 시효로 인하여 소멸하게 되는 소멸시효기간의 이전까지 제기되어야 한다. 소멸시효의 기간은 "권리를 행사할 수 있는 때, 또는 부작위(不作爲)를 목적으로 하는 채권의 경우에는 위반행위가 있은 때"를 기산점으로 하여[19] 민사는 10년, 상사는 5년, 그 외의 재산권은 20년이 원칙이며, 상법 제64조의 단서에 의하여 생산자 및 상인이 판매한 생산물 및 상품의 대가는 3년, 목적물의 하자로 인한 경우에는 그 사실을 안 날로부터 6개월, 수량부족이나 일부멸실로 인한 경우에는 선의인 때는 그 사실을 안 날로부터, 악의인 때는 계약일로 부터 각각 1년, 운송인의 손해배상책임은 운송물을 매수인이 수령한 날로부터, 전부멸실인 경우는 인도일로 부터 1년 등과 같이 권리의 성질에 따라 특칙(特則)이 정하여져 있다. 따라서 이 같은 시효기간 동안 채권을 행사하지 아니하면 권리가 소멸되므로 채권자는 채권의 종류에 시효기간을 미리 확정해둘 필요가 있으며 때에 따라서는 시효가 완성되지 않도록 청구(請求), 압류(押留), 가압류(假押留), 가처분(假處分), 승인(承認)과 같은 중단조치(中斷措置)를 강구하여야 한다.[20]

(2) 영미법의 경우

영국의 경우에는 출소기한법(The Limitation Act, 1939)에 의하여 단순계약(simple contract)[21]이면 6년, 날인계약(contract under seal)[22]이면 12년 이내에 손해배상청구의 소가 제기되어야 한다.

미국의 경우에는 각각의 주법에 따라 출소기한이 정해지므로 서로 상이하며 그 기간도 2년에서 20년에 상당하므로 주의를 요한다. 예컨대 캘리포니아 주에서는 서면계약이면 4년, 서면에 의하지 않은 경우에는 2년, 뉴욕 주에서는 서면계약의 여부를 불문하고 소인(訴因)이 발생한 후 4년 이내로 출소기한을 규정하고 있으며, 당사자는 체약당시에 합의로써 이를 최소한 1년까지 단축할 수는 있으나 연장할 수 없도록 규정하고 있다.

---

19) 민법 제166조 (소멸시효의 기산점) ① 소멸시효는 권리를 행사할 수 있는 때로부터 진행한다. ② 부작위를 목적으로 하는 채권의 소멸시효는 위반행위를 한 때로부터 진행한다.

20) 민법 제168조 (소멸시효의 중단사유) 소멸시효는 다음 각 호의 사유로 인하여 중단된다. ① 청구 ② 압류 또는 가압류, 가처분 ③ 승인.

21) 요식계약(formal contract) 이외의 일체의 계약을 총칭하며 불요식계약(informal contract) 또는 구두계약(oral contract)이라고 한다. 그 형식은 구두, 서면, 묵시적이든 불문하고 대부분의 계약은 단순계약이라고 할 수 있다.

22) 계약자의 날인(seal)이 있는 서면계약을 말하며 종래에는 계약법상(contract law)상 서면에 날인한 계약(contract in writing and under seal)만이 구속력을 인정받았으나 오늘날 계약에 있어서 날인의 중요성은 거의 상실되었다.

(3) 국제협약의 경우

UN의 「국제상품매매계약에 있어서의 출소기한에 관한 협약」[23]에서는 출소기한을 즉시 발견할 수 있는 하자의 경우와 즉시 발견할 수 없는 숨겨진 하자의 경우를 구분하지 않고 매도인이 매수인에게 약정품을 교부한 발로부터 또는 매수인이 이행을 거부한 날로부터 기산하여 일반적으로는 4년, 예외적으로는 최장 10년으로 규정하고 있다.

다. 실무적용상의 문제

당사자의사자치의 원칙(principle of the party's autonomy of the will)에 기인하여 실체법(substantial law)상의 규정보다 단기 또는 장기의 시효기간을 합의하여 결정하는 것은 국제사법(international private law)상 널리 인정되고 있는 사실이다.

그러나 강행규정으로 출소기한의 연장을 금지하고 있는 경우나, 거래의 내용이나 약정품의 성질, 거래관행, 기타 모든 주위의 사정을 전혀 고려하지 않고 공정거래(fair dealing)를 해할 정도로 객관성을 상실한 너무 지나친 출소기한의 단축 또는 하자통지기한의 단축이나 연장은 그것이 비록 당사자합의에 기초한 것이라도 어느 일방이 이를 항변할 경우 법률적으로 보호받을 수 없다는 것이 법원의 태도이다.

한편 매수인이 물품의 하자통지의무를 나태하여 하자통지를 이행하지 않았다면 출소기한이 경과하지 아니하였을지라도 형평법의 원칙(principles of equity)과 신의성실의 원칙(principles of sincerity and faithfulness)에 따라 악의(惡意)가[24] 없는 한 후일 이를 이유로 계약해제, 대금감액 또는 손해배상을 청구할 수 없다. 그러므로 물품의 검사와 하자통지의무는 클레임을 제기할 수 있는 조건을 충족시키는 선행조건이라 할 수 있다.

---

23) Convention on the Limitation Period in the International Sale of Goods, 1974, Article 8, 10(2) and 23.

24) 예컨대 매도인이 하자 또는 부적합의 사실을 알고 있으면서도 이를 매수인에게 알리지 아나한 경우이다.

3. 클레임 제기장의 필요서류

1) 클레임 노트(Claim Note)

클레임 노트는 정식으로 클레임을 제출하는 서장(official claim letter)으로서 정해진 표준 양식이 있는 것은 아니다. 여기에는 일반적으로 이미 송부한 클레임 통지서(notice of claim)를 참조하면서 관련서류를 첨부하여 정식으로 클레임을 제기한다는 사실을 확인함과 동시에 가능하다면 희망하는 자구적 해결방안도 제시하고, 끝으로 클레임의 조속한 해결을 독촉하는 내용의 문언을 포함한다.

사례 5 목적물과 견본과의 품질차이로 인한 클레임 노트

August 3, 2012

The Manchester Export Inc.
London, England

Dear Sirs,

We have received your consignment covering our order No. 218 of July 21. On opening the container, we have found that it does not correspond with your original sample on which we made the order.

As the quality was much superior in your selling sample, your consignment gives the impression of being quite different goods and we cannot possibly deliver it to our customers, who are strict quality.

As we need the order goods urgently, we must ask you to arrange for immediate dispatch of correct replacement at once. We will keep the wrong goods in our hands until we receive your reply on this matter. For your information, we have enclosed the surveyor's report on quality

We look forward to your prompt attention to this matter.

Yours sincerely,
CHOSUN TRADING CO., LTD

해설 수입업자인 조선무역상사가 주문시의 매도인 견본과 인수한 적하품과의 품질이 일치하지 않아 검정보고서를 첨부하여 The Manchester Export Inc.에게 옳은 대체품을 조속히 보내줄 것을 요구하는 클레임 노트이다.

2) 클레임 명세서(Statement of Claim)

클레임 명세서는 클레임의 내용을 기재한 서류로써 일종의 법률문서이므로 제3자가 보더라도 객관적인 입장에서 청구의 내용을 쉽게 이해할 수 있도록 육하원칙(five W's and one H)에 의거하여 간단명료하게 작성되어야 한다.

여기에는 일반적으로 계약의 번호 및 일자, 신용장번호, 상품명, 청구금액의 상세목록을 포함한 클레임의 구체적인 내용명세, 검사비용과 같은 기타 비용을 포함한 클레임 총액 등의 사항이 필요에 따라 그 일부 또는 전부가 기재된다.

3) 감정보고서(Surveyor's Report)

물품의 검사방법에 대하여 당사자 간 약정이 있으면 그에 따르되, 약정이 없다면 먼저 매도인에게 검사기관 및 검사방법 등에 대하여 동의를 구하여야하며 매도인이 이를 묵살할 경우에는 일정기간을 최고(催告)한 후 목적물을 검사하여야 한다. 검사기관은 제3자의 입장에 있는 공인감정기관이여야 함이 원칙이다. 감정보고서에는 감정일자, 감정장소, 감정품목의 명세, 포장조건 및 손해액의 사정을 포함한 감정결과가 기재된다.

그러나 계약조건이나 거래상품의 특성상 수입지의 최종 소비자가 발행한 품질증명서나 분석증명서 또는 검량증명서가 제3자의 감정보고서에 갈음되는 경우도 있다.

4) 클레임 청구서(Claim Bill)

클레임 청구서는 상대방 즉 클레임의 피제기자로부터 지급받고자하는 금액내용을 항목별로 적기(摘記)하여 지급의 이행을 독촉하는 청구서로써 'Debit Note for Claim'이라고도 한다.

5) 기타의 부속서류

품질증명서나 분석증명서, 중량증명서나 용적증명서, 선화증권, 보험증권, 견본채취증명서, 통관증명서, 시험사용증명서(certificate of using for test), 검사료영수증(receipt of inspection fee), 상공회의소의 손해증명서(certificate of loss and damage), 창고료명세서, 본선검수표(ship's tally), 본선적화목록(ship's manifest) 등의 서류가 필요에 따라 첨부될 수 있다.

제3절 무역클레임의 수령

1. 클레임 수령의 통지

무역클레임의 피제기자(Claimee)는 클레임을 수령(receipt of claim)한 경우 그 사실을 제기자에게 즉시 통지하는 것이 실무상의 관례이다. 이때 피제기자는 클레임의 발생에 대한 유감의 뜻을 표시함과 동시에 클레임의 발생원인 및 내용 등을 검토하여 자사의 공식적이고 최종적인 견해를 조속히 통지하겠다는 취지도 함께 전달한다. 물론 클레임의 내용이 단순하여 책임의 소재가 간단히 밝혀지는 경우라면 클레임의 수령사실을 별도로 통지하지 않고 본 건 클레임에 대한 피제기자의 공식적 견해 및 해결방안을 직접 통지할 수도 있다.

그런데 클레임 수령사실의 통지는 클레임의 수락(acceptance of claim)과는 엄격히 구별되어야한다. 수령(receipt)은 단순히 「받음」, 「접수」, 「수취」의 의미이나, 수락이란 「승낙」 또는 「승인」과 동일한 용어로서 클레임 제기자의 요구를 받아들여 승낙하는 것이므로 단순히 클레임의 수령사실을 통지 할 때 "We have received your letter of September 15, 2012 making a claim for your order No. 1234."가 아니라 "We have accepted your letter of September 15, 2012 making a claim for your order No. 1234."와 같이 회신한다면 클레임의 제기자는 자기가 제기한 클레임이 승낙된 것으로 당연히 생각하기 때문에 이로 인하여 또 다른 분쟁이 발생될 수 있다는 점에 유의하여야 한다.

2. 클레임의 정당성 및 전가가능성 검토

무역클레임의 피제기자는 클레임의 수령사실을 통지함과 동시에 즉시 클레임의 정당성여부 및 전가가능성을 검토한 후, 본 건 클레임에 대한 자신의 공식적 견해 및 해결방안을 제기자에게 신속하게 제시하여야 된다.

1) 클레임의 정당성 여부 검토

클레임의 내용이 아래의 검토기준에 모두 부합된다면 일단 본 건 클레임은 그 정당성이 인정되는 것으로 간주된다.

① 계약조건의 불비(不備)로 인한 것은 아닌가?
② 약정품이 인도된 후 합리적인 기한 내에 청구된 것인가?
③ 물품의 검사는 공인검정기관에 의하여 합리적인 기간 내에 이루어 졌는가?
④ 하자를 입증하는 객관적인 증빙서류가 첨부되어 있는가?
⑤ 하자의 정도가 계약상 또는 상관례상 허용비율을 초과한 것인가?
⑥ 청구한 구제수단은 제반사정을 고려한 합리적이고 실행 가능한 것인가?
⑦ 손해배상청구액은 합리적 산출에 의한 타당성을 지니고 있는 것인가?
⑧ 불가항력 또는 기타 면책조항의 직접적용이나 원용은 불가능한 것인가?
⑨ 기타 당해 계약상의 특성을 충분히 감안한 것인가?

2) 클레임의 전가가능성 검토

가. 클레임 전가의 의의

무역클레임의 전가(transfer of trade claim)란 피제기자가 클레임에 대한 책임의 소재를 규명하여 귀책사유가 있는 관계자에게 책임의 일부 또는 전부를 전환시키는 것을 말한다. 이 같은 전가에 의하여 클레임의 당사자도 달라진다. 그러므로 피제기자는 일단 본 건 클레임의 정당성이 인정되면 자기방위상

클레임의 전가가능성(possibility of transfer) 여부를 검토하여야 한다.

클레임의 전가가능성 여부를 판단하기위해서는 우선 클레임에 대한 책임의 소재를 규명하여야 한다. 일반적으로 클레임의 발생상황을 조사함으로써 클레임의 발생원인을 파악할 수 있게 되고, 원인이 밝혀지면 책임의 소재가 분명해진다. 책임의 소재가 규명되면 전가가능성 여부의 판단이 용이하다.

클레임의 전가가능성을 발견한다면, 피제기자는 클레임의 일부 또는 전부전가(partial or whole transfer)의 방법으로 자신의 부담을 경감시키거나 면책될 수도 있다.

나. 수출입업자의 검토사항

(1) 수출업자의 경우

수입업자로부터 제기된 클레임[25]의 정당성이 인정된다면 피제기자인 수출업자는 매입선(제조업자 또는 매도인), 포장회사, 운송인(운송회사나 운송대리인 또는 창고회사), 보험회사 등에 대하여 클레임을 전가시킬 수 있는 합리적 가능성 여부를 탐구한다.

한편 국내의 매입선이 계약의 이행지연 및 불이행 또는 부당한 해제 등을 사유로 클레임을 제기해온 경우에는 수입업자와의 상담과정, 계약의 조건 및 이행상황 등을 면밀히 조사・검토함으로써 수입업자에게 본 건 클레임을 전가시킬 수 있는 합리적 사유가 있는지를 탐구한다.

(2) 수입업자의 경우

수출업자로부터 클레임이 제기된 경우[26]에도 피제기자인 수입상은 상담이나 계약의 조건 및 이행상황 등을 면밀히 조사・검토함으로써 수출업자에게 본 건 클레임을 전가시킬 수 있는 합리적 사유가 있는지를 탐구한다. 한편 국내의 유통업자나 소비자가 계약의 이행지연 및 불이행 또는 부당한 해제 등을 사유

---

25) 수입업자로부터 제기되는 클레임은 주로 약정품의 인도지연, 품질의 불량 및 상이, 수량 또는 중량의 부족, 포장불량, 파손 또는 변질, 상표 및 화인의 상이, 부당한 계약의 해제 등이다.

26) 수출업자로부터 제기되는 클레임은 주로 신용장의 불개설 및 개설지연 또는 부당한 신용장의 발행 및 조건변경요구에 불응, 개설은행의 파산 및 매수인의 고의로 인한 대금불지급, 기타 매매 또는 신용장계약의 이행지연 및 불이행이나 부당한 해제 등이다.

로 클레임을 제기해온 경우에는 수출업자, 운송회사, 보험회사 등에 본 건 클레임을 전가시킬 수 있는 합리적 사유가 있는지를 탐구한다.

그러나 전적으로 자신의 귀책사유 즉 피제기자의 과실이나 오해로 기인된 것인 때에는 당연히 클레임의 전가는 불가능하다.

3. 자구적 해결방안의 모색

클레임의 정당성이 인정되고 전가가능성의 검토결과 제3자에게 전가가 불가능한 것으로 밝혀지면 피제기자는 신의성실의 원칙에 입각하여 대금을 감액해줄 것인가, 대체품을 송부해줄 것인가, 하자만을 보수해줄 것인가, 물품인수거절을 승낙할 것인가, 하자있는 물품을 전매(轉買)하게 하고 그 차액을 변상해줄 것인가, 아니면 계약을 해제하고 그로 인한 파생적·부가적 손해만을 변상해줄 것인가, 기타 특정이행의 청구를 승낙할 것인가 등의 본 건 클레임에 대한 자구적 해결방안을 모색한다.

예컨대 품질불량을 이유로 클레임이 제기된 것이라면 이때 피제기자인 매도인은 ① 계약조건을 충족시키는 완벽한 약정품을 인도한 경우 ② 경미한 하자가 있는 약정품을 인도한 경우 ③ 약정품의 인도전에 이미 클레임을 각오한 경우 등의 사항을 고려하면서 자구적 해결방안을 모색한다.

위에서 ①의 경우에는 새로운 귀책사유가 발견되지 않는 한 일단 상대방이 고의로 클레임을 제기해온 것으로 간주되므로 앞으로의 거래가 단절되는 한이 있더라도 단호히 이를 배척한다.

②의 경우에는 공인검정기관이 발행한 검정보고서의 제시를 전제로 우려했던 경미한 하자만큼의 클레임은 인정한다. ③의 경우에는 일단 클레임의 발생원인을 조사하여 조속히 조치하겠다는 의사를 통지한 후, 과오 및 과실 등의 적당한 구실을 들어 사의를 표함과 동시에 클레임을 승낙하되 가능한 한 자신에게 유리한 최선의 해결방안을 강구한다.

물론 어떻게 무엇으로 해결하느냐하는 점은 당사자 합의를 전제로 결정되어질 수밖에 없겠지만, 그러나 어떤 경우에도 자기에게 유리한 방법으로 클레임의 해결을 주도해나갈 필요가 있다. 그러기 위해서는 ① 다음의 주문을 유도할 수 있는 해결방안을 모색하되 ② 현금보상보다는 상품으로 대체보상 할 수 있도록 유도하며 ③ 가능한 한 상품대금 전액을 배상해주지 않을 수 있는 방안도 모색한다. ④ 전액배상이 불가피한 경우에는 하자품의 전량반품을 전제로 한다.

한편 이때 자사의 대외신용에 미치는 영향이나 정부로 부터 받게 될 유무형의 추궁에 대한 우려, 또는 청구금액의 경미 및 고정고객이라는 점등의 현실적 문제에 너무 집착한 나머지 부당한 클레임을 수락함으로써 필요이상의 외화를 지출하는 경우도 없지 않다. 예컨대 본선인도(FOB) 조건하에서 선적지연을 이유로 "항공편으로 대체선적을 하고 항공운임은 상호균등 분배하자"는 매수인의 요구에 대해 피제기자는 당연히 계약상의 선박운임을 차감한 나머지 항공운임에 대한 절반을 분담하여야 함에도 매수인의 요구를 그대로 승낙한다면 이는 필요이상의 운임을 지불하는 결과가 되며, 또한 마켓클레임과 같이 정당한 사유가 없는 클레임에 대해서 위에서 지적한 현실적 문제만을 중시하여 이를 승낙한다면 그것은 명백한 외화의 부당지불행위가 된다. 이 같은 행위는 결코 바람직한 클레임의 해결자세라고는 할 수 없다.

4. 클레임 수락여부의 통지

무역클레임을 수령하면 피제기자는 클레임의 수령사실을 통지한 후 그 내용의 정당성여부를 탐구하되 클레임의 제기기한, 제기원인 및 이유, 청구의 내용을 입증하는 첨부서류의 완전 또는 객관성여부, 계약조건이나 국제상관습과의 관련성, 그리고 전가가능성 등의 제반사항을 주도면밀하게 검토하여 당해 클레임에 대한 자사의 공식적 견해 및 해결방안을 제기자에게 신속히 제시하여야 한다.

예컨대 부품작동의 불완전이나 도금상태 불량 등의 품질불량, 규격이나 색상 등이 견본과 상이, 물품의 훼손, 내용품의 상이 등을 원인으로 한 클레임이 제기되고, 이것이 마켓클레임이 아닌가하는 의구심이 생길 때에는 첨부된 검정보고서(survey report)가 제3자인 검정인(surveyor)에 의하여 작성된 것인지를 판단한다. 그렇게 작성된 것이라도 국제적으로 공인된 감정인이 발행한 보고서가 아니라면 로이즈(Lloyd's) 등과 같은 국제적 공인검사기관의 검정보고서를 다시 요구한다. 만약 상대국에 신뢰할만한 감정기관이 없을 때에는 재외공관에 의뢰하던가 아니면 현장파견조사를 실시한 후, 클레임의 일부 또는 전부를 수락할 것인지, 거부한다면 구체적인 반론의 근거는 무엇이며, 수락한다면 실질적인 해결방안은 무엇인지를 종합적으로 제시하여야 한다.

사례 6 주문품과 선적품의 상이로 인한 클레임의 조정서한

June 25, 2012

William Trade Inc.
Chicago, IL.

Gentlemen :

We are sorry to hear that our consignment shipped by M/S "Hanjin" on May 10, did not contain the correct goods you ordered. On inquiring into this mater, we have found that a mistake was made in executing your order. Through the confusion of the packing department, we arranged to pack the different goods from your order.

Immediately we have made correct shipment by M/S "Choyang" today and the goods will be in your hands by the end of July. The relative shipping documents are enclosed and will make you clear the necessary customs arrangements.

We have already cabled to inform you of this matter, and shall be obliged if you will keep the wrong goods until we send our forwarding agents to take delivery of them.

Please accept our sincere apologies for the trouble cause to you by error.

Yours sincerely,
CHOSUN TRADING CO., LTD

해설 수출업자인 조선무역상사가 수입업자인 William Trade Inc.로부터 주문품과 선적품이 상이하다는 클레임 서한을 받고, 포장부의 혼란으로 주문품과 다른 물품이 선적되었다는 과오를 인정하고, 올바른 제품을 즉시 재선적하겠다는 것을 알리는 클레임 조정서한이다.

Chapter 03

무역클레임의 해결제도

제 1 절 당사자 간의 해결방법

당사자 간의 해결방법은 무역분쟁의 당사자들이 제3자의 개입 없이 직접 교섭하여 우의적으로 해결하는 방법을 말한다. 무역클레임은 당사자 간에 직접 해결하는 것이 가장 바람직하다. 왜냐하면 당사자들이 무역클레임의 발생원인과 진행상황을 잘 알고 있기 때문에 그 합리적 해결방법 역시 용이하게 도출해 낼 수 있기 때문이다. 또한 합의과정 중에 비록 양당사자가 각각 자기의 주장이 타당하다고 생각하더라도 상대방과의 장래의 거래관계를 충분히 고려하여 서로 타협하거나 양보로써 분쟁을 해결하고자 하기 때문이다.

무역클레임의 당사자 간 해결방법은 크게 청구권의 포기와 화해로 구분할 수 있다.

1. 청구권의 포기(Waiver of Claim)

무역클레임의 피해자가 상대방인 가해자에게 청구권을 행사하지 않는 경우로서, 이는 일반적으로 무역클레임 발생의 원인 제공자가 사전 또는 즉각적으로 손해배상 제의를 하고 피해자가 이를 수락함과 동시에 청구권을 포기하는 형태로 진행된다. 청구권의 포기는 분쟁해결을 위한 가장 바람직한 방법으로

향후 양당사자 간에 지속적이고 안정적인 거래를 보장받을 수 있다.

한편으로는 청구금액이 너무 적어 분쟁을 제기할 가치가 없는 경우, 절차가 복잡한 경우, 구제비용이 과다한 경우 또는 가해자가 변상능력이 없는 경우에 피해자가 청구권을 포기하는 경우가 발생한다.

2. 화해(Amicable Settlement)

당사자 간의 자주적인 교섭과 양보로 분쟁을 해결하는 방법으로서, 당사자가 직접적인 협의를 통하여 상호평등의 원칙하에 납득할 수 있는 타협점을 찾는 것이다. 화해는 다시 재판상 화해와 중재법상의 화해로 구별할 수 있다.

1) 재판상 화해

사적분쟁의 최종해결방식인 민사소송은 소송지연의 문제와 더불어 소송비용에 대한 부담이 크고 일도양단적인 판결은 당사자에게 후유증을 남기기 때문에 소송에 의한 분쟁해결을 대신할 수 있는 효율적인 방법인 화해가 활발히 이용되고 있다.

재판상 화해는 당사자가 상호양보하여 당사자 간의 분쟁을 종지할 것을 약정함으로써 그 효력이 발생한다.[1] 재판상 화해는 다시 제소전 화해(提訴前 和諧)와 소송상 화해(訴訟上 和諧)로 구분할 수 있다.

제소전 화해는 민사상 다툼이 있는 당사자가 분쟁이 소송으로 비화되는 것을 방지하기 위하여 소송을 신청하기 이전에 청구의 취지·원인과 다투는 사정을 밝혀 상대방의 보통재판적(普通裁判籍)이 있는 곳의 지방법원에 화해를 신청하는 것을 말한다.[2] 이때의 화해비용은 화해가 성립된 경우에는 특별한 합의가 없으면 당사자들이 각자 부담하고, 화해가 성립되지 아니한 경우에는 신청인이 부담한다.

소송상 화해는 소송계속 중 양쪽 당사자가 소송물인 권리관계의 주장을 서로 양보하여 소송을 종료시키기로 합의하는 것을 말한다. 법원은 소송의 정도

1) 민법 제731조.

2) 민사소송법 제385조.

여하를 불문하고 화해를 권고할 수 있고[3], 당사자도 소송계속 중에는 언제라도 화해할 수 있다.

재판상 화해는 어떠한 방법에 의해 화해가 성립되든 상관없이 이에 기초하여 작성된 화해조서(和解調書)는 확정판결(確定判決)과 동일한 효력이 발생한다.[4]

2) 중재법상 화해

중재법상의 화해도 법원의 소송상의 화해와 같이 당사자가 상호 양보하여 그들 사이의 분쟁을 종결할 것을 중재인 앞에서 약정함으로써 성립하는 특별계약이다.

역시 법원의 확정판결과 동일한 효력을 가지고 있으며, 당사자가 중재절차 중에 상대방의 주장을 부분적으로 승인하고 자신의 주장을 부분적으로 철회하여 화해를 하였을 경우에, 중재판정부는 중재절차를 종료하고 당사자의 요구에 따라 합의된 화해 내용을 중재판정의 형식으로 적을 수 있다.[5] 이렇게 내린 판정을 화해중재판정이라 하며, 중재인이 자유심증으로 판단하여 내리는 중재판정과 효력이 같지만, 당사자의 의견이 균형적으로 반영되어 당사자들에게 만족을 준다는 점에서 구별된다.

제2절 제3자에 의한 해결방법

당사자 간에 분쟁을 원만하게 해결할 수 없을 때 즉, 쌍방의 주장이 대립되거나 쌍방 혹은 일방의 감정이 악화되어 제3자의 냉정한 판단이 필요할 때 제3자를 개입하여 분쟁을 해결하는 방법인데 이러한 방법의 해결로서는 알선, 조정, 중재, 소송 등이 있다.

3) 민사소송법 제145조.
4) 민사소송법 제220조.
5) 중재법 제31조.

1. 알선(Intercession)

1) 알선의 개념

알선(Intercession, Recommendation)은 상공회의소, 상사중재원, 대사관 및 영사관 등과 같은 공신력이 있는 제3자가 당사자의 일방 또는 쌍방의 의뢰에 의하여 사건에 개입하여 주로 원만한 해결을 위한 조언을 해 주는 것이다. 그러나 알선은 화해, 중재, 소송과는 달리 강제력이 없으며 당사자 쌍방의 협력을 얻지 못하면 실패하게 된다.

알선이 조정이나 중재와 다른 점은 형식적인 절차를 필요로 하지 않고 당사자 일방의 의뢰에 의해 가능하다는 점이다. 그러나 알선의 개념에 대하여는 특히 조정의 개념과 관련하여 의견이 분분하다. 알선과 조정을 유사개념으로 보는 견해가 있는가 하면, 이 양자를 완전히 별개의 제도로 파악하는 견해도 있다.[6)]

2) 알선의 형태

알선의 형태는 영토적 기준(territorial criterion)으로 국내알선과 국제알선으로 구분된다. 국내알선은 제기자와 피제기자가 모두 우리나라 사람 또는 법인인 경우의 클레임을 현지사실조사, 당사자회의 등을 통하여 분쟁을 해결할 수 있도록 유도하는 분쟁해결방법이다.

국제알선은 분쟁당사자의 일방이 외국사람 또는 법인인 경우의 클레임을 대상으로 양측의 주장을 조정하고 전달하여 분쟁의 원만한 해결을 유도하는 분쟁해결방법이며, 이는 다시 대내알선과 대외알선으로 구분된다.

여기서 대내알선은 외국사람 또는 법인이 수출입과 관련하여 우리나라 사람 또는 법인을 상대로 제기하는 클레임을 대상으로 하며, 법적 근거는 대외무역법 제44조(무역분쟁의 신속한 해결)와 동법 시행령 제75조(무역분쟁의 통지 등)이다. 대외알선은 수출입과 관련하여 우리나라 사람 또는 법인이 외국사람 또는 법인을 상대로 제기하는 클레임을 대상으로 한 국제알선의 유형이다.

---

6) 알선의 개념정의와 관련한 자세한 내용은 최장호 (2002), "알선제도 발전방안에 관한 고찰," 「계간중재」, 2002년 가을호 (대한상사중재원), pp.18-21 참조.

3) 알선절차

대한상사중재원에 알선을 신청하기 위해서는 양당사자의 인적사항(상호, 대표자명, 주소, 전화 및 팩스번호, 기타 연락처), 거래 및 분쟁경위, 청구내용, 신청자 서명날인 및 증빙자료가 첨부된 신청서를 작성하여 국내사건은 국문으로 2부, 국제사건은 국・영문 각 2부를 중재원에 제출하여야 한다. 대한상사중재원의 알선절차는 다음과 같다.

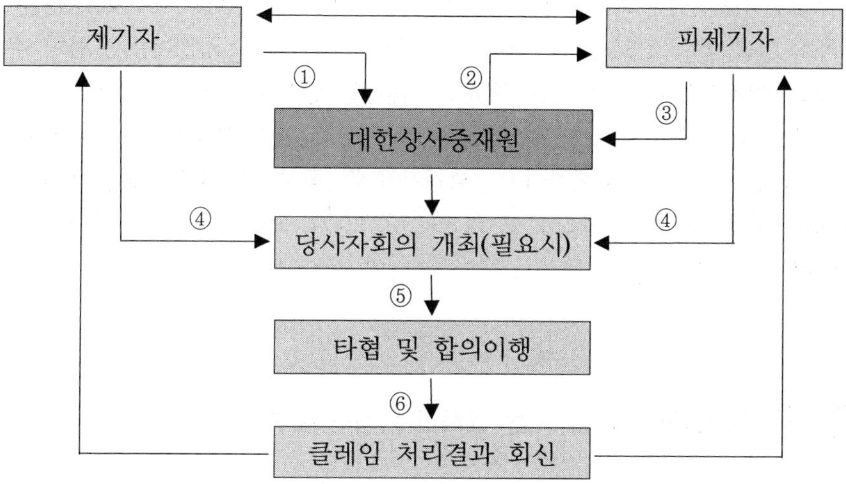

❙그림 3.1❙ 대한상사중재원의 알선절차

① 국내외 관계기관 또는 대한상사중재원에 클레임 해결을 위한 알선요청
② 피제기자에게 클레임 해결을 위한 답변요청
③ 피제기자 답변서 제출
④ 필요시 당사자회의 개최
⑤ 당사자 간 접촉을 통한 타협 및 합의이행
⑥ 클레임 처리결과 회보

사례 1 운송 중 분실 관련 알선사례[7)]

제기자는 일본으로부터 총 5,040개의 공구를 수입한 후 그 일부인 48개를 피제기자를 통하여 거래처로 운송하던 중 피제기자가 이를 모두 분실하였다. 이에 제기자는 피제기자에게 이의 손해금으로 금701,000원을 청구하였고 피제기자는 제기자의 청구금액을 검토한 후 청구금액이 과다하고 수입원가 산정이 잘못되었다는 이유로 위 대금을 지급하지 않았다. 제기자는 2004. 10. 27자로 대한상사중재원에 알선을 신청하였다.

대한상사중재원은 위 사건을 접수한 후 제기자에게 수입 자료의 제출을 요청하여 이를 받아 검토한 후, 경비를 제외하고 환가료와 통관비를 포함한 순수 원가를 개당 8,513원으로 산출하였고 이를 양 당사자에게 통지하였다.

이에 대하여 양당사자 모두가 이를 인정하였고 이후 양당사자 간의 전화 당사자회의를 통하여 피제기자가 제기자에게 공구 48개에 대한 대금 총 400,000원을 송금하여 줌으로써 위 사건은 2004. 12. 13자로 양 당사자 간에 원만히 해결되었다.

사례 2 물품대금지급 또는 물품인수 청구 관련 알선사례[8)]

제기자는 피제기자로부터 2004. 4. 20경 건전지 50,000개를 개당 미화 4불에 발주 받고 이를 중국의 건전지 업체에 제작 의뢰하여 제작완료 하였다. 그러나 피제기자는 이 중 13,000개만 인수한 채 나머지 37,000개를 인수해 가지 않았다. 이에 제기자는 위 물품이 주문제작되어 타 업체에는 판매할 수도 없고 또한 중국 업체에 창고료 문제 등으로 인하여 피해가 계속적으로 커지고 있으므로 이를 피제기자에게 알리고 물품의 신속한 인수를 촉구하였다. 그러나 피제기자는 납품업체로부터의 미수금결제 문제 등을 이유로 이를 이행하지 않았다. 이에 제기자는 2004. 10. 14자로, 물품 37,000개를 인수하고 물품대금 미화 148,000달러를 지급하라는 알선을 신청하였다.

대한상사중재원은 제기자의 제출서류를 면밀히 검토한 후 피제기자에게는 제기자와 피제기자와의 계약이 적법하게 체결되었기 때문에 계약의 이행을 준

7) 전덕수 (2005), "운송 중 분실관련 알선 사례," 「계간중재」, 2005년 가을호 (대한상사중재원), pp.44-45.

8) 전덕수 (2005), 앞의 글, pp.44-45.

수해야 함을 주지시키고 이의 이행을 촉구하였으며 제기자에게는 피제기자의 손실을 줄일 수 있도록 계약 이행 기한의 연장 등 협조를 요청함으로써 당사자 간의 협상을 유도하였고, 이러한 협상의 결과로 피제기자가 물품 37,000개 중 17,000개는 2004. 11. 말, 나머지 20,000개는 2004. 12. 6자로 인수해 감으로써 2004. 12. 6자로 이 사건 분쟁이 당사자 간에 원만하게 해결되었다.

2. 조정(Conciliation)

조정은 당사자 쌍방이 공정한 제3자를 조정인(mediator)으로 선임하고 조정인이 제시한 구체적인 해결방안에 합의함으로써 클레임을 해결하는 방법이다. 이는 당사자 일방의 조정신청에 대하여 상대방이 응하여 당사자 쌍방이 조정요청을 하는 형식으로 개시된다. 또한 제시된 조정안에 대하여 당사자 중 어느 한편이 불만이 있으면 조정은 성립되지 않는다.

따라서 조정인은 해당 분야에 대해 경험이 풍부하고, 전문적 지식을 갖춘 전문가로 구성되는 것이 보통이며, 전문적 지식을 바탕으로 거래관행, 상관습을 반영하여 의견을 제시하거나 분쟁에 대한 적절한 평가를 통해 당사자들이 스스로 자신의 분쟁에 대해 결정하고 상호 만족할 만한 합의에 이르도록 도와주는 역할을 수행한다.

즉, 조정인에게는 강제적으로 결론을 내리는 권한을 가지는 것이 아니며, 당사자들로 하여금 복잡하고 번거로운 법·규칙에서 벗어나 상호존중과 이해를 바탕으로 공식적인 규범에 의존하지 않고 합의점을 찾을 수 있도록 도와주기만 할 뿐이다[9]. 조정은 다시 사법적 조정, 대외무역법상의 조정 및 중재법상의 조정으로 구별할 수 있다.

1) 사법적 조정

사법적 조정은 소송 중에 있는 분쟁을 당사자의 신청에 의해 조정담당판사

9) 실제로, 조정에서의 합의율은 외국의 경우 70~80%에 이르며, 합의는 당사자의 입장을 수용하여 이루어지므로 합의안에 따른 자발적 이행률이 상당히 높다.

나 조정위원회가 구성되어 이들이 제시한 조정안을 당사자들이 받아들임으로서 분쟁을 최종적으로 해결하는 일종의 화해제도이다.

당사자의 신청이라 함은 관련당사자들의 자발적인 협의로 조정신청을 해서 제시한 조정안이 반드시 당사자들에 의해 자의로 수락되는 것을 원칙으로 하지만, 예외적으로 당사자의 뜻에 관계없이 조정에 붙여지는 경우도 있다. 만약, 쌍방 중 일방이라도 조정인이 제시한 조정안을 끝내 수락하지 않으면 소송으로 복귀되고, 조정이 성립되어 조정조서가 작성되면 재판상의 화해와 동일한 효력을 가지며, 그 효력은 준재심의 절차에 의해서만 다룰 수 있게 된다.

민사에 관한 분쟁의 당사자는 법원에 조정을 신청할 수 있으며, 조정의 신청은 서면이나 구술로 할 수 있으며,[10] 조정은 비공개를 원칙으로 한다. 조정담당판사는 스스로 조정을 하거나, 상임(常任)으로 이 법에 따른 조정에 관한 사무를 처리하는 조정위원 또는 조정위원회로 하여금 조정을 하게 할 수 있다. 다만, 당사자의 신청이 있을 때에는 조정위원회로 하여금 조정을 하게 하여야 한다.[11]

조정은 당사자 사이에 합의된 사항을 조서에 기재함으로써 성립되며, 조정은 재판상의 화해와 동일한 효력이 있다.[12] 그러나 당사자 사이에 합의가 성립되지 아니하는 경우나 성립된 합의의 내용이 적당하지 아니하다고 인정되는 경우에는 소송으로 복귀된다.

2) 대외무역법상의 조정

산업통상자원부장관은 헌법에 따라 체결·공포된 조약과 일반적으로 승인된 국제법규에 따른 의무 이행을 위하여 필요한 경우, 우리나라 또는 교역상대국의 관련 법령에 위반되는 경우, 그 밖에 물품 등의 수출의 공정한 경쟁을 교란할 우려가 있거나 대외 신용을 손상하는 행위를 방지하기 위한 경우에 무역거래자에게 수출하는 물품 등의 가격, 수량, 품질, 그 밖에 거래조건 또는 그 대상지역 등에 관하여 필요한 조정(調整)을 명할 수 있다.[13]

또한 무역거래 또는 선적 전 검사(Pre-Shipment Inspection)와 관련한 분

10) 민사조정법 제5조.
11) 민사조정법 제7조.
12) 민사조정법 제28-29조.
13) 대외무역법 제46조.

쟁이 발생한 경우 당사자의 일방 또는 쌍방은 산업통상자원부장관에게 분쟁의 조정을 신청할 수 있다.[14)]

산업통상자원부장관은 조정신청을 받은 때에는 30일 이내에 조정 사건의 표시, 조정의 일시 및 장소, 당사자의 성명 또는 명칭 및 조정안의 주요 내용을 담은 조정안을 작성하여 당사자에게 제시하여야 한다. 조정안을 통지받은 분쟁 당사자는 7일 이내에 조정안에 대한 수락 여부를 서면으로 산업통상자원부장관에게 알려야 하며, 만약 당사자가 조정안을 거부한 경우에는 조정은 종료된다.[15)]

3) 중재법상의 조정

우리나라 중재법상 조정은 기준일[16)]로부터 15일 이내에 당사자 쌍방의 조정 요청이 있는 경우 사무국은 중재절차를 개시하기 전에 분쟁을 조정에 회부한다. 사무국은 중재인명부 중에서 1인 또는 3인을 조정인으로 선정한다. 조정의 절차와 방법은 조정인이 정한다. 조정이 성립하면 그 조정인은 당사자의 합의에 의하여 선정된 중재인으로 보며 조정의 결과는 화해에 의거한 판정의 방식으로 처리되는 동시에 판정과 동일한 효력을 가진다. 그러나 조정인이 선정된 날로부터 30일 이내에 조정이 성립되지 아니하는 경우에는 그 조정절차는 종료되며, 즉시 중재인의 선정 및 중재절차가 개시된다.[17)]

4) 대한상사중재원의 조정

대한상사중재원은 전술한 대외무역법 제44조(무역거래자간 무역분쟁의 신속한 해결)와 동법 제45조(선적 전 검사와 관련한 분쟁 조정 등)에 의거한 조정 권한을 위임·위탁받아 무역분쟁조정 업무를 담당하고 있다. 또한 "부품·소재 전문기업 등의 육성에 관한 특별조치법 제33조"에 의거하여 신뢰성보장사업과 관련한 분쟁조정을 담당하고 있다.

---

14) 대외무역법 시행령 제80조.

15) 대외무역법 시행령 제83조.

16) 국내중재규칙상 사무국이 중재의 신청을 접수하였을 때에는 쌍방 당사자에게 이를 접수하였다는 뜻을 통지하게 되는데, 기준일은 이 통지의 수령일(도달일)을 의미한다.

17) 국내중재규칙 제18조.

가. 무역분쟁조정

무역분쟁조정이란 무역거래자 상호간 또는 무역거래자와 외국업체 간에 물품 등의 수출, 수입과 관련하여 분쟁이 발생한 경우 및 선적 전 검사와 관련하여 수출자와 선적 전 검사기관간에 분쟁이 발생한 경우에 대한상사중재원에서 조정위원회를 구성하고, 이 조정위원회에서 분쟁에 관한 적절한 조정안을 제시함으로써 무역 및 선적 전 검사관련 분쟁을 신속하고, 공정하게 처리하기 위한 절차이다.

무역관련분쟁은 무역거래자 상호간 또는 무역거래자와 외국업체 간의 수출, 수입과 관련한 분쟁을 의미하며, 그 조정대상에는 물품대금 미지급, 선적불이행, 지연, 품질불량, 물품상이, 계약과 관련한 분쟁 등이 포함된다. 선적 전 검사 분쟁은 수출자와 선적 전 검사기관 간에 발생한 분쟁을 의미하며, 그 조정대상에는 가격산정, 품질, 수량, 통관관련 분쟁 등이 포함된다.

무역분쟁조정의 절차는 조정신청서 작성, 조정신청의 접수통지 및 답변서 제출, 조정위원회 구성 및 회의, 조정안의 작성 및 제시 순으로 진행된다.[18)]

양당사자가 조정회의 중 합의에 이르거나, 조정안 제시에 대해 모두 수락한 경우에는 조정이 성립한다. 이 경우 효력은 합의서로써 효력이 있고, 당사자가 내용대로 이행하지 않을 경우에는 이후의 중재, 소송절차에서 그대로 인용될 가능성이 많다. 다만, 그 효력을 확정판결과 동일한 효력으로 하기 위해서 중재합의를 한 후 중재판정으로 할 수 있다.

나. 신뢰성분쟁조정

신뢰성분쟁이란 부품 · 소재전문기업등의 육성에 관한 특별조치법에 따라 신뢰성인증을 받은 부품 · 소재로 인하여 그 부품 · 소재를 이용하여 제품을 생산하거나 생산된 제품을 사용한 자가 그 부품 · 소재의 하자로 인하여 손해를 입은 경우, 신뢰성보장사업자, 피보험자, 지정인증기관, 지정평가기관 혹은 그 밖의 이해관계자간에 발생한 분쟁을 의미한다.[19)]

신뢰성분쟁조정의 절차는 조정신청서 작성, 조정신청의 접수통지 및 답변서

18) 대외무역관리규정 제94-103조 및 대한상사중재원 무역분쟁조정 조정절차 참조.

19) 신뢰성분쟁조정의 대상범위는 제조물의 품질관련 분쟁, 제조물 회수비용, 제조물배상책임, 기대이익의 청구 등으로 나눌 수 있다.

제출, 조정부의 구성 및 회의, 조정안의 작성 및 수락권고의 순으로 진행된다.

당사자가 합의서를 작성하거나 또는 조정안을 모두 수락한 경우에 조정이 성립된다.[20] 이 경우 효력은 합의서로서 효력이 있고, 당사자가 내용대로 이행하지 않을 경우에는 이후의 중재, 소송절차에서 그대로 인용될 가능성이 많다. 다만, 그 효력을 확정판결과 동일한 효력으로 하기 위해서 중재합의를 한 후 중재판정으로 확정할 수 있다.

3. 중재(Arbitration)

중재란 분쟁 당사자 간의 합의(중재계약)에 따라 사법(私法)상의 법률관계로 관한 현존 또는 장래에 발생할 분쟁의 전부 또는 일부를 법원의 판결에 의하지 아니하고 사인인 제3자를 중재인으로 선정하여 중재인의 판정에 맡기는 동시에 그 판정에 복종함으로써 분쟁을 해결하는 자주법정제도로서 국가공권력을 발동하여 강제집행할 수 있는 권리가 법적으로 보장된다.

조정은 분쟁당사자 간의 합의를 도출하는 절차인데 반해, 중재는 당사자가 선정한 중재인이 당사자의 의견을 들은 후에 중재판정을 내리는 절차로, 중재판정은 법원의 확정판결과 동일한 효력을 인정받는 점에서 소송과 유사하다. 그러나 중재는 소송과 달리 중재로 분쟁을 해결하겠다는 중재합의[21]가 있어야 절차가 개시되고, 판사가 아닌 전문가인 중재인이 결정을 내리며, 3심이 아닌 단심으로 끝난다는 점에서 차이가 있다.

또한 중재는 국내·외 중재관계법규 및 국제협약의 법적 근거에 의해 뒷받침되고 있으며 민사소송에 따른 비용과 시간을 절약할 수 있다는 점 등에서 무역분쟁을 해결하는데 매우 효과적인 방법이다. 이하 중재제도에 대한 자세한 내용은 본 교재 제3부 국제상사중재의 실제 편에서 설명하기로 한다.

---

20) 신뢰성분쟁조정규칙 제11조 제1항.

21) 중재합의란 계약상의 분쟁인지 여부에 관계없이 일정한 법률관계에 관하여 당사자 간에 이미 발생하였거나 앞으로 발생할 수 있는 분쟁의 전부 또는 일부를 중재에 의하여 해결하도록 하는 당사자 간의 합의를 말한다(중재법 제3조 2항).

| 표 3.1 | 소송과 중재의 비교

구분	소 송	중 재
대상	민사, 형사, 행정, 선거 등 모든 분쟁	당사자가 처분할 수 있는 사법상의 분쟁
요건	소제기의 방식이 적법할 것, 당사자가 실재하며 당사자능력이 있을 것, 당사자가 소송능력자일 것, 당해 법원에 관할권이 있을 것 등	당사자 간의 서면에 의한 중재합의. 다만 분쟁물은 당사자가 자유로이 처분할 수 있어야 함.
효력	구속력, 형식적 확정력, 기판력, 집행력, 형성력 등	법원의 확정판결과 동일한 효력, 강제집행 시 법원의 집행판결 필요
절차	복잡한 소송절차와 삼심제도 때문에 오랜 시일이 걸림	절차가 간단하고, 단심제로 분쟁이 종료되므로 매우 신속함
경비	변호사보수, 인지대 등 많은 비용 발생	경비가 소송에 비해 상대적으로 저렴함
판정자	법관이 판결(법관은 법이론은 밝지만 전문적인 상거래의 실무와 관습에 관한 경험도 반드시 그에 비례하는 것은 아님)	전문화되고 상거래에 정통한 중재인이 판정(각각의 분쟁에 대하여 실정에 맞는 합리적 해결을 할 수 있음)
공개성	공개주의가 원칙(영업상의 비밀이나 회사의 비밀이 공개되어 대외신용도가 침해되기 쉬움)	비공개주의(기업의 비밀이 보장되므로 대외신용의 침해를 받을 우려가 적음)

4. 소송(Litigation)

소송은 국가기관인 법원의 판정에 의하여 분쟁을 강제적으로 해결하는 방법이다. 소송은 사건의 내용에 따라 민사소송, 형사소송, 행정소송 등으로 분류할 수가 있으나 클레임의 대부분은 민사소송이다. 이것은 화해나 알선, 조정 또는 중재에 의하여 분쟁을 해결할 수 없는 경우에 최후의 수단으로써 국가공권력의 발동에 의한 물리적인 힘에 의해 해결하는 방법이다.

그러나 무역거래에서는 상대방이 법역(法域)을 달리하는 외국에 있는 것이 보통이므로 2국간 조약으로서 당사국 상호간에 외국판결의 승인, 집행을 약속하고 있는 경우를 제외하고는 자국의 재판권이 상대국에 미치지 못한다는 한계가 있어 강제집행을 할 수 없다. 뿐만 아니라 소송에는 많은 시간과 비용이 소요되므로 소송에 의한 무역분쟁 해결방법은 거의 이용되고 있지 않다.

제3절 온라인 분쟁해결제도

1. 온라인 ADR의 정의 및 특징

1) 온라인 ADR의 정의

대체적 분쟁해결(Alternative Disputes Resolution: ADR)은 일반적으로 대안적 분쟁해결로도 번역되기도 하고 그 운용에 있어서 재판이나 소송이외의 형태로 이루어지는 분쟁해결이라는 점에서 '재판 외 분쟁해결' 또는 '소송 외 분쟁해결'로 번역되기도 한다. 따라서 ADR은 어떠한 형식이나 절차에 관계없이 분쟁을 해결하기 위해 분쟁당사자들이 취할 수 있는 소송 이외의 모든 분쟁해결절차를 의미한다.[22)]

ADR의 경우 협상, 알선, 중개, 조정, 중재 그리고 간이심리, 옴부즈맨, 법원 ADR, 사적 판결 등 다양한 방법이 있다.[23)] 이러한 ADR은 자주적 의사에 기초하여 분쟁을 해결할 수 있기 때문에 분쟁처리의 합리성, 신속성, 경제성 및 타당성 등을 도모할 수 있다.

이러한 ADR의 개념에 입각하여 온라인 ADR(On-line ADR: ODR)은 인터넷을 통해 가상공간에서 시간과 공간의 제약을 받지 않고 이루어지는 ADR이라고 할 수 있다.

---

22) 최석범 (2008), "온라인 ADR의 운영현황과 활성화 방안에 관한 연구," 「중재연구」, 제18권, 제3호 (한국중재학회), pp.94-95.

23) 신군재 (2002), "ADR을 통한 전자상거래 분쟁해결방안에 관한 고찰," 「국제상학」, 제17권, 제2호 (한국국제상학회), pp.247-48.

온라인 ADR은 학자들에 따라 간단히 온라인 분쟁해결(On-line Dispute Resolution)로 정의되기도 하고, ADR방식으로 분쟁해결을 위한 컴퓨터 네트워크로 정의되기도 한다.[24] 또한 사법적인 분쟁처리방법이 아닌 ADR을 온라인상에서 구현한 것으로 정의하는 학자도 있다.[25]

2) 온라인 ADR의 특징과 ADR과의 차이점

가. 온라인 ADR의 특징

온라인 ADR은 분쟁해결수단에 정보기술(Information Technology)을 반영한 것으로 시간과 공간을 초월하여 이용될 수 있는 분쟁해결로서 전자상거래상에 발생하는 온라인분쟁뿐만 아니라 오프라인분쟁도 대상으로 하고 있기 때문에 그 유용성이 확대되고 있다.

이러한 온라인 ADR의 특징은 다음과 같다. 첫째, 저비용의 분쟁해결수단이다. 둘째, 신속한 분쟁해결수단이다. 셋째, 분쟁당사자들이 인터넷을 통해 쉽게 접근할 수 있는 분쟁해결수단이다. 즉, 당사자 간에 전자적 관계가 형성되어 분쟁을 해결하기 위해 함께 모일 필요가 없다는 점이다. 넷째, 분쟁과 관련된 정보관리가 용이하다. 다섯째, 당사자들은 유연성을 유지할 수 있다.

나. 기존 ADR과의 차이점

온라인 ADR을 가장 간단하게 표현하면 온라인 환경으로 전환된 ADR이라고 할 수 있다. 따라서 기존 ADR은 오프라인환경에서 이루어지고 온라인 ADR은 온라인 환경에서 이루어진다는 점에서 근본적인 차이점이 발생한다.

이러한 측면에서 온라인 ADR과 기존 ADR의 차이점을 기술하면 다음과 같다. 첫째, 온라인 ADR은 분쟁해결의 주요수단으로 전자적 수단이 이용된다. 그러나 ADR은 오프라인환경에서 분쟁해결이 도모되기 때문에 분쟁해결의 보조수단으로서 전자우편 등이 사용될 뿐이다.

둘째, 온라인 ADR은 인터넷으로 연결된 컴퓨터만 있으면 어디서도 접속이

---

24) 우광명 (2003), "온라인 중재의 실행에 관한 법적 문제에 관한 고찰," 「통상정보연구」, 제5권, 제1호 (한국통상정보학회), pp.137-58.

25) 전순환, 홍선의 (2007), "전자상거래 분쟁해결을 위한 온라인 ADR의 활성화 방안에 관한 연구," 「분쟁해결연구」, 제5권, 제1호 (단국대학교 분쟁해결연구소), pp.65-66.

가능하지만 ADR은 지정장소에 출두해야 하는 지리적 한계성을 지니게 된다.

셋째, 온라인 ADR은 시간적 제약 없이 당사자 간에 분쟁의 해결을 도모할 수 있으나 ADR은 동일한 장소에서 동일한 시간에 상면해야 하는 관계로 시간적 한계성이 존재하게 된다.

넷째, 온라인 ADR은 비동시적 접촉으로 분쟁당사자들은 상대방에게 응대하기 전에 충분한 시간을 갖고 대응방안을 강구할 수 있다. 반면 ADR은 동시적 접촉이 요구되기 때문에 시간적 여유가 없으며 감정이 노출되기 쉽다.

다섯째, 온라인 ADR은 인터넷을 통해 대체적 분쟁해결 서비스를 제공하기 때문에 비용이 매우 저렴하다. ADR도 소송에 비해 저렴한 비용으로 서비스를 제공받지만 온라인 ADR에 비교되지 않는다.

여섯째, 온라인 ADR로서의 중재판정은 구속적 온라인중재판정과 비구속적 온라인중재판정으로 구별되어 있으나, ADR로서의 중재판정은 구속적이며 최종적인 분쟁해결수단이다. 따라서 온라인 ADR과 기존 ADR은 그 유형에서 유사하더라고 그 절차와 효력에서 차이가 있다.

2. 온라인 ADR의 활용영역

분쟁해결을 위하여 온라인 ADR이 유용성을 갖는 근거는 서술한 바와 같이 절차의 간이신속성, 저렴한 비용, 전문성, 그리고 합의지향성 등과 같은 기존 ADR의 유용성이 그대로 적용된다는 점이다. 또한 인터넷상에서 거래되는 제품이나 서비스의 종류, 판매계약이나 라이선스계약 등은 일반적으로 소액거래이기 때문에 분쟁이 발생하였을 경우 시간과 비용이 많이 드는 사법적 해결을 현실적으로 고려하기 어렵다는 점도 온라인 ADR의 유용성을 증가시킨다.

이러한 측면에서 온라인 ADR 활용이 유용한 분쟁유형은 다음과 같다. 첫째, 도메인명과 상표를 비롯한 각종 영업권을 둘러싼 지적재산권분쟁을 들 수 있다. 원래 도메인명 자체가 민간단체에 의해 IP 주소와 대응하는 문자열로 부여해 왔기 때문에 이러한 분쟁의 해결도 민간단체에서 하는 것이 교섭에 보다 친숙하기 쉽기 때문이다. 또한 gTLD[26]는 물론 국별 도메인도 그 이용에 대하여

26) generic Top Level Domain의 약어로 컴퓨터의 지리적 조건과 관계없이 이용할 수 있는 일반적 최상위 도메인(top level domain)이다. 여기에 속하는 것으로는 com, net,

국경이 존재하지 않는다. 이러한 국제성은 법역을 초월하여 심각한 법 저촉문제를 가져오고 각 국 법원의 사법마찰로까지 진전될 가능성이 있다. 따라서 이러한 국제적 분쟁의 해결을 위해 온라인 ADR의 활용 가능성은 크다고 할 수 있다.

둘째, 전자상거래가 관련된 소비자분쟁의 경우이다. 특히 전자우편이나 사이버경매시스템을 이용하여 상품이나 서비스를 판매하는 경우에는 매도인과 매수인은 직접 접촉하지 않으며, 또한 이러한 성질이 거래의 이용촉진에 관계하고 있는 요소이다. 그러나 이를 역으로 생각하면 거래상의 위험이 오프라인 거래보다 상대적으로 크기 때문에 거래 활성화에 부정적 요소로 작용된다고 할 수 있다. 따라서 전자우편이나 사이버경매시스템의 운영주체가 온라인 ADR 시스템을 구축하고 이를 이용한다는 약관을 포함한 계약을 체결하면 거래당사자의 신뢰를 향상시킬 수 있다.

셋째, 사이버공간에서 발생하는 분쟁뿐만 아니라 현실세계(off-line)에서 발생하는 국제상사분쟁도 온라인 ADR의 대상이 될 수 있다. 일반적으로 무역거래는 대부분 격지자간의 거래이며 상관습, 언어, 문화, 제도 등의 차이로 인하여 분쟁이 발생할 가능성이 상존한다. 이러한 상사분쟁의 해결에는 중재나 조정과 같은 ADR이 주로 활용되고 있다. 또한 정보통신기술이 지속적으로 진보하고 있는 상황이기 때문에 시간과 공간의 제약을 크게 받지 않는 온라인 ADR의 국제상사분쟁에 대한 적용성은 더욱 확대될 것으로 예상된다.

넷째, 사이버공간에서 흔히 발생하고 있는 명예훼손이나 프라이버시를 둘러싼 분쟁이다. 이것은 비정형적이지만 반대로 인격적 가치를 둘러싼 분쟁이기 때문에 재판에 의한 일도양단적 해결보다는 온라인 ADR 시스템을 통해 조정하거나 중재하는 것이 분쟁해결에 있어 더욱 효율적이라 할 수 있다.

또한 이런 유형의 분쟁에 공급업자나 게시판 등의 사이트운영자, 시스템운영자 등이 연루된 경우도 있다. 이 경우 공급업자 등은 명예훼손, 프라이버시 침해의 분쟁당사자 간에 있어서 어느 당사자에게도 쉽게 협조할 수 없는 딜레마에 봉착하는 경우도 예상할 수 있다. 이러한 곤란한 상황을 타개하기 위하여 온라인 ADR을 설정해 놓고 스스로의 책임에 대한 법적판단을 회피하면서 당사자 간의 교섭을 재개시키는 경우 온라인 ADR의 유용성은 상당히 크다.

또한 통신비밀이나 회원의 프라이버시를 보호하면서 피해자 구제를 가능하게 하기 위하여 실명을 공개하지 않고도 교섭이 가능하다는 점과 가상적인 인

---

org 등이 있다.

격의 명예·프라이버시를 문제 삼는 것도 가능하다는 점 등이 온라인 ADR이 적합한 이유로 설명될 수도 있다.

3. 온라인 ADR 운영기관 및 사례

1) 해외 온라인 ADR 운영기관

온라인 ADR 관련 자료를 제공하고 있는 대표적인 사이트인 odr.info에 등록된 ODR 서비스공급자(ODR Provider)는 2013년 기준으로 총 63개 기관이다. 온라인 ADR의 선구적 역활을 한 VMP(Virtual Magistrate Project)는 1995년 미국 시카고켄트 법대(Chicago-kent College of Law)와 일리노이기술재단에 의해 설립되었다. 또한 1996년 자동정보연구센터의 지원으로 OOO(Online Ombuds Office)가 설립되었는데, OOO는 분쟁해결방식을 향상시키기 위하여 사이어공간의 이점에 바탕을 둔 전자우편, 화상회의시스템 등의 방법들을 개발하는데 주력하였다.

또한 1996년 캐나다 몬트리올대학 공법연구소(CRDP)에 의해 설립된 Cybertribunal 프로젝트는 사이버공간에서 발생되는 분쟁의 예방과 해결을 위해 법조계에서 지식과 경험을 갖춘 법률전문가를 활용하여 조정과 중재 등의 분쟁해결시스템을 제공하였다.

현재 온라인 ADR 서비스를 제공하는 주요 기관으로는 보험 청구 분쟁과 사업자간 분쟁(B2B)에 대한 ODR 서비스를 제공하는 WebMediate[27], 전자상거래 사이트를 운영하는 SquareTrade[28], 인터넷 법정이라고 불리는 i-courthouse[29], 미국 전역을 대상으로 중재 및 조정서비스를 제공하고 있는 NAM의 산하조직인 ClickNSettle[30], 1,700여명이 넘는 전직판사 등을 전문가로 구성하고 있는 National Arbitration and Mediation[31], 국제적인 ODR 서비스를 수행하고 있는 NovaForumi[32] 등이 있다.

---

27) www.webmediate.com

28) www.squaretrade.com

29) www.i-courthouse.com

30) www.clicknsettle.com

31) www.namadr.com

최근에는 Privacy Seal 프로그램을 통해 인터넷 공간에서의 개인정보를 보호하고자하는 BBB(The Better Business Bureau)[33] 및 미국중재협회(American Arbitration Association: AAA)[34] 등 전통적인 ADR 기관이 온라인 서비스를 제공하고 있다.

2) 국내 온라인 ADR 운영기관

국내에서도 전자문서・전자거래분쟁조정위원회와 개인정보분쟁조정위원회, 휴대폰/ARS결제중재센터, 콘텐츠분쟁조정위원회 등에서 ODR 제도를 운영하고 있다. 각 기관 별 주요 설립목적, 주요 업무 및 분쟁해결절차를 살펴보면 다음과 같다.

가. 전자문서・전자거래분쟁조정위원회

'전자문서'는 정보처리시스템에 의하여 전자적 형태로 작성, 송신・수신 또는 저장된 정보를 말하며, '전자거래'는 재화나 용역을 거래할 때 그 전부 또는 일부가 전자문서에 의하여 처리되는 거래를 말한다.[35]

따라서 전자문서・전자거래분쟁이란 전자문서의 생성, 유통, 보관 등에서 발생되는 분쟁과 전자거래에서 발생한 배송, 계약, 샘플정보 오기, 반품 및 환불 등의 모든 분쟁을 말한다.

분쟁조정 신청방법은 전자문서・전자거래분쟁조정위원회[36]의 홈페이지에서 조정신청을 통해 접수하는 것이 원칙이나 방문, 팩스, 이메일 및 우편으로도 접수가능하다. 조정은 양 당사가 간의 합의에 따라 대면조정, 서면조정, 사이버조정 및 전화조정으로 진행된다.

조정신청이 접수된 날로부터 45일 이내에 조정안을 받아볼 수 있으며, 당사자는 조정안을 받은 날로부터 15일 이내에 조정안에 대한 동의여부를 조정위원회로 통지하여야 한다. 만일 15일 이내에 의사표시가 없는 때에는 조정안에 수락한 것으로 간주한다. 당사자가 조정안에 수락한 경우에는 조정조서가 송달

32) www.iventures.ca
33) www.bbbonline.org
34) www.adr.org
35) 전자문서 및 전자거래기본법 제2조.
36) http://www.ecmc.or.kr

된다. 이 조정조서는 민사소송법에 따른 재판상 화해와 동일한 효력을 가지게 된다.

사례 3 인터넷 쇼핑몰 상품가격 오기로 인한 계약취소 요청[37)]

1. 사건개요

피신청인(구매자)은 2012년 3월 23일 새벽, 신청인(판매자)이 운영하는 사이버몰에서 냉장고 21대를 주문 및 결제(2,772,000원)하였다. 당일 오전, 주문서를 확인한 신청인은 피신청인에게 연락하여 냉장고 1대당 정상가격은 1,320,000원인데 물품 등록 시에 0을 실수로 누락하여 132,000원에 기재하였다며 주문취소를 요청하였다. 그러나 피신청인은 정상적으로 계약이 성립되었기에 그에 따른 이행(물품의 인도)을 요청하며 분쟁이 발생하였다.

2. 양당사자 주장

가. 신청인(판매자)

신청인은 물품등록 시 가격기재에 과실은 인정하나, 피신청인이 21대를 주문한 것은 물품가격에 착오가 있음을 알 수 있었음에도 불구하고 구매한 것으로 사료된다. 피신청인은 카드취소를 통한 환불조치가 완료되었음에도 불구하고 본인의 동의 없이 이루어졌다는 사유로 결제금액에 해당하는 2,772,000원을 현금으로 보상하라고 주장하여 황당하였다. 이에 신청인은 판매자의 과실로 인하여 발생된 것이나, 분쟁해결을 위하여 신청인에게 공급이 불가한 사유에 대하여 충분히 안내하였으나 피신청인이 납득하지 못하고 현재까지 신청인에게 지속적으로 연락하여 신청인의 영업에 중대한 손실이 발생하게 하였다. 신청인은 피신청인에게 시간적, 정신적 피해에 대한 손해배상(300,000)을 요청한다.

나. 피신청인(구매자)

피신청인은 냉장고를 구매하기 위하여 가격비교 후 신청인이 운영하는 사이버몰에서 냉장고를 21대 주문 및 결제(2,772,000)하였다. 당일 오전 신청인은 피신청인에게 연락하여 직원의 실수로 인한 가격 오표기라는 사유로 카드결제를 취소하겠다고 통보하였다. 피신청인은 역지사지 관점에서 구매자가 동일모델을 타 사이버몰보다 더 높은 가격에 구매한 경우에는

37) 전자문서・전자거래분쟁조정위원회 (2013), 「2013 전자거래분쟁조정사례집」, 사건번호: CA12-01108, pp.116-120.

계약 건에 대하여 타 사이버몰과의 차액분을 요구하여 반환받을 수 있는 것도 아닌데, 피신청인의 검색을 통하여 동일모델을 타 사이버몰보다 저렴하게 구매한 것에 대하여 판매자인 신청인이 가격 오표기를 이유로 일방적으로 취소 및 환불조치하는 것은 부당하다고 판단된다. 본 건의 경우, 신청인의 과실로 인하여 발생한 부분에 대해서 되려 피신청인에게 악의적인 의도가 있다고 주장하는 것을 보며 피신청인은 신청인이 본 건을 해결하고자 하는 의도가 없다고 사료된다. 이에 피신청 인은 분쟁해결과정에서 신청인의 억지주장으로 인한 정신적인 피해에 대한 배상(300,000원)을 요구하며, 신청인이 일방적으로 피신청인의 동의 없이 결제취소가 이루어진 것에 대해 물품대금과 동일금액인 2,772,000원에 대해서는 보상받기를 요청한다.

3. 조정부의 판단

• 주 문 :

가. 신청인의 청구를 기각한다.

나. 신청인은 피신청인에게 100,000원을 현금으로 지급한다.

• 이 유 :

가. 양당사자 간 다툼 없는 사실

2012년 12월 23일, 피신청인은 신청인이 운영하는 사이버몰에서 냉장고 21대를 주문하고 결제한 사실, 이후 신청인이 피신청인의 주문내역을 확인하고 사이버몰을 재차 확인한 결과 정상가격(1,320,000원)에서 0하나를 뺀 132,000원에 등록된 것을 발견하였다. 신청인은 피신청인에게 연락하여 계약취소를 요청하였으나, 피신청인이 거부하면서 분쟁이 발생하게 되었고, 결국 신청인이 일방적으로 카드결제 취소요청을 통하여 계약이 취소된 사실에 대하여는 서로 다툼이 없다.

나. 신청인의 가격 오표기가 중요 부분의 착오로 볼 수 있는지 여부

피신청인이 신청인의 사이버몰에서 냉장고를 선택하여 주문하였고, 주문 건에 대한 대금결제까지 완료하여 매매계약이 일단 유효하게 성립된 것으로 보인다. 그러나 신청인이 가격입력상의 착오가 없었다면 정상가격의 10%에 불과한 금액으로 물품을 판매하지 않았을 것으로 보인다. 결국 착오를 이유로 신청인이 피신청인에게 행한 매매계약 취소 통보가 용인될 수 있는지에 대하여 살펴봐야 할 것으로 보인다. 민법 제109조[38)]는 착오로 인한 취소요건으로 '법률행위 내용의 중요부분에 착오가

있어야 하며 그것이 중과실이 아니어야 한다.'고 규정하고 있다. 따라서 신청인의 가격 입력상의 착오가 없었더라면 정상가격의 10%에 불과한 금액으로 냉장고를 대량으로 판매하지 않았을 것으로 보이는바, 90%차액의 가격표시는 중요부분의 착오로 볼 수 있다.

다. 사안의 쟁점

본 건의 경우 피신청인이 신청인의 사이버몰에서 냉장고 21대를 주문 및 결제하였고, 이는 사이버몰의 권유(법률상 '청약의 유인'[39] 에 해당함)에 따라 물품을 선택하여 주문(법률상 '청약'에 해당함)한 이상 정상적으로 계약이 성립되었음에도 불구하고 신청인의 일방적인 가격표시 착오를 이유로 계약을 취소하는 것은 부당하므로 피신청인이 결제한 상당금액인 2,772,000원을 보상하라고 다툰다.

반면, 신청인은 피신청인이 결제한 부분은 카드결제를 취소하는 방법으로 거래를 취소하였으므로 단 한 푼도 신청인이 이득을 취한 것이 없음에도 피신청인의 결제금원 상당의 손해를 배상하라고 하는 것은 심히 부당할 뿐만 아니라, 피신청인이 냉장고 1대도 아니고 21대를 주문 결제한 것은 구매의사에 악의가 있다고 보여 진다. 또한 이에 대하여 분쟁 발생일인 3월 23일 이후로 신청인도 피신청인으로부터 과도한 정신적 피해를 받아 그에 따른 영업상의 손실이라는 명목으로 위자료 300,000원을 배상하라고 다툰다.

라. 조정부 판단 및 결론

신청인이 피신청인에게 주장하는 위자료 300,000원의 지급청구는 계약체결상의 과실 책임에 따른 손해를 배상하여 하는 과실 책임의 법리에 따라 이유 없어 청구를 기각하고, 피신청인은 본 건의 물품을 구매·취소하는 과정에서 유무형의 손실이 발생하는 등 물품을 구입하지 못한 부분에 대한 상실감이 클 것으로 보이는 바, 계약체결상의 과실 책임에 따른 손해의 배상이라는 측면에서 '신의원칙상 상당하다고 인정되는 수준'의 금액을 산정할 필요가 있다고 보이므로, 그 배상액은 본 건 냉장고 1대분의 약 10% 상당인 100,000원을 신청인에게 부담하게 함이 적정하다고 판단되다. 이상과 같은 이유로 당사자 쌍방의 양보를 통해 분쟁을 해결하고자 피신청인은 신청인으로부터 100,000원을 지급받는 것으로 주문과 같이 조정안을 결정한다.

4. 조정안 수락여부 : 양 당사자 수락

나. 개인정보분쟁조정위원회[40)]

개인정보의 이슈에 있어서, 기업, 정부 등 개인정보처리자가 고객의 개인정보를 적절히 활용함으로써 영업의 효율성을 높이고 고객의 편의성을 제고할 수 있다는 긍정적 측면은 인정되지만, 인터넷 등 정보통신기술의 발달로 인해 유출된 개인정보는 순식간에 가공할 만한 속도로 광범위하게 유포될 수 있고, 이러한 유출로 인한 프라이버시나 인격권 침해 뿐 아니라 보이스피싱 등에 의한 재산적 피해의 우려가 크다는 부정적 측면도 또한 심각하게 고민하고 해결해야 할 국가적 과제로 제기되고 있다.

개인정보의 유출이나 오남용에 의한 피해는 동시에 수많은 사람에게 발생할 수 있으며, 정신적 피해・재산적 피해 등 그 피해액을 정확히 예측하거나 산정하기 어려운 것이 현실이다. 특히 기업의 고객 개인정보 이용과 관련하여 우려되는 점은 정보주체가 스스로 개인정보의 유출이나 오・남용을 사전에 인지 또는 통제하기 어려우며, 개인정보 침해에 대한 사후적 구제조치에 의한 원상회복도 거의 불가능하다는 것이다.

이에 따라 개인정보침해에 대한 피해구제는 시간과 비용이 많이 들고 절차가 번거로운 기존의 소송제도만으로는 적절한 피해구제를 도모할 수 없다는 인식이 확산되었다. 그리고 이러한 배경에서 세계 각국에서는 개인정보보호 전문기관을 두고, 소송외적 분쟁해결방식을 마련하여 개인정보피해를 구제하고 있으며 우리나라에서도 2001년부터 개인정보분쟁조정제도가 도입되어 운영되고 있다.

개인정보준쟁조정에 대한 신청은 한국인터넷진흥원 개인정보침해신고센터[41)]의 민원시스템을 통해 접수하고 있으며, 그 처리 절차는 신청사건의 접수 및 통보→사실확인 및 당사자 의견청취→조정 전 합의 권고→위원회의 조정절

38) 한국민법 제109조(착오로 인한 의사표시) ① 의사표시는 법률행위의 내용의 중요부분에 착오가 있을 때에는 취소할 수 있다. 그러나 그 착오가 표의자의 중대한 과실로 인한 때에는 취소하지 못한다.

39) 청약과 청약의 유인의 구별: 청약의 유인(청약을 하기 전의 사전의 흥정, 준비행위로 예를 들어 구인광도, 물품판매광도, 상품목록 배부, 기차시간표의 게시 등을 있음), 청약(계약을 체결하려는 구속력 있는 의사표시를 의미함), 청약의 유인과 청약을 구별하는 것은 그 행위가 계약의 내용을 지시하고 있느냐, 계약의 당사자가 누구라도 상관이 없는 성질의 것이냐, 거래의 관습은 어떠하냐? 등이다.

40) http://kopico.or.kr

41) http://privacy.kisa.or.kr

차 개시→조정의 성립 순으로 진행된다.

위원회가 제시한 조정안에 대하여 당사자가 수락하여 조정조서가 유효하게 작성되면, 해당 조정의 내용은 재판상 화해와 동일한 효력을 갖게 되고, 민사소송법상 재판상 화해는 확정판결과 동일한 효력이 있으므로(민사소송법 제220조), 위원회에 의한 조정의 효력은 확정판결과 동일한 효력을 갖게 된다. 현재의 판례는 재판상의 화해조서에 대해 무제한의 기판력을 인정하고 있으므로 재판상 화해의 효력을 인정하고 있는 조정조서에 대하여도 무제한으로 기판력이 인정된다. 따라서 조정의 당사자는 조정내용의 흠을 이유로 취소나 무효의 주장을 할 수 없고, 조정내용에 불복하여 소를 제기할 수도 없으며, 확정판결의 재심사유와 같은 사유가 있을 때에만 준재심(민사소송법 제461조)의 절차에 의하여 다툴 수 있을 뿐이다.

다. 휴대폰/ARS결제중재센터

휴대폰/ARS결제중재센터[42]는 휴대폰/ARS결제와 관련하여 이용자와 사업자간에 발생한 분쟁을 신속·공정하게 중재하고 이를 해결하기 위하여 설립되어 운영 중에 있다. 동 센터의 주요 기능은 휴대폰/ARS결제 클레임 해결을 위한 중재 및 권고, 安心 휴대폰/ARS결제 가이드라인 제공, 휴대폰/ARS결제 피해예방 활동, 휴대폰/ARS결제 클레임 사례수집, 유형분석 및 대처·해결 방안 연구 및 제시, 휴대폰/ARS결제 관련 법제도 및 정책개선 건의, 휴대폰/ARS결제 중재백서 발간, 인터넷·언론매체 등을 통한 안전한 휴대폰/ARS결제 이용환경 조성을 위한 캠페인 실시 등이다.

휴대폰/ARS결제중재센터의 중재절차는 회원가입 후 온라인 또는 이메일을 통해 중재신청 및 접수→중재신청 내용사실 확인→중재 및 권고→권고의 순으로 진행된다. 휴대폰/ARS결제 중재센터의 중재 결정에 대해 신청인과 상대방이 이를 수락하여 조정이 성립된 경우 양 당사자 간에는 중재최종결과와 동일한 내용의 합의(민사상의 화해계약)가 성립한 것으로 본다. 만약 당사자중 일방이 최종 중재안을 수락하지 않을 경우에도 센터를 통한 중재는 종료되며, 신청인은 수사기관에 의뢰하는 등의 별도 해결방법을 모색하셔야 한다. 즉 중재결과에 대해 강제적으로 따라야 할 법적인 의무는 발생하지 않는다.

42) http://www.spayment.org/

라. 콘텐츠분쟁조정위원회

콘텐츠분쟁조정위원회[43]는 콘텐츠 사업자 간, 콘텐츠 사업자와 이용자 간, 이용자와 이용자 간의 콘텐츠 거래 또는 이용에 관한 분쟁을 조정하기 위해 설치되어 운영 중이다.[44]

▌표 3.2▌ 콘텐츠 분쟁의 주요 유형

구분	주요 사례
게임 콘텐츠	• 시스템·프로그램 오류로 소멸된 아이템에 관한 분쟁 • 온라인게임서비스 아이템에 관한 분쟁 • 계정도용상태에서 발생한 영구이용 제한조치의 취소에 관한 분쟁 • 불법프로그램 이용에 대한 계정취소에 관한 분쟁 • 서비스 장애로 인한 손해배상에 관한 분쟁 • 개인 간 아이템 거래 및 아이템 중개사이트에서 거래한 아이템과 관련한 분쟁 • 이용약관 및 운영정책 해석에 관한 이견이 있는 경우 • 게임제작자와 퍼블리셔 간의 퍼블리싱 계약에 이견이 있는 경우
에듀 테인먼트	• 에듀테인먼트 콘텐츠 대금환급에 관한 분쟁 • 에듀테인먼트 콘텐츠 품질불량 또는 표시광고 관한 불만 분쟁 • 에듀테인먼트 콘텐츠 제공과 병행하여 지급된 사은품 반환 분쟁
일반 콘텐츠	• 청약철회 제한을 위하여 착오구매를 미연에 방지하고자 노력하였는지에 관한 분쟁 • 이용방법 및 조건 등 이용에 관한 콘텐츠사업자와 이용자 간의 다툼이 있는 약관 규정 및 처분 전반에 관한 분쟁 • 서비스 불량, 서버접속 불량, 콘텐츠 품질저하 등 콘텐츠 하자에 관한 분쟁 • 콘텐츠 제작, 유통에 있어 계약의 성립 및 해석, 책임 등에 관한 이견이 있는 경우 • 이용대금 환불, 이용에 필요한 기술사양 등 정보제공의무를 다하였는지에 관하여 이견이 있는 경우, 이용 및 거래내역을 제공하거나 과오금, 계약의 해제, 해지 등에 관하여 이견이 있는 경우

43) http://www.kcdrc.kr

44) 콘텐츠산업 진흥법 제29조 제1항.

콘텐츠는 부호, 문자, 도형, 색채, 음성, 음향, 이미지 및 영상 등(이들의 복합체를 포함한다)의 자료 또는 정보로서 영화, 음악, 게임, 출판, 인쇄, 방송영상물, 문화재, 만화, 캐릭터, 애니메이션, 에듀테인먼트, 모바일, 디자인, 광고, 공연, 미술품, 공예품, 디지털콘텐츠, 사용자제작콘텐츠, 멀티미디어콘텐츠 등 장르를 구분하지 않는다. 콘텐츠 분쟁의 주요 유형은 앞의 <표 3.2>와 같다.

콘텐츠분쟁조정위원회는 조정이 신청되면 분쟁조정에 필요한 자료를 제공할 것을 분쟁 당사자, 콘텐츠 사업자 또는 참고인에게 요청할 수 있으며, 이 경우 해당자는 정당한 사유가 없으면 반드시 이를 응하여야 한다.

또한 콘텐츠분쟁조정위원회는 필요하다고 인정하는 경우 분쟁 당사자 등으로 하여금 조정위원회에 출석하게 하여 그 의견을 들을 수 있다. 만일 거짓 자료를 제출하여 직무집행을 방해하는 경우 5년 이하의 징역 또는 1천만원 이하의 벌금에 처할 수 있으며 문서를 위조 또는 변조하여 제공하는 경우 5년 이하의 징역 또는 1천만원 이하의 벌금에 처할 수 있다. 또한 그러한 문서를 부정행사한자 역시 1년 이하의 징역이나 금고 또는 300만원 이하의 벌금에 처할 수 있게 된다. 콘텐츠분쟁조정위원회의 조정안을 제시받아 5일 이내에 수락하게 되면 콘텐츠분쟁조정위원회는 조정서를 작성해 송부하며, 이 조정서는 법원의 확정판결과 같은 재판상 화해와 동일한 효력을 가진다.

- 제4장 상사중재의 이해
- 제5장 국제규범과 국가별 중재제도
- 제6장 한국의 상사중재제도

PART Ⅱ

국제상사중재 일반

Chapter 04

상사중재의 이해

제 1 절 상사중재제도의 역사

1. 일반적 연혁

중재가 역사적으로 언제부터 시작되었는가는 확실하지는 않다. 그러나 기원전 400년 그리스·로마시대부터 중재가 행하여졌으며, 이 중재제도는 유럽에서 영국으로, 다음에 미국 등으로 전파되었다고 한다.

당시의 분쟁은 대개 국경분계선, 식민지의 소유권, 영토의 특정부분에 대한 소유권, 적의 침입으로 인한 손해의 산정, 한 국가가 타 국가에 대부한 돈의 청구 및 종교분쟁과 같은 것들이었다.[1] 그 형식에 있어서도 현대적인 요건을 갖추고 있었으며, 당사국간의 분쟁해결절차는 법에 기초를 두고 있었기 때문에 판정은 구속력을 가졌으며 자발적으로 약속을 이행하였다고 한다.[2]

일반적으로 상사중재는 국가공권력에 의한 소송보다 먼저 존재하였다고 한다. 그 이유는 고대 그리스나 로마에서 상업은 주로 노예나 중개인들이 담당하였고, 귀족층이 상업이나 돈 버는 일에 관여하는 것은 명예를 훼손하는 것으로

---

1) Comeron K. Wehringer (1969), *Arbitration: precepts and principles* (Oceana Publications), p.5.

2) John Liddle Simpson and Hazel Fox, *International Arbitration: Law and Practice* (London: Stevens Ltd.), p.1.

간주하였기 때문이다. 따라서 귀족들의 지원에 의한 상거래분쟁처리제도는 탄생될 수 없었고, 상인들 스스로 자치적 분쟁처리방법을 고안할 수밖에 없었는데, 이것이 곧 상사중재의 유래라 할 수 있다.[3)]

이러한 중재제도는 중세에 들어서 로마법과 교회법의 영향을 받으며 당시 지중해 연안의 도시국가들을 중심으로 발전하였다. 이 당시의 중재제도도 자율적이고 관습적이며, 법원의 재판과는 별개의 제도로 발전하게 되었다.

특히 중세 유럽의 상인들은 조합을 결성하고, 각 조합들은 자치적인 상인법원을 설치하여 시장 내부에서 발생되는 분쟁들을 신속하게 해결하였으며, 이를 통하여 자치적인 분쟁해결제도를 확립하게 되었다. 그리고 중재합의와 중재판정에 대하여 법적인 효력을 부여하여 구속력을 인정하였다. 또한 중재인이 선과 형평에 의한 판정을 할 수 있도록 함으로써 근대적 의미의 우의적 중재의 틀을 다지게 되었다.[4)]

2. 주요 시대별 상사중재제도

1) 고대의 상사중재제도

가. 그리스의 중재제도

그리스에서도 두 가지의 중재제도가 있었다. 한 가지는 현대적 의미의 조정제도와 유사한 것으로서 중재인은 조정법원을 구성하여 일반법규를 적용하며 사건을 처리하였는데, 당사자는 중재인(엄격한 의미의 조정인)의 판정에 복종할 의무는 없었으며 일반법원에 상소가 가능하였다. 한편 중재인은 꼭 판정할 의무도 없어서 사건의 성격에 따라서는 판정 전에 사건을 법원으로 직권 이송할 수도 있었기 때문에 이는 엄밀한 의미에서는 중재라 보기 어려운 측면이 있다.

다른 하나는 오늘날 우의적 중재와 유사한 것으로 분쟁 당사자가 임의로 중재인을 선정하여 사건을 그 중재인의 판정에 맡기는 방법이다. 이 때 중재인은 중재절차의 적용과 증거조사에 이르기까지 반드시 법률에 따를 필요는 없고 자유심증에 따른 양심적 판정을 하면 되었다. 즉, 이 방법에 의한 중재에 있어

3) 정익인 (1986), 「상사중재론」 (서울: 무역경영사), pp.27-28.

4) 신두식, 이주원 (2011), 「국제무역클레임과 중재실무」 (서울: 도서출판 두남), p.160.

서는 중재인은 반드시 법률을 엄격히 적용하지 않고 중재인의 임의대로 판정할 수 있었다. 중재인의 판정은 최종적인 효력을 지녔으며 법원에의 상소는 금지되었다[5]. 이것이 오늘날의 중재제도의 기원이라고 할 수 있다.

그리스에서 중재의 결과를 어떻게 집행하였는가에 대하여는 자료가 없으나 추측하건데, 당시의 민주적 시민정신에 입각하여 자율규제방식인 소속조합의 압력, 처벌 또는 제명 등의 수단으로 그 강제력을 가졌을 것으로 보인다. 이러한 방식은 중세 길드(guild)에서도 강력히 시행된 것을 보면 시민 간에는 일종의 자치적 해결수단으로 이어져 내려왔음을 알 수 있다.

나. 로마시대의 중재제도

고대의 로마법에 의한 민사소송절차의 실체는 중재절차였다. 그 내용은 분쟁당사자의 합의에 의하여 중재인인 심판인을 민간인 중에서 선정하여, 그 판정에 따라 분쟁을 해결하는 것이었다. 국가는 판정이 내려지기까지 공평성과 하자 유무를 감독·통제하고 심판인의 판정에 의한 분쟁의 해결을 보장해 주었는데 이러한 소송의 절차가 지금의 중재제도의 근원이 되고 있다.

이 시대에 있어서도 중재합의는 원칙적으로 사적 합의로 이해되었다. 따라서 법정절차의 구성에 있어서도 중재인이 자진하여 당사자의 출석을 강제하지 않고, 당사자의 일방이 상대방을 법무관인 중재인의 면전에 출석시켜 절차를 진행하는 것이 보통이었다. 이러한 것은 오늘날의 중재절차와 매우 흡사하지만, 오늘날과 같이 출석 요청방법인 통신수단이 여의치 못하였기 때문으로 추측할 수 있다.

이상에서 살펴본 바와 같이 그리스나 로마시대의 중재방식은 내국중재(국내중재)였다. 로마는 B.C. 201년에 포에니전쟁에서 대승한 것을 계기로 농업사회적 도시국가에서 상업사회적 세계국가로 비약하였으며, 세계적 상거래의 원활한 운용을 취지로 외국인에게도 적용되는 비형식주의적 국제사법인 만민법(jus gentium)[6]을 발전시켰다. 이때에 행해진 분쟁해결방식은 형평·평등·

5) 森井清 (1970),「國際商事仲裁」(東洋經濟報社), p.16.

6) 로마시민에게만 적용된 형식주의적인 시민법(市民法)에 대응한다. 도시국가 로마가 세계적인 대제국으로 발전하는 과정, 특히 여러 도시, 여러 민족과의 교섭·거래에서 신의·성실을 중시하는 입장을 유지하기 위하여 생겨난 법질서이다. 관습을 기초로 하고 여러 도시 및 여러 민족에게 공통되는 자유롭고 비형식적인 것이며, 로마시민에게나 외래인(外來人)에게나 똑같이 적용되었다. 212년 로마 제국 내의 모든 자유민에게 로마

정의의 원리에 입각한 영국의 에퀴티(equity)에 영향을 미친 것으로 보인다.

2) 중세의 상사중재제도

중세에서 중재는 해사중재(maritime arbitration)와 상사중재로 구분되었다. 이처럼 중재를 두 가지로 구별 한 이유는 해법은 국제성이 강하여 상사중재와 같이 국가적 규율로 통제하기 곤란하여 해사중재의 자주성을 인정할 수 밖에 없었던 것으로 추측된다.

가. 해사법에 의한 중재

로마시대에는 상사법과 해사법 및 각각의 재판관할은 다른 체계에 속하지 않고 일반법의 일부로 생각되었으나, 중세에 이르러서는 양자가 일반법체계로부터 분리되었다. 무역업자들 활동의 규준(規準)이었던 해법은 관습법의 형태를 취하고 있었다. 해법은 옛날부터 자주적 성격이 강하였기 때문에 해사 관계자간의 자치가 확립되었을 뿐만 아니라, 분쟁에 대비하여 독특한 해사재판소(court of admiralty)와 해사재판절차가 마련되었었다.

해사중재의 실례는 '올레롱해법'(laws of Oleron)에 잘 나타나 있다. 이는 12~3세기 경 프랑스 서해안 올레롱 섬에서 있었던 해사재판소의 판결을 모아 수록 편찬한 판례법이다. 그러나 실질상으로는 해사중재판정집이라 할 수 있는 것으로서 이는 당시 해양국인 영국, 벨기에, 네덜란드 등에도 영향을 주어 이들 국가에서는 이를 계승하였다.

특히, 올레롱해법 가운데 13세기 후반에 스페인 중북부의 해항도시인 바르셀로나에서 편찬된 해사에 관한 법률 '콘솔라토 델 마아레'(consolato del mare)는 스페인의 해항도시 간에 행하여진 해사관습법을 편집한 것으로서 일반적으로 '바르셀로나해법'이라고 불리고 있다. 이 바르셀로나해법은 최초로 해상중재제도를 법제화한 것으로 의의가 있다. 동법에는 해사상의 중재인이라고 할 수 있는 해사영사(consol la mar)[7]의 선임절차가 기재되어 있다. 이것은 해사재판이 관계당사자의 자치에 맡겨져 있었음을 명백히 해주고 있다. 이 바르셀로

시민권이 부여되어 시민법과도 만민법을 구별할 필요가 없어짐에 따라 자연법 개념 속에 포함되게 되었다.

7) 여기서 해사영사의 역할은 오늘날 해사중재인의 역할과 같은 것이었다.

나해법은 차츰 제국에 보급되어 스페인 이외에 이탈리아, 프랑스 등 지중해 각지의 해사재판소에서 채택되었다. 뿐만 아니라 북유럽의 해역에서도 채택되어 해사중재제도의 법적 기원으로 되었던 것이다.

따라서 국제상사중재제도 측면에서 볼 때 해사중재가 상사중재 보다는 훨씬 앞서고 있으며, 이처럼 해사중재가 독자적으로 발전할 수 있었던 것은 그 사안의 특성과 전문성 때문이었던 것이다. 특히, 해사란 해운관계의 오랜 경험과 전문적 지식이 요구되는 분야이기 때문에 여기에서 발생하는 분쟁은 법률상의 문제이기보다는 사실상의 문제가 많게 되며, 따라서 그러한 분쟁은 법률상의 문제를 주로 취급하는 법원에서 해결하는 것보다는 해운분야에서 오랜 경험과 학식을 갖춘 덕망 있는 전문인에 의하여 해결되도록 하는 것이 더 합리적이기 때문이다.[8)]

나. 시장재판소와 길드(gild)의 강제집행

한편, 중세의 유럽에서는 각지에 시장이 발달되었다. 이러한 시장은 국왕의 비호아래 상업적 이익을 보호받았을 뿐만 아니라 차츰 국가권력으로부터 이탈하여 독립의 권리를 취득하는데 성공하였다. 그 결과 시장 내의 거래에 대한 분쟁을 간이·신속히 해결하기 위하여 시장재판소가 설치되었다.

십자군의 원정에 의하여 동서 간으로 연장된 유럽각지의 시장은 곧 활기를 띠게 되었고, 그로 인하여 상공업의 융성이 촉진됨으로써 도시가 발달되었다. 이러한 신흥도시는 국왕 또는 봉건영주로부터 획득한 특권에 의하여 자주권을 확립하였다. 예컨대, 유명한 것으로는 북해(North Sea) 및 발트해(Baltic Sea) 연안도시에 의한 한자(hansa)동맹이 있다. 그 사이에 도시에 정주하고 있는 상인과 직인은 길드와 수공업의 동직(同職)조합인 쭌프트(zunft)를 조직하였다.

이와 같은 자치도시와 자치단체에 있어서는 자치적인 특수재판제도로서 해사재판소를 설치하고, 분쟁을 중재방식으로 해결하였다. 특히, 길드와 쭌프트와 같은 실업단체가 가지고 있었던 분쟁처리기관은 일종의 중재기관이라고 할 수 있으며, 그것은 스스로 중재판정을 할뿐만 아니라 그 판정을 집행할 능력도 있었다. 즉, 조합원이 중재판정에 복종하지 않는 경우에는 그 조합원을 제명,

---

8) 정익인 (1986), 앞의 글, pp.45-46.

공표 또는 추방할 수 있는 강제력이 있었기 때문에 오늘날 법원에 의한 강제집행보다 훨씬 효율성이 높았다. 따라서 영업활동을 계속할 의사가 있는 상인 또는 수공업자는 이러한 조합의 제재를 받지 않기 위해서는 그 중재판정을 수락할 수밖에 없었다.

3) 근대의 상사중재제도

영국에서는 에드워드 2세 시대(1307~1327)에 이미 중재재판이 널리 이용되고 있었다.[9] 당시의 시장과 개항장에서의 상거래 분쟁은 동업자 중에서 선정된 중재인이 분쟁사건을 자치적으로 신속하게 해결하는 것이 일반적이었다.

16세기에 접어들면서 길드, 기타 실업단체 간에 중재가 성행하였고 국가는 중재를 보호할 목적으로 1679년에 영국중재법을 제정하여 방임되던 민간중재를 법적으로 규제·감독을 하였다. 따라서 민간중재판정부는 중재절차에 대하여 적용에 오류가 있으면 판정의 효력이 없거나 취소되는 등 법원의 확인을 필요로 하게 되었다. 그 후 중재판정은 법률적 재판소 측으로부터 규제를 받았으나, 중재제도는 꾸준히 발전하여 1889년 영국의 중재법(Arbitration Act, 1989)이 제정되면서 중재제도는 새로운 발전을 위한 전기가 마련되었다.

4) 현대의 상사중재제도

20세기 초에 이르러 중재제도는 각국의 중재관련 법령에 의존하여 다소의 발전이 있었으나. 가장 큰 문제는 장래의 분쟁을 중재로 해결한다는 중재조항이 강제불능성(non-enforceability) 이라는 점이었다.

1차 세계대전 이후 국제상사분쟁제도의 통일화에 대한 필요성이 대두되자 국제연맹(the League of Nations)에 의해 1923년 제네바의정서가 체결되었으며, 1927년 제네바의정서의 보완책으로 '외국중재판정의 집행에 관한 제네바협약'(The Geneva Convention on the Execution of Foreign Arbitral Awards of 1927)[10]을 만들어 제네바의정서의 적용을 받는 중재계약에 따라 이루어진 중재판정과 체약국내에서 내려진 중재판정은 모든 체약국내에서 구속력 있고 집행 가능하도록 하였고, 그 밖에 중재판정집행신청인이 행할 절차

9) 森井清 (1970), 앞의 글, p.43.

10) 92 League of Nations Treaty Series 302.

와 형식을 규정하였다.

또한 제2차 세계대전 이후 국제상업회의소(International Chamber of Commerce: ICC)의 주도로 초안이 만들어져 국제연합경제사회이사회(the Economic and Social Council: ECOSOC)의 심의를 거쳐 1958년 '외국중재판정의 승인과 집행에 관한 UN협약'(The United Nations Convention on the Recognition and Enforcement of Foreign Arbitral Awards: New York Convention)이 만들어졌다.

이를 이어 1966년에 설치된 국제연합 국제무역법위원회(United Nations Commission on International Trade Law: UNCITRAL)는 각국의 중재법 통일과 중재의 국제적 활용 촉진을 위하여 1976년 'UNCTRAL 중재규칙'과 1985년 'UNCTRAL 모범법안'(UNCITRAL Model Law)을 채택하였다.

또한 국제상사중재제도에 관한 통일화 운동을 주도하여 뉴욕협약 등을 성립시킨 국제상업회의소도 1988년 'ICC 중재규칙'(ICC Rules of Conciliation and Arbitration)을 채택하였다.

제2절 상사중재의 장·단점

1. 중재제도의 장점

1) 탄력성(flexibility)

중재는 그 절차에 있어서 법원의 재판보다 탄력성을 갖는다. 즉 절차적 공정성을 위하여 엄격하고 세밀하며 오랜 관행으로 굳어진 소송절차와는 달리, 중재절차에서는 그 사건에 맞는 사적 절차와 방식을 적용할 수 있어, 적어도 이론적으로는 상황에 적응하면서 탄력적으로 절차를 진행할 수 있고, 그로 인하여 신속하고 효율적인 해결방안이 될 수 있다.[11)]

11) 그러나 실제에 있어서는 중재의 공정성을 유지하기 위하여 소송절차의 복사판이 되는

또한 실체판단에 있어서도, 재판은 법적 안정성을 최우선적으로 고려하여 실정법을 엄격하게 적용하여야 하지만, 중재에 있어서는 당사자들의 합의에 따라 특정 법률을 적용하거나 그 지역에만 통용되는 원칙[12] 등을 적용할 수 있으며, 아니면 법률이 아닌 일반상식에 따라 실체판단을 하게 할 수도 있다.[13]

2) 우의성(友誼性, amicability)

중재는 소송절차와 달리, 자유의사에 기하여 또는 적어도 자유의사가 개입되어 선임된 중재인에 의하여 진행되고 판단되는 절차이고 그 진행방식도 엄격하지 않으므로 당사자들은 우호적인 분위기에서 중재를 받을 수 있고, 또 그 종국적 판단에 이르기 전에 화해 또는 조정에 이를 수도 있으며, 중재판정에 의하여도 선의의 이행을 기대할 수 있다.

3) 전문성(expertness)

분쟁의 대상이 고도의 전문성을 가진 경우, 법원도 전문감정인의 의견에 의존할 수밖에 없다. 중재는 그 분야의 전문가나 경험자를 판단자(중재인)로 선택함으로써 시간과 비용을 절약할 수 있는 한편, 합리적이고 공감될 수 있는 판단을 기대할 수 있을 뿐 아니라, 재판부와 달리 중재판정부가 그 한 건만 하도록 구성되므로 연속성과 일관성을 가질 수 있다.

4) 비밀성 또는 비공개성(confidentiality)

재판은 공정을 위하여 공개되는 것을 원칙으로 하고 있다. 그러나 특정거래에 있어서는 그 분쟁의 대상, 예를 들면 기술, know-how 등이 경쟁사나 고객에게 알려지지 않아야 하며, 한편으로는 분쟁이 발생하였다는 사실 자체가 공개되는 것을 꺼려하는 경우도 많다. 중재는 심리를 비공개하고 비밀을 보장함으로써 위와 같은 불이익을 방지할 수 있다.

경우가 많다.

12) 예를 들면, 상인법(lex mercatoria), 국제거래법(international trade law)등을 말한다.

13) 뒤에서 말하는 우의적 중재(amiable composition)를 말한다.

5) 비법률적 분쟁의 해결

분쟁의 성격상 소송절차 또는 법률에 의하여 해결될 수 없는 경우가 있다. 예를 들면, 계약이 불완전하게 이루어졌을 때 소송절차에서는 이를 보완하거나 수정할 수 없는 반면, 중재는 이처럼 소송이 해결할 수 없는 분쟁의 실질적 해결을 맡을 수 있다.[14)]

6) 국제분쟁에 있어서 승인과 집행의 용이성

국제거래에서 분쟁이 발생하였는데 재판지국과 집행국이 다른 경우, 집행국의 민사소송법에 기하여 외국판결을 승인 및 집행 받는 것보다 국제조약에 기하여 외국중재판정을 승인 및 집행 받는 것이 전반적으로 유리하다.

7) 신속성(speediness)

중재는 단심제로 진행되기 때문에 복잡하고 장기간이 소요되는 분쟁도 신속하게 해결할 수 있는 장점이 있다. 소송은 법원에서 3심까지 대체로 2~3년이 소요되는데 반해, 대한상사중재원의 중재사건은 평균 5.2개월 내에 처리된다(국내중재 4.9개월, 국제중재 6.7개월). 특히 1억원 이하의 국내사건에 신속절차를 적용할 시 평균 2개월 내에 처리된다.

그러나 실제로는 중재판정기간이 재판기간보다 더 길어지는 경우도 있는데, 이는 중재인들이 대개 절차진행의 전문가가 아니고, 더구나 자신의 직업 때문에 중재에 전력투구할 수가 없으며, 더구나 집행 및 승인절차를 밟아야 하고 이에 대하여 상소가 가능하기 때문이다.

8) 저렴한 비용(low cost)

중재는 그 신속성과 전문성 덕분에 소송에 비하여 비용이 상대적으로 저렴하다. 그리고 분쟁이 발생하면 직접비용뿐만 아니라 기회비용 등의 간접비용이 발생하는데, 중재에서는 분쟁이 신속하게 해결되므로 이러한 분쟁비용을 절약할 수 있다. 또한 중재는 변호사 비강제주의로 반드시 변호사를 선임할 필요가

---

14) 이를 filling in gaps in a contract라고 한다. René David (1985), 앞의 글, pp.22-24.

없고, 전문가인 중재인이 판정하므로 별도의 감정인 선정에 따른 감정비용을 줄일 수 있다.

그러나 소송비용은 국민의 세금에 의하여 부담되는 것인데 반하여, 중재인보수・중재기관에 대한 비용・중재장소 비용 등 중재비용은 모두 당사자가 부담하여야 한다. 또한 변호사를 대리인으로 선임하여야 하는 경우 분쟁당사자는 소송보다 더 많은 비용을 부담하여야 하는 경우도 발생한다.

2. 중재제도의 단점

1) 불확실성

소송에 있어서의 절차의 엄격성은 절차적 공정을 보장하기 위한 것인데, 중재에서는 이러한 엄격성을 완화함으로써 절차적 공정이 보장되지 않으므로 중재판정의 공정성이 담보되지 않는다. 또한 중재판정이 법률 또는 판례 등에 의하지 않음으로써 결과를 예측하기 어려워 예측가능성(predictability)이 감소된다. 특히 중재판정이 '衡平과 善'(ex aequo et bono) 또는 '友誼的 仲裁'(amiable composition)에 의할 경우에는 더욱 그러하다.

2) 진실발견의 어려움

중재판정부의 제한된 권한으로는 실체적 진실을 발견하는데 부족하다. 즉 국가공권력의 도움을 받지 못함으로써 증인신문 등 증거조사에 어려움이 있다.

3) 공정한 중재인 선정의 곤란

중재는 선정된 중재인의 직업, 경험과 사고방식 등에 따라 중재절차의 실제 운영에 차이가 있게 되고, 이는 간혹 중재판정의 결과에 영향을 미칠 수 있다. 또한 분쟁당사자는 자신이 선호하는 중재인으로 중재판정부를 구성하려 하기 때문에 아무리 공정하고 독립적인 중재인으로 중재판정부를 구성하여도 이러한 문제는 완전히 해소되기 어렵다.

4) 중재인의 대리인 의식

각 당사자가 각각 1명씩의 중재인을 선정하는 경우에, 당사자의 일방에 의하여 선정된 중재인은 자기 자신을 당사자의 대리인으로 생각하는 경향이 있을 수 있다. 중재인의 권한이 당사자와의 중재계약에 의하여 발생되는 것은 사실이지만, 이 중재계약은 위임계약 또는 도급계약은 아니다. 그러므로 중재인은 당사자의 대리인이 아니라 당사자의 의사와는 별개·독립의 지위에서 판정을 하여야 하므로 중재계약은 일종의 특수계약이라고 할 수 있다. 그럼에도 불구하고 중재인이 본인을 선정한 당사자의 이익을 보호하려는 경향이 있다.

5) 법률적 불완전성

중재인은 사실문제에 대하여서는 그 전문가로서의 지식을 충분히 발휘하여 분쟁내용을 신속·정확하게 판정할 수 있으나 중요한 법률문제가 개재(介在)되어 있을 경우에는 일반적으로 그 판단 능력이 미흡하다는 것이다.

그러므로 중재인이 그의 전문분야가 아닌 법률문제를 판정한다는 것은 그 판정의 결과에 대한 불완전성의 문제를 배제할 수 없으며, 그러한 위험성은 특히 사기 또는 출소기한(出訴期限, fraud or limitation)과 같이 고도로 전문적인 법적 논쟁이 개재될 수 있는 분쟁사건의 경우에 더욱 높아질 수 있다는 견해이다.

6) 상소제도의 결여

재판의 경우 3심 제도는 패소한 당사자의 정당한 요구에 응하여 재판의 정당성을 보장하고, 나아가 사법제도에 관한 신뢰를 확보하기 위한 제도이다. 그러나 중재에 있어서는 판정을 취소할 만한 중대한 결함이 없는 한, 판정에 대한 불복신청이 인정되지 아니한다. 이것은 남소(濫訴)를 방지함으로써 사건을 신속히 처리하려는 중재제도의 본질적 요구인 동시에 그 장점의 하나이다. 반면에 이는 중재를 이용하려고 하는 사람에 대하여는 큰 불안을 안겨다 주는 요인이 되고 있다.

7) 다수당사자 간의 분쟁해결 어려움

다수당사자가 모두 중재지, 준거법 및 중재절차에 합의한 경우에는 가능하나, 그렇지 않다면 중재인이 제3자를 당사자로 끌어 들일 수 있는 방법이 없으므로 분쟁의 일회적 해결이 소송절차보다 어렵다.

8) 양당사자 주장의 절충

중재인이 가끔 안일하게 절충주의(折衷主義)에 의하여 판정을 내리는 경우가 있다. 이것은 중재인에게는 법관과 같이 강제처분권이 없는데다가, 판정기한이 짧게 정해져 있는 것이 보통이기 때문이다. 그러나 이러한 절충주의는 서로 대립되는 주장에 대하여 그 당부(當否)에 관한 판정을 회피하는 태도이므로 중재제도의 이용자에게 불안을 안겨주는 요인이 되고 있다.

제3절 상사중재의 대상 및 종류

1. 중재의 적용대상과 요건

1) 중재의 적용대상

중재는 당사자가 자유로이 처분할 수 있는 사법상의 분쟁으로서 현재 또는 장래에 발생할 분쟁 모두가 중재의 대상이 된다. 따라서 당사자가 자유로이 처분할 수 없는 법률관계(형사사건, 가사심판사건, 강제집행사건, 행정소송사건)는 중재의 대상이 아니다.[15] 여기서 중재의 적용대상에 공법적 요소가 포함된 계약에 관한 분쟁은 제외되는지 논란의 여지가 있을 수 있으나 최근 각국의 경향은 공법적 요소가 포함된 사법관계의 분쟁이라도 배제하지 않는다고 해석하는 추세이다. 따라서 일반계약과 관련된 분쟁에 노사관계나 외환관리문제, 독

15) 양병회 외 (2006), 「주석 중재법」(대한상사중재원, 한국중재학회), p.5.

점금지거래 등이 포함되었다고 이를 중재대상에서 배제되지 않는 것으로 볼 수 있다.

UNCITRAL 모범법안은 상사성(commercial)을 가진 분쟁만을 그 대상으로 하고 있음에 반하여 한국중재법은 이 법은 중재에 의하여 사법상의 분쟁을 적정·공평·신속하게 해결함을 목적으로 한다고 규정하고 있어 상사중재의 대상범위가 상대적으로 더 넓다고 할 수 있다.

▌표 4.1▌ 한국상법 제46조의 상행위 범위

1. 동산, 부동산, 유가증권 기타의 재산의 매매
2. 동산, 부동산, 유가증권 기타의 재산의 임대차
3. 제조, 가공 또는 수선에 관한 행위
4. 전기, 전파, 가스 또는 물의 공급에 관한 행위
5. 작업 또는 노무의 도급의 인수
6. 출판, 인쇄 또는 촬영에 관한 행위
7. 광고, 통신 또는 정보에 관한 행위
8. 수신·여신·환 기타의 금융거래
9. 공중(公衆)이 이용하는 시설에 의한 거래
10. 상행위의 대리의 인수
11. 중개에 관한 행위
12. 위탁매매 기타의 주선에 관한 행위
13. 운송의 인수
14. 임치의 인수
15. 신탁의 인수
16. 상호부금 기타 이와 유사한 행위
17. 보험
18. 광물 또는 토석의 채취에 관한 행위
19. 기계, 시설, 그 밖의 재산의 금융리스에 관한 행위
20. 상호·상표 등의 사용허락에 의한 영업에 관한 행위
21. 영업상 채권의 매입·회수 등에 관한 행위
22. 신용카드, 전자화폐 등을 이용한 지급결제 업무의 인수

여기서 상사의 정의는 모범법안 제1조 제1항의 각주 2로 명시되고 있는데 ① 상품 또는 용역의 매매, 교환, 공급을 목적으로 하는 무역거래(trade transaction)

② 유통계약(distribution agreement) ③ 대리관계(agency) ④ 팩토링(factoring) ⑤ 리스(leasing) ⑥ 건설(construction for work) ⑦ 자문(consulting) ⑧ 기술제휴(licensing) ⑨ 엔지니어링(engineering) ⑩ 합작투자(joint venture) ⑪ 파이낸싱(financing) ⑫ 은행거래(banking) ⑬ 운송(carriage of goods or passengers) 등을 포함하고 있다.

한편 상법 제46조에서는 기본적인 상행위를 영업으로 하는 다음의 22가지를 상행위로 규정하고 있다.

또한 동법 제47조에서는 상인이 영업을 위하여 하는 행위는 상행위로 보며, 상인의 행위는 영업을 위하여 하는 것으로 추정한다는 보조적 상행위 규정을 두어 상행위의 개념을 광범위하게 인정하고 있다.

이상의 내용을 고려하면 당사자가 자유로이 처분할 수 없는 법률관계, 즉 재산권에 관한 법률관계로서 당사자 간에 화해로써 종결될 수 없는 비송사건(非訟事件)[16], 가사심판사건, 강제집행사건 등은 중재의 대상이 아니다. 또한 사법상의 분쟁이 아닌 형사사건, 행정사건 등도 중재의 대상이 될 수 없으며, 만일 이러한 것을 중재하기로 당사자 간에 합의하였다면 당해 중재조항은 당연히 무효가 된다.

2) 중재의 요건

중재가 성립되기 위한 요건은 다음과 같다.

첫째, 상사분쟁의 주체인 당사자가 있어야 한다. 당사자는 권리・의무의 주체로서 자연인 또는 법인이어야 한다. 그런데 국가기관도 상행위의 주체로서 상거래를 하는 경우가 있다. 예를 들면, 조달청이 물품을 구입하는 경우로서 이 때 분쟁이 생기면 중재의 당사자가 될 수 있다.

둘째, 중재당사자는 당사자 적격에 결격사유가 없어야 한다. 당사자적격은 신청인 또는 피신청인으로서 중재절차를 수행하고 본안(本案) 판정을 유효하게 받을 수 있는 자격을 말한다. 일반적으로 분쟁내용인 권리관계의 주체인자나

16) 비송사건은 법원이 다루는 사건 중에서 소송사건 이외의 민사에 관한 모든 사건을 말하며, 비송사건절차법상의 비송사건과 상사비송사건으로 구분되어 인다. 먼저 비송사건절차법상의 비송사건에는 민사비송사건으로서 법인(法人), 신탁(信託), 재판상의 대위(代位), 보존・공탁・보관과 감정, 법인의 등기, 부부재산약정의 등기 등에 관한 사건이 있으며, 다음으로 상사비송사건으로서 회사와 경매, 사채(社債), 회사의 청산(清算), 상업등기(商業登記) 등에 관한 사건이 있고, 그밖에 과태료에 관한 사건이 있다.

중재판정에 법률상 이해관계를 가진 자는 모두 당사자 적격을 가진다. 당사자 적격에 결함이 있는 자에 대한 중재판정은 재판에 의해 취소될 수 있다.

셋째, 분쟁이 반드시 현실적으로 존재하여야 하며, 중재대상을 특정하여야 한다. 사법상의 권리관계에 대하여 작위(作爲) 또는 부작위(不作爲)에 의한 결과가 있고 그 결과에 의한 분쟁이 있어야 한다. 가령 분쟁발생가능성이 예견되는 상황을 사전에 차단하기 위한 중재신청은 불가능하다.

넷째, 분쟁은 서면에 의한 중재합의 범위 내에 속하여야 한다. 중재합의 범위 내에 포함되지 않은 분쟁은 중재판정권이 존재하지 않으므로 당연히 중재를 할 수 없다. 또한 중재합의사실을 입증할 수 없을 경우에도 마찬가지다.

다섯째, 중재는 사법상의 법률관계에 관한 분쟁이어야 한다. 사법상의 법률관계라 함은 사람과 물건(또는 재화)과의 권리·의무관계를 법의 힘에 의하여 보장하고 실현시키려는 것이라고 말할 수 있다.

여섯째, 양당사자에 의해 신청된 분쟁의 해결을 위임할 중재기관인 판정자로서 제3자인 중재인이 있어야 한다.

2. 중재의 종류

1) 상사중재와 비상사중재

'상사거래'(commercial transaction)라는 개념은 민사거래와 구별되는 개념으로서 대륙법계 국가들에서 사용되어 왔다. 즉 임대차계약관계, 근로계약관계 및 가사법률관계 등 일반인들의 법률관계와는 달리, 상사거래는 전문적이고 합리적 속성을 가진 상인들 간의 거래라는 이유에서 중재에 있어서는 물론 다른 분야에서도 민사거래와는 다른 취급을 받아왔다.

현대에 들어서도 일부 국가에서는 아직도 상사거래에 관하여만 중재를 허용하고 있으므로 국제협약들은 비상사거래에 대하여도 중재가 가능하도록 입안되었다. 즉 중재에 관한 최초의 국제조약인 1923년의 '중재조항에 관한 제네바 의정서'(the Geneva Protocol on Arbitration Clauses of 1923) 제1조는 "상사적 문제(commercial matters) 또는 중재에 의하여 해결가능한 모든 문제에 관한 계약으로부터 발생한 분쟁"을 대상으로 한다고 규정하였고, 뉴욕협약도 같은 취지로 규정하고 있다.

그러나 위 협약들은 입안과정에서 체약국들의 의견을 존중하여, 체약국이 그 조약상 의무를 '그 국가의 법에 따라 상사라고 인정되는 계약'(contracts which are considered as commercial under its national law)으로 제한할 수 있게 하였는바,[17] 이것이 소위 '상사유보'(the commercial reservation)로서 상사중재와 비상사중재를 구별할 가장 큰 이유가 되었다.

이처럼 상사중재와 비상사중재는 국제협약의 적용에 관하여 그 구별의 실익이 있으므로 집행국의 상사에 관한 법규를 살펴보아야 한다.[18] 그러나 국제중재에 있어서는 일반적으로 대부분의 법원이 거의 모든 형태의 거래를 상사거래로 보고 있으므로[19] 실제상 크게 문제되는 경우는 드물다.

2) 국내중재와 국제중재

가. 구별의 필요성

어느 중재가 국내중재(domestic, national arbitration)인가, 국제중재(international, transnational arbitration)인가의 문제는 실무상 매우 중요하다. 즉 국내중재는 한 국가의 국민 간에 소송대신 이루어지는 것으로서 국가 입장에서는 계약당사자 간의 불균형제거, 경제적 약자(소비자 등)의 보호 등 국가정책의 수행을 위하여 중재에 관여할 필요성을 느끼는 반면, 국제중재는 계약당사자 간 경제적 우열이 적을 뿐 아니라 국가관련성도 상대적으로 희박하므로 그 관여의 정도가 보다 탄력적이고 너그러워진다.

나. 구별의 기준

국내중재와 국제중재를 구별하는 기준은, 보통 분쟁의 성격(nature of the dispute)에 따르는 경우와 당사자의 국적(nationality of parties)이나 주소지(habitual residence)에 따르는 경우로 나뉘나, 결국 문제가 된 국가의 입법에

17) 제네바의정서 제1조, 뉴욕협약 제1조 제3항.

18) UNCITRAL 모범법안(Model Law)은 상사거래에 관한 정의를 내리지는 않았지만, 제1조 제1항의 각주에서 다양한 형태의 국제상사계약을 예시하고 있다.

19) Alan Redfern and Martin Hunter (2004), *Law and Practice of International Commercial Arbitration* (London: Sweet & Maxwell, Limited), p.21.

따라 결정될 수밖에 없다.

(1) 분쟁의 성격

분쟁의 성격을 구별기준으로 삼은 최초의 예는 국제상업회의소(ICC) 중재규칙이었다. ICC는 1927년 중재규칙을 개정하여, 양당사자가 동일한 국민일지라도 분쟁이 국제적 성격을 가지고 있으면 위 중재재판소의 관할대상이라고 하였고[20] 그 보충자료에서 이러한 국제적 성격은 당사자 간 국적이 다른 경우뿐만 아니라 같은 국민사이에서도 계약의 이행지가 외국이라든가, 당사자가 그 국가와 그 국가 내에서 활동하는 외국기업 등인 경우까지도 포함한다고 하였다.[21] 한편 국내중재와 국제중재를 분쟁의 성격을 기준으로 구별한 대표적 입법은 프랑스민사소송법으로서, 동법 제1492조는 "중재가 국제거래의 이해관계(the interests of international trade)를 포함하고 있으면 국제중재이다."라고 명시하였는바, 이는 그에 앞선 프랑스대법원(Cour de Cassation)의 판시를 채택한 것이었다.[22]

(2) 당사자들의 국적 또는 주소

반면 뉴욕협약을 입법화한 영국의 1975년 중재법과 그에 이은 1979년의 중재법은 당사자들의 국적이나 주소지를 구별의 기준으로 삼았다.[23] 동 법에 의하면, 영국 밖에서의 중재가 상정되지 않고, 계약당시 외국당사자가[24] 없는 중재계약을 국내중재계약으로 보고, 그 이외의 중재계약은 모두 국제중재계약으로 보았다.

1989년 시행된 스위스국제중재법(the Swiss International Arbitration

20) ICC 중재규칙 제1조 제1항.

21) Alan Redfern and Martin Hunter (2004), 앞의 글, p.16.

22) William Laurence Craig, William W Park and Jan Paulsson (1981), "French codification of a legal framework for international commercial arbitration: the decree of May 12, 1981," *Law and policy in international business*, 13(3), pp.727-46.

23) 영국의 구 중재법에 의하면, 국제중재와 국내중재 간에는 매우 중요한 차이가 있었다. 즉 국제중재인 경우에는 분쟁발생 전이라도 관할배제합의(the exclusion agreement)를 할 수 있는데 반하여, 국내중재인 경우에는 분쟁발생 후에 야만 이를 할 수 있었다.

24) 이때의 외국(foreign)이라 함은, 국적만으로 결정되는 것은 아니고 개인의 주소, 회사의 주된 경영지를 말한다고 한다. lan Redfern and Martin Hunter (2004), 앞의 글, p.17.

Law)[25]은, 당사자중 적어도 하나가 스위스에 상시 거주하지 않으면(is not domiciled or habitually resident) 이를 국제중재로 보아 당사자 간에 다른 약정이 없는 한 위 국제중재법이 주법(canton law)을 대체한다고 규정하여, 당사자들의 주소나 국적을 구별기준으로 하였다.

1986년 시행된 개정 네덜란드중재법도 스위스국제중재법과 마찬가지로 상시거주여부로 구별하고 있으나, 시효 등 몇 가지 점을 제외하고는 국제중재와 국내중재의 처리에 차이를 두지 않아 실제 구별의 실익은 없다.[26]

(3) 혼합형

한편 국제상사중재의 활성화를 꾀하고 이를 선호하는 학자들은 국제중재의 범위를 가능한 한 넓히려고 한다. 그 결과, 모범법안 제1조 제3항은 위 두 가지 구별기준을 혼합하여, (a) 중재계약체결 당시 당사자들이 다른 국가에 영업지(the place of business)를 가진 경우, (b) 당사자들이 영업지를 가진 국가 밖에 중재지, 주된 의무이행지나 분쟁대상관련지가 있는 경우, 또는 (c)당사자들이 명백히 중재계약대상이 한 국가 이상에 관계된다고 합의한 경우에는 국제중재라고 규정하였다.

다. 우리나라의 구별기준

대한상사중재원은 우리나라 무역의 성장・발전에 따른 선진화된 국제중재제도의 정착을 위하여 기존의 중재규칙을 대폭 개정하는 한편 국제중재규칙을 새로이 제정하여 2011년 9월 1일부터 시행・적용하였다. 따라서 중재규칙은 국내중재규칙과 국제중재규칙으로 이원화되어 중재사건의 중재절차 진행에 적용되고 있다. 이를 위하여 국내중재와 국제중재의 정의 규정을 명확히 하였는데, 양자의 구분은 원칙적으로 영토적 기준(territorial criterion)에 입각하여 당사자의 영업소[27]를 기준으로 중재합의를 할 당시 당사자들 중 1인 이상이 대한민국 외의 곳에 영업소를 두고 있는 경우나 중재합의에서 정한 중재지가

---

25) 이는 개정된 스위스국제사법(the Swiss Private International Arbitration Law Act)의 12장(chapter)이다.

26) P. Sanders and A. J. Van den Berg (eds.) (1986), *The Netherlands Arbitration Act 1986* (New York: Kluwer Law & Taxation Publishers), p.17.

27) 영업소란 하나 이상의 영업소를 가지는 당사자의 경우에는 주된 영업소, 영업소를 가지지 않은 당사자의 경우에는 상거소를 말한다. 국제중재규칙 제2조 제5항.

대한민국이 아닌 경우에는 국제중재로[28], 국내에 주된 영업소나 주소를 두고 있는 당사자 간의 중재로서, 중재원 국제중재규칙에서 정한 '국제중재'에 해당하지 아니하는 경우는 국내중재로 정의하고 있다.

라. 내국판정(domestic award)과 외국판정(foreign award)

중재판정이 내국판정인가, 외국판정인가의 구별실익은 국제조약 특히 뉴욕협약이 적용되는가에 있다. 즉 뉴욕협약 제1조 제1항은 ① 중재판정의 승인 및 집행의 요구를 받은 국가 이외의 국가의 영토 내에서 내려진 판정 및 ② 승인 및 집행의 요구를 받은 국가에서 내국판정이라고 인정되지 아니하는 중재판정을 외국판정이라고 규정하고 있으므로 외국판정인가의 여부에 따라 뉴욕협약의 적용대상 여부가 결정된다.

내국판정의 승인 또는 집행을 구하는 당사자는 중재판정의 정본 또는 정당하게 인증된 그 등본 그리고 중재합의의 원본 또는 정당하게 인증된 그 등본만을 법원에 지출하면 된다.[29]

외국판정의 경우에는 뉴욕협약의 적용 여부에 따라 구분[30]되는데, 뉴욕협약을 적용받는 외국 중재판정의 승인 또는 집행은 뉴욕협약에 따르며, 뉴욕협약을 적용받지 아니하는 외국 중재판정의 승인 또는 집행에 관하여는 민사소송법 제217조, 민사집행법 제26조 제1항 및 제27조를 준용한다.[31]

3) 임시(ad hoc)중재와 상설(institutional)중재

임시중재는 보통 분쟁이 발생한 후에 당사자 간의 합의에 따라 이루어진다. 특히 국가가 분쟁의 일방 당사자인 경우에 임시중재기관이 구성되는 경우가 많은데, 그 대표적인 것이 1981년에 설치된 '이란과 미국 간 중재판정부'(the Iran-U.S. Claims Tribunal)로서, UNCITRAL 중재규칙에 따라 절차를 진행하였다. 이에 반하여 상설전문중재기관에서 그 중재규칙에 따라 이루어지는

---

28) 국제중재규칙 제2조 제4항.

29) 중재법 제37조.

30) 중재법 제39조.

31) 현재 대만을 제외하고는 우리나라와 국제거래의 상대방이 될 만한 국가들은 대부분 뉴욕협약의 체약국이 되어 있음에 비추어 판정이 뉴욕협약의 체약국이거나 비체약국이거나 구별 없이 뉴욕협약을 적용함이 바람직하다는 주장이 있다.

중재를 상설중재라고 하는바, 이러한 상설중재기관으로서는, 미국중재협회(AAA), 美洲상사중재위원회(IACAC), 국제투자분쟁해결기구(ICSID), 국제상업회의소(ICC), 런던국제중재재판소(LCIA), 스톡홀름상업회의소(SCC) 등이 있다.

한편 중국 중재법 제16조에는 중재청구에 대한 의사표시, 중재사항 및 선정한 중재위원회를 지정하는 중재합의가 있어야 한다고 규정되어 있고, 제18조에는 중재합의가 중재사항 또는 중재위원회에 대하여 약정하지 않았거나 약정이 명확하지 않은 경우에는 중재합의는 무효하고 규정함으로써 임시중재는 중국에서 이용할 수 없도록 하고 있다.[32)]

4) 강제중재와 임의중재

분쟁당사자의 의사와는 관계없이 특정기관의 중재로 분쟁을 구속력 있게 최종해결하는 것을 강제중재(compulsory arbitration)라 하고 분쟁당사자의 중재합의에 의해 분쟁을 해결하는 것을 임의중재(voluntary arbitration)라 한다.

우리나라는 노동쟁의조정법상의 중재, 언론중재위원회법상의 심의판정, 가사심판법상의 심판 등이 강제중재와 같은 맥락으로 볼 수 있으나, 엄밀하게 말해서 이러한 분쟁해결제도는 중재제도가 지니고 있는 단심판이 아니고 불복이 허용된다는 점에서 개념상 차이가 있다.

---

32) Li Yu (2003), "An Introduction to Commercial Arbitration in China," *Dispute Resolution Journal*, May-June, pp.78-79.

Chapter 05

국제규범과 국가별 중재제도

제 1 절 중재에 관한 국제협약과 규칙

1. 중재관련 국제협약

1) 제네바의정서 및 제네바협약

베르사유협정(the Treaty of Versailles)에 의하여 1919년에 창설된 국제연맹(the League of Nations)은 그 주목적이 국가 간의 관계증진이었으므로 국제사법적인 업무는 크게 두 가지였는데, 이는 교환수단에 관한 법과 중재법이었다.[1]

먼저 1923년에 제네바의정서(The Geneva Protocol on Arbitration Clauses of 1923)가 체결되었는바, 이는 계약당사자들이 서로 다른 체약국에 속한 경우에 한하여[2] 체약국으로 하여금 현재 및 장래의 분쟁에 관한 중재계약의 유효성을 승인하도록 하는 것이었다. 또한 분쟁대상계약은 체약국법 아래에서 상사적(商事的)이어야 하며, 또한 체약국은 그 영토 내에서 내려진 중재판정을 집행하도록 되어 있으나, 외국에서 내려진 중재판정의 집행에 관하여는 침묵함으로써 집행국의 입법에 맡겨졌다.

---

1) René David (1985), *Arbitration in International Trade* (Kluwer Law and Taxation Publications), p.143

2) 이와 같이, 계약당사자의 국적을 중시한 것이 제네바의정서의 특징이다.

제네바의정서의 위와 같은 문제점이 인식되자, 국제연맹은 1927년 그 보완책으로 '외국중재판정의 집행에 관한 제네바협약'(The Geneva Convention on the Execution of Foreign Arbitral Awards of 1927)[3]을 만들어 제네바의정서의 적용을 받는 중재계약에 따라 이루어진 중재판정과 체약국내에서 내려진 중재판정은 모든 체약국내에서 구속력 있고 집행 가능하도록 하였고, 그 밖에 중재판정집행신청인이 행할 절차와 형식을 규정하였다.

2) 뉴욕협약

제네바협약은 주로 유럽국가들 간의 협약일 뿐 아니라 그것만으로는 다양한 국제상거래를 규율할 수 없는 한계점을 지니고 있었다. 그리하여 제2차 세계대전 이후 국제상업회의소(ICC)의 주도로 초안이 만들어져 국제연합경제사회이사회(the Economic and Social Council: ECOSOC)의 심의를 거쳐 1958년 '외국중재판정의 승인과 집행에 관한 UN협약'(The United Nations Convention on the Recognition and Enforcement of Foreign Arbitral Awards: New York Convention)이 만들어졌다.

뉴욕협약의 특징은 제네바의정서와 달리 분쟁당사자의 국적을 문제 삼지 않고 중재판정의 국적만을 중시하였고, 제네바협약과 달리 중재집행신청인의 입증책임을 전환하여 중재판정의 승인 및 집행권을 부정하는 피신청인이 그 사유를 입증하도록 하였다는데 있다. 다만 뉴욕협약은 상호주의 및 상사유보선언을 할 수 있도록 하였는바, 이중 후자에 대하여는 국내법이 개입될 여지를 두었다는 비판이 있었다.[4]

3) 유럽협약

국제연합의 유럽경제위원회(the Economic Commission for Europe)는 西歐 및 東歐국가 간 국제상거래를 규율하는 중재협약을 만들고자 1961년에 유럽협약(The European Convention on International Commercial Arbitration of 1961)을 만들었다. 이 협약 제1조 a항은 "서로 다른 체약국에 상주하는(their habitual place of residence or their seat) 개인 또는 법인 간 국제거래로부

3) 92 League of Nations Treaty Series 302.

4) René David (1985), 앞의 글, p.149.

터 발생하는 분쟁을 해결한다."고 규정하여 계약당사자의 주소 또는 국적을 중시하였고, 상사분쟁에 한한다는 제한 또는 유보를 못하게 하였다.

4) 워싱턴협약

1950년 이후 세계는 선진국과 개발도상국으로 양분되면서, 개발도상국은 선진국의 자본을, 선진국은 개발도상국의 자원을 필요로 하였다. 그러나 선진국의 투자자들은 그 자본회수에 관하여 불안감이 있었고, 이를 해소하기 위하여 개발도상국의 주권을 침해하지 않으면서 분쟁해결을 할 수 있는 방안을 모색하였다. 이에 세계은행(the World Bank)의 주도로 '국가와 타방 국민간의 투자 분쟁해결을 위한 협약'(Convention on the Settlement of Investment Disputes Between States and Nationals of Other States) 즉 워싱턴협약을 만들고, 그에 따라 '국제투자분쟁해결기구'(the International Centre for the Settlement of Investment Disputes: ICSID)를 설치하였다.

위 협약에 의하면, 체약국은 그 계약을 부인할 수 없고, 중재합의를 금지하는 새로운 법을 만들 수 없으며, 당사자인 국가는 중재판정을 재심사할 수 없다. 또한 중재판정은 당사자인 국가에서는 물론 다른 체약국내에서도 집행될 수 있다.

2. 중재관련 국제규칙

1) 국제무역법위원회 모범법안(UNCITRAL Model Law, 1985)

국제연합무역법위원회(United Nations Commission on International Trade Law: UNCITRAL)는 각국의 중재법을 통일시키고자 하는 방안의 일환으로 1985년 6월 21일 모범법안(UNCITRAL Model Law)을 채택하였다. 이후 2006년 UNCITRAL 모범법안[5] 개정이 이루어졌다. 그 주요 내용은 중재합의의 성립에 필요한 서면성의 요건을 완화 또는 폐지하고, 중재판정부의 임시적 처분을 폭넓게 인정하면서 그 구체적인 내용을 자세하게 규정하였다. 이는 실

5) '모델중재법'으로도 번역된다.

제 중재현실에서 중재합의의 서면성을 강하게 요구한다는 것이 지나치게 비현실적이라는 점과 국제중재의 효과는 종종 임시적 처분의 집행가능성에 달려 있다는 필요성 등이 강하게 대두되었기 때문이다.

2) UNCITRAL 중재규칙(UNCITRAL Arbitration Rules, 1976)

국제연합무역법위원회(UNCITRAL)는 표준적인 중재규칙으로서 1976년 중재규칙을 만들었고, 1980년 이를 보완하였다. 또한 UNCITRAL에서는 2006년 모범법안 개정작업을 마친 후 곧이어 실무작업반을 통하여 중재규칙의 개정작업을 시작하였다. 1976년 채택된 기존 중재규칙이 국제중재실무에서 중요한 역할을 수행하여 온 점을 고려하여 기존 중재규칙의 정신이나 조문의 구조는 최대한 유지하면서 현재의 중재실무를 유연하게 반영할 것을 주된 목표로 정한 후 2006년 9월 제45차 회의부터 논의를 시작하여 2010년 제52차 회의를 거쳐 2010년 6월 21일 제43차 UNCITRAL 본회의 중재분야 전원위원회에서 중재규칙의 개정을 완성하고 이를 채택하기에 이르렀다.[6)]

대체적인 내용을 살펴보면 다음과 같다.[7)] 첫째, 서면성 완화와 같이 UNCITRAL 모범법안에서 논의한 사항을 반영하고 있으며, UNCITRAL이 채택한 전자상거래 관련 협약 문서에서 새로운 통신수단을 포섭하기 위하여 사용한 구절을 받아들이고 있다.

둘째, 모범법안과 가능한 일치되도록 규정하고 있으며, 특히 임시적 처분과 관련하여 사전명령을 제외한 나머지 부분은 개정된 모범법안 규정을 그대로 받아들이고 있다.

셋째, 중재판정부의 공정하고 효율적인 절차 운영을 위하여 여러 규정을 신설하고 있다. 예컨대, 중재대상 범위를 넓히기 위하여 비계약적 성격의 분쟁도 포함하거나 신청인과 피신청인 사이의 권리행사 간에 균형이 이루어지도록 규정을 신설하였다.

넷째, 개정 중재규칙에서는 기존 규정의 제목을 변경하거나, 본문 내용을 단순화함으로써 명확성을 기하고, 중재인의 수, 선정방식, 중재인 선정기관의 관

6) www.uncitral.org/pdf/english/texts/arbitration/arb-rules-revised/arb-rules-revised-2010-e.pdf

7) 노태악 (2010), "UNCITRAL 모델중재법 및 중재규칙 개정에 따른 국내법 개정의 필요성 검토," 「국제사법연구」, 제16호 (국제사법학회), p.114.

여와 같이 서로 관련된 규정들이 연계될 수 있도록 조문을 재배열하고 중복되는 규정은 삭제하였다.

3) ICC 중재규칙(ICC Rules of Conciliation and Arbitration, 1988)

국제상사중재제도에 관한 통일화 운동을 주도하여 뉴욕협약 등을 성립시킨 국제상업회의소(ICC)도 1988년 ICC 중재규칙(ICC Rules of Conciliation and Arbitration)을 채택하였다. 1998년 개정에 이어 개정규칙은 2012년 1월 1일 발효되었으며, 주요 개정 목표 및 내용은 다음과 같다. 첫째, 효율성 제고를 위해 사건 관리 회의(case management conference) 조기 개최를 의무화하였다. 둘째, 명확성 제고를 위해 비밀유지 명령(confidentiality order)에 관한 규정을 신설하였다. 셋째, 투명성 제고를 위하여 심리 종결 시 중재판정 예정일을 고지하도록 하였다. 넷째, 최근의 실무상 요구를 반영하여 임시적 처분을 위한 긴급중재인(Emergency Arbitrator)제도[8]를 신설하고 다수당사자, 다수의 계약 및 중재절차의 병합에 관한 상세한 규정을 두었다.

제2절 국가별 중재제도 및 주요 중재기관

1. 주요국의 상사중재제도

중재는 크게 영미법계와 대륙법계로 나누어진다. 불문법(不文法) 국가들은 영미법과 판례법을 위주로 중재에 관한 입법을 제정하였던 반면, 대륙법계 국

8) 임시적 처분은 법원이나 중재판정부에 신청할 수 있는데, 종전 규칙에 따르면 중재판정부 구성 전에는 사실상 법원에만 신청할 수 있었다. 그런데 당사자들이 비밀유지 등을 위하여 법원을 피하고자 하거나, 임시적 처분이 나올 때까지의 법원 절차가 지나치게 오래 걸리거나, 전 세계적으로 발생한 권리 침해에 대응하기 위하여 수많은 국가의 법원에 각각 신청해야만 하는 경우 등에는 법원에 임시적 처분을 신청하는 것이 부적절할 수 있다. 이러한 필요에 대응하여 개정규칙은 임시적 처분만을 담당할 긴급중재인 제도로 신설하였다.

가들은 민사소송편의 한편으로 규정해 왔다.[9)]

1) 미국의 중재제도

미국은 중재에 관하여 두 종류의 법체계를 가지고 있다고 할 수 있다. 즉 해사건(admiralty), 주간(州間)사건 또는 국제거래사건 등에 적용되는 연방중재법(Federal Arbitration Act: FAA)[10)]과 각 주마다 가지고 있는 중재법들이 있다. 1979년 당시 미국의 39개 주와 2개 특별지구에서는 통일중재법(Uniform Arbitration Act: UAA)을 채택하여 왔는데,[11)] 1988년부터는 UNCITRAL의 모범법안을 수용하여 각 주의 중재법을 제정하고 있는 추세이다.

미국 최대의 상설중재기관은 1926년에 설립된 미국중재협회(American Arbitration Association: AAA)이며, AAA 상사중재규칙은 미국에서뿐만 아니라 국제적으로도 널리 이용되고 있다.

미국은 1923년의 제네바의정서와 1927년의 제네바협약에는 가입하지 않았으나, 1968년에 뉴욕협약에 가입하였다. 1968년 10월까지는 주로 각국과 우호통상항해조약을 체결하고, 그 속에 중재에 관한 사항을 삽입함으로써 개별적인 2국가 간 조약에 의하여 외국중재판정의 승인과 집행을 인정하는 방법을 취하였다.[12)]

2) 영국의 중재제도

영국이 세계무역의 중심지였던 19세기 전반까지는 영국에서는 보통법(common law)상의 중재만이 성행하였으나, 1889년 중재법(the Arbitration Act 1889)이 생기면서 보통법(판례법)상의 중재와 제정법상의 중재라는 두 가지 형태의 중재제도가 공존하게 되었다. 제정법상의 중재는 중재합의가 성립된 당시부터 구속력이 있고, 중재합의상 명시되어 있지 않더라고 중재인을 선임할 방법이

---

9) 입법추세에 비추어보면 우리나라는 대륙법계를 취하고 있으나 독립된 중재법을 가지고 있는 것은 예외적인 현상이다.

10) United States Code Title 9-Arbitration, Ch.1은 §1-§14로, Ch.2는 §201-§208로 구성되어 있으며, 1947.7.30. 시행된 이후 1954.9.3. 1차 개정을 거쳐, 미국이 뉴욕협약에 가입한 후인 1970.7.31. 2차 개정되었다.

11) 현재 26개주와 Washington D. C.가 채택하고 있다.

12) 한주섭 (1990), 「국제상사중재론」 (서울: 동성사), pp.39-40.

있었으며, 중재판정의 집행이 용이하여 보통법상의 중재보다 선호되었다.[13)]

그러나 위 중재법이 1950년과 1975년의 개정을 거칠 때까지도 중재절차 중 발생하는 법률문제에 관하여는 특별사안(special case)이라는 이름으로 법원에 그 의견을 구하여야 하고, 중재인으로부터 이러한 의무를 면제시켜주는 합의(exclusion agreement)는 용인되지 않는 등 보통법과 그리 다르지 않은 제약을 가하고 있었다. 그러나 이러한 제약은 외국거래자로 하여금 영국을 중재지로 하는 것을 꺼려하게 하였고, 이에 따라 1979년의 중재법에서는 이 같은 법원의 감독적 권한(supervisory power)을 과감하게 감소하였다.

또한 영국은 UNCITRAL의 모범법안을 연구하고 중재법을 국제추세에 맞게 개정하기 위하여 1987년 통상산업부에 자문위원회(Departmental Advisory Committee)를 설치하였고, 그 보고서에 따라 1996년에 개정 중재법(Arbitration Act 1996)을 시행함으로써 중재에 대한 법원의 관여를 배제하였다[14)].

3) 프랑스의 중재제도

프랑스혁명 이후에 만들어진 1791년의 헌법에서는 중재부탁권리가 헌법상 권리로까지 격상되었으나, 그 후 프랑스혁명의 분위기가 반전되면서 1806년에 공포된 민사소송법[15)]에서는 중재는 법원판단의 전단계로 전락하였다[16)]. 그 이후 프랑스 중재위원회가 핵심이 되어 1964년부터 집중적인 개정작업에 착수하여 1981년 5월 21일 총 66개 조문으로 된 중재법(민사소송법 제1442조-제1507조)을 성안시키게 되었다.

프랑스는 19세기 초기이래 국내의 엄격한 중재제도로 인해 국제거래에 있어서 국내업자들의 경쟁력 약화를 초래하였다. 이러한 국내업자들의 불이익을 감소시키고 경쟁력 강화를 위하여 1925년 상법 제631조의 규정을 개정하였다. 이는 상법의 상사계약에 관한 규정을 개정하여 중재조항의 효력을 인정한 것이다. 따라서 프랑스의 법제는 국내상사와 국제상사의 이원주의(二元主義) 형태를 채택하고 있는 것이다.

---

13) René David (1985), 앞의 글, p.115.

14) 목영준 (2011), 「상사중재법」 (서울: 박영사), p.24.

15) 프랑스의 중재법은 1806년 4월 29일 제정된 민사소송법 제3편에 26개 조문(제1003조-제1028조)으로 규정되어 있었다.

16) 목영준 (2011), 앞의 글, p.26.

프랑스의 상설적인 중재기관으로는 파리 중재원(Paris Chamber of Arbitration)이 있으나, 실질적으로 대부분의 사건은 파리에 있는 국제상업회의소의 중재법정(ICC Court of Arbitration)에서 처리되고 있다[17].

4) 독일의 중재제도

독일 중재법은 민사소송법 제10편의 중재절차에 관한 조항(제1025조-제1084조)에 규정되어 있는데, 1877년 독일 민사소송법 제정 당시부터 존재해 왔다. 독일 중재법은 계약자유의 원칙을 고수하는데, 중재합의 중에 특약이 없는 한 중재절차는 중재인의 재량에 맡긴다.[18]

그 후 독일 중재법은 1930년에 외국중재판정의 집행선고에 관한 규정이 개정되었고, 1986년에는 중재판정의 형식적 유효요건 완화에 관한 규정이 일부 개정되었을 뿐 근본적인 내용은 개정되지 않았다.

독일 중재법은 당사자의 합의가 법률에 우선하지만 강제규정으로 당사자는 반드시 정당한 심문을 받지 않으면 안 된다고 동법 제1304조 1항과 제1041조 1항 4호 등에서 규정하고 있다.[19] 독일에서는 중재를 관대하게 취급하고 있으며, 중재절차에 있어서도 공적 규제와 간섭이 배제되어 있고, 국제중재절차에 관하여 거의 규정하고 있지 않았다. 이에 독일은 국제중재지로서 경쟁력을 강화하기 위하여 1992년부터 중재법 개정작업에 착수하여 1997년 UNCITRAL의 모범법안을 대폭 수용한 개정 중재법을 제정하였으며, 새로운 중재법이 1998년 1월 1일부터 시행되었다.[20]

5) 이탈리아의 중재제도

이탈리아 중재법은 1940년 민사소송법에 규정되었는데, 근대 중재법적인 요소를 많이 포함하고 있다. 즉, 장래의 분쟁에 대한 중재계약의 유효성이 인정되고, 중재판정에 대한 이의의 방법도 어느 정도 인정되고 있다.

이탈리아법상의 중재는 법에 의한 중재와 우의적 중재의 두 종류가 인정되

17) 한주섭 (1990), 앞의 글, pp.40-41.
18) 독일중재법 제1034조 2항.
19) 한주섭 (1990), 앞의 글, p.43.
20) 목영준 (2011), 앞의 글, p.27.

고 있다. 양자의 경우 모두 중재인은 그 판정의 초안을 작성할 권한밖에 없으며, 이를 5일 내로 법원에 기탁하여 하급법원 법관의 명령에 비로소 중재판정으로서의 효력이 발생한다. 그런데 이 기탁요금이 고액이고, 중재는 결국 법원의 하부기구로서의 지위를 벗어나지 못한다.

또한 이탈리아 중재법에서는 중재인은 이탈리아인이어야 하고, 본래 이탈리아 법원의 관할에 속하는 사건은 이탈리아에서만 중재를 할 수 있도록 규정하고 있다. 이러한 불편을 해소하기 위하여 이탈리아 민법 제1319조에 비공식의 중재에 관하여 규정하고 있는데, 이 조항은 제3자에게 계약내용의 확정을 위임하는 계약을 체결할 수 있음을 규정하고 있다.

이탈리아 중재법은 국내중재와 국제상사중재로 이원화되어 있으며, 국제상사중재의 경우 ICC중재규칙에 의한 비공식의 중재를 이용할 수밖에 없다[21].

6) 일본의 중재제도

일본의 상사중재제도는 독일의 중재제도를 모방하여 제정한 민사소송법 제8편(제786조~제805조)에 규정되어 있다. 일본은 자국의 산업계의 요청에 앞서서 그 국제적 지위의 개선을 위하여 독일의 중재법을 무비판적으로 수용하였으나 제2차 세계대전의 종전까지는 거의 활용되지 않았다.

제2차 세계대전 이후에 미국과의 교역분쟁을 해결하기 위하여 1949년 9월에 미국중재위원회와 일본상공회의소 사이에 미·일중재위원회가 설치되었고, 1950년 3월 일본상공회의소를 중심으로 하여 국제교역에서 발생하는 상사분쟁을 해결할 목적으로 국제상사중재위원회를 발족하였다. 3년 후에 동 위원회는 일본민법 제34조에 기초를 둔 '사단법인 국제상사중재협회'로 개칭되었다.

일본 중재법은 계약서에서 명문화하고 있는 경우를 제외하고 중재인 1인으로 가능한 단독중재인제도이다. 중재인 자격은 중재결과에 대해 경제적으로 이해관계가 없으면 허용하고 있으나, 이 경우 양당사자가 서면으로 그 적부를 불문에 붙인다는 합의가 있을 때는 예외로 하고 있다.

일본에서는 외국중재판정의 승인 및 집행을 위해서 통상의 소송에 의하여 확정판결을 받아야 한다. 그러나 법원에 판정문 원본의 등록을 요구하지 아니하고, 상호의 보증도 필요 없으며, 그 실체에 관한 심사에 들어갈 수 없다고 규

21) 한주섭 (1990), 앞의 글, pp.41-42.

정하여 가능한 한 국제주의의 원칙에 충실하려고 하고 있다.[22]

7) 중국의 중재제도

중국은 UNCITRAL 모범법안을 참조하여 1994년 8월 31일 전국인민대표대회상무위원회의 결의를 거쳐 중재법을 제정하고 1995년 9월 1일부터 시행하고 있다. 중국 중재법상 중재위원회는 국내중재위원회와 섭외중재위원회로 구분되는데, 중국국무원은 1996년 6월 8일 통지[23]를 통하여 국내중재위원회가 섭외중재사건도 수리할 수 있고, 섭외중재위원회의 대표적인 기관인 '중국국제경제무역중재위원회'(China International Economic and Trade Arbitration Commission: CIETAC)도 국내쟁의안건을 수리할 수 있다고 규정함으로써 국내중재위원회와 섭외중재원회간의 대상사건에 있어서 차이는 없어졌다.

중국은 1994년 중재법제정 이전에 이미 섭외중재위원회를 설치하여 섭외사건을 중재하고 있었다. 즉 중국인민정부 정무원(현 국무원)은 1956년 '중국국제무역촉진위원회' 안에 '대외무역중재위원회'를 설치한바 있으며, 1978년 개혁개방이후 국무원은 1980년 대외무역중재위원회를 '대외경제무역중재위원회'로 개칭하여 각종 형식의 대외경제합작으로부터 발생하는 분쟁사건을 처리하였다.

1988년 대외경제무역중재위원회를 '중국국제경제무역중재위원회'(CIETAC)로 변경하였는데, CIETAC[24]는 북경에 소재하고 있으며, 1989년 심천분회, 1990년 상해분회가 설립되었다 CIETAC와 그 분회는 통일적인 하나의 중재위원회로 하나의 중재규칙과 중재인명부를 사용하고 있다. CIETAC는 1988년 중재규칙을 제정한 이후 6차의 개정을 거쳐 2012년 5월 1일 개정된 중재규칙을 현재 시행하고 있다.

---

22) 한주섭 (1990), 앞의 글, pp.44-45.

23) 国务院办公厅关于贯彻实施《中华人民共和国仲裁法》需要明确的几个问题的通知, 国办发[1996]22号.

24) 2005년 중재규칙 개정으로 CIETAC는 동시에 '중국국제상회중재원'이라는 명칭을 사용하고 있다.

2. 주요 국제중재기관

중재의 편의성을 제고하여 국제중재의뢰를 증진하고자 많은 국제중재재기관이 설립되었다. 국제중재기관의 설립목적은 다양하나 크게 세 가지로 보인다. 우선 기업인과 상인에게 중재제도의 장점과 중재이용방법 등을 알리는 등 중재에 관한 지식을 홍보하는 것이다. 다음으로 다양한 나라의 중재에 관한 실체법과 절차법을 연구하여 이를 중재이용자에게 알리는 것이다. 나아가 중재기관 내에 중재판정부를 설치하여 중재시설을 제공하는 한편, 그들만의 중재절차법을 만드는 것이다. 대표적인 국제중재기관은 다음과 같다.

1) 헤이그상설중재재판소

헤이그상설중재재판소(Permanent Court of Arbitration at Hague)는 네덜란드 헤이그 평화궁에 위치한 국제 재판소이다. 1899년 제1회 헤이그 평화회의에서 '국제 분쟁의 특정한 처리 방법을 위한 조약'이 체결되었고, 이 조약은 다시 1907년 '국제 분쟁의 평화적 처리 방법을 위한 조약'으로 수정되었다. 재판소는 1899년의 조약에 의거해 설립됐으며, 국가 간 분쟁 해결을 위한 가장 오래된 국제기구이다.

헤이그상설중재재판소는 전통적 의미의 법원이 아니며, 특정한 분쟁의 해결을 위해 구성되는 중재법정을 위한 상설체계라고 할 수 있다. 국제사법재판소와 같이 고정된 재판관과 상설법정이 항상 준비되어 있는 것이 아니라, 평소에는 재판관 명단만 있다가 분쟁의 양 당사자가 상설중재재판소의 중재재판을 받기로 합의를 하고 재판관을 합의 하에 선정하면 중재재판을 시작한다.

조직은 정책과 예산을 맡고 있는 행정 이사회, 잠재적인 법정 멤버로 역할을 하는 독립적 중재자 패널, 그리고 사무총장이 이끄는 사무국(국제본부)으로 구성된다. 설립 이후 적은 수의 사건만이 접수되었으나 1990년대 이후 국제 조약 관련 사건들이 증가하고 있다. 실제로 재판소가 다루는 사건들은 영토와 해상 국경 분쟁, 주권, 인권, 국제 투자 및 국제 무역에 관한 사안들까지 다양하다. 점차 국가 간 분쟁만이 아니라 기구 및 사적 행위자(기업 등)가 포함된 분쟁에까지 영역을 넓히고 있다.

2) 국제사법재판소

국제사법재판소(the International Court of Justice: ICU)는 제2차 세계대전 이후, 역시 국가 간의 분쟁해결을 위하여 국제연합에 의하여 설립된 국제연합의 사법기관으로서 국제연합의 가맹국은 물론 비가맹국도 일정한 조건 아래에서 재판소 규정의 당사국이 될 수 있다.

재판소는 국제연합 총회 및 안전보장이사회에서 선출된 15명의 재판관으로 구성되며, 원칙으로 국제법을 적용하여 심리한다. 강제적 관할권은 없으며, 일정한 예외를 제외하고는 한쪽 당사자의 청구만으로는 재판의 의무가 생기지 않는다. 그러나 판결은 구속력을 가지며, 당사국이 이를 이행하지 않을 때에는 안전보장이사회가 적당한 조치를 취하게 된다. 재판 외에 총회, 안전보장이사회, 기타 총회에서 승인된 기관에 대하여 권고적 의견을 제공한다.

3) 국제상업회의소 중재재판소

국제상업회의소는 국제상사중재제도의 통일화를 주도하고 있으며, 산하기관으로 독자적인 국제중재재판소(ICC International Court of Arbitration)를 설치하여 운영하고 있다. 국제중재재판소는 중재, DOCDEX(신용장분쟁 전문규칙) 등을 통해 국제상업 분쟁을 해결하는 세계 최대의 국제중재기관이다.

중재재판소는 1명의 의장, 여러 명의 부의장, 1명 혹은 여러 명의 기술고문 그리고 약 30명의 회원으로 구성된다. 의장, 부의장, 위원 및 기술고문은 모두 ICC위원회가 위촉하며, 각국 위원회나 ICC위원회는 1인의 중재위원을 지명할 권한이 있다.[25] 의장, 부의장, 위원 및 기술고문은 ICC의 고용원이 아니라 현직 혹은 퇴역한 교수, 실무자, 변호사 및 기술고문 등이다.

중재재판소는 제기된 분쟁을 자체적으로 해결하지는 않는다. 중재재판소는 중재자가 실행한 중재절차를 조사하며, 중재절차 개시의 권한을 부여하고, 일련의 행정적 조치로써 그들의 행동을 감독하고, 중재인에게 재판소의 여러 가지 협조사항을 가능하게 한다. 양 당사자나 중재인들은 중재재판소에 출석하지 않으며, 양 당사자들과 중재인이 재판소에 제출한 서류들을 기초로 해서 결정을 내린다. 중재재판소의 사용언어는 영어와 불어이며, 중재의 모든 절차는 비

25) 한국은 1951년 가입하여 1959년 ICC 한국위원회(Korea National Committee)를 설립하였다.

밀이 유지되며 공청이 금지된다. 다만 양 당사자 또는 법정대리인만이 중재결정사항에 대한 사본을 받게 된다.

4) 국제연합무역법위원회 상설중재재판소

국제연합 국제무역법위원회(United Nations Commission on International Trade Law: UNCITRAL)는 1966년 열린 제21차 총회에서 채택된 결의 제2205호에 의거해 설치되었다. 국제무역법의 점진적 조화 및 통일을 촉진하고 신조약의 완성안 및 기존 관행의 성문화를 추구하며, 국제연합 무역개발회의(United Nations Conference on Trade and Development: UNCTAD)와 긴밀한 협조관계를 유지하는 기능을 한다.

국제연합 국제무역법위원회 산하에 상설중재재판소(the Permanent Court of Arbitration)를 두고 있다.

5) 국제투자분쟁해결기구

국제투자분쟁해결기구(International Centre for Settlement of Investment Disputes: ICSID)는 1966년 '국가와 다른 국가의 국민 간에 일어난 투자분쟁 해결에 관한 협약'(Convention on the Settlement of Investment Disputes between States and Nationals of Other States: ICSID Convention)에 따라 설립된 세계은행 산하의 국제기구로, 본부는 미국 워싱턴 D. C.에 있다.

국가와 개인 간의 투자분쟁 해결에 필요한 여러 가지 편의를 제공하고자 하는 목적으로 만들어졌다. 주로 분쟁 조정 절차를 관장하며, 연구 및 자문 업무를 한다. 운영위원회, 사무국, 조정위원회 및 중재위원단으로 구성되어 있으며, 운영위원회 의장직은 세계은행 회장이 겸직한다. 조정 및 중재 비용은 분쟁 당사자가 부담, 기구 유지비는 IBRD 출자지분에 비례하여 가맹국이 부담한다. 우리나라는 1967년에 가입하였으며, 2012년 현재 회원국은 156개이다.

6) 기타 국제중재재판소

국제협약 및 국제기구에 의해 설치·운영되고 있는 국제중재기관의 상사중재기제도 이외에도 국제적으로 공신력을 인정받고 있는 국제중재재판소로는 영국의 LCIA(London Court of International Arbitration), 미국의 미국중재협회(the American Arbitration Association: AAA)와 미주상사중재위원회(the International American Commercial Arbitration Commission: IACAC), 스톡홀름상업회의소(the Stockholm Chamber of Commerce: SCC), 싱가포르의 SIAC(Singapore International Arbitration Center), 홍콩의 HKIAC(Hong Kong International Arbitration Center), 우리나라의 대한상사중재원(Korean Commercial Arbitration Board: KCAB) 등이 있다.

Chapter 06 한국의 상사중재제도

제 1 절 한국 중재제도의 연혁

1. 중재법 제정 및 개정과정[1)]

1) 한국의 근대적 중재제도 개관

우리나라에서 중재제도에 관한 기록은 근대에 들어 구한말인 1895년 11월 10일 법률 제17호 '상무회의소 규칙' 제3조, 제4호에서 '동 회의소의 권한'으로 "관계자의 청구에 의하야 상사에 관한 분의를 재결하는 사"라는 규정이 있었다. 그리고 구한말에 한국정부의 고문이었다가 주한 미국공사가 된 호레이스 알렌(Horrace Allen)이 저술한 「현실과 환상」(Fact and Fancy)의 부록 「고대 및 근세 한국외교연표」(Chronological Index of Foreign Relations of Korea from Beginning of Christian Era to 20th Century 1904)에는 "1901년(광무 5년) 11월 18일과 1902년 2월 24일 서울에서 각각 '불 · 미인간 및 불 · 청인간의 손해배상문제'에 관한 2건의 중재재판이 있었다."는 기록이 있다.

이와는 별도로 1957년 10월 7일 "대한민국과 미합중국간의 우호통상 및 항해조약" 제5조에서는 양국의 회사나 국민 사이에 분쟁이 생긴 경우 그에 대한

1) 양병회 외 (2006), 「주석 중재법」 (대한상사중재원, 한국중재학회) pp.vii-xi.

법적 지위의 평등을 규정하고 있었다. 특히 제5조 제2항에서는 그러한 분쟁을 중재에 의해 해결하기로 합의한 경우 그 중재합의(중재계약)의 유효성을 인정하고 또한 그에 따라 중재판정이 내려진 경우에는 그 판정의 집행을 상호 승인하기로 규정하여 한・미간에 있어서는 상대국의 중재판정을 집행할 수 있는 기틀을 닦아 놓았다.

우리나라에서 중재가 최초로 법의 보호아래 제도화된 것은 1912년 조선민사령 제1조 제13호에 따라 일본 민사소송법이 의용 된 때부터이다. 일본 민사소송법 제8편은 중재수속에 관해 규정하고 있다. 이 조선민사령은 8.15 해방 후에는 군정법령 제21호에 따라 대한민국 독립 후에도 그 효력을 지속해 왔다. 그러나 실제로는 한 번도 이용된 사실이 없었기 때문에 1960년 대한민국 민사소송법이 제정될 때에 중재편을 삭제하여 1966년 중재법이 특별법으로 제정될 때까지 중재에 관한 법의 공백기간이 있었다.

1965년 대한상공회의소 국제부를 주축으로 하여 중재법 제정을 위한 상임위원회가 구성되고 이 위원회에서 12차에 걸친 회의 끝에 최종안을 마련하고 1965년 12월 29일 제112회 국무회의를 통과하고 12월 31일자로 국회를 통과하였다. 이 법안이 1966년 3월 16일 법률 제1767호로 공포되면서부터 우리나라에서는 상사중재제도가 비로소 자리를 잡기 시작하였다. 실로 민사소송법 내에 중재편이 폐지된 지 6년만의 부활이었다.

더구나 우리나라는 대륙법계 국가이면서도 일본이나 독일, 프랑스 등 다른 대륙법계 국가와는 달리 중재법을 독립법으로서 제정하였다는 데에 그 의의가 있었다. 이 법의 제정이유는 사법상의 분쟁을 법원의 재판절차에 의하지 아니하고 당사자 간의 합의로 중재인의 판정에 의하여 해결할 수 있도록 함으로써 분쟁의 신속하고 경제적이며 거래의 실정에 맞는 해결을 할 수 있도록 하려는 것으로 1966년 중재법의 주요내용은 다음과 같다.

① 사법상의 분쟁에 관하여 전부 또는 일부를 중재에 의하여 해결
② 중재계약은 중재를 합의한 당사자 간에 기명날인한 서면으로 함
③ 중재계약이 있으면 일차적으로 중재판정에 의하도록 하고 이행이 불능인 때에는 소를 제기할 수 있도록 함
④ 당사자는 중재계약에서 중재인의 선정방법 및 그 수를 정할 수 있도록 하고, 중재인의 선정을 약정하지 아니하였을 때에는 당사자는 1인의 중재인을 선정하도록 함

⑤ 일반중재와 구별하여 상사중재의 경우에 중재인의 선정방법을 정하지 아니하였거나 당사자의 의사가 분명하지 아니할 때에는 대한상공회의소의 상사중재규칙에 의하는 것으로 추정하도록 함
⑥ 중재판정은 당사자에 있어서 법원의 확정판결과 동일한 효력을 가짐

2) 한국 중재법 개정연혁

가. 제1차 개정(1973년)

1966년 3월 22일 대한상공회의소 국제부 내에 설립되었던 국제상사중재위원회가 1970년 3월 27일 대한상사중재협회로 독립되면서 기존의 국제상사중재위원회의 권리, 의무 및 상사중재업무를 승계하였지만 법규상의 근거가 없어서 중재법 제14조 소정의 '중재판정에 의한 강제집행력' 및 부칙 제2항 소정의 국고보조금 수령권을 위한 법적근거를 상실하고 있을 뿐만 아니라 상사중재규칙에서 해석이 분명하지 않거나 실정에 부합되지 않는 조항이 발견되었다.

또한 대한상공회의소 국제상사중재위원회는 1970년 3월 27일자 상공부허가 제142호에 따라 사단법인 대한상사중재협회로 권리 의무 및 상사중재업무가 승계됨과 동시에 발전적으로 해산되었다. 그러나 관계법령이 개정되지 못하여 업무를 처리하는데 무권대리상태가 계속되었다. 이에 1970년 12월 11일 대한상사중재협회 내에 중재관계법령개정위원회를 구성하고 동 개정안을 심의・작성할 것을 위임하여 1971년 1월 6일 개정안 초안이 작성되어, 1971년 2월 17일 대한상사중재협회의 제1차 이사회에 본 개정안이 상정되어 승인되었으며, 1971년 3월 16일 상공부장관 및 대법원장에게 각각 제출해 법무부에 회부되었다. 2월 9일에는 중재법 개정안을 비상국무회의에서 의결하고 1973년 2월 17일자로 법률 제2537호로 개정 중재법을 공포・시행함으로써 대한상사중재협회가 국제상사분쟁의 판정을 위한 상설중재기관으로 인정되었다.

개정이유는 수출증대정책에 따라 무역분쟁으로 인한 상사중재건수가 증가일로에 있으며 앞으로도 더욱 증가될 것이 예상되므로 앞으로는 무역에 관한 주무부장관이 지정하는 사단법인(대한상사중재협회)으로 하여금 이에 관한 상사중재를 공정・신속하게 해결할 수 있게 함으로써 국제무역거래에서 신용을 높이고 나아가 수출증대에 기여하도록 하며 아울러 법상의 미비점을 보완하려는 것으로 그 주요 내용은 다음과 같다.

① 종래에는 대한상공회의소의 상사중재규칙으로 행하던 상사중재를 앞으로는 상공부장관이 지정하는 사단법인의 상사중재규칙에 의하도록 함
② 중재인의 결격사유에 금고 이상의 형을 받고 집행유예 중에 있는 자를 추가함
③ 중재판정의 기재사항에 주문을 추가함
④ 중재판정취소소송의 제기요건 중 "중재절차상 당사자를 심문하지 아니한 때"를 "정당한 사유 없이 심문하지 아니한 때"로 한정함

나. 제2차 개정(1993)

이후 정부조직법의 개정에 따른 일부 개정으로 1993년 3월 6일에 법률 제4541호로 일부 개정되었다 즉, 국내산업의 국제경쟁력을 강화하고 산업발전의 기반확충을 위한 사무를 효율적으로 추진하기 위하여 상공부와 동력자원부를 통합하여 상공자원부를 신설함으로써 중재법 내에 있는 상공부를 상공자원부로 변경하는 개정이 이루어졌다.

다. 제3차 개정(1997)

이후 1997년 12월 13일에도 정부조직법의 개정에 의하여 부처의 명칭이 변경되어 이를 반영하기 위하여 법률 제5454호로 이를 개정하였다.

라. 제4차 개정(1999년)

기업의 국제화 추세에 따라 야기되는 국내·외 상사분쟁을 중재제도를 이용하여 신속하게 해결할 필요성이 증대되고 있음에도 당시 중재법은 다양한 유형의 국내·외 상사분쟁을 효율적으로 해결하기에는 미흡하였다. 이에 따라 국제적으로 확립된 기준과 선진 입법례를 적극 수용하여 우리 중재법이 국내·외 상사분쟁을 공정·신속하게 해결하는 준거법이 될 수 있도록 함으로써, 국제상사분쟁의 해결에 우리 중재제도의 이용을 활성화시켜 국가경쟁력을 제고함과 아울러 중재제도의 발전과 그 이용의 확산을 도모하기 위하여 1999년 12월 31일에 법률 제6083호로 전문을 개정하였다.

특히 본 개정에는 UNCITRAL 모범법안을 전면 수용하여 국제중재의 표준에 맞추었다는 데에 그 의의가 있다. 그 주요 내용은 다음과 같다.

① 이 법은 원칙적으로 중재지가 대한민국 내인 경우에는 적용하고, 예외적으로 외국중재판정의 승인과 집행 등의 경우에는 중재지가 외국인 경우에도 적용하도록 함(법 제2조)

② 법원은 이 법에 규정된 사항에 대하여만 관여할 수 있도록 하여 중재의 독립성을 보장하고, 당사자가 중재인을 선정하지 못하는 경우 등 법원의 지원이 필요한 경우에 이를 행할 관할법원을 구체적으로 정함(법 제6조 및 제7조)

③ 중재합의는 원칙적으로 독립된 합의 또는 계약 중 중재조항형식의 서면으로 하도록 하고, 중재합의가 있음에도 소를 제기한 경우에는 특별한 사유가 없는 한 이를 각하하도록 함으로써 중재합의의 명확성과 실효성을 기할 수 있도록 함(법 제8조 및 제9조)

④ 당사자자치의 원칙에 따라 중재인의 수와 선정절차는 당사자 간의 합의로 정하며, 합의가 없는 경우에는 중재인의 수를 3인으로 하고 그 선정방법을 구체적으로 정함(법 제11조 및 제12조)

⑤ 중재절차 및 중재지는 당사자 간의 합의로 정하되, 합의가 없는 경우에는 중재판정부가 당사자의 편의 등을 고려하여 정할 수 있도록 함(법 제20조 및 제21조)

⑥ 중재신청방법, 중재판정부의 심리절차 및 증거조사방법 등을 구체적으로 정함(법 제24조 내지 제28조)

⑦ 중재판정에는 판정의 근거가 되는 이유, 작성일자 및 중재지를 기재하고 중재인전원이 서명하며, 중재판정은 확정판결과 동일한 효력을 가지도록 함(법 제32조 및 제35조)

⑧ 중재판정에 대한 불복은 중재판정의 정본을 받은 날부터 3월내에 법원에 중재판정취소의 소를 제기하는 방식으로만 가능하도록 함(법 제36조)

⑨ 중재판정의 승인과 집행은 법원의 승인·집행판결에 의하고, 중재판정은 취소사유가 없는 한 승인 또는 집행되도록 하여 중재판정의 신속한 집행을 통하여 분쟁의 최종적 해결을 도모할 수 있도록 함(법 제37조 내지 제39조)

⑩ 정부는 산업자원부장관이 지정하는 상사중재기관에 필요한 경비를 보조할 수 있도록 하고, 사단법인 대한상사중재원은 이 법에 의한 상사중재기관으로 지정된 것으로 보도록 함(법 제40조 및 부칙 제3항)

마. 제5차 개정(2001년)

기존의 섭외사법의 명칭을 국제사법으로 개정하는 등 국제사법의 전문 개정에 따라 중재법 제29조 제1항 중에서 "섭외사법"을 "국제사법"으로 변경하여 2001년 4월7일 법률 6465호로 일부 개정하였다.

바. 제6차 개정(2002년)

민사소송법의 개정으로 인하여 2002년 1월 26일 법률 6626호로 중재법 제39조 제2항 중에서 "민사소송법 제203조, 제476조 제1항 및 제477조"를 "민사소송법 제217조, 민사집행법 제26조 제1항 및 제27조"로 변경하였다.

사. 제7차 개정(2010년)

조문의 내용을 명확하게 하기 위하여 일부 용어에 한자표기를 병행하고 자구를 수정하여 2010년 3월 31일에 법률 제10207호로 일부 개정되었다.

아. 제8차 개정(2013년)

정부조직법의 개정에 따라 부처의 명칭이 지식경제부에서 산업통상자원부로 변경되어 2013년 3월 6일에 법률 제11690호로 일부 개정되었다.

2. 개정 중재법의 입법배경 및 특징

1) 입법배경

상술한 바와 같이 한국 중재법은 1966년 근대적 중재법의 재정 이후 총 8차의 개정이 이루어 졌다. 그러나 그 내용면에서 현행 중재법은 1999년 중재법(제4차 개정, 이하 '개정 중재법'이라 칭함)이라 할 수 있다.

개정 중재법은 1999년 12월 31일자로 공포되었고 당일로부터 시행되었으며 이는 1966년 중재법이 제정된 후 33년만의 대폭적인 개정이었다. 그런데 개정 중재법은 종전의 중재법과 그 형식 및 내용이나 입법 배경에 있어 큰 차이를 보여 구 중재법을 폐기하고 새로 중재법을 제정하였다고 할 만큼 중재법체계에 큰 변화를 보이고 있다.

우선 개정 중재법의 형식이나 내용에 있어 중재법의 국제적 기준으로 정착되어가고 있는 국제연합 국제무역법위원회(UNCITRAL)의 모범법안을 전반적으로 수용하였다. 다만 우리나라의 법체계 및 입법 방식에 맞추어 모범법안의 조문 순서 및 배열을 다소 달리하고 조문 내용을 수정하거나 보완하였지만 중재제도에 관한 모범법안의 기본 원리를 그대로 수용하였다고 볼 수 있다. 이를 통하여 중재법의 국제적 통일화 노력에 우리나라도 동참하게 된 것이며 이로써 우리 중재제도의 국제적 경쟁력을 강화시키고자 의도한 것이다. 다른 의미에 있어서는 그간 국내법 개정에서 독일법 또는 일본법을 주로 모델로 삼던 종전의 관행에서 벗어나, 개정 중재법은 국제적 경쟁력 강화에 초점을 맞추어 각국 중재법의 비교법적 고찰을 바탕으로 이루어졌으므로 우리 실정법 발전에 있어서도 개혁적 변화라고 말할 수 있을 것이다.

2) 개정 중재법의 특징

개정 중재법의 주요 특징을 다음과 같다.

첫째 종전의 중재법은 1877년의 독일 민사소송법의 중재에 관한 규정을 모델로 하였던 반면, 개정 중재법은 1985년 국제무역법위원회가 각국의 중재법의 통일화를 위해 채택한 모범법안(UNCITRAL Model Law, 1985)을 기초로 하였다. 종래에 중재법 질서는 독일 절차법에 기초하고 있었으나, 현실적으로 대한상사중재원을 중심으로 행해온 중재활동이나 그 관행은 미국, 영국, 프랑스의 중재센터의 중재관행에 가깝게 운영되어 왔으므로 중재법과 중재관행 사이에 많은 차이가 있었다. 이러한 차이를 극복하고자 국제적 기준의 UNCITRAL 모범법안을 수용한 것이다.

둘째, 종래의 중재법은 18개 조문으로 구성되어 중재절차나 중재인 선정, 중재인의 권한 등에 있어 대부분 당사자 자치에 맡기는 식으로 정하였던 반면, 개정 중재법은 총 41개 조문으로 구성되어 있으며 물론 당사자자치를 주요 원칙으로 삼고 있으나 당사자 간에 합의가 없거나 이루어지지 않는 경우를 고려하여 중재절차의 관한 사항을 상세히 정하였다. 종래의 중재법 하에서 이러한 문제점을 보완하기 위해 중재인선정이나 중재절차에 관해 당사자의 합의가 없거나 불분명한 경우에 사단법인의 상사중재규칙에 의하는 것으로 추정한다는 규정을 임시방편으로 삽입한 바 있으나 현행 중재법은 이에 관한 사항을 직접 상세히 규정함으로써 문제를 해결하였다.

셋째, 개정 중재법은 모범법안을 되도록 최대한 수용하려고 하였으나 우리 사법제도에 맞추어 일부 수정 또는 보완하는 방식을 택했다. 일부에서는 모범법안을 그대로 수용하는 것이 낫지 않았느냐는 의문을 제기하기도 하는데 UNCITRAL의 모범법안은 각국의 중재법의 통일을 위한 최상의 방안으로 조약의 형식을 취하지 않고 중재법의 모델을 국제사회에 제시한 것이다. 각국의 소송 절차 및 구조 그리고 사법제도가 각각 다양하므로 모범법안의 형식은 국제사회에서 더욱 지지 받고 있으며 모범법안의 수용도 이러한 방식으로 이루어지고 있음을 상기할 필요가 있다.

넷째, 현행 중재법은 국내중재 뿐만 아니라 국제중재에도 적용되는 점에서 구 중재법의 방식과 같은 반면, 원래 국제상사중재만을 적용대상으로 쓸 모범법안의 방식과는 다르다. 물론 개정 중재법이나 구 중재법 간에도 적용 방식에 있어 반드시 동일한 것은 아니다. 개정 중재법은 제2조에 명문으로 그 적용대상을 규정하고 있으나, 과거 중재법 제정 당시에는 국제상사중재에 대한 규정도 없었으며 적용 범위나 적용대상에 대한 고려한 점도 보이지 않는다. 다만, 현실적으로 법 운영상 국제중재나 국내중재의 구분 없이 적용했던 것이다. 우리나라가 1973년 2월 8일자로 가입한 뉴욕협약의 적용범위와 관련하여 중재법의 관계도 개정 중재법에서는 명시하고 있다.

제2절 한국 중재법의 법원(法源)

1. 국내법

1) 중재법

현행 중재법에서는 엄격한 영토적 기준(territorial criterion)을 적용하여 그 적용범위를 원칙적으로 중재지가 대한민국 안에 있는 경우로 제한하고 있다. 다만, 예외적으로 제9조(중재합의와 법원에의 제소), 제10조(중재합의와 법원의 보전처분)의 규정은 중재지가 아직 정해지지 아니하였거나 대한민국이 아닌 경우에도 적용하며, 제37조(중재판정의 승인과 집행)와 제38조(외국중재판정)의 규정은 대한민국이 아닌 경우에도 적용되도록 하였다.

이러한 예외규정들은 법원에 위임된 일정한 기능에 관한 것으로서 중재지 또는 절차법의 선택에 관계없이 중재합의나 중재판정에 적용되도록 하기 위한 취지에 따른 것이라 할 수 있다. 이렇게 영토적 기준을 선택한 이유는 국제사회에서 대다수의 국가가 이를 채택하고 있으며 이를 통해 법적 안전성을 확보하기 위한 것으로 판단된다.

또한 개정 중재법 제2조 제2항에서는 중재절차를 인정하지 아니하거나 이 법의 중재절차와 다른 절차에 의하여 중재에 회부할 수 있도록 규정한 법률 및 조약에 대하여는 이 법의 적용을 배제하도록 하였다.

현재 우리나라에서 발효 중인 중재관련 조약인 '외국중재판정에 관한 승인 및 집행에 관한 협약', '국가와 타방국가 국민간의 투자분쟁의 해결에 관한 워싱턴협약', '국제민간항공협정', '국제전기통신협약' 등 다국 간 조약과 '대한민국과 미합중국간의 우호통상 및 항해조약' 등 양국 간 조약, '노동조합 및 노동관계 조정법', '근로기준법', '교원의 노동조합설립 및 운영에 관한 법률', '근로자 참여 및 협력증진에 관한 법률', '노동조합법' 등 노동관련 중재, '방송법', '유성방송법' 등 언론관련 중재 등 다른 법률에서 중재제도를 마련하고 있는 경우에는 그 법률이 정하는 절차에 따라 중재를 행하도록 하여 중재법과의 저촉을 방지하도록 하였다.[2]

2) 중재규칙

가. 국내중재규칙

국내중재규칙은 "사단법인 대한상사중재원(이하 중재원이라 한다)이 중재법에 의하여 국내중재를 공정·신속하게 하기 위한 절차를 규정함을 목적으로 한다."[3]고 규정하여 국내중재규칙이 중재법을 보완하는 법규임을 명백히 하고 있다.

1966년 3월 16일 법률 제1767호로 '중재법'이 제정된 이후 대한상공회의소가

2) 이성민, 김종득, 김장호 (2003),「국제무역분쟁과 상사중재」(서울: 도서출판 두남), p.112.
3) 국내중재규칙 제1조.

동년 10월 13일 대법원의 승인을 받아 총 10개장 52조로 구성된 대한상공회의소 '상사중재규칙'을 제정하였다.[4] 이에 앞서 대한상공회의소는 상사중재업무를 관할할 기관으로 동년 3월 22일 중재원의 전신인 '국제상사중재위원회'를 발족시켰다. 이후 '상사중재규칙'은 1970년에 '국제상사중재위원회'가 '사단법인대한상사중재협회'로 개편되면서 '대한상사중재협회 상사중재규칙'으로 명칭이 변경되었다. 이후 기존 규칙의 해석이 분명하지 않거나 실정에 부합되지 않는 조항의 대폭변경과 명칭변경을 포함한 개정이 1973년 4월 3일에 이루어졌다.

1983년 5월 11일에는 국내중재활성화계획에 따른 국내중재 요금하향조정 등 국내외 분쟁해결책 모색에 있어 중재제도의 활용을 위해 규칙이 개정되었다. 1989년 11월 16일에는 중재사건의 신속하고 합리적인 해결을 도모하고자 중재인 선정절차상의 지연배제, 사무국의 업무처리근거를 마련하기 위한 사무국조항, 신속절차규정 등을 신설하는 내용의 개정이 있었다.

1993년 12월 14일에는 중재규칙과 실무와의 괴리, 국제상사중재의 흐름과의 부조화 등의 문제점을 보완하기 위해서 절차문제에 있어 다수결이 이루어지지 않을 경우 의장중재인이 결정할 수 있도록 하는 등의 내용에 대한 개정이 있었다. 그리고 'UNCITRAL 중재규칙'에 따른 중재관리규칙을 받아들이는 내용 등을 추가한 개정이 1996년 8월 5일에 있었다.

2000년대에 들어서는 기존에 시행되던 중재법이 UNCITRAL 모범법안을 반영하여 1999년 12월 31일자로 전면 개정되면서 이를 반영하기 위하여 중재규칙이 개정되었다. 그 결과, 도달주의채택, 중재인의 부적격고지 및 기피신청에 대한 내용을 추가하고, 동시에 '상사중재규칙'이라는 명칭을 '중재규칙'으로 변경하는 개정이 2000년 4월 27일에 있었다.

이후 '중재규칙'의 적용과정에서 나타난 일부 문제점을 바로잡고, 분쟁처리의 신속성을 제고하며 소액사건의 비용부담을 경감하는 등 중재제도 활성화에 주안점을 둔 개정이 2004년 12월 13일자로 대법원의 승인을 받았다. 이후 2008년 11월 30일에도 KCAB 원장이 요금표상의 요율을 초과하지 않는 범위 내에서 실행요율을 조정할 수 있도록 하는 개정안이 대법원의 승인을 받아 시행되었다.

한편 2007년 '국제중재규칙'이 시행되기 전까지는 KCAB에는 별도의 국제중재규칙이 없었고, 국내외 중재사건 모두 기존의 '중재규칙'을 적용하였다. 그러나 국제중재수요에 부응하고 국제중재를 활성화시키고 또한 국제수준의 중

4) 대한상사중재원 (1996), 「상사중재 30년사」, p.58.

재규칙을 제정할 필요성이 점차 제기되었다. 이를 위해 2006년부터 국제중재 전문가들로 구성된 국제중재실무회의에 국제중재규칙의 제정을 위한 연구용역을 발주하였고, 이후 주요 국제중재기관의 국제중재규칙들을 검토하여 총 45 개조문과 부칙 등으로 이루어진 '국제중재규칙'을 완성하였다. '국제중재규칙'은 2007년 1월 25일자로 대법원승인을 받아 2007년 2월 1일부터 시행되었다.[5)]

그러나 2007년 '국제중재규칙'은 적용범위를 당사자가 명시적으로 동 규칙을 적용하기로 합의한 경우에만 적용토록 하고 있어, '국제중재규칙'은 거의 활용되고 있지 못하였고, 대부분의 경우 '중재규칙'이 국내중재사건 뿐만 아니라 국제중재사건에도 적용되고 있는 실정이었다.[6)]

또한 국제중재관행을 적용하길 원하는 이른바 대형 국제중재사건이 KCAB가 아닌 외국의 국제중재기관 등을 통하여 중재가 이루어지고 있어 KCAB 및 더 나아가 대한민국 내 국제중재의 경쟁력 강화를 위하여 '국제중재규칙'을 국제중재사건에 전면 적용하는 것으로 적용범위를 확대할 필요성이 제기되었다.

이에 기존 '중재규칙'은 '국내중재규칙'으로 명칭을 변경하여 국내중재사건에 적용하고, 국제중재사건은 전면적으로 '국제중재규칙'을 적용하는 방안으로 2011년 9월 1일(대법원 승인) 국내중재규칙과 국제중재규칙이 각각 개정 발효되었다.

이번 개정으로 인해 중재규칙이 이원화되면서, 중재합의에서 중재규칙을 특정한 경우에는 그 규칙에 따르는 것을 원칙으로 하되, 단순히 KCAB의 중재로 합의한 경우에는 당사자들의 영업소 소재지를 기준으로 국내와 국제사건으로 구별하고, 국내중재이면 '국내중재규칙'이, 국제중재이면 '국제중재규칙'이 적용되도록 개정되었다. 또한 현재 대다수를 차지하고 있는 소액 국제사건의 경우를 고려하여 국내중재사건에만 적용되던 신속절차 규정을 국제사건에 경우에도 적용하도록 그 규정을 신설하였다.

나. 국제중재규칙

2007년 국제중재규칙에서는 국제중재에 해당하는 경우를 '중재절차의 당사

---

5) 김태훈, 차경자 (2012), "대한상사중재원(KCAB) 중재규칙의 최근 개정내영에 관한 고찰," 「중재연구」, 제22권, 제1호 (한국중재학회), p.6.

6) KCAB에서 2007년 '국제중재규칙'이' 제정된 이후 적용된 사례는 2010년에 1건(철회로 종결), 2011년에 3건에 불과하였다.

자들이 중재합의를 할 당시 서로 다른 국가에 영업소를 갖고 있는 경우'의 기본적 원칙 이외에 추가적으로 '당사자 간의 중재합의에 따라 정해진 중재지 및 계약상 의무의 실질적인 부분이 이행되는 장소 또는 분쟁의 대상과 가장 밀접한 관련을 갖고 있는 장소 중 한 곳이 당사자들의 영업소 소재지 이외의 국가에 위치한 경우'를 포함하고 있었다.

그러나 개정된 2011년 국제중재규칙(이하 '개정 국제중재규칙' 이라 칭함)에서는 '당사자 간의 중재합의에 따라 정해진 중재지'를 '중재합의에서 정한 중재지가 대한민국이 아닌 경우'로 개정하고, '계약상 의무의 실질적인 부분이 이행되는 장소 또는 분쟁의 대상과 가장 밀접한 관련을 갖고 있는 장소 중 한 곳이 당사자들의 영업소 소재지 이외의 국가에 위치한 경우'는 삭제되었다. 아울러 제5호를 신설하여 '영업소'란 '하나 이상의 영업소를 가지는 당사자의 경우에는 주된 영업소', '영업소를 가지지 않은 당사자의 경우에는 상거소'로 하는 내용을 추가하였다. 이는 국제중재사건에 대해 '개정 국제중재규칙'을 전면적으로 적용하여 시행함에 따라, 국내중재규칙이 적용되는 '국내중재'와 국제중재규칙이 적용되는 '국제중재'간의 상호 조화 및 명확한 기준이 필요함에 따라 추가된 내용으로 볼 수 있다.

한편 2007년 '국제중재규칙'에서는 적용범위를 '당사자들이 이 규칙에 따라 국제중재를 진행하기로 서면으로 합의한 경우'만을 규정하였으나, '개정 국제중재규칙'에서는 이에 더하여 '당사자들이 분쟁을 중재원의 중재에 의해 해결하기로 서면으로 합의한 경우로서 해당중재가 국제중재인 경우'에는 국제중재규칙을 적용하는 것으로 규정하였다. 따라서 기본적으로 국내중재규칙 혹은 국제중재규칙을 적용할 지에 대한 당사자들의 합의가 있는 경우에는 해당 규칙이 적용될 것이다. 즉, 영업소를 기준으로 하여 국내중재일지라도 당사자 간에 국제중재규칙에 따라 분쟁을 해결하기로 합의하였다면 국제중재규칙이 적용되며, 국제중재일지라도 국내중재규칙에 따라 분쟁을 해결하기로 합의하였다면 국내중재규칙이 적용된다.[7)]

그러나 적용 규칙을 특정하지 아니한 경우나(예를 들어, 중재원의 중재만을

---

7) 중재합의를 할 당시 당사자들 중 1인 이상이 대한민국 외의 곳에 영업소를 두고 있는 경우라도(국제중재), 또한 중재합의에 국제중재규칙을 적용하기로 한 경우에도 신청서 제출 이전에 중재인비용 등의 문제로 인해 당사자 간에 '국내중재규칙'으로 분쟁을 해결하기로 사후 합의할 수 있으며, 이 경우 '국내중재규칙'에 따라 절차가 진행된다.

명시), '중재원의 중재규칙'으로만 명시한 경우에는 앞에서 언급한 정의규정에 따라 영업소 소재를 기준으로 국내중재에 해당하는 경우 국내중재규칙을, 국제중재에 해당하는 경우 국제중재규칙을 적용받게 될 것이다.

3) 민사소송법 및 민사집행법

법원이 중재절차에 협조하거나 개입하는 경우, 예컨대 중재계약이나 중재판정의 승인과 집행[8], 중재절차의 개시 전 또는 진행 중의 보전처분, 수탁법원(受託法院)에 증거조사 촉탁(囑託) 등의 경우에 있어 민사소송법이 적용된다.

4) 민법과 상법

행위능력(行爲能力)이나 상사유보선언 등 실체적 문제에 적용된다. 중재법 제36조 1항에서는 중재판정 취소의 소를 제기할 수 있는 경우 중 하나로 중재합의의 당사자가 해당 준거법(準據法)에 따라 중재합의 당시 무능력자였던 사실 또는 중재합의가 당사자들이 지정한 법에 따라 무효이거나 그러한 지정이 없는 경우에는 대한민국의 법에 따라 무효인 사실을 증명하는 경우를 적시하고 있다.

행위무능력자는 정상적인 법률행위를 할 수 있는 능력을 갖지 못한 자이므로 법정대리인(法定代理人)의 도움을 받아서 법률행위를 하게하며 단독으로 한 법률행위는 취소할 수 있게 한다. 무능력자제도는 원칙적으로 재산법적 관계에만 적용되고 가족법적 관계에는 적용되지 않으며, 친족·상속법에는 무능력자에 대한 개별적 규정이 있다.

현행 민법에서는 만 19세로 성년이 되며(민법 제4조), 미성년자의 법률행위는 법정대리인의 동의를 얻어서 하거나 법정대리인이 대리하여야 한다(민법 제5조). 또한 획일적으로 행위능력을 제한하는 문제점을 내포하고 있는 기존의 금치산·한정치산제도 대신 더욱 능동적이고 적극적인 시스템인 성년후견·한정후견·특정후견제도를 도입하고 기존 금치산·한정치산 선고의 청구권자에 '후견감독인'과 '지방자치단체의 장'을 추가하여 후견을 내실화하고 성년후견 등을 필요로 하는 질병, 장애, 노령, 그 밖의 사유로 인한 정신적 제약으로 사

8) 예컨대, '외국 중재판정의 승인 및 집행에 관한 협약'을 적용받지 아니하는 외국 중재판정의 승인 또는 집행에 관하여는 「민사소송법」 제217조, 「민사집행법」 제26조제1항 및 제27조를 준용한다.

무를 처리할 능력이 지속적으로 결여된 사람에 대하여 보호를 강화하였다(민법 제9조-제14조 등).

또한 상법에서는 미성년자 또는 한정치산자가 법정대리인의 허락을 얻어 영업을 하는 때에는 등기를 하여야 하며, 미성년자 또는 한정치산자가 법정대리인의 허락을 얻어 회사의 무한책임사원이 된 때에는 그 사원자격으로 인한 행위에는 능력자로 본다고 규정하고 있다(상법 제5조-제6조).

한편 우리나라는 1973년 5월 9일 42번째로 뉴욕협약의 회원국으로 가입하였는데, 동 협약 제1조 제3항에 의하여 가입조건으로 한국법상 상사관계의 분쟁에 한하여 협약을 적용하는 것과, 외국중재 판정이라도 그 외국이 협약의 체약국이어야 뉴욕협약을 적용할 것을 선언하였다. 따라서 뉴욕협약 체약국 이외의 국가에서 내려진 외국중재판정에 대한 승인과 집행은 민사소송법과 민사집행법을 준용하며, 뉴욕협약 체약국에서 내려진 중재판정이라도 우리나라 상법에서 정한 상행위의 범위 내에서 발생한 분쟁에 한하여 뉴욕협약을 적용하게 된다.[9]

5) 국제사법

국제사법은 외국적 요소가 있는 법률관계에 관하여 국제재판관할에 관한 원칙과 준거법을 정함을 목적으로 한다. 법원은 당사자 또는 분쟁이 된 사안이 대한민국과 실질적 관련이 있는 경우에 국제재판관할권을 가진다. 이 경우 법원은 실질적 관련의 유무를 판단함에 있어 국제재판관할 배분의 이념에 부합하는 합리적인 원칙에 따라야 한다. 또한 법원은 국내법의 관할 규정을 참작하여 국제재판관할권의 유무를 판단하되, 제1항의 규정의 취지에 비추어 국제재판관할의 특수성을 충분히 고려하여야 한다.

당사자의 본국법에 의하여야 하는 경우에 당사자가 둘 이상의 국적을 가지는 때에는 그와 가장 밀접한 관련이 있는 국가의 법을 그 본국법으로 정한다. 다만, 그 국적중 하나가 대한민국인 때에는 대한민국 법을 본국법으로 한다. 당사자가 국적을 가지지 아니하거나 당사자의 국적을 알 수 없는 때에는 그의 상거소(常居所)가 있는 국가의 법에 의하고, 상거소를 알 수 없는 때에는 그의 거소가 있는 국가의 법에 의한다. 당사자가 지역에 따라 법을 달리하는 국가의 국적을 가지는 때에는 그 국가의 법 선택규정에 따라 지정되는 법에 의하고, 그러한

9) 상행위의 범위는 본 교재 제4장 제3절 중재의 적용대상과 요건 참조.

규정이 없는 때에는 당사자와 가장 밀접한 관련이 있는 지역의 법에 의한다.

입법목적에 비추어 준거법에 관계없이 해당 법률관계에 적용되어야 하는 대한민국의 강행규정은 이 법에 의하여 외국법이 준거법으로 지정되는 경우에도 이를 적용한다. 외국법에 의하여야 하는 경우에 그 규정의 적용이 대한민국의 선량한 풍속 그 밖의 사회질서에 명백히 위반되는 때에는 이를 적용하지 아니한다.[10)]

2. 국제조약

대한민국헌법 제6조 제1항은 "헌법에 의하여 체결공포된 조약과 일반적으로 승인된 국제법규는 국내법과 같은 효력을 가진다."라고 규정하고 있으므로 다음과 같은 국제조약[11)]들이 우리나라에서의 중재절차에 법으로서 적용된다.

1) 다자조약(多者條約)

가. 워싱턴협약

'국가와 타방 국민간의 투자 분쟁해결을 위한 협약'(Convention on the Settlement of Investment Disputes Between States and Nationals of Other States of 1965)으로 우리나라는 1967년 2월 21일 이 협약에 가입하였다.

나. 뉴욕협약

1958년 '외국중재판정의 승인과 집행에 관한 UN협약'(The United Nations Convention on the Recognition and Enforcement of Foreign Arbitral Awards: New York Convention)으로 우리나라는 1973년 2월 8일에 이 협약에 가입하였으며 1973년 5월 9일 발효되었다.

본 협약의 목적중 하나는 중재판정의 승인 및 집행의 가능성을 확대하는 것에 있기 때문에 다른 다자 간 또는 양자 간 협약에 의해 또는 중재판정이 원용되는 국가의 국내법에 의해 중재판정의 승인 및 집행이 가능하게 되면 뉴욕협약은 그러한 협약이나 국내법의 효력에 영향을 미치는 것이 아니라 중재판정

---

10) 국제사법 제1조-제10조.

11) 국제조약은 가입서명, 국회비준, UN사무총장기탁을 거쳐 발효된다.

의 원용자 자신의 선택으로 다른 협약이나 국내법에 의해 중재판정의 승인 및 집행을 구할 수 있다(뉴욕협약 제7조 제1항)고 규정하고 있다.

그러나 제네바의정서 및 제네바협약과의 관계에 대해서는 그것들을 실질적으로 개정하는 것이 뉴욕협약의 목적 중 하나이기 때문에 제네바의정서 및 제네바협약의 체약국임과 동시에 본 협약의 체약국이 된 양자 간에서는 본 협약이 적용되는 한도에서 제네바의정서와 제네바협약은 효력을 상실한다(뉴욕협약 제7조 제2항)고 규정하고 있으며, 제네바협약과 뉴욕협약이 저촉하는 경우에도 뉴욕협약이 적용된다고 이해할 수 있다.

2) 양자 간 조약(兩者 間 條約)

우리나라는 1957년 11월 7일 미국과 '대한민국과 미합중국과의 우호, 통상 및 항해조약'(The Treaty of Friendship, Commerce and Navigation between the Republic of Korea and the United States of 1957)을 체결하였다. 동 조약 제5조 제2항에 양국의 회사나 국민 간에 발생한 분쟁을 중재에 의하여 해결하기로 합의한 경우에 그 중재합의의 유효성을 인정하고, 그 중재판정을 상호집행 승인하기로 규정하고 있다. 그러나 이 조약에 의하여 한·미간에 중재판정이 승인되거나 집행된 실례는 없다.[12)]

3) 중재기관 간의 중재협정

국제조약은 아니지만 대한상사중재원과 외국중재기관 간에 체결한 중재협정들이 우리나라 국민과 그 외국 국민들 사이에 이루어지는 중재절차에 적용될 수 있다. 대한상사중재원은 19070년대 초반부터 외국의 주요중재기관과 중재협정을 체결하였는데, 1973년 일본상사중재협회와의 중재협정 체결을 시작으로 2013년 기준으로 총 24개국 중재관련 기관과 중재협정을 체결하였다.

대한상사중재원은 이상과 같이 당사자 간 중재계약을 촉진시키는 목적의 중재협정 외에도 국제상업회의소 중재심판소(ICC Court of Arbitration)을 포함한 22개국 27개 중재기관과 업무협정을 체결하고 있다. 업무협정의 주된 내용은 양국 간 투자 및 교역증진에의 기여, 중재관련 정보자료 교환, 기타 중재협력을 위한 업무협조체제의 구축 등이다.

---

12) 양병회 외 (2006), 앞의 글, p.41.

▌표 6.1▐ 대한상사중재원의 중재협정 체결현황

연번	체결일	체결기관	중재지
1	1973.10.26		피신청인국가[a]
2	1974.11.19	미국중재협회	3인합동중재위원회에서 결정
3	1978.05.10	중화민국상무중재협회	피신청인국가[a]
4	1978.05.29	네덜란드중재협회	중재신청을 접수한 중재기관에서 결정[b]
5	1978.12.10	태국무역위원회	피신청인국가
6	1979.02.28	인도중재위원회	피신청인국가[a]
7	1979.11.15	가나상사중재회의소	피신청인국가[a]
8	1982.05.06	인도네시아중재위원회	피신청인국가
9	1982.10.11	덴마크상업회의소	피신청인국가
10	1990.08.28	헝가리상공회의소	피신청인국가
11	1991.06.20	루마니아상공회의소	피신청인국가
12	1991.06.21	불가리아상공회의소	피신청인국가
13	1992.06.17	밀라노국내외중재회의소	피신청인국가
14	1992.09.10	폴란드상공회의소	피신청인국가
15	1992.12.15	중국국제경제무역중재위원회	피신청인국가
16	1993.07.09	호주국제상사중재센터	피신청인국가
17	1993.07.09	멕시코상업회의소	당사자합의로 결정
18	1993.12.20	베트남국제중재센터	피신청인국가
19	1994.05.16	러시아상공회의소	피신청인국가
20	1995.02.16	싱가포르국제중재센터	피신청인국가
21	1997.03.31	우크라이나상공회의소	피신청인국가
22	1997.06.27	몽골상공회의소	피신청인국가
23	2002.01.17	체코상공회의소	피신청인국가
24	2003.11.10	베네수엘라상공회의소	피신청인국가

자료 : 대한상사중재원(www.kcab.or.kr).

a : 단, 양 기관의 합의가 있는 경우에는 신청인국가.

b : 단, 일방의 요구가 있는 경우에는 3인의 특별위원회에서 결정.

제3절 대한상사중재원

1. 대한상사중재원 연혁

대한상사중재원(The Korean Commercial Arbitration Board: KCAB)은 중재법(법률 제1767호)에 의거하여 1966년 3월 22일 대한상공회의소 부설 국제상사중재위원회(중재원 전신)로 발족하였으며, 민법 제32조(사단법인의 설립) 및 산업자원부 설립인가 제142호에 의거 1970년 3월 21일 새롭게 설립된 후, 1980년 8월 29일 현재의 사단법인 대한상사중재원으로 확대 개편되었다.

대한상사중재원의 설립목적은 국내·외 상거래에서 발생하는 분쟁을 법원판결과 같은 확정력 있는 판정을 내리고 강제집행을 보장하는 중재와 당사자 간의 우의적인 합의를 통한 해결을 모색하는 알선을 통하여 분쟁을 신속·저렴하게 해결함으로써 무역진흥을 촉진하고 상거래 질서를 확립하여 국민의 편익을 증진함에 있다.

1) 상사중재기구의 설치

우리나라의 상사중재제도는 서구, 특히 미국의 제도를 모범으로 하여 발족하여 30여년에 이르는 짧은 역사 속에서도 비교적 착실하게 발전을 거듭하여 왔다. 우리나라에서 상사중재에 관해 처음으로 공식적인 논의가 벌어진 것은 1955년 유엔 극동아시아경제위원회 제1차 무역분과위원회를 통해서였다.

1962년부터 시작된 제1차 경제개발계획으로 국내기업과 외국기업 사이에 거래가 늘어나면서 자연히 무역분쟁도 늘어났다. 이와 함께 1963년에는 중재기관의 설치를 상공회의소의 사업계획으로 채택하고 1964년 6월에는 정부의 관계부처와 민간업계·학계, 그리고 법조계의 권위자들을 망라해 국제상사중재제도 창설에 관한 간담회를 갖는 한편 대한상공회의소로 하여금 중재법의 제정과 상사중재위원회의 설립에 대한 준비에 착수하도록 결의했다.

1965년 10월 7일에는 상공부가 상역검 제1313호와 대한상공회의소법 제5조 제6항에 따라 대한상공회의소에 국제간의 상사중재제도에 관해 연구해 주도록 요청했다. 1965년까지는 상공회의소에서 상사분쟁을 담당하고 국제관례와 상공회의소법 제5조 제6항에 따라 일반중재조정사업을 하고 있었다. 그러나 보다 공신력 있고 체계적인 중재기관이 필요하다는 인식에 따라 상공회의소 산하에 공식적인 중재기관으로서 상사중재위원회를 설치하기로 하고 준비를 시작했다. 이때 구성된 상임위원회는 12차에 걸쳐 모임을 가진 끝에 최종안을 마련하고 1966년 3월 16일 법률 제1767호로 중재법이 공포되었다. 이처럼 우리나라에서 명실 공히 상사중재제도가 제 역할을 하기 시작한 것은 중재법의 제정에 뒤이어 대한상공회의소가 1966년 10월 13일 대법원의 승인을 받아 대한상공회의소 상사중재규칙을 제정・운용하면서부터였다.

대한상공회의소는 이에 앞서 상사중재업무를 관할할 기관으로 1966년 3월 22일 국제상사중재위원회를 설립했다. 동 위원회는 제정된 상사중재규칙에 따라 중재사건을 처리했으나 전문성이 뒤따르지 못하게 되어 1970년 2월 12일 임시총회를 개최하고 '사단법인체로 독립 운영한다.'는 결의를 하였다. 이에 따라 대한상공회의소의 상사중재위원회는 해체되고 대한상사중재협회가 3월 16일에 설립되어 상공부에 사단법인 허가신청을 제출한 결과 3월 22일에 상공부로부터 사단법인으로 허가되어 전문중재기관이 탄생되었다.

2) 상사중재기구의 발전

대한상사중재협회는 무역의 신장과 함께 업무도 늘어나게 되어 기구를 확대하는 등 성장하였다. 동 협회는 시대의 변천과 함께 1980년 9월 1일자로 명칭을 사단법인 대한상사중재원(The Korean Commercial Arbitration Board)으로 바꾸면서 80년 한국무역의 숨은 조력자로서 그 역할을 넓혀 나갔다. 이 기관은 상설중재기관으로 강력한 법적 진원을 받아 왔다.

대한상사중재협회는 약 10여년의 역사 속에 그 유례를 찾을 수 없이 많은 무역클레임을 처리하였다. 설립의 기본목적은 중재법 상에 명시된 일반중재와 상사중재의 절차관리이지만 정부의 강력한 수출드라이브정책과 시대적 소명에 부응하여 중재와 조정 이외에 알선과 조정・상담을 행하여 왔다.

대한상사중재원은 중재기능의 국제화를 위하여 뉴욕협약에 가입하고자 상공부와 외무부에 그 필요성을 강조한 결과 1973년 1월 비상국무회의의 비준을 얻고 동년 2월 8일자로 UN사무총장에게 가입문서를 기탁하여 그로부터 90일

후인 1973년 5월 9일자로 42번째의 회원국이 되었다. 한국이 이와 같은 UN의 노력을 인정하고 뉴욕협약에 제42번째의 회원국으로 가입한 것은 국제상사중재제도에 대한 전폭적인 지지로 받아들여진다. 아울러 이는 국제사회에서의 한국중재제도의 상징이며 각국 간 상호 협력과 유대강화의 기틀인 동시에 한국의 상사중재제도 발전의 전환점이라 하겠다. 그 후 대한상사중재원은 지속적인 국제협력의 추진, 대폭적인 홍보강화 그리고 내부 직원들의 자질향상을 통한 지속적인 제도개선을 이루어 왔다. 이에 힘입어 1996년에는 국제상사중재분야의 UN총회라고 할 수 있는 국제상사중재위원회(International Council for Commercial Arbitration: ICCA) 제13차 총회를 유치하여 세계에 한국중재제도의 선진화를 과시하였으며, 아시아·태평양 중재기관장 회의(Asia Pacific Arbitration: APRAG)의 회장국이 되기도 하였다.

국내적으로는 중재사건 분야의 다양화로 중재제도 토착화에 노력한 결과 중재사건이 양적으로도 대폭 증가하였고 중재신청 금액도 대형화되어 짧은 역사에도 불구하고 한국에 중재제도의 단단한 뿌리를 내리게 되었다. 또한 다양한 분쟁사건을 효과적으로 처리하기 위하여 국내외적으로 유능한 중재인들을 확보를 통하여 1,000여명이 넘는 중재인명부를 작성·유지하여 세계 유수의 중재기관과 견주어 손색없는 중재기관으로 성장하였다.

2. 주요 기능 및 현황

1) 주요 기능

가. 분쟁해결 기능

대한상사중재원은 신속하고 효율적인 분쟁해결을 위하여 중재, 알선, 조정 그리고 상담제도를 통하여 각종 분쟁을 해결하고 있다.

(1) 중재

중재는 대한상사중재원의 가장 중요한 기능이다. 분쟁에 대해 중재합의가 있는 경우 대한상사중재원에 중재를 신청할 수 있다. 당사자가 중재신청서를 사무국에 제출하면 사무국은 중재신청을 접수한 후 중재인 선정절차를 진행한다.

이후 중재판정부는 중재심리를 통해 당사자의 주장을 청취한 후 중재판정을 내리게 된다.

(2) 알선

알선은 각종 민·상사거래에서 발생한 분쟁에 대해 분쟁해결의 경험과 지식이 풍부한 대한상사중재원 직원이 개입하여 당사자 간 원만한 해결을 주선하는 제도이다. 알선은 분쟁당사자 간의 협력을 필요로 하며, 강제력은 없으나 당사자 간의 비밀을 보장하고 거래관계를 지속시킬 수 있는 장점이 있다. 알선은 무료로 이용할 수 있다. 알선에서 합의는 분쟁해결합의서와 동일한 효력이 인정된다.

(3) 조정

조정은 중재나 소송에서와 같이 중재인 혹은 법관이 문제된 사안의 결정을 내려주는 것이 아니고, 조정인이 분쟁당사자 측에 해결을 위한 조정안을 제시하여 해결하는 제도이다. 대한상사중재원에서는 중재규칙상의 조정, 대외무역법상의 무역분쟁조정과 '부품소재전문기업 등의 육성에 관한 특별조치법'에 따른 신뢰성분쟁조정을 시행하고 있다.

(4) 상담

대한상사중재원은 국내외 각종 민·상사 분쟁에 대하여 상시로 무료상담을 실시하고 있다. 상담 시에는 상사분쟁의 예방 및 해결, 계약서의 작성, 분쟁의 해결과 관련한 외국의 법령, 제도, 관습 등의 사항을 안내하여 준다. 상담을 이용하고자 하는 경우에는 대한상사중재원에 서면, 내방, 전화, 인터넷 등의 방법으로 신청할 수 있다.

나. 분쟁예방 기능

분쟁의 경우 분쟁 발생 후 처리보다는 분쟁이 발생하기 전에 예방하는 것이 더욱 중요하다. 이를 위하여 대한상사중재원에서는 계약 시 자동작성시스템을 개발하여 각종 상거래 계약서를 쉽게 작성할 수 있도록 하였으며, 각 조문마다 해설을 달아서 초보자도 계약서의 조문을 쉽게 알 수 있도록 하였다.

또한 분쟁예방을 위한 각종 교육과 세미나를 개최하고 있는데 건설, 인테리어, 광고, 프랜차이즈 등 업계 특성에 맞는 교육뿐만 아니라 클레임 관리에 대한 전반적인 교육을 함께 실시하고 있다. 또한 상거래 실무 및 상관습에 대한 무료 상담을 통하여 거래 시 정보 부족으로 인하여 발생할 수 있는 분쟁을 미연에 방지토록 지원하고 있다.

다. 기타 기능

대한상사중재원은 통일부로부터 2007년 4월 16일 남북상사중재위원회[13]의 우리 측 중재사무처리기관으로 지정받았으며, 이에 따라 '대한상사중재원 남북상사중재실'[14]을 설치 · 운영하고 있다.

남북상사중재실은 실장 포함 3명의 인원과 전문가(특별보좌역) 1명으로 구성되어 있으며, 주요 업무는 남북상사분쟁 사례 조사 및 연구, 남북상사중재위원회 운영관련 세칙마련, 남북상사중재 상담실 운영, 남북상사분쟁 법률자문단 운영 등이다. 그러나 북 측의 소극적 태도로 남북상사중재위원회는 아직까지 구성되지 않았다. 또한 2007년 5월 당시 지식경제부는 대한상사중재원에 국제투자분쟁모니터링센터를 설치토록 승인하였으며, 국제투자분쟁모니터링센터는 국제투자분쟁 동향파악 및 정보제공 등 다양한 업무를 수행하고 있다.

한편 대한상사중재원은 지역상공회의소와 협력하여 지역중재센터를 운영하고 있다. 현재 광주전라중재센터와 대전충청중재센터가 운영되고 있으며, 동 센터에서는 해당 지역의 상공인들을 대상으로 계약서 작성지도, 분쟁상담 등 분쟁의 예방 및 해결에 관한 종합적인 서비스를 제공하고 있다.

2) 주요 현황

가. 조직

대한상사중재원의 조직은 2본부(기획관리본부, 중재사업본부), 2센터(분쟁종합지원센터, 조정센터) 1실(남북상사중재실) 및 1지부(부산지부)로 구성되어 있다. 중재사업본부는 다시 국내중재팀, 건설중재팀 및 국제중재팀으로 구성되어 있다. 분쟁종합지원센터의 주요 업무는 분쟁종합해결 및 지원, 분쟁상담, 알선

13) 남북 쌍방은 2003년 10월 문산에서 개최된 남북경제협력제도 실무협의회 제3차 회의에서 남북상사중재위원회 구성 · 운영에 관한 합의서를 채택하였다.

14) http://www.kcab.or.kr/jsp/kcab_snc/ksnc/ksnc_01.jsp

등이며, 조정센터는 법원연계조정, 일반조정 및 조정인 관리업무를 담당하고 있다. 대한상사중재원은 현재 삼성동 무역센터 트레이드타워 43층에 위치하고 있으며, 부산지부는 초량1동 대한통운빌딩에 위치하고 있다.

나. 클레임 처리 현황

대한상사중재원의 클레임 접수 현황은 2011년 기준으로 국내 1,012건, 국제 226건, 총 1,238건으로 집계되었다. 이 중 중재는 323건으로 26%를 차지하고 있으며, 알선은 915건으로 74%를 차지하고 있다. 분야별로는 국내상거래가 778건(62.8%)으로 가장 높은 비중을 차지하고 있으며, 무역 63건, 건설 121건의 순으로 조사되었다.

▌표 6.2▐ 분야별 클레임 현황 (2011년)

(단위: 건, 천US$)

구분	중재		알선		합계	
	건수	금액	건수	금액	건수	금액
건설	114	226,509	7	63	121	226,572
부동산	7	363	4	484	11	847
무역	63	49,153	149	6,804	212	55,957
해사	19	5,573	5	0	24	5,573
국내상거래	89	38,606	689	4,679	778	43,285
기술, 정보통신	31	62,643	61	352	92	62,995
총계	323	382,847	915	12,382	1,238	395,229

자료 : 대한상사중재원 (2014), 2011년 클레임통계.

클레임 발생원인 별로는 대금결제가 416건(33.6%)으로 가장 높은 비중을 차지하고 있으며, 품질불량 314건, 계약조건 해석 299건, 선적 및 납기불이행 119건, 운송 49건, 원인미상 및 기타 32건, 지적재산권 6건, 수량부족 2건, 포장불량 1건의 순으로 조사되었다.

계약종류 별로는 매매계약이 553건(37.2%)으로 가장 높은 비중을 차지하고 있으며, 판매・대리점계약 137건, 건설계약 131건, 용역계약 111건, 운송계약 71건, 광고계약 63건의 순으로 조사되었다.

한편 클레임 다발 국가로는 중국이 38건으로 가장 높은 비중을 차지하고 있으며, 미국 31건, 인도 16건, 일본 12건, 베트남 9건, 홍콩 및 이란이 7건의 순으로 조사되었다.

표 6.3 클레임 다발 15개국 현황

(단위: 건, 천US$)

구분	2011년		2010년		2011년 비중	
	건수	금액	건수	금액	건수	금액
중국	38	2,571	29	2,360	24.4	2.7
미국	31	14,322	25	4,042	19.9	15.3
인도	16	2,042	16	1,067	10.3	2.2
일본	12	2,058	25	1,331	7.7	2.2
베트남	9	1,967	4	230	5.8	2.1
홍콩	7	898	9	2,637	4.5	1.0
이란	7	416	2	0	4.5	0.4
싱가폴	6	193	5	90	3.8	0.2
독일	5	5,687	10	425	3.2	6.1
이탈리아	5	9,556	3	300	3.2	10.2
캄보디아	4	52,918	1	897	2.6	56.5
인도네시아	4	603	1	103	2.6	0.6
파키스탄	4	371	8	255	2.6	0.4
태국	4	78	7	435	2.6	0.1
캐나다	4	9	3	112	2.6	0.0
총계	156	93,690	148	14,284	100.0	100.0

자료 : 대한상사중재원 (2014), 2011년 클레임통계.

3. 대한상사중재원의 중재절차

1) 국내중재규칙

중재절차는 중재사건이 접수되어 판정이 내려질 때까지의 모든 절차를 의미하며, 당사자 간의 중재합의로 정할 수 있다.[15)]

가. 일반절차

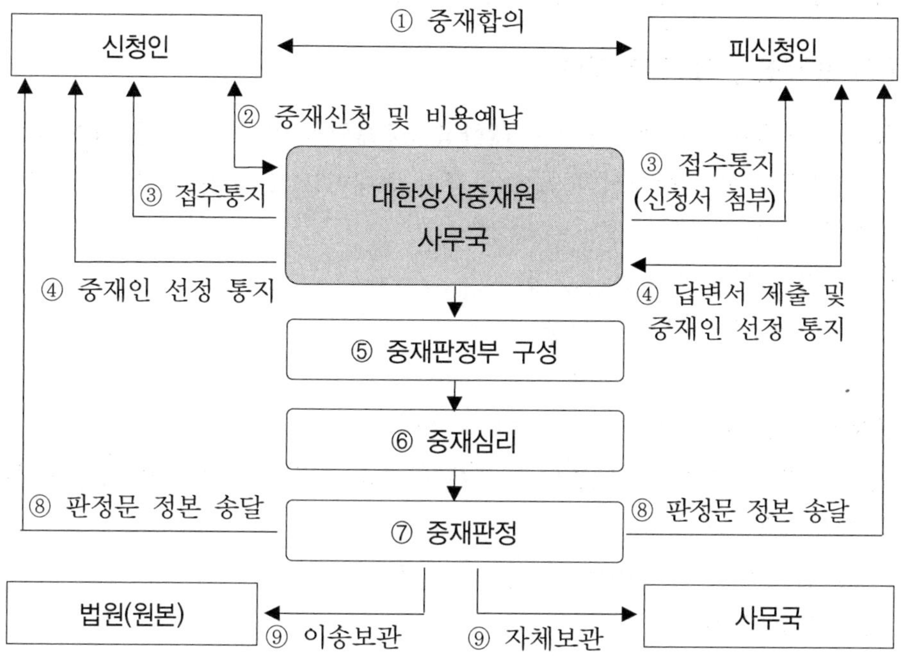

▌그림 6.1▐ **대한상사중재원의 중재절차**

(1) 중재합의

분쟁을 중재에 의하여 해결하기로 하는 중재합의(仲裁合意)가 있어야만 중재신청이 가능하다. 중재법 제8조 제3항에서 "중재합의는 당사자들이 서명한 문서에 중재합의가 포함되어 있는 경우, 서신·전보·전신 및 모사전송 기타 통신수단에 의하여 교환된 문서에 중재합의가 포함되어 있는 경우"로 규정하고 있어 중재합의의 서면주의를 명문화하고 있다. 동 계약은 중재의 대상이 되는 분쟁이 발생하기 전에 합의해 두는 사전 중재합의방식과 이미 발생되어 있는 분쟁을 중재로 해결하기 위하여 합의하는 사후 중재합의방식으로 나눌 수 있다.

그러나 대부분의 경우 분쟁이 발생한 후에는 중재합의가 이루어지기가 어려우므로 주된 계약체결 시에 계약서의 한 조항으로서 중재조항을 삽입하여 두는 것이 가장 바람직하다. 또한 중재합의를 할 때에는 중재를 행할 중재지, 중

15) 중재법 제12조 제2항 및 제20조 제1항.

재기관 및 적용할 준거법 등을 명확하게 명시하여 중재절차 진행시 이 같은 기본적 사항에 대한 다툼의 소지를 없애는 것이 중요하다.

(2) 중재신청 및 비용예납

중재를 신청하고자 할 때에는 대한상사중재원의 본부(서울)나 지역본부(부산)의 사무국에 중재신청서와 함께 소정의 중재비용 및 다음과 같은 서면을 제출하여야 한다.

- 중재의 합의를 인증하는 서면
- 대리인이 있는 경우 위임장

중재신청서에는 다음 사항을 기재하여야 한다.

- 당사자의 성명 및 주소(법인인 경우에는 그 대표자의 성명 및 주소를 함께 기재한다)
- 대리인이 있는 경우에는 그 성명 및 주소
- 중재신청의 취지
- 중재신청의 이유 및 입증방법

요금은 관리요금과 심리기일연기요금으로 구분되며 관리요금은 중재신청금액에 따라 중재규칙에서 정하는 요금표에 의하여 계산된다. 경비는 중재인과 사건담당자의 소요경비, 증거, 증인 또는 감정인의 소요경비, 검사 또는 조사경비, 녹음 또는 속기록의 작성경비, 통역 또는 번역경비, 기타 중재에 소요되는 일체의 경비가 당사자의 신청에 의한 경우에는 그 당사자가 예납한다. 만약 위 경비가 중재판정부의 지시에 의한 것일 경우, 당사자 간에 따로 정함이 없으면 한 신청인이 예납한다. 한편 수당은 중재인수당과 판정문작성수당이 있는데 당사자가 합의하는 경우 그에 따라 중재인 수당이 결정된다.

(3) 중재신청의 접수 및 통지

중재신청서가 제출되면 중재합의서, 중재신청서, 중재신청의 취지를 입증하는 서류의 유무, 대리인이 선임된 경우 위임장 등 적합여부를 확인하고, 사무국에서 적합하다고 판단하는 경우에는 소정의 중재비용을 예납 받고 접수한다.

(4) 답변서 제출

피신청인은 신청인의 중재신청서를 검토한 후 중재신청 접수통지의 수령일(기준일)로부터 국내중재의 경우 15일 이내에 답변서를 사무국에 제출하여 답변할 수 있다. 특히 답변서에는 다음 사항을 기재하여야 한다.

- 양당사자의 성명 및 주소(당사자가 법인인 경우에는 법인의 명칭 및 주소, 대표자의 성명 및 주소를 병기한다.)
- 대리인이 있는 경우에는 그 성명과 주소
- 답변의 취지와 이유 및 입증방법

사무국은 답변서를 제출받음과 동시에 그 답변이 적합한 것인지의 여부를 확인하고 적합한 경우에는 이를 접수하고 양 당사자에게 접수사실을 통지한다. 이 경우 신청인에게는 답변서 1부를 보낸다. 만일 피신청인이 위의 기간 내에 답변서의 제출이 없는 경우에는 신청인이 주장하는 청구의 기각을 구하는 것으로 간주한다.

한편 동일사안에 대해 피신청인이 중재신청을 하는 것을 반대신청이라 하는데, 피신청인이 스스로 판단하여 직접 하는 방법과 답변의 취지나 이유가 반대신청의 내용을 포함하고 있다고 판단할 경우 그 부분에 대하여 중재판정부의 요구에 의해 행하는 방법 등 두 가지가 있다. 절차는 당초의 중재신청 절차와 동일하다.

(5) 중재판정부의 구성

중재사건을 판정할 중재인은 분쟁당사자가 직접 선정하거나 중재원에서 추천한 중재인 후보 중에서 선임하게 된다. 중재인은 법조계, 학계 및 업계 등 각계 권위자로서 최소한 20년 이상 해당분야에 경험 있고 전문지식, 신뢰성, 성실성, 신망 및 판단력 등이 갖추어진 인사라야 한다.

당사자 간의 약정으로 중재인을 당사자가 직접 선정 또는 선정방법을 정하였을 경우, 선정통지수령일로부터 15일(국제중재: 30일)이내에 중재인취임수락서를 중재인으로부터 받아 제출해야 한다. 중재인 선정에 관한 당사자 합의가 없거나 합의가 있어도 정해진 기간 내에 중재인 선정을 하지 아니하는 경우에는 사무국이 중재인 명부 중에서 5인 또는 10인의 후보자를 선정 후 당사자에게 명단을 보낸다. 당사자는 동 명단에 자신이 희망하는 순위를 의장중재인과 기타중재인란에 번호를 기재하여 후보자명단 수령일로부터 15일(국제중재: 30일) 이내에 반송하여야 한다.

사무국은 양당사자의 순위를 집계한 후 희망순위가 가장 높은 사람(1~3인)으로부터 취임수락서를 받아 선정하게 되고 중재판정부가 구성되면 중재인과 양당사자에게 중재인 선정사실과 제1차 심리기일을 서면으로 통지한다.

(6) 중재심리

중재판정부는 심리의 일시, 장소와 방식을 결정하는데 심리의 일시와 장소가 결정되면 사무국은 당사자에게 심리개시 10일전(국제중재: 20일)까지 통지한다. 중재판정부는 양당사자에게 심리를 시작하기 전에 주장, 증거방법, 상대방 주장에 대한 의견을 기재한 준비서면을 제출하게 할 수 있다.

심리는 사건번호와 당사자의 호명으로 개시된다. 심리절차는 비공개를 원칙으로 한다. 당사자의 일방이 증거물을 제출하는 경우 판정부는 이를 증거로 접수할 수 있다. 판정부는 필요하다고 인정할 경우 절차를 변경할 수 있다.

당사자는 사무국이나 판정부가 요구하는 서면, 증거 또는 기타 문서의 번역문을 제출해야 한다. 판정부는 당사자를 직접 심리한다. 심리 시에 판정부에 제출치 못하고 심리 당시의 합의나 그 이후의 합의 및 판정부의 요구에 의해 제출하는 모든 서류는 사무국이 접수하여 판정부 및 타방당사자에게 송달하여야 한다. 판정부가 판정에 필요하다고 인정하는 증거의 조사를 직접 할 수 없는 것은 직권 또는 당사자의 요구에 의해 관할법원에 이를 신청할 수 있다.

당사자의 일방이 정당하게 통지 또는 고지되었음에도 불구하고 출석치 아니하거나 출석하여도 심리에 응하지 아니하는 경우에도 중재는 그대로 진행시킬 수 있다. 중재판정부는 상당한 이유가 있으면 직권이나 당사자의 요구에 의하여 심리를 연기하거나 속행할 수 있는데 다만, 심리기일 연기신청은 심리기일 3일 전까지 하여야 하며, 계속하여 2회 이상 연기하지 않도록 해야 한다.

판정부는 당사자가 주장 및 입증을 다하였다고 인정할 때 심리의 종결을 선언하여야 한다.

(7) 중재판정

중재판정부는 중재계약의 범위 내에서 계약의 현실이행 뿐만 아니라 공정하고 정당한 배상이나 기타의 구제를 명할 수 있다. 따라서 중재계약의 범위를 벗어난 판정은 효력이 인정되지 아니하고 중재판정부는 책임 있는 당사자에게 중재비용의 부담비율을 명하여야 한다.

중재판정부는 당사자 간의 별도 약정이 없는 한 중재심리가 종결된 날로부터 30일 이내에 중재인 과반수 찬성으로 판정하고 당사자가 합의하면 판정이유의 기재를 생략할 수 있다. 중재판정은 서면으로 작성하고 다음 사항을 기재하여 중재인이 서명하여야 한다.

- 당사자의 성명 또는 명칭과 주소
- 대리인이 있는 경우에는 그 대리인의 성명과 주소
- 판정주문 및 판정이유
- 판정문 작성일자 및 중재지

중재판정은 한국어로 작성한다. 다만 당사자의 요구가 있거나 중재인 중에 외국의 국적을 가진 자가 있을 때는 한국어와 영어를 공용할 수 있으며, 이때 국문과 영문으로 작성되는 판정문은 모두 이를 정본으로 한다. 그러나 국영문 간에 해석상의 차이가 있을 때는 한국어에 의하여 해석한다.

중재판정은 당사자 간에 있어서는 법원의 확정판결과 동일한 효력이 있다. 또한 뉴욕협약(외국중재판정의 승인 및 집행에 관한 UN협약)에 따라 외국에서도 중재판정의 승인 및 집행이 보장된다.

(8) 판정문 정본 송달

사무국은 판정의 정본을 당사자 또는 대리인에게 최후로 알려진 주소에 등기우편(배달증명)으로 발송하거나 직접 교부한다.

(9) 판정문 원본 법원 보관

판정의 정본을 당사자에게 송달한 후 이의 수령을 확인하는 우편물 배달증명서가 도착하면, 사무국은 송달의 증서를 첨부하여 중재판정문 원본을 관할법원에 이송보관한다.

나. 신속절차

(1) 의의

신속절차는 중재제도의 강점을 최대로 살려 국내외 상사분쟁을 보다 더 신속·저렴하게 해결함으로써 중재 이용자들에게 편익을 제공하는 제도이다.

(2) 적용범위

당사자 간에 신속절차에 따르기로 하는 별도의 합의가 있는 중재사건 또는 신청금액이 1억원 이하인 국내중재의 경우 신속절차를 적용한다.

(3) 절차규정

중재인의 선정에 대해 당사자 간에 별도의 합의가 없는 경우에는 사무국이 중재인명부 중에서 1인의 중재인을 선정한다. 중재판정부는 심리일시와 장소를 결정하며, 사무국은 이를 심리개시 3일 전까지 구술, 인편, 전화 또는 서면 등 적합한 방법으로 당사자에게 통지한다.

심리는 1회로 종결함을 원칙으로 하나 중재판정부는 상당한 이유가 있다고 인정하는 경우에는 심리를 재개할 수 있다. 피신청인은 심리종결 전까지 반대신청을 할 수 있다. 중재판정부는 심리종결일로부터 10일 이내에 판정하여야 하며, 당사자가 합의하면 판정이유의 기재를 생략할 수 있다.

2) 국제중재규칙

가. 중재합의

중재를 이용하기 위해서는 먼저 발생 분쟁을 중재를 통하여 해결한다는 합의가 필요한 바, 당사자 간 계약에 중재를 통한 분쟁해결을 내용으로 하는 분쟁해결조항이 있거나 당사자들이 이미 발생한 분쟁을 중재에 의해 해결하기로 서면 합의한 경우에 당사자들은 중재를 신청할 수 있다. 특별히, 2011년 9월 1일 이후에 중재합의가 이루어진 국제중재 즉, 일방 당사자가 대한민국 외의 곳에 영업소를 두고 있는 경우 또는 중재합의에서 정한 중재지가 대한민국 이외의 지역인 경우에는 당사자들이 달리 합의하지 않는 한 원칙적으로 국제중재규칙이 적용된다.

나. 중재신청(신청요금의 납입 및 중재비용의 예납)

신청인은 중재신청 시 한화 1,000,000원(부가세 별도)의 신청요금을 납입하여야 한다. 중재신청이 접수되면 사무국은 양 당사자에게 정식으로 중재신청의 접수되었다는 사실을 통지하고 동시에 피신청인에게는 30일 이내에 답변서를 제출하여야 함을 안내한다. 사무국은 또한 중재비용(관리요금, 중재인의 수당 포함)을 추산하여 양 당사자에게 이를 균분하여 예납할 것을 요청하고 납입된 예납금은 절차종료 시 정산하게 된다.

다. 답변서 제출(반대신청서 제출)

답변서 제출 시 피신청인은 반대신청서를 함께 제출할 수 있으며, 반대신청은 본신청과 병합하여 진행하게 되는데 분쟁금액은 양 신청금액의 합계액이 된다. 이 경우 피신청인은 반대신청에 따른 별도의 신청요금을 납부하여야 하고 특별히 피신청인이 중재판정부의 관할에 대하여 다투거나 중재절차의 진행에 충분한 근거가 없다고 판단하는 경우에 피신청인은 답변서에서 이러한 내용의 주장을 할 수 있다.

라. 중재판정부의 구성

국제중재규칙에 따를 경우 당사자들이 달리 합의하지 않는 한 원칙적으로 당사자들에 의해 선정된 단독중재인이 판정을 내리게 된다. 당사자들이 요청할 경우 사무국은 전문성과 공정성을 갖춘 중재인들의 명단을 제공할 수 있고, 만약 당사자들이 중재인을 선정할 수 없거나 선정하지 않는 경우에는 사무국이 대신하여 선정한다. 이를 위하여 중재원은 중재인의 선정에 대하여 국제중재위원회[16]의 자문을 받을 수 있다.

마. 심리의 진행

중재판정부는 자신의 권한 하에 중재심리를 진행한다. 중재판정부가 달리 정하지 않는 한, 구두 또는 서면의 모든 교신은 당사자들 간에 또는 각 당사자와 중재판정부 간에 직접 이루어진다.

바. 중재판정문의 송달

중재심리가 종결되면 중재판정부는 판정을 내리게 된다. 미납된 중재비용이

---

16) 국제중재규칙 제1조 제3항은 국제중재위원회의 설치를 규정하고 있다. 동 위원회는 현재 해외에 거주하는 저명 국제중재인을 포함하여 총 18명의 중재전문가로 구성되어 있다.

없을 경우, 사무국은 중재판정문을 당사자들에게 송달한다.

사. 중재판정문의 송달

중재판정부가 내린 중재판정은 당사자들에게 구속력을 갖는다. 사무국은 중재판정문 원본과 판정문 정본의 송달증명서를 관할법원에 송부한다. 당사자들은 중재판정문에 대하여 한국법원 또는 외국법원에서 집행판결을 받을 수 있다.

- 제 7 장 중재합의
- 제 8 장 중재지와 준거법
- 제 9 장 중재판정부
- 제10장 중재절차
- 제11장 중재판정
- 제12장 중재판정의 승인과 집행

국제상사중재의 실제

PART III

Chapter 07

중재합의

제 1 절 중재합의 정의와 대상

1. 중재합의의 정의와 종류

'중재합의'(arbitration agreement)란 일반적으로 "이미 발생하였거나 앞으로 발생할 수 있는 분쟁의 전부 또는 일부를 중재에 의하여 해결하기로 하는 당사자 간의 약정"을 말한다. 이는 '중재계약'이라고도 하며, 중재절차 개시를 위한 필수 전제조건이다.

1) 중재합의와 중재조항의 정의

중재법 제3조 제2항에서는 "중재합의란 계약상의 분쟁인지 여부에 관계없이 일정한 법률관계에 관하여 당사자 간에 이미 발생하였거나 앞으로 발생할 수 있는 분쟁의 전부 또는 일부를 중재에 의하여 해결하도록 하는 당사자 간의 합의를 말한다."라고 정의하고 있다.

UNCITRAL 모범법안 제7조에서도 "중재합의란 계약에 의하거나 또는 계약에 의하지 아니한 일정한 법률관계에 관하여 당사자 간에 이미 발생하였거나 장래 발생할 수 있는 모든 분쟁 또는 특정한 분쟁을 중재에 부탁하는 당사자 사이의 합의이다. 중재합의는 계약상의 중재조항의 형식이나 별도의 합의형태로 할 수 있다."라고 규정하고 있다. 이와 같이 중재합의는 "계약상의 분쟁인지 여부에 관계없이 일정한 법률관계에 관하여 …. 합의를 말한다."라고 규정하고 있는바, 이는 계약관계를 침해하는 제3자의 불법행위 책임이나 불공정경쟁으로 인한 침해까지 모두 포함되는 것으로 이해된다.

한편 '중재조항'(arbitration clause)은 "계약상 권리의무에 관한 분쟁이 발생할 경우 반드시 중재에 의하도록 한다는 취지로 계약에 삽입되는 조항"이라고 정의된다.[1] 즉 거래당사자들이 주된 계약을 맺을 때 장차 그 계약의 성립과 효력에 관한 분쟁이 발생한 경우 이를 국가법원에 의한 소송절차가 아닌 私人의 중재에 의하여 해결하기로 합의하면서 그 내용을 주된 계약의 일부로서 삽입한 것을 말한다. 또한 장래 발생할지 모르는 법률상 분쟁에 관하여 주된 계약과는 별도로 체결되는 '중재부탁계약'(submission agreement)도 포함한다.[2]

2) 중재부탁계약과 중재조항

본래 전통적인 중재합의는 분쟁이 발생한 후 당사자 간에 재판대신의 분쟁해결방안으로 맺어지고, 그 때 중재인은 누구로 할 것이며, 중재절차는 어떤 법칙에 의할 것인지가 결정되었다. 이같이 이미 발생하여 있는 분쟁을 중재에 회부하기로 하는 중재합의를 '중재부탁계약'(submission agreement 또는 compromis)이라고 하는데, 이 경우에는 중재계약에 당사자의 경솔·부주의·계약상지위의 우열 등이 개입될 여지가 없었다.

반면 19세기 후반에 들어와 상사거래를 중심으로 장래 발생할 지도 모르는 분쟁에 관하여 중재합의가 이루어졌다. 즉 상거래계약 당시부터 미래의 분쟁에 대비하여 주된 계약 안에 하나의 조항으로서 중재계약이 삽입되게 되었는바, 이를 '중재조항'(arbitration clause 또는 clause compromissoire)이라 하였다.

즉 분쟁의 발생시기를 기준으로 하여 중재조항은 사전중재합의, 중재부탁계약은 사후중재합의가 된다. 물론 중재합의는 분쟁발생 시기의 전후에 제한을 받지 않는다. 다만 분쟁이 발생 한 후에는 현실적으로 상호불신과 의사교환 단절로 중재합의에 동의하지 않거나 동의하는데 시간이 지체되어 분쟁해결을 지

1) Bryan Garner (2009), *Black's, Law Dictionary*, 9th Ed. (Thomson West), p.96.
2) Albert Jan Van den Berg (1981), *The New York Arbitration Convention of 1958: Towards a Uniform Judicial Interpretation* (Kluwer Law International), pp.190-91.

연시키는 경우가 많으므로 계약 체결 시 계약서상에 중재조항을 삽입하는 사전중재합의 방식이 매우 바람직하다.

2. 중재합의의 당사자와 대상

1) 중재합의의 당사자

중재계약의 당사자가 될 수 있는 적격이 문제된다. 보통 그 준거법 아래에서 권리를 처분할 권한이 있는 자를 말하는바, 국제상사중재에서는 주로 국가가 중재계약의 당사자가 될 수 있는지를 중심으로 논하여 진다.

주권면제이론(Sovereign Immunity Principle) 또는 국가행위이론(Act of State Doctrine)에 의하여 국가가 다른 국가재판권의 대상이 되지 않는다는 것은 오랫동안 확립된 국제법상의 원칙이다. 즉 국가는 국내재판의 당사자가 될 수는 있지만, 적어도 다른 국가의 재판권대상(피고)은 될 수 없다는 것이다. 그러나 국가 또는 국영기업이 국제거래의 당사자가 되는 경우가 빈번하여 지면서, 국가도 분쟁해결을 위한 당사자가 될 수밖에 없고, 따라서 국가가 상거래의 당사자가 된다는 것은 그 스스로의 주권을 포기하는 것이므로 다른 국가재판권의 대상이 될 수 있다는 이론이 확립되게 되었다.

이러한 상황아래에서 국가는 어차피 다른 국가재판권의 대상이 될 수밖에 없다면 차라리 중재의 당사자가 되는 것을 선호하게 되었고, 이에 따라 국가와 다른 국민간의 국제거래에서는 중재조항이 필수적으로 삽입되고 있다.

2) 중재합의의 대상

당사자가 처분할 수 있는 사법적 법률관계만이 중재합의의 대상이 될 수 있다. 따라서 공법상의 법률관계, 예컨대 형사소송법이나 행정소송법상의 권리, 재산에 관하지 않은 친족법상의 법률관계, 기타 강제집행법상의 권리 등은 중재계약의 대상이 될 수 없다. 중재계약의 대상이 중재가능한가의 문제는 그 중요성에 비추어 뒤의 제3절에서 따로 설명하기로 한다.

제2절 중재합의의 효력과 유효성

1. 중재합의의 효력

중재합의가 유효하다면 다른 계약과 마찬가지로 당사자들에게 계약내용에 따른 의무를 부과한다. 이에 따라 한편으로는 계약당사자로 하여금 중재에 이르고 중재판정에 따르도록 하는 효력과 다른 한편으로는 국가의 재판관할권을 배제하는 효력이다. 전자를 적극적 효력, 후자를 소극적 효력으로 부른다.[3)]

1) 적극적 효력

중재합의에 기하여 다음의 단계별로 법원의 협조를 얻을 수 있다.

가. 중재계약의 승인 및 집행단계

예를 들면, 중재법 제12조 제3항, 제4항과 같이, 법원이 당사자의 신청에 의하여 중재인을 선임하는 경우 등 중재절차의 개시 및 진행에 법원이 협조하는 단계이다.

나. 증거조사단계

중재법 제28조, 독일 민사소송법 제1036조, UNCITRAL 모범법안 제27조에 의하면, 중재판정부는 직권으로 또는 당사자의 신청을 받아 법원에 증거조사를 촉탁(囑託)할 수 있다. 반면 영미법계에서는 중재인 명의로 증인을 소환할 수 있으며, 이를 거부할 경우 해당법원이 그 출석을 강제할 수 있고, 위 법원의 소환에도 불응하면 법정모욕죄로 처벌받을 수 있다.[4)]

다. 중재판정의 승인과 집행단계

법원의 협조 중 가장 중요한 것으로서 승인과 집행에 의하여 私人의 판정에

3) 사법연수원 (1998), 「국제상사중재」, p.24.

4) 미국 중재법 제7조, 영국 중재법 제43-44조.

공권적 실효성을 부여하는 것이다.

2) 소극적 효력

가. 직소금지의 효력

중재제도의 성격상 중재합의에 의하여 국가재판관할권을 배제하는 것은 당연한 일이다. 그러므로 일부 국가에서 장래 분쟁에 관한 중재계약에 한하여 이를 제한적으로 인정하는 것을 제외하고는[5] 한국, 미국, 영국, 프랑스, 독일 및 국제협약 등 모든 입법에서 중재합의의 직소금지(直訴禁止) 효력을 인정하고 있다.

즉 당사자 간 중재합의가 있음에도 불구하고, 중재합의 당사자 일방이 소송을 제기하는 경우 상대방이 중재합의존재의 항변을 하는 경우 법원은 당해 사건을 중재로 회부[6]시키거나 소송절차의 진행을 중지(stay of regal proceedings)시킨다. 이와 같이 소송절차를 방해하는 상대방의 주장을 방소항변(防訴抗辯)이라 한다.

중재법에서는 "중재합의의 대상인 분쟁에 관하여 소가 제기된 경우에 피고가 중재합의가 있다는 항변(抗辯)을 하였을 때에는 법원은 그 소를 각하(却下)하여야 한다. 다만, 중재합의가 없거나 무효이거나 효력을 상실하였거나 그 이행이 불가능한 경우에는 그러하지 아니하다."고 규정하고 있다.[7]

뉴욕협약 제2조 제3항에서도 당사자들이 본조에서 의미하는 합의를 한 사항에 관한 소송이 제기되었을 때에는, 체약국의 법원은, 전기 합의를 무효, 실효 또는 이행불능이라고 인정하는 경우를 제외하고, 일방 당사자의 청구에 따라서 중재에 부탁할 것을 당사자에게 명하여야 한다.

모범법안 제8조 제1항에서도 뉴욕협약 제2조 제3항을 기초로 하여 중재합의의 대상이 된 사항에 관하여 소가 제기된 법원은 당사자가 늦어도 분쟁의 본안에 관한 최초의 진술서를 제출할 때까지 요청하면, 중재 합의의 부존재나 무

5) 스페인과 멕시코 등 일부 남미국가들에서는, 장래 분쟁에 관한 중재계약은 분쟁발생 후 새로운 중재계약을 체결할 의무만을 당사자들에게 부담시키므로 법원은 최초의 중재계약에 의하여 재판권이 박탈되는 것이 아니고 새로운 중재계약에 의하여 재판권이 제한된다고 한다.

6) 이러한 규정은 강행규정으로서 법원에 재량권이 부여되어 있지 않으므로 법원은 당사자로 하여금 중재에 부탁하도록 반드시 명령을 내려야 한다. 이는 국제적으로 통일된 해석원칙으로서 국내법에 우선하여 적용되는 것이라고 할 수 있다.

7) 중재법 제9조 제1항.

효, 이행불능의 경우를 제외하고, 그 당사자들을 중재에 회부하여야 한다고 규정하고 있다.

한편 중재법상 방소항변은 분쟁의 본안(本案)[8]에 관한 최초의 변론을 할 때까지 하여야 한다.[9] 이 시기를 지나 방소항변을 하는 경우 법원은 이를 인정하지 않고 소송절차를 계속 진행할 수 있다. 즉, 상대방이 아무런 항변을 하지 않은 경우에는 중재할 권리를 포기한 것으로 간주될 수 있다. 따라서 당사자의 요청도 없는데 법원이 스스로 당사자들을 중재신청 하게 할 권한은 없는 것으로 보아야 할 것이다.[10]

그러나 민사소송법 제451조 제1항 9호에서는 법관이 "판결에 영향을 미칠 중요한 사항에 관하여 판단을 누락한 때"에는 재심사유가 됨을 명시하고 있는바, 법관이 중재합의를 이유로 하는 방소항변이 있었음에도 불구하고 이를 무시하고 본안(本案)에 관하여 판결을 내렸다면 그 판결은 판단유탈(判斷遺脫, omission of the decision)의 이유로 재심의 소를 제기할 수 있다.

다음은 중재합의가 있는 것으로 인정되는 경우, 중재합의의 대상인 분쟁의 범위를 명확하게 특정하여 한정하였다는 등의 특별한 사정이 없는 한 당사자들 사이의 특정한 법률관계에서 비롯되는 모든 분쟁을 중재에 의하여 해결하기로 정한 것으로 봄이 상당하다고 판결한 대법원 판례이다.

판례 1 중재합의의 효력

대 법 원

제 1 부

판 결

사 건	2010다76573 채무부존재확인
원고, 상고인	한국○○○○공사
	소송대리인 법무법인(유한) ○○

8) 당사자 간의 권리 의무에 관한 분쟁.

9) 중재법 제9조 제2항.

10) A guide to UNCITRAL Model Law, p.302.

담당변호사 변○○ 외 4인

피고, 피상고인　○○건설 주식회사 외 4인

피고들 소송대리인 변호사 한○○ 외 5인

원 심 판 결　서울고등법원 2010. 9. 8. 선고 2010나43995 판결

판 결 선 고　2011. 12. 22.

주 문

상고를 기각한다.

상고비용은 원고가 부담한다.

이 유

상고이유를 판단한다.

1. 상고이유 제1점에 대하여

장래의 분쟁을 중재에 의하여 해결하겠다는 중재합의가 있는 것으로 인정되는 경우, 중재합의의 대상인 분쟁의 범위를 명확하게 특정하여 한정하였다는 등의 특별한 사정이 없는 한 당사자들 사이의 특정한 법률관계에서 비롯되는 모든 분쟁을 중재에 의하여 해결하기로 정한 것으로 봄이 상당하다(대법원 2007. 5. 31. 선고 2005다74344 판결 참조).

원심판결 이유에 의하면, 원심은 그 판시와 같은 사실을 인정한 다음, ①이 사건 각 도급계약서 제111조 제1항은 중재합의의 대상이 되는 분쟁으로 '사실관계에 대한 이견 기타 분쟁'을 규정하고 있고, 같은 조 제4항에서는 중재인이 일정한 순서(1. 계약문서표현의 문자상 의미, 2. 계약문서 전체 규정에 비추어 합리적으로 나타나는 계약당사자의 의도, 3. 중재에 진행되는 시점에 유효한 대한민국 법률)에 따라 본 계약의 제 조건을 해석하거나 당사자의 권리·의무 또는 책임을 정하도록 규정하고 있어 중재합의의 기본규정인 제111조 자체에서 이미 사실관계뿐만 아니라 계약이나 관련 법률의 해석도 중재의 대상임을 전제하고 있으며, 더욱이 제17조는 "본 계약에서 정하지 아니한 사항 또는 계약문서의 내용 중 불명확한 사항 등이 있거나 그 해석에 관하여 당사자 사이에 차이가 있는 경우, 발주자가 합리적으로 해석하거나 보충하고, 계약상대자가 이에 대해 이견이 있어도 '제111조의 중재판정이 달리 판단할 때까지' 발주자의 해석 또는 보충에 따른다"고 규정하고 있는데 이 제17조 역시 계약의 해석에 관한 사항도 중재의 대상임을 당연한 전제로 하고 있음이 분명하므로, 이 사건 각 도급계약에서의 중재조항은 그 도급계약서의 문리해석상 사실관계에 대한 분쟁뿐만 아니

라 계약해석이나 법률문제에 관한 분쟁도 그 대상으로 하고 있다고 보기에 충분하고, ②어떤 법률관계상의 분쟁에서 사실문제, 계약해석문제, 법률문제는 유기적으로 관련을 맺고 있는 것이고, 사실관계의 확정은 분쟁해결을 위한 재판의 전제가 되는 한 요소일 뿐이어서 사실관계의 확정만으로 분쟁을 해결할 수 없는 것인데 , 중재인이 사실관계에 관하여만 판정을 하도록 한다면 결국 법원이 중재판정을 전제로 다시 재판을 할 수밖에 없게 되는 것이어서, 이는 중재에 의하여 사법상의 분쟁을 적정·공평·신속하게 해결하고자 하는 중재법의 목적과 중재법이 정한 경우를 제외하고는 법원이 중재에 관여할 수 없도록 한 중재법 제6조의 취지에 반하는 결과를 초래하며, ③중재란 본래 법원의 재판으로 해결하여야 할 분쟁을 당사자 사이의 합의로 법원이 아닌 중재인의 판정에 의해 해결하고자 하는 제도인 만큼, 중재의 대상은 법원의 재판권이 미칠 수 있는 사항인 법률상의 분쟁을 의미하는 점, 중재의 경우 중재인은 분쟁의 대상에 대한 사실문제, 법률문제 등 모든 것에 대하여 판정할 수 있는 점에서 사실문제만을 판단의 대상으로 할 수 있는 중재감정과 구별되는 점, 원고의 주장대로 '사실관계'만이 중재의 대상이라고 한다면 이에 대한 중재판정의 집행을 쉽게 상정할 수 없는 점 등을 더하여 보면, 이 사건 각 도급계약상 중재조항은 계약해석이나 법률문제에 대한 분쟁도 중재의 대상으로 한 것으로 보아야 한다고 판단하였다.

원심판결이 인정한 사정을 앞서 본 법리에 비추어 보면, 이 사건 각 도급계약서의 중재 관련 조항들이 중재합의의 대상을 '사실관계에 대한 분쟁'에 한정하는 것으로 명확하게 특정하고 있다고 볼 수 없으므로, 위 중재 관련 조항들은 이 사건 각 도급계약으로부터 비롯되는 모든 분쟁을 중재에 의하여 해결하기로 정한 것으로 봄이 상당하고, 따라서 같은 취지의 원심판결은 정당하고, 거기에 상고이유에서 주장하는 바와 같이 법률행위 해석에 관한 법리를 오해한 위법이 없다.

이 부분 상고이유는 받아들일 수 없다.

2. 상고이유 제2점에 대하여

기록에 의하면, 원고가 이 사건 각 도급계약서 제111조 후문이 '사실관계가 아닌 해석 등에 관한 분쟁'에 대한 부제소합의에 해당한다고 주장하였음에도 원심이 위 후문의 해석에 관하여 명시적인 판단을 하지 아니하였음은 상고이유에서 지적하는 바와 같으나, 원심이 이 사건 각 도급계약의 중재 관련 조항이 사실관계에 대한 분쟁뿐만 아니라 계약해석 및 법률문제에 대한 분쟁도 그 대상으로 하고 있다고 판단한 데에는 원고의 위와 같은 주장을 배척하는 취지가 포함되어 있다고 할 것이므로 판단누락의 위법이 있다고 할 수 없다. 또한 기록에 비추어 보면 제1심은 이 사건 각 도급계약서의 중재 관련 조항의 작성경위에 대하여 충분한 심리를 하였고 원심은 이를 토대로 판단하였음을 알 수 있으므로, 원심판결에 위와 같은 경위에 대하여 심리를 다하지 아니한 위법이 있다고 볼 수도 없다.

이 부분 상고이유도 받아들일 수 없다.

3. 결론

그러므로 상고를 기각하고 상고비용은 패소자가 부담하도록 하여 관여 대법관의 일치된 의견으로 주문과 같이 판결한다.

재판장	대법관	안○○
	대법관	김○○
	대법관	민○○
주 심	대법관	이○○

나. 중재합의가 이행불능, 효력상실 또는 무효인 경우

분쟁을 중재에 의하지 않고 소송에 의하여 해결하려는 원고는 당사자 간의 중재합의가 무효, 효력상실 또는 이행불능이라고 주장하면서 소송의 진행을 법원에 요구할 것인바, 이 때 법원이 취할 태도가 문제이다. 국제협약과 각국의 입법례는 전반적으로 위의 경우에 법원이 소송절차를 진행하지 않도록 하고 있다. 즉 뉴욕협약 제2조 제3항은 “법원이 중재계약이 무효, 효력상실 또는 이행불능이라고 인정하지 않는 한, … 당사자들을 중재에 회부하여야 한다.”라고 규정하고 있고, 우리 중재법 제3조 단서를 비롯한 대부분의 입법이 이와 유사한 규정을 두고 있다. 나아가 유럽협약 제6조 제3항은 “체약국의 법원이 중재계약의 그것과 동일한 분쟁대상인지 여부 또는 중재계약이 부존재, 무효이거나 효력상실 하였다는 점에 관하여 심사하도록 요청받았을 때에는 … 중재인의 권한에 관한 판단을 정지하여야 한다.”라고 규정하여 위 단서부분을 중재인의 판단에 맡기도록 하였다.

그런데 법원이 이 규정에 따라 움직이는 태도는 두 가지가 있을 수 있다. 하나는 중재계약의 유효성여부를 적극적으로 심사하여 원고가 중재계약이 무효라든지 효력을 상실하였다든지 이행이 불능이라는 입증을 하였을 때에는 법원은 중간판결 또는 종국판결로써 피고의 본안 전 항변을 배척하고 그대로 소송을 진행할 수 있다. 다른 하나는 중재계약이 외견존재(prima facie existence)하면 이를 유효하다고 보고, 중재절차에 맡기면서 중재판정의 승인, 집행 또는 취소단계에서 중재계약의 유효성여부를 심사하는 것이다.

그러나 국제거래에 관한 중재에 있어서 최근의 경향은 후자의 태도이다. 이미 중재판정부가 구성되어 있다면 중재판정부로 하여금 그들의 관할여부를 판단하도록 하고, 다만 중재판정부조차 구성되어 있지 않아 중재판정부의 구성에 법원이 개입하여야 한다면 전자에 의하도록 하는 태도도 있고, 아예 중재판정부가 아직 구성되어 있지 않더라도 중재판정이 내려질 때까지 법원의 심사를 유보하는 태도도 있다.

다. 직권조사사항 여부

중재계약존재는 당사자의 주장을 기다려서 판단하여야 하는 항변사유인가, 아니면 법원이 직권으로 조사하여 판단하여야 하는 직권조사 사항인가의 문제이다. 앞서 본 바와 같이, 모든 입법이 당사자의 신청에 의하여 중재계약존재항변을 판단하도록 규정하고 있고, 우리나라에서도 이를 방소항변으로 보는데 이견(異見)이 없다.

또한 본안 전 항변의 제출시기와 관련하여 우리 대법원은 "중재계약항변은 본안에 관한 변론을 하기 전에 하여야 하고, 본안의 심리에 들어간 후에는 그러한 방소항변을 제출할 수 없다."고 판시하였다.[11] 결국 법원은 외견존재를 존중하여 중재계약이 외형상 적법하게 존재하고 명백한 무효사유가 발견되지 않는 한(not manifestly null) 중재계약의 존재를 인정하고 소송절차를 각하 또는 중지한 후 중재판정부의 판단을 기다려야 할 것이다.

2. 중재합의의 유효성

중재법 제9조 제1항 단서에 따르면 중재합의의 유효성과 관련하여 당사자가

11) 대법원 1991. 4. 23. 선고 91다4812 판결(공1991, 1477); 1996. 2. 23. 선고 95다17083 판결(공1996상, 1051).

중재합의의 존재를 항변한 경우 법원은 중재합의의 부존재・무효 여부, 효력의 상실 및 이행불가능 여부를 판단할 여지가 있다.

해당 규정은 뉴욕협약 제2조 제3항과 유사한 내용이며 중재를 선호하는 정책적 입장에서 법원은 중재합의의 부존재・무효 여부, 효력의 상실 및 이행 불가능에 대해 되도록 좁고 엄격하게 해석하여야 할 것이다.[12] 이 경우에 중재합의의 유효성 여부에 적용되는 준거법은 소송이 제기된 장소의 법(law of the forum)이 아니라 당사자가 따로 합의하지 않은 한 중재판정이 내려진 장소의 법(law of the place where the award was made)이다. 즉 중재지법(law of the place of arbitration)이 중재합의의 유효성의 준거법이다.[13]

1) 하자 있는 중재합의의 유효성

중재합의에 하자가 존재하는 경우란 주로 앞뒤 문장사이의 모순, 내용의 불확실성 또는 이행이 불가능한 경우 등이다. 이 경우 일방 당사자가 중재조항의 하자를 근거로 법원에 소를 제기한다면 상대방은 이에 맞서 중재조항의 존재를 근거로 소 각하를 주장할 것이다.

중재법 제9조 제1항에 따르면 중재합의가 부존재 또는 무효이거나 효력을 상실하였거나 그 이행이 불가능한 경우에는 해당 분쟁에 대해 소가 제기되면 법원은 그 소를 각하할 수 없다. 마찬가지로 1958년 뉴욕협약 제2조 제3항에는 당사자들이 중재합의를 한 사항에 관한 소송이 제기되었을 때에 체약국의 법원은 그 중재합의를 무효, 실효 또는 이행불능이라고 인정하는 경우를 제외하고 일방 당사자의 청구에 따라서 중재에 의해 해결할 것을 당사자에게 명하여야 한다고 규정하고 있다.

언뜻 보기에는 효력이 상실된 경우와 이행이 불가능한 경우의 차이점을 가리기가 어려운 것 같지만, 효력이 상실된 경우란 당사자가 이의 신청 기한을 지나 항변한 경우 또는 당사자의 행동에서 묵시적으로 중재합의를 취소한 경우 등으로 그 결과 중재조항의 효력이 상실한 경우이다. 이에 반해 중재합의의 이행이 불가능한 경우란 미래에 행할 중재절차와 관련하여 현실적 또는 기술

12) Albert Jan Van den Berg (1981), 앞의 글, p.155.

13) 중재합의의 성립, 유효성 및 해석의 준거법에 관한 자세한 내용은 김갑유 (2012), 「중재실무강의」 (서울: 박영사), pp.124-30 참조.

적인 의미를 갖는데 어떤 이유로 중재판정부를 구성할 수 없게 된 경우가 그 예이다. 그런데 일반적으로 대부분 국가의 법원들은 중재조항의 앞뒤 문장 간에 다소의 모순이 있는 경우일지라도 당사자가 분쟁 해결을 위해 중재를 통해 해결할 의도가 발견된다면 중재조항의 존재를 인정하려는 경향이 있다.[14] 마찬가지로 대부분 국가의 법원은 중재조항의 내용이 다소 불확실하더라도 그 불확실성이 전혀 뜻이 통하지 않는 경우가 아니라면 그 중재합의의 존재를 인정한다.[15]

가. 중재기관이 지정되지 않은 경우

다음 중재조항은 구체적인 중재기관이 명시되지 않았기 때문에 분쟁이 발생하였을 때에 기관중재로 해결할 수가 없고 임시중재로 해결할 수밖에 없다.

> "All disputes in relation to this contract shall be settled by arbitration in accordance with the Rules of the *International Arbitration Association*." or "All disputes in connection with this agreement shall be settled by arbitration of the *internationally authorized Arbitration Institution*."
>
> "본 계약과 관련된 모든 분쟁은 국제중재협회의 규칙에 따라 중재가 해결되어야 한다." 혹은 "본 계약과 관련된 모든 분쟁은 국제적으로 인증된 중재기관의 중재에 의해서 해결되어야 한다."

실제적으로 'International Arbitration Institution'이라던가 '국제적으로 공인된 중재기관'이 별도로 존재하지 않는다. 또한 구체적인 중재지가 결정되지 않은 상태이기 때문에 어디에서 중재를 해야 하며, 이 중재절차에 어떤 준거법을 적용하여야 하는가 하는 문제도 있다.

이러한 경우 불리하다고 판단하는 당사자는 가능한 한 해결을 회피하려고 할 것이며, 중재로서 해결이 되지 않으면 피신청인의 국가에서 소송을 제기하

14) Alan Redfem and Martin Hunter (1986), *Law and Practice of International Commercial Arbitration* (London: Sweet & Maxwell), p.135.

15) 양병회 외 (2006), 「주석 중재법」 (대한상사중재원, 한국중재학회) p.46.

여야 하나 이러한 소송이 제기되면 피고는 계약상에 중재조항이 있으므로 그 사건은 소송에 의한 해결을 할 수가 없고 중재로 해결하여야 한다는 방소항변을 하게 될 것이고 법원은 사건을 기각할 수밖에 없다.

그러나 중재로 해결하자니 중재인의 선정, 중재장소의 결정 등 당사자 간에 합의될 수 없는 사안들이 많기 때문에 결국 이러한 사건은 해결불능의 상태에 빠질 우려가 많게 된다. 따라서 명확한 중재기관의 명칭을 기재하여야 한다.

나. 중재지가 지정되지 않은 경우

중재조항이 막연히 "All disputes in relation to this contract shall be settled by arbitration."이라고 작성되면 이 경우도 위의 경우와 같이 중재기관, 중재장소 및 준거법이 지정되지 않아 중재에 의한 해결이 불가능할 뿐 아니라 소송으로도 해결할 수 없게 되는 경우가 발생되게 된다.

다. 타 중재기관의 중재규칙에 따르기로 한 경우

중재에 대하여 어느 정도 지식을 가진 사람들 중에 중재에서 가장 중요한 것이 중재절차를 진행하는 중재규칙이라고 생각하여, 중재지는 한국으로 하되 중재규칙은 당사자 간의 어느 국가에도 속해있지 않은 국제상업회의소(ICC)의 중재규칙으로 하면 공정할 것이라는 생각으로 아래의 중재조항을 작성하는 경우를 종종 접하게 된다.

> All disputes in relation to this agreement shall be settled by arbitration of the Korea Commercial Arbitration Board in accordance with the Arbitration Rules of the International Chamber of Commerce.
>
> 본 계약과 관련된 모든 분쟁은 국제상공회의소의 중재규칙에 따라 대한상사중재원의 중재에 따라 해결되어야 한다.

또한 한국인은 한국에서 중재를 하게 되므로 중재규칙은 양보해도 괜찮다고 생각하고 상대방을 설득시킬 수 있는 협상의 카드로 이러한 중재조항을 제시하게 된다. 그러나 이 조항은 아주 문제가 많은 중재조항이 된다. ICC 중재법원(Arbitration court)의 중재규칙은 ICC 중재법원의 중재를 진행하기 위하여 제정된 규칙이므로, 이 규칙으로 대한상사중재원에서 중재절차를 진행할 수 없다. 즉 동 ICC 중재규칙에 따르면 중재신청도 ICC 중재법원에 하여야 하고 기타 모든 중재절차가 ICC 중재법원에서 진행되어야 하기 때문에 결국은 실행이 불가능한 중재조항이 되는 것이다.

라. 임시중재를 합의한 경우

우리나라의 舊 중재법에서는 임시(ad hoc)중재를 원칙으로 하되 상사중재에 관한 한 기관중재를 권장하고 있는 형태였다. 즉 당사자 간에 중재인의 선정이나 중재절차에 관하여 달리 합의가 없는 한 대한상사중재원의 상사중재규칙에 따르도록 되어 있었다. 그러나 개정된 중재법에서는 이러한 조항을 삭제함으로써 완전히 임시중재만을 규정하고 있다. 따라서 만일 당사자 간에 중재기관을 지정하지 않고 우리나라에서 중재를 하는 경우에는 중재법에 따라 임시중재를 하게 된다.

그러나 아직까지 우리나라에서는 임시중재를 행한 기록이 없으며, 앞으로 만일 임시중재를 한다고 하더라도 시간이 얼마나 소요될지 모른다. 현재 당사자 간에 중재인의 선정이나 중재장소 또는 기타 중재절차에 관하여 당사자 간에 명시적인 합의가 없는 경우에는 대부분이 법원에 그 결정을 부탁하는 경우가 발생될지 모른다. 현재 법원의 경우에는 중재절차에 관한 규정을 두고 있지 않으며, 당사자들은 계약서의 작성 시에 중재에 관한 모든 사항을 모두 규정할 수가 없기 때문에 만일 중재조항에 중재기관을 지정하지 않는 경우에는 오히려 법원의 소송보다 더 많은 시간이 소요될 수도 있다.

마. 두 개 이상의 중재기관을 지정한 경우

어떤 경우에는 중재조항에 “All disputes in connection with this agreement shall be settled by arbitration of the Korea Commercial Arbitration Board and(or) the Japan Commercial Arbitration Association.”이라고 되어 있다면 이것은 관할을 가지는 중재기관이 두 개가 존재하게 되므로 어느 중재기관에서 중재를 행하여야 할지 애매해지게 된다.

따라서 중재기관은 하나만 지정하여야 한다. 그러나 이와 유사하게 “All disputes … shall be settled by arbitration in the respondent’s country.

When the arbitration will be held in korea, the arbitration shall be held in accordance with the Arbitration Rules of the Korea Commercial Arbitration Board, and …" 와 같이 신청인 국가로 한다거나 혹은 피신청인 국가로 하는 경우에는 괜찮다. 왜냐하면, 이 경우에는 분쟁이 발생되었을 때에 중재기관이 명확하게 결정이 될 수 있기 때문이다.

바. 소송과 중재를 동시에 규정한 경우

어떤 경우에는 "All disputes shall be settled in the Korea Commercial Arbitration Board and Korea Civil Court."라고 규정하는 경우가 있는데 이 경우에도 관할권이 대한상사중재원과 대한민국 민사법원 양쪽이 가지게 되므로 하자 있는 중재조항이 된다. 어느 일방 당사자가 중재신청을 하면 법원에서 해결하여야 한다고 주장을 할 것이고 소송을 제기하면 중재조항을 들어 중재로 해결하여야 한다고 할 것이니 곤란한 문제가 발생되게 된다.

또 어떤 경우에는 "All disputes shall be settled in the Korea Court shall have jurisdiction."과 같이 중재조항을 규정하여 놓고 다시 법원의 관할권을 규정하는 경우도 있는데 이도 마찬가지이다.

또 다른 경우에는 "All disputes shall be settled by arbitration of the Korea Commercial Arbitration Board. If the dispute cannot settled by arbitration, it shall be solved in the Korea Civil Court."와 같이 중재로 해결이 안 되는 경우에는 대한민국 민사법원에서 해결한다고 규정하는 경우도 있는데 아마도 이러한 규정을 하는 당사자들은 중재를 조정으로 오인하고 이러한 조항을 삽입하고 있는 것으로 이해가 된다.

그러나 당사자들의 의도가 그러했다고 하더라도 막상 분쟁이 발생되면 양 당사자의 의사가 그렇게 합치가 되기는 쉽지 않으며, 더구나 중재법상의 중재에서 내려진 판정은 법원의 확정판결과 동일한 효력이 있는 것으로 규정하고 있으므로, 이 또한 당사자 간에 분란을 일으킬 수 있는 조항이라 할 것이다.

사. 중재인을 2인으로 지정한 경우

다음의 내용은 예전의 용선계약서에 보면 많이 나오는 조항이다. 이 조항을 보면 각 당사자들이 중재인을 1인씩 선정하도록 되어 짝수의 중재인이 선정되는 경우가 있다. 그러나 중재법에 중재판정은 중재인들이 다수결로 내리도록 되어 있으므로 만일 중재판정부가 짝수인 경우에는 중재인들이 판정내용에 대하여 가부동수인 경우에는 판정을 내리지 못하는 경우도 발생하게 된다.

> All disputes in relation to this contract shall be settled by arbitration of the Korea Commercial Arbitration Board. Each party shall select one arbitrator.
>
> 본 계약과 관련하여 발생하는 모든 분쟁은 대한상사중재원의 중재로 해결한다. 각 분쟁당사자는 1인의 중재인을 선정할 수 있다.

따라서 중재인의 수는 항상 홀수가 되도록 하여야 한다. 중재법 제11조에서는 중재인의 수는 당사자 간의 합의로 정하며, 합의가 없으면 중재인의 수는 3명으로 한다고 규정하고 있다.

2) 선택적 중재합의의 유효성

현행 중재법 하에서 법원의 중재판정에 대한 사법심사의 여지는 최대한으로 축소되므로 중재판정에 불복하는 당사자측은 최근 들어 중재합의의 부존재를 주장하는 예가 많아지고 있다. 중재합의의 부존재의 사유는 다양하겠지만, 최근 들어 건설공사 도급계약이나 기술용역계약과 관련된 분쟁에서 중재합의의 유효성 여부에 대한 다툼은 불명료한 중재조항에 대해서 뿐만 아니라 중재제도에 대한 법원의 엄격한 해석에도 논란이 되고 있다.

일반적으로 건설도급계약에서 자주 인용되는 분쟁해결규정은 분쟁해결을 위한 첫 단계로서 당사자 간에 협의단계를 정하고 이 단계에서 합의가 이루어지지 않으면 다음 단계로서 '조정 또는 중재'를, 아니면 '중재 또는 소송'을 거치도록 하는 등 선택적인 분쟁해결방식을 규정하고 있으므로 이를 '선택적 중재합의'(optional arbitration agreement)라고 부른다.

선택적 중재합의의 유효성에 대한 부정적 입장은 주로 중재합의의 유효성 판단에 당사자가 분쟁을 중립 제3자인 중재인의 판정에 따라 해결하려는 의사가 있었는지 여부뿐만 아니라 국가법원에 의한 소송제도의 이용을 포기하려는 의도가 있었는지 여부를 검토한다는 점이다. 그러나 중재법 하에서 법원은 중재합의의 유효성 여부에 대한 판단을 할 경우에는 우리 중재법의 모델이 된 UNCITRAL 모범법안의 초안 작성 취지와 정신을 염두에 두고 중재제도의 활성화를 위한 국제적 경향에 맞추어 중재합의에 대해 보다 관대하게 해석하여야 할 것이다.[16]

3) 중재합의의 분리 · 독립성

중재합의의 분리 · 독립성(separability of arbitration clause from the main contract)이란 주된 계약(principal contract)에 무효 또는 취소사유가 있다고 하더라도 이는 중재합의의 효력에 영향을 미치지 않는다는 것을 의미한다. 즉 주된 계약에 중재조항(arbitration clause)[17]이 삽입되어 있고, 주된 계약의 효력에 관하여 분쟁이 있는 경우, 그 주된 계약에 포함되어 있는 중재조항의 효력에 대하여서도 이의를 제기할 수가 있다.

즉 중재조항이 포함된 주된 계약의 유 · 무효를 다투는 문제에서는 당연히 그 주된 계약 속에 포함된 중재조항에 대하여서도 유 · 무효를 다투는 것이므로 그 중재조항의 효력에 관한 분쟁을 소송으로 해결할 것인가 아니면 중재로 해결할 것인가 하는 문제가 발생된다.

이와 관련하여 대부분의 학설 경향은 주된 계약의 효력과 중재조항의 효력은 별개라는 입장이다. 즉 주된 계약의 효력에 관한 다툼도 그 계약상에 중재조항이 포함되어 있다면 중재로 해결하여야 한다는 것이다. 이것이 중재합의의 분리 · 독립성의 원칙이다. 이는 중재조항은 주된 계약상 분쟁이 발생하였을 때 이를 해결하기 위한 조항이므로 주된 계약의 유 · 무효도 당연히 중재의 대상이 되며, 만일 계약이 성립되었으나 그 후에 어느 당사자의 의무위반으로 인하여 계약의 취소여부에 관한 분쟁이 발생된 경우에도 계약의 효력에 관한 문제이므로 중재조항도 효력이 없다고 하면 합리성이 없게 된다. 그러므로 중재조항은 계약의 효력에 관하여 분쟁이 발생되더라도 그 계약과는 분리되어 독립된 합의로 간주되어야 합리적이라 할 수 있다.

16) 양병회 외 (2006), 앞의 글, p.48.

17) 중재조항의 정의에는 주된 계약과는 별도로 체결되는 '중재부탁계약'(submission agreement 또는 compromis)이 포함된다.

4) 중재인의 자기권한 심사(competence-competence)

중재합의의 분리・독립성과 아울러 중재의 당사자가 중재인에 대하여 판정권한이 없다고 주장할 때에 중재인은 자신의 판정권한에 대하여서도 판단할 권한이 있다고 보는 경향이다.

중재법 제17조 제1항 단서에서도 "중재합의가 중재조항의 형식으로 되어 있을 때에는 계약 중 다른 조항의 효력은 중재조항의 효력에 영향을 미치지 아니한다."라고 규정하고 있다.

또한 국제중재규칙 제19조에서도 "중재판정부는 중재조항 또는 별도의 중재합의의 존부 및 유효성에 관한 이의를 포함하여, 중재판정부의 관할권에 대한 이의신청에 대하여 판단할 권한을 가진다. 중재판정부는 중재조항을 포함하는 계약의 존부나 유효성을 결정할 권한을 가진다. 중재조항은 계약의 다른 부분과는 독립된 합의로 취급한다. 중재판정부가 당해 계약이 무효라고 결정하였다고 하여 중재조항까지 무효가 되지는 않는다. 일반적으로 중재판정부는 관할권에 대한 이의신청을 선결문제로 판단하여야 하나, 중재절차를 진행한 후 최종판정에서 판단할 수도 있다."는 규정을 두어 중재합의의 분리・독립성 및 중재인의 자기권한심사권을 분명히 하고 있다.

ICC 중재규칙 제6조 4항에도 "당사자 간의 별도의 합의가 없는 한, 중재판정부는 중재합의의 유효성을 확인하는 경우 계약이 무효 또는 부존재한다는 주장으로 인하여 중재권한을 상실하지는 아니한다. 계약 자체가 부존재하거나 무효라 하더라도, 중재판정부는 당사자 각각의 권리를 결정하고 당사자의 청구와 항변에 관하여 판정할 관할권을 계속 갖는다."라고 규정하고 있다.

5) 중재조항의 유효성

장래 발생할 수 있는 분쟁에 대비하기 위한 중재조항(사전중재합의)의 유효성에 관하여서는 역사적으로 많은 저항이 있었다. 이러한 경향은 대륙법계 국가들에서 강하게 나타났다. 예를 들면, 프랑스도 1925년의 중재법 개정 이전에는 분쟁이 상거래에 관한 것이나 국제적 성격인 것이 아닌 한 중재조항은 당사자를 구속하지 못하였다.

또한 그 정도의 차이는 있었지만 영미법계 국가들도 그 유효성을 인정하는데 인색하여, 미국 뉴욕주가 1920년 영미법계 국가 중 최초로 중재조항의 유효성을 인정하였고, 영국도 1979년 중재법까지 장래 분쟁에 관하여는 관할배제합의(exclusion agreement)를 할 수 없었다. 더구나 브라질 같은 일부 남미 국가들은 아직도 중재조항의 유효성을 인정하지 않고 있다.

그러나 UNCITRAL 모범법안이 채택된 이후 대부분 국가의 법원들은 중재제도를 선호하는 정책적 입장에서 중재적격여부에 대해 국내사건에 적용하는 엄격한 규정을 국제사건에서는 적용하지 않는 것이 일반적인 경향으로 나타나고 있다. 실무적으로도 중재조항의 유효성은 장래 분쟁인지 여부 또는 상사분쟁인지 여부로 문제되는 경우는 흔하지 않고, 중재계약의 당사자가 적법한 당사자인지 여부와 중재대상이 중재가능 한 것인지 여부가 문제될 뿐이다.

제 3 절 분쟁 대상의 중재가능성

1. 중재가능성의 개념

중재란 사적 자치(私的自治)의 원칙아래 사인(私人)간에 발생하였거나 장래 발생할 가능성이 있는 분쟁을 당사자 간의 합의에 따라 국가재판권을 배제하고 사인인 중재인의 판정에 의하여 해결하기로 하는 비소송적(非訴訟的) 분쟁해결 절차이다. 그런데 모든 국가는 혹은 그 국가가 추구하는 국가적 목적을 달성하기 위하여, 혹은 경제적으로 열악한 지위에 있는 계약당사자를 보호하기 위하여 어느 범주의 법률관계로 인한 분쟁에 대하여는 그 일관되고 권위 있는 해결을 하여할 필요성을 느끼게 되고, 따라서 이러한 법률관계에 관한 분쟁의 해결을 중재 등 사적 자치에 맡기기 보다는 국가재판권을 직접 개입시키려 할 것이다.

이와 같이 어떠한 분쟁이 중재에 의하여 해결가능한가의 문제를 '분쟁대상의 중재가능성'(arbitrability of subject-matter)이라고 하는데, 이러한 중재가능성의 범위는 각국의 추구하는 목적과 법적 환경에 따라 불일치할 뿐 아니라, 하나의 국가에서도 정치적 또는 법률적 환경에 따라 변하고 있는 실정이다.

중재법 제9조 제1항에는 중재합의와 관련하여 소위 중재적격여부(arbitrability)에 관해 언급하고 있지 않는 반면, 뉴욕협약 제2조 제1항은 "중재에 의해 해결이 가능한 사항에 관한 법률관계"라는 문구를 삽입하여 체약국 법원이 중재합의의 유효성여부 판단에 중재적격 여부를 고려할 것을 언급하고 있다.[18)]

2. 중재가능성의 심사

중재가능성의 문제는 중재 또는 소송절차상 여러 단계에서 심사(審査)받게 된다. 우선 중재절차의 개시 또는 진행 시 중재판정부에 대하여 주장될 수 있는 반면, 다른 한편 법원에 대하여 중재계약의 실현 또는 중재절차의 정지를 위하여, 아니면 중재판정집행청구에 대항하기 위하여, 그리고 중재판정을 취소시키기 위하여 각각 제기될 수 있는 것이다.

1) 중재판정부에 의한 심사

중재가능성문제는 중재절차에서 중재판정부에 대하여 주장될 수 있다. 즉 중재의 피신청인은 중재판정부에 대하여 그 중재계약이 중재불가능한 분쟁을 대상으로 하고 있어 무효이고, 따라서 그 중재계약에 기한 중재인의 재판권은 존재하지 않는다고 항쟁할 수 있다. 이 경우 중재판정부는 우선적으로 중재계약 대상이 중재가능한지를 심사하여 중재가능성의 결여로 무효라고 판단되면 중재신청을 각하하는 판정을 내려야 할 것이고, 만일 중재계약이 유효하다고 판단되면 관할항변에 관한 별도의 결정을 내리거나 단순히 중재절차를 진행하고 종국판정에서 이에 대한 판단을 포함시키면 될 것이다.

2) 법원에 의한 심사

가. 중재계약의 실현단계

중재계약은 당사자 간 의 계약이므로 중재계약당사자는 중재계약이 중재에 의하여 해결될 수 없는 법률관계를 대상으로 하고 있거나, 그 밖의 다른 이유에

18) 양병회 외 (2006), 앞의 글, pp.43-44.

서 무효, 효력상실 또는 이행불능이지 않는 한 중재계약을 이행할 의무를 진다.

중재계약의 일방 당사자가 중재계약의 이행을 거부할 경우, 중재계약의 실현을 원하는 타방 당사자는 해당 중재관련법규에 따라 법원에 중재의 이행을 강제하여 달라는 신청을 하게 되고, 전자(일방 당사자)는 다시 그 중재계약이 중재가능성이 없는 분쟁을 중재대상으로 하고 있어 무효라는 항변을 제기하게 된다. 이때 법원은 중재가능성을 심사하여 중재계약이 중재가능한 분쟁을 대상으로 한 유효한 계약이라고 판단하면 그 중재절차의 이행을 강제하게 될 것이다. 분쟁의 일방 당사자가 중재계약이 존재함에도 불구하고 법원에 소송을 제기한 경우, 중재에 의한 분쟁해결을 원하는 타방 당사자는 법원에 중재계약의 존재를 주장하여 방소항변을 할 수 있고, 이에 전자는 그 중재계약이 중재가능성이 없는 분쟁을 중재대상으로 하고 있어 무효라는 재항변을 하게 된다. 이때 법원은 중재가능성을 심사하여 중재계약이 중재가능한 분쟁을 대상으로 한 유효한 계약이라고 판단하면, 소송절차를 정지하거나 소를 각하하게 된다.

나. 중재판정의 실현단계

중재가능성에 관한 법원의 판단은, 중재판정의 승인 및 집행단계에서 다시 한 번 요구된다. 먼저 국내에서 내려진 중재판정이 우리나라에서 강제집행되기 위해서는 중재법 제37조 제1항에 따라 법원의 승인 또는 집행판결을 받아야 하는데, 다만 중재법 제36조에 의거 중재판정 취소의 사유에 해당되는 경우에는 집행판결을 받을 수 없게 된다.

외국에서 내려진 중재판정에 대하여서는 중재법 제39조에 의거하여 「뉴욕협약」을 적용받는 외국 중재판정의 승인 또는 집행은 동 협약에 따르며, 동 협약을 적용받지 아니하는 외국 중재판정의 승인 또는 집행에 관하여는 「민사소송법」 제217조, 「민사집행법」 제26조 제1항 및 제27조를 준용한다.

이때 집행판결을 청구 받은 우리 법원은 민사소송법 제217조 제3항에 따라 위 중재판정이 대한민국의 선량한 풍속 그 밖의 사회질서에 어긋나는지를 심사하게 된다. 반면 외국중재판정이 뉴욕협약의 적용을 받는다면 집행판결청구를 받은 우리 법원은, 뉴욕협약 제5조 제2항 a호에 따라 분쟁의 대상이 우리나라 법률에 의하여 중재로써 해결될 수 있는가를 판단하여야 할 것이다. 이러한 태도는 거의 모든 입법과 조약에서 나타나고 있으며,[19] UNCITRAL 모범법안도 같은 내용을 규정하고 있다.[20]

다. 중재판정의 취소단계

중재가능성은 중재판정취소의 청구를 받은 법원에 의해서도 심사받게 된다. 우리 중재법 제36조 제1항은 "중재판정에 대한 불복은 법원에 중재판정 취소의 소를 제기하는 방법으로만 할 수 있다."라고 규정하여 중재가능성이 없는 분쟁을 대상으로 한 중재판정은 취소될 수 있게 하고 있고, 독일 민사소송법 제1041조 제2항과 프랑스 민사소송법 제1504조, 제1502조 제5항도 같은 취지를 규정하고 있다.

3. 중재가능성의 판단기준

1) 중재가능성 판단의 적용법규

분쟁의 중재가능성을 제한하는 이유는 그 중재가 실현되는 국가의 목적이나 정책이 방해받지 않도록 하기 위한 것이므로, 중재가능성을 판단하는 기준은 그 중재계약이 실현되는 국가 즉 법정지국(法廷地國)의 법률이 되어야함은 물론이다. 그런데 뉴욕협약 제2조 제3항에 의하면, 체약국의 법원이 중재계약이 무효이거나(null and void) 효력이 상실되었거나(inoperative) 이행불능(incapable of being performed)이라고 판단한 경우에는 중재계약의 집행을 거부할 수 있고, 이때 그 무효 등을 판단하는 기준은 뒤의 제2항에서 설명하는 바와 같이 중재계약에 적용될 실체법이 될 수밖에 없다.

이 경우 만일 중재계약의 준거법을 중재가능성의 판단기준에 포함시키지 않는다면 그에 기한 중재판정은 위 뉴욕협약 제5조 제1항 a호에 의하여 그 승인과 집행이 거부될 여지가 많다. 또한 중재판정을 내린 국가의 법도 같은 조항에 따라 2차적으로나마 중재계약의 준거법이 될 수 있을 뿐 아니라, 중재판정국의 법원은 협약 제5조 제1항 e호에 따라 중재판정을 취소할 수 있고, 이 취소는 판정집행국의 법원이 그 중재판정의 집행을 거부할 수 있는 사유가 되므로 중재판정국의 법도 중재가능성의 판단기준에 포함시켜야 할 것이다.

결국 중재계약이 중재가능하기 위해서는, 중재계약 체결당시에 예상되는 법

---

19) 프랑스 민사소송법 제1498조, 독일 민사소송법 제1044조 제2항.

20) UNCITRAL 모범법안 제36조 제1항 b-1.

정지국의 법은 물론, 계약의 준거법과 중재판정지법도 함께 고려되어야 한다.

2) 중재계약 유효성판단의 적용법규

뉴욕협약 제5조 제1항 a호에는 중재판정의 승인과 집행의 거부사유의 하나로 "당사자가 그들에게 적용될 법률에 의하여 무능력자 이었던가 또는 당사자들이 준거법으로서 지정한 법령에 의하여 또는 지정이 없는 경우에는 판정을 내린 국가의 법령에 의하여 전기 합의가 무효인 경우 또는…"이라고 규정하고 있다.

따라서 중재계약 유효성판단의 적용법규를 판단함에 있어 동 조항을 따른다면 준거법이 지정되어 있으면 그 법에 따르고, 준거법이 지정되어 있지 않은 경우 중재계약에 중재지가 명시되어 있으면 그 국가의 법이 계약의 준거법이 되며, 만일 준거법은 물론 중재지 까지도 지정되어 있지 않으면 법정지국의 섭외사법에 따라 준거법을 정할 수밖에 없을 것이다.[21]

3) 우리나라의 중재가능성 판단 기준

가. 국내중재

국내중재에 있어서의 중재가능성을 판단하는 데에는 중재에 관한 우리 법규만이 적용된다. 우리 중재법 제3조 제1항에서 "중재란 당사자 간의 합의로 사법상의 분쟁을 법원의 재판에 의하지 아니하고 중재인의 판정에 의하여 해결하는 절차를 말한다."라고 명시하고 있다. 그렇다면 '사법상의 분쟁'이 무엇인가에 관하여 의문이 생기는데, 이에 관한 판례는 보이지 않으나 학자들은 이를 재산권에 관한 법률관계로서 당사자 간에 화해로써 종결될 수 있는 것이라고 한다.[22]

또한 중재법 제9조는 중재합의가 없거나 무효이거나 효력을 상실하였거나 그 이행이 불가능한 경우에는 중재계약의 존재에도 불구하고 소를 제기할 수 있다는 취지로 규정하고 있는바, 중재계약도 사적 계약이고 우리 민법 제103조, 제104조는 반사회질서의 법률행위 및 불공정한 법률행위를 무효로 하고 있으므로 만일 중재계약의 내용이 이에 해당한다면 이러한 중재계약은 무효가 되고 그 중재대상은 중재가능성이 없다고 할 것이다.

21) 사법연수원 (1998), 앞의 글, p.53.

22) 이태희 (1989), 「국제계약법」 (서울: 법문사), p.111

더구나 중재법 제37조에 의하면, 중재판정에 기한 강제집행은 법원의 승인 또는 집행판결로 그 적법함을 선고한 경우에 한하여 할 수 있는데, 위 집행판결은 동 법 제36조의 중재판정 취소사유가 있을 때에는 하지 못하도록 규정하고 있으므로 결국 법률상 금지된 행위 또는 공서양속에 반한 행위로 인한 분쟁들은 중재에 의하여 해결될 수 없다할 것이다.

나. 국제중재

중재계약이 국제조약의 적용을 받지 않는 경우와 국제조약의 적용을 받는 경우를 달리 취급하여야 한다. 중재계약이 국제조약의 어디에도 해당하지 않는다면 외국중재를 규율하는 국내법에 따라 그 중재가능성 여부를 판단하여야 하므로, 위 국내중재의 판단기준과 동일하다.

국제조약의 적용을 받는 경우에는 전술한 바와 같이 준거법이 지정되어 있으면 그 법에 따르고, 준거법이 지정되어 있지 않은 경우 중재계약에 중재지가 명시되어 있으면 그 국가의 법이 계약의 준거법이 되며, 만일 준거법은 물론 중재지 까지도 지정되어 있지 않으면 법정지국의 섭외사법에 따라 준거법을 정해야 할 것이다.

제4절 중재합의의 내용과 방식

1. 중재합의의 내용

중재계약을 체결할 때에는 중재지, 중재기관 및 적용할 준거법 등 기본적 사항에 대하여 명시적 규정을 둠으로써 중재절차의 진행 시 또는 중재판정에 대한 집행에 있어서 절차상의 지연이나 중재합의 자체가 무효·실효 또는 이행불능이 되지 않도록 유의하여야 한다. 이론적으로는 당사자 간에 중재에 대한 의사의 합의만으로도 중재가 가능한 것으로 된다. 또한 한국의 판례도 이를 지지하고 있다.

그러나 임시중재를 이용하고자 하는 경우에는 이러한 기본적 사항 이외에도 중재인의 권한, 중재판정부의 구성, 정재절차상의 사용언어, 당사자 간의 비용 부담문제, 중재판정의 집행문제 등에 대하여 구체적이고 명확한 명시적 규정을 두는 것이 중재절차개시의 지연이나 중재절차에 따른 또 다른 분쟁을 예방하는 길이 된다.

따라서 중재계약이 유효하게 성립되어 중재절차가 순조롭게 진행되기 위해서는, 특히 외국 기업과의 거래에서 중재계약을 체결할 때에는 중재를 행할 중재지, 중재기관 및 적용할 준거법 등을 정확하게 명시하여야 한다. 이것은 중재가 재판관할의 포기로써 이루어지기 때문에 서면에 의한 경우에만 중재계약이 유효한 곳으로 인정하여 법원에서 중재판정의 집행을 용이하게 하기 위한 것이다. 따라서 당사자가 중재합의를 할 때 당해 준거법이 일정한 방식을 요구하고 있는지를 고려하여야 한다.

1) 중재 의사표시

중재계약에는 분쟁당사자들이 중재로써 분쟁을 해결하겠다는 의사가 명시적으로 표시되어 있어야 한다. 국내중재계약의 경우, 위와 같은 명백한 중재 의사표시가 있는 때에는 비록 중재지나 준거법 등이 명시되지 않았다 하더라도 그 중재계약은 유효한 것으로 보고 있다. 그 이유는 중재계약의 다른 요소들이 결여되었다 하더라도 중재법에 의하여 또는 당사자들이 중재규칙을 합의한 경우에는 동 규칙에 의하여 결여된 부분이 보충되기 때문이다. 실제로 국내에서 중재와 관련된 기관은 사단법인 대한상사중재원이 유일하기 때문이다.

그러나 국제중재계약인 경우, 중재 의사표시만 가지고 중재절차를 이행하는데 부족하고 반드시 필요적 기재요소를 명시하여 한다.

2) 중재지

중재지(place of arbitration)란 중재가 진행되는 장소로서, 국제중재의 경우 중재판정의 국적이 결정되는 기준이 된다. 중재지결정은 당사자자치의 원칙에 의해 양당사자 간에 중재지에 관한 합의가 있으면 그에 따른다.

국내중재인 경우 중재법 제21조는 “중재지는 당사자 간의 합의로 정하며, 당사자 간의 합의가 없는 경우에는 중재판정부가 당사자의 편의와 해당 사건에 관한 모든 사정을 고려하여 중재지를 정한다."라고 규정하고 있다.

국제중재인 경우, 중재지는 적용되는 중재법, 중재절차 관련 관할법원, 중재판정의 종류(내국판정인지 외국판정인지를 결정), 중재판정의 승인 및 집행을 판단하는 준거법 등을 결정하는 요소로 작용한다. 특히 중재지에 따라 당사자들이 소요하는 시간과 비용이 달라지고, 별도의 합의가 없는 한 중재의 언어 등이 달라질 수 있기 때문에 중재지는 중재절차에 있어서 중요한 요소이다.

3) 중재기관

중재기관은 당해 분쟁 사안에 대한 중재절차과정에 대해 전반적으로 관리하는 상설기관이다. 중재기관은 중재절차를 전문적으로 관리하는 상설기관으로서 각 중재기관에는 중재절차규칙을 제정・운영하고 있거나 중재인단을 유지・관리하고 있다. 중재기관이 운용하는 중재규칙은 중재신청단계부터 중재판정 단계에 이르기까지 모든 절차를 망라하고 있어 중재절차를 원활하게 진행할 수 있다.

특히 중재기관을 지정할 경우에는 그 명칭을 정확히 기재하여 할 것을 요구하고 있다. 그 이유는 외국의 경우 한 나라에 유사한 명칭을 가진 중재기관이 다수 존재하기 때문에 중재기관 명칭이 불분명한 경우 중재의 관할기관이 모호해지기 때문이다.

4) 중재규칙

중재규칙은 중재법의 강행(강제)규정에 배치되지 않는 범위 내에서 중재기관이 중재신청절차, 중재인 선정절차, 심리절차, 판정절차 등 중재를 행하는 형식과 방법을 정한 규칙이다.

즉, 당사자들은 특정 중재기관의 중재규칙을 자신들의 중재절차규칙으로 합의할 수 있으며 필요한 경우 중재법의 강행규정에 반하지 않는 범위 안에서 중재규칙 중 일부를 변경할 수 있다. 예를 들어 중재인 선정절차 및 판정기간 등을 별도로 정할 수 있다. 특히, 당사자들이 대한상사중재원의 중재를 이용하고자 할 경우에는 반드시 '대한상사중재원 중재규칙'으로 합의해야 한다. 만일 'ICC중재규칙에 의한 대한상사중재원의 중재'를 합의한 경우에는 대한상사중재원은 중재신청을 접수하지 않으며, ICC 국제중재법원도 'ICC 중재규칙' 이외의 중재규칙에 근거한 중재신청을 접수하지 않고 있다.

5) 준거법

준거법은 분쟁당사자 간의 법률관계에 적용될 법률로서 분쟁의 실체를 해석하는 실체법에 대한 준거법이 있으며, 분쟁을 해결하는데 적용되는 절차의 준거법을 들 수 있다.

중재법 제29조에서는 중재판정부는 당사자들이 지정한 법에 따로 판정을 내려야 하고, 특정 국가의 법 또는 법체계가 지정된 경우에 달리 명시된 것이 없으면 그 국가의 국제사법이 아닌 분쟁의 실체에 적용될 법을 지정한 것으로 보고 있다. 또한 만일 당사자 간에 준거법의 지정이 없는 경우에는 분쟁의 대상과 가장 밀접한 관련이 있는 국가의 법을 적용하도록 하고 있다. 그렇지만 앞에서도 살펴본 바와 같이 중재기관과 중재규칙은 항상 일치시켜서 중재계약을 체결해야 한다는 것은 당연하다.

6) 중재언어

중재언어는 중재절차에서 사용될 언어로서 당사자 제출서류인 중재 신청서, 답변서 및 준비서면(심리를 준비하는 서면), 각종 서면증거의 번역문 등과 중재기관이 행하는 중재절차에 관한 각종 통지, 중재판정부가 작성하는 중재판정문 등 서류작성과 구두 심리에 사용하는 언어를 지칭한다. 따라서 중재언어는 당사자의 자유로운 의사표현 능력, 중재의 편의성, 번역 및 통역에 따른 중재비용 및 시간에 중요한 영향을 미치는 요소로 작용한다.

2. 중재합의의 방식

1) 서면에 의한 중재합의

중재계약은 통상 자체 형식요건을 갖추어야 하고, 이는 일반계약관계의 그것과 다를 수 있다. 중재조항의 형식은 광범위한 계약관계의 다양한 조항 중의 하나로 당해 계약의 일반규칙에 속한다.[23] 따라서 중재합의도 무역계약과 마찬가지로 구두에 의한 계약도 가능하다 할 것이다. 그러나 현대 국제 중재법에서는 일본, 독일, 영국 등의 국가에서 서면성 완화와 관련한 입법이 이루어진 것을 제외하고는 엄격한 서면성을 요구하고 있다.

중재법 제8조에서는 "중재합의는 독립된 합의 또는 계약에 중재조항을 포함하는 형식으로 할 수 있으며, 중재합의는 서면으로 하여야 한다."고 규정하고 있으며, 또한 다음 각 호의 어느 하나에 해당하는 경우는 서면에 의한 중재합의로 보고 있다.

(1) 당사자들이 서명한 문서에 중재합의가 포함된 경우
(2) 편지, 전보(電報), 전신(電信), 팩스 또는 그 밖의 통신수단에 의하여 교환된 문서에 중재합의가 포함된 경우
(3) 어느 한쪽 당사자가 당사자 간에 교환된 문서의 내용에 중재합의가 있는 것을 주장하고 상대방 당사자가 이에 대하여 다투지 아니하는 경우

또한 계약이 중재조항을 포함한 문서를 인용하고 있는 경우에는 중재합의가 있는 것으로 본다. 다만, 그 계약이 서면으로 작성되고 중재조항을 그 계약의 일부로 하고 있는 경우로 한정한다.

그러나 중재합의의 서면성 요건과 관련하여 다음에서 설명하는 바와 같이 UNCITRAL 모범법안 및 중재규칙의 개정과정에서 별다른 논란 없이 서면성의 요건을 폐지하였고, 주요 외국의 입법례도 서면성의 요건을 완화하는 추세이므로 우리나라 중재법도 서면성 요건의 완화와 관련한 개정 검토가 이루어져야 할 것이다.

2) 서면성 요건의 완화

가. 서면성 요건의 완화에 대한 UNCITRAL 모범법안

2006년 6월 UNCITRAL 본회의에서 채택된 모범법안은 서면성 요건 완화와 관련하여 제7조(중재합의)를 개정하여 서면성의 범위를 확대하는 Option Ⅰ과 아예 서면성을 폐지하는 Option Ⅱ를 동시에 채택하였다.

이는 서면성의 요건을 그대로 유지하더라도 전자적 형태에 의한 의사표시에 의한 계약뿐만 아니라 구두(orally), 행위(by conduct) 및 다른 수단에 의하여

23) 장복희 (2002), "중재합의의 형식과 내용,"「중재논총」(대한상사중재원) pp.220-21.

중재합의 또는 본 계약이든 어떠한 형태로 기록만 된다면 이를 서면에 의한 합의로 보도록 함으로써 서면성에 대한 한계를 획기적으로 넓히게 되었다고 볼 수 있다.[24] 서면성의 요건이 완화된 배경에는 실무가들이 서면에 의한 합의서를 만든다는 것이 불가능하거나 비현실적이라는 지적이 있고, 그러한 경우 당사자들이 중재를 하겠다는 합의가 있는 한 중재합의의 유효성은 인정되어야 한다는 것이다.

Option Ⅰ에서는 구두로(orally) 또는 사실행위에 의하여(by conduct) 중재합의의 존재가 인정되거나 특정 중재조항을 인용하는 경우도 중재합의의 서면성 요건을 충족하도록 하였다. 예컨대 용선계약사의 중재조항을 선하증권에서 인용함으로써 중재조항의 편입이 이루어지는 경우 혹은 해난 사고 시 해난구조회사와 조난당한 선박의 선장 혹은 해당 선박의 선주 간에 무선송수신 방식을 통해서 Llyod's Open Form과 같은 해난구조계약을 언급하였을 때 여기에서 규정한 중재조항을 근거로 중재합의의 존재를 추정하도록 하였다.[25] 다만 구두나 관행 또는 다른 수단(by other means)에 의하여 본 계약 또는 중재합의가 이루어진 경우라고 하더라도 어떠한 형태로든 그 내용이 기록되어야 한다(if its content is recorded in any form).

그러나 Option Ⅱ를 따르게 되는 경우, 뉴욕협약의 규정과 상이한 국내법규정이 존재하게 되고, 중재합의의 체결과 그 내용에 관한 사항은 유효성의 문제가 아니라 입증의 문제가 되어 버리며, 서면성 요건이 일체 소멸되므로 구두에 의한 중재합의를 인정하게 되는 결과가 되어 이렇게 되면 종래 중재합의에 서면성을 요구한 취지가 무언인가 하는 근본적인 의문을 가지게 된다. 또 중재지, 중재판정부의 구성, 준거법 등 중재합의의 내용이 명확하지 않아 중재절차에 들어간다고 하더라도 많은 분쟁의 소지를 안고 있다.

나. 중재판정의 집행신청시 중재합의서의 제출 요건 폐지

개정 전 모범법안 제35조 제2항에서는 중재판정에 대하여 집행 등을 신청하는 당사자는 정당하게 인증된 중재판정문의 원본 또는 정당하게 증명된 등본

24) 노태악 (2010), "UNCITRAL 모델중재법 및 중재규칙 개정에 따른 국내법 개정의 필요성 검토," 「국제사법연구」, 제16호 (국제사법학회), p.115.

25) 강병근 (2006), "UNCITRAL의 활동이 중재법 개정에 미칠 영향," 「계간 중재」, 2006년 여름 (대한상사중재원), p.19.

(the duly authenticated original award or a duly certified copy thereof)과 제7조에서 규정한 중재합의서의 원본 또는 정당하게 증명된 등본(the original arbitration agreement referred to in article 7 or a duly certified copy thereof)을 제출하여야 한다고 규정되어 있었던 바, 모범법안 제7조를 수정하는 이상 그 취지를 살려 실제 중재판정이 원용되거나 집행을 구하는 경우 중재합의서의 제출에 관한 요건도 완화되어야 할 것이다.

또 서면성 요건을 폐지한 Option Ⅱ에 의하면 중재합의서 자체가 필요 없게 되며, 세계 각국의 많은 입법례도 중재합의서의 제출을 요구하고 있지 않다는 점도 아울러 지적되었다.[26)]

다만, 그렇게 되는 경우 중재합의의 원본 또는 정당하게 증명된 등본의 제출을 요구하는 뉴욕협약 제4조의 규정과 일치하지 않게 되고, 중재합의서의 내용에 근거한 중재판정 집행 거부 사유를 규정한 모범법안 제36조 규정이 적용되어서 집행이 거부될 수 있다는 점과 제35조 제2항의 규정과 제36조 규정은 취지를 달리하는 점 그리고 제35조 제2항의 각주에서 모범법안을 수용한 국가가 제35조 제2항의 내용보다 낮은 수준에서 기준을 정할 수 있고, 따라서 제35조 제2항에서 중재합의서에 관하여 규정한 바를 삭제할 필요가 없다는 점 등의 지적이 있었으나, 최종적으로 실무작업반에서는 중재합의서 제출 요건을 삭제할 수 있다는 점에 합의하였다.

또 개정 전 제35조에서 규정하고 있는 정당하게 인증된 원본(duly authenticated original)의 개념이 또 다른 원본을 전제로 하는 것인가 하는 의문이 들고, 모범법안을 수용한 국내법에서 달리 해석하여 규정할 수 있기에 모범법안 제35조 제2항 제1문의 'the duly authenticated original award or a duly certified copy thereof'에 대하여 모두 'certified'를 사용하는 것으로 'the original award or a certified copy thereof'과 같이 고치는 것으로 합의하였다.

다. 뉴욕협약 제2조 제2항과 제7조 제1항의 해석에 관한 선언

모범법안이 서면성의 요건을 완화 내지는 폐지하는 방향으로 개정작업을 하

26) 독일의 개정 민사소송법 제1064조 에 의하면 중재판정의 집행신청 시 중재판정의 원본 또는 부본만을 제출하도록 규정하고 있고, 일본의 신 중재법 제46조에 의하면 중재판정의 집행신청을 구하는 경우 중재판정의 사본, 당해 사본의 내용이 중재판정서와 동일한 것임을 증명하는 문서 및 중재판정서의 일본어 번역문을 제출하도록 하여 따로 중재합의서의 제출을 요구하고 있지 않다.

면서 여전히 서면성의 요건을 규정하고 있는 뉴욕협약 제2조 제2항과의 정합성 문제가 생기게 되었다.

이를 해결하기 위하여 뉴욕협약의 형식적 요건에 대한 해석이나 적용에 대한 가이드라인을 제공하여 모범법안의 취지에 따라 체약국 법원으로 하여금 뉴욕협약 제2조 제2항을 더 넓게 해석하도록 권유하고, 뉴욕협약 제2조 제2항에 대한 해석기준으로 모범법안 제7조를 사용하도록 하는 실질적 가이드라인을 준비하는 방법이 결정되었다.

구속력이 없는 해석에 관한 선언이 실무상 뉴욕협약을 통일적으로 해석하는 데 어느 정도의 효과를 가질 수 있는지에 대해서 첫째, 해석선언으로는 뉴욕협약 제2조 제2항이 각국 내에서 다르게 적용되는 점을 시정할 수 없기에 뉴욕협약을 개정하는 의정서를 채택하는 데 집중하는 것이 더 바람직하다는 견해와 둘째, 뉴욕협약 제2조 제2항 혹은 제7조 제1항의 해석 선언을 채택할 경우 제2조 제2항을 넓게 그리고 탄력적으로 해석해 온 것을 부정하는 것이 되어서 오히려 부정적인 결과를 가져올 수 있다는 지적이 있었다. 그러나 법적 구속력이 없는 권고(recommendation)라고 하더라도 관습(custom)을 형성하고 국가행위에 유사한 국가 실무관행(state practice)을 제시한다는 점에서 의미를 가지고, 이러한 해석선언은 뉴욕협약 당사국이면서 아직 모범법안 을 수용하지 않은 국가에도 영향을 미칠 것이고, 아울러, 해석안이 UNCITRAL 본 회의를 통해서 유엔총회에 이르게 되면 결국 모범법안을 수용하지 않았지만 뉴욕협약의 당사국인 국가의 법원이 뉴욕협약의 관련 규정을 해석할 때 영향을 받을 것이라는 의견이 지지되었다.

뉴욕협약 제2조 제2항 규정이 문제 있다면 이는 해석선언 정도가 아니라 당해 규정을 개정하는 쪽이 더 근본적인 해결책이기는 하나 현실적으로 체약국 전원의 참여를 전제로 한 협약 개정의 어려움이 있는 바, 중재합의에 관한 서면성 요건의 완화가 국제적 추세이고, 각국의 국내법에 따른 다양한 논리가 전개되는 상황에서 뉴욕협약 제2조 제2항의 요건완화와 이러한 해석을 가능 하게 하는 제7조 제1항에 대한 권고안은 적절한 방식이라고 평가된다.

라. 2010년 UNCITRAL 중재규칙의 개정

1976년 중재규칙 제1조에서는 계약의 당사자가 서면에 의한 합의에 의하여 당해 계약과 관련하여 발생하는 분쟁을 UNCITRAL 중재규칙에 따른 중재에 회부하기로 한 경우에 적용된다고 규정하고 있다. 그러나 2010년 개정 UNCITRAL 중재규칙 제1조에서 개정 모범법안 Option Ⅱ를 따라 'in writing'이란 문구를 삭제함으로써 서면성의 요건을 요구하고 있지 않다.

UNCITRAL Arbitration Rules (1976)

Article 1

Where the parties to a contract have agreed ***in writing**** that disputes in relation to that contract shall be referred to arbitration under the UNCITRAL Arbitration Rules, then such disputes shall be settled in accordance with these Rules subject to such modification as the parties may agree ***in writing***.

UNCITRAL Arbitration Rules (as revised in 2010)

Article 1

1. Where parties have agreed that disputes between them in respect of a defined legal relationship, whether contractual or not, shall be referred to arbitration under the UNCITRAL Arbitration Rules, then such disputes shall be settled in accordance with these Rules subject to such modification as the parties may agree.

해설 당사자들이 계약상 관계인지 여부를 불문하고 일정한 법률적 관계와 관계된 분쟁을 UNCITRAL 중재규칙에 따라 중재에 회부할 것을 합의한 경우, 그 분쟁은 본 규칙에 의하여 해결한다.

3. 중재합의의 실례

국제협약 및 각국의 상설중재기관에서는 중재의 효율성을 높이고 신속한 중재절차의 진행을 위하여 당사자들이 중재계약을 체결할 때 쉽게 이용할 수 있도록 표준중재조항을 마련해 놓고 있다. 이러한 표준중재조항을 계약서에 삽입하면 중재합의에 관한 다툼 없이 중재를 진행할 수 있다.

1) 대한상사중재원(KCAB)

가. 국내중재

• 장래의 분쟁

이 계약으로부터 발생되는 모든 분쟁은 대한상사중재원에서 국내중재규칙에 따라 중재로 해결한다.

• 현존하는 분쟁

아래에 서명한 당사자들은 다음의 분쟁을 대한상사중재원 국내중재규칙에 따른 중재에 회부하여 종국적으로 해결할 것을 이 서면으로 합의한다.

[분쟁의 간략한 설명]

나. 국제중재

• 장래의 분쟁

이 계약으로부터 발생되는 모든 분쟁은 대한상사중재원에서 국내중재규칙에 따라 중재로 해결한다.

중재인의 수 [1/3]

중재지 [도시/국가]

중재에 사용될 언어 [언어]

• 현존하는 분쟁

아래에 서명한 당사자들은 다음의 분쟁을 대한상사중재원 국제중재규칙에 따른 중재에 회부하여 종국적으로 해결할 것을 이 서면으로 합의한다.

[분쟁의 간략한 설명]

중재인의 수 [1/3]

중재지 [도시/국가]

중재에 사용될 언어 [언어]

• Model Clause for Future disputes

Any disputes arising out of or in connection with this contract shall be finally settled by arbitration in Seoul in accordance with the International Arbitration Rules of the Korean Commercial Arbitration Board.

The number of arbitrators shall be [one / three]

The seat, or legal place, of arbitral proceedings shall be [city / country]

The language to be used in the arbitral proceedings shall be [language]

• **Model agreement for Existing disputes**

We, the undersigned parties, hereby agree that the following dispute shall be referred to and finally determined by arbitration in accordance with the KCAB International Arbitration Rules:

[brief description of the dispute]

The number of arbitrators shall be [one / three]

The seat, or legal place, of arbitral proceedings shall be [city / country]

The language to be used in the arbitral proceedings shall be [language]

2) UNCITRAL 중재규칙

• **Model arbitration clause for contracts**

Any dispute, controversy or claim arising out of or relating to this contract, or the breach, termination or invalidity thereof, shall be settled by arbitration in accordance with the UNCITRAL Arbitration Rules.

Note. Parties should consider adding:

(a) The appointing authority shall be … [name of institution or person];

(b) The number of arbitrators shall be … [one or three];

(c) The place of arbitration shall be … [town and country];

(d) The language to be used in the arbitral proceedings shall be ….

• **계약의 표준중재조항**

이 계약으로부터, 또는 이 계약과 관련하여, 또는 이 계약의 불이행, 종료 또는 무효로 인하여 발생하는 분쟁, 다툼 또는 청구는 UNCITRAL 중재규칙에 따른 중재로 해결한다.

주 당사자는 표준중재조항에 다음 사항을 추가하는 것을 고려한다.

(a) 중재인선정권자는 [기관명 또는 인명]로 한다;

(b) 중재인 수는 [1인 또는 3인]으로 한다;

(c) 중재지는 [도시 또는 나라]로 한다;

(d) 중재절차에 사용될 언어는 … 이다.

3) ICC 중재규칙

• ICC Standard arbitration clauses

All disputes arising in connection with the present contract shall be finally settled under the Rules of Conciliation and Arbitration of the International Chamber of Commerce by one or more arbitrators appointed in accordance with the said rules.

• ICC 표준중재조항

이 계약으로부터 또는 이 계약과 관련하여 발생하는 모든 분쟁은 국제상업회의소(International Chamber of Commerce)의 중재규칙에 따라 선정된 1인 또는 수인의 중재인에 의하여 위 중재규칙에 의거하여 최종적으로 해결된다.

한편 ICC에서는 중국을 ICC 중재재판의 개최지로 지정할 경우에는 중재조항에 특별히 주의를 기울일 것을 요청하고 있다. 중재조항이 애매하다는 이유로 ICC에서 주관하는 국제중재 대신 중국 국내법원에 의한 재판을 강요당할 위험이 높기 때문이다. 중국을 중재 재판 개최지로 하는 ICC 중재를 하기 위한 조항으로 ICC에서 추천하는 것은 아래와 같다.

"All disputes arising out of or in connection with the present contract shall be submitted to the International Court of Arbitration of the International Chamber of Commerce and shall be finally settled under the Rules of Arbitration of the International Chamber of Commerce by one or more arbitrators appointed in accordance with the said Rules."

凡产生于本合同或与本合同有关的一切争议均应按照国际商会仲裁规则由依据该规则指定的一名或数名仲裁员终局解决。

为了适应中国法律的规定，建议在以中国大陆为仲裁地点的仲裁中，当事人应当在上述示范条款中引入国际商会仲裁院，具体内容如下：

凡产生于或与本合同有关的一切争议均应提交国际商会国际仲裁院并按照国际商会仲裁规则由依据该规则指定的一名或数名仲裁员终局解决。

위의 세 가지 조항 중 어느 것을 사용하더라도 중재재판의 장소, 사용언어, 그리고 중재인 윤리규정 적용 여부 등을 별도로 명시할 필요가 있다. 중재재판관의 숫자는 미리 지정하는 것이 유리할 수도 있고, 분쟁이 발생한 뒤에 정하는 것이 더 나을 수도 있다. 이 내용들을 지정하는 문구는 아래와 같다.

□ The number of arbitrators shall be [one/three].

□ The seat, or legal place, of arbitration shall be [City and/or Country].

□ The language to be used in the arbitral proceedings shall be [ ].

□ The governing law of the contract shall be the substantive law of [ ].

□ 중재인 수는[1인/3인]으로 한다.

□ 중재지는[도시 및/또는 국가]으로 한다.

□ 중재절차에서 사용될 언어는[ ]로 한다.

□ 중재의 준거법은[ ]의 실체법으로 한다.

4) 미국중재협회(AAA)

• AAA Standard arbitration clauses

Any controversy or claim arising out of or relation to this contract shall be determined by arbitration in accordance with the International Arbitration Rules of the American Arbitration Association.

The parties may wish to consider adding:

1. The number of arbitrators shall be(one or three);
2. The place of arbitration shall be(city and/or country); or

3. The language(s) or the arbitration shall be______________.

• **미국중재협회 표준중재조항**

이 계약으로부터 또는 이 계약과 관련하여 발생하는 모든 논쟁 또는 분쟁은 미국중재협회의 국제중재규칙에 따라 중재에 의하여 결정되는 것으로 한다.

당사자는 다음 사항을 추가할 수 있다.

1. 중재인 수는(1인 또는 3인)으로 한다.
2. 중재지는(도시 또는 국가)으로 한다.
3. 중재의 언어는 _____________로 한다.

5) 런던국제중재법원(LCIA)

가. 장래의 분쟁

Any dispute arising out of or in connection with this contract, including any question regarding its existence, validity or termination, shall be referred to and finally resolved by arbitration under the LCIA Rules, which Rules are deemed to be incorporated by reference into this clause.

□ The number of arbitrators shall be [one/three].

□ The seat, or legal place, of arbitration shall be [City and/or Country].

□ The language to be used in the arbitral proceedings shall be [ ].

□ The governing law of the contract shall be the substantive law of [ ].

이 계약으로부터 또는 이 계약과 관련하여 발생하는 모든 분쟁은 그 존재, 유효성 또는 종료에 관한 모든 문제를 포함하여, LCIA규칙에 따라 중재에 부탁되어 최종적으로 중재에 의하여 해결되는 것으로 하고, 동 규칙은 다음의 사항에 의하여 이 조항의 일부를 구성하는 것으로 간주한다.

□ 중재인 수는[1인/3인]으로 한다.

□ 중재지는[도시 및/또는 국가]으로 한다.

□ 중재절차에서 사용될 언어는[ ]로 한다.

□ 중재의 준거법은 [ ]의 실체법으로 한다.

나. 현존하는 분쟁

A dispute having arisen between the parties concerning [ ], the parties hereby agree that the dispute shall be referred to and finally resolved by arbitration under the LCIA Rules.

□ The number of arbitrators shall be [one/three].

□ The seat, or legal place, of arbitration shall be [City and/or Country].

□ The language to be used in the arbitral proceedings shall be [ ].

□ The governing law of the contract shall be the substantive law of [ ].

[ ]과 관련하여 당사자 간에 발생한 분쟁은 LCIA규칙에 따라 중재에 부탁되어 최종적으로 중재에 의하여 해결되는 것으로 한다.

□ 중재인 수는[1인/3인]으로 한다.

□ 중재지는[도시 및/또는 국가]으로 한다.

□ 중재절차에서 사용될 언어는[ ]로 한다.

□ 중재의 준거법은[ ]의 실체법으로 한다.

6) 일본상사중재협회(JCAA)

All dispute, controversies, or differences which may arise between the parties hereto, out of or in connection with this Agreement, shall be finally settled by arbitration(name of city) in Japan in accordance with the Commercial Arbitration Rules of The Japan Commercial Arbitration Association. The award rendered by the arbitrator(s) shall be final and binding upon both parties hereto.

이 계약으로부터 또는 이 계약과 관련하여 계약당사자 간에 발생하는 모든 분쟁, 논쟁 또는 의견차이는 일본상사중재협회의 상사중재규칙에 따라 일본(도시명)에서 중재에 의하여 최종적으로 해결된다. 중재인(들)에 의하여 내려지는 판정은 최종적인 것으로 당사자 양방에 대하여 모두 구속력을 갖는다.

7) 중국국제경제무역중재위원회(CIETAC)

가. 장래의 분쟁

• 推荐仲裁条款(1)

凡因本合同引起的或与本合同有关的任何争议，均应提交中国国际经济贸易仲裁委员会华南分会，按照申请仲裁时该会实施的仲裁规则进行仲裁。仲裁裁决是终局的，对双方均有约束力。

• Model Arbitration Clause(1)

Any dispute arising from or in connection with this Contract shall be submitted to China International Economic and Trade Arbitration Commission (CIETAC) for arbitration which shall be conducted in accordance with the CIETAC's arbitration rules in effect at the time of applying for arbitration. The arbitral award is final and binding upon both parties.

나. 현존하는 분쟁

• 推荐仲裁条款(2)

凡因本合同引起的或与本合同有关的任何争议，均应提交中国国际经济贸易仲裁委员会__________分会(仲裁中心)，按照仲裁申请时中国国际经济贸易仲裁委员会现行有效的仲裁规则进行仲裁。仲裁裁决是终局的，对双方均有约束力。

• Model Arbitration Clause(2)

Any dispute arising from or in connection with this Contract shall be submitted to China International Economic and Trade Arbitration Commission (CIETAC)___________Sub-Commission (Arbitration Center) for arbitration which shall be conducted in accordance with the

CIETAC's arbitration rules in effect at the time of applying for arbitration. The arbitral award is final and binding upon both parties."

The parties may also stipulate the following matters in the arbitration clause:

□ the place of arbitration and/or hearing;
□ the language of arbitration;
□ the number of arbitrators;
□ the nationality of arbitrators;
□ the method of selection of arbitrators;
□ the applicable law of the contract; and/or
□ the application of general procedure or summary procedure.

8) 싱가포르 국제중재센터(SIAC)

Any dispute arising out of or in connection with this contract, including any question regarding its existence, validity or termination, shall be referred to and finally resolved by arbitration in Singapore in accordance with the Arbitration Rules of the Singapore International Arbitration Centre ("SIAC Rules") for the time being in force, which rules are deemed to be incorporated by reference in this clause.

□ The Tribunal shall consist of [one/three] arbitrator(s) to be appointed by the Chairman of the SIAC.
□ The language of the arbitration shall be [ ].

이 추천 조항의 특징은 중재재판의 장소를 싱가포르로 지정하고 있다는 것이다. 싱가포르가 중재재판의 장소일 경우에는 싱가포르 변호사를 선임해야 한다는 사실을 기억할 필요가 있다. 싱가포르 국제중재센터의 홈페이지에 의하면 중재재판의 장소를 다른 곳으로 지정하는 것도 가능하다고 한다. 그렇게 하려면 본문 중 이탤릭체로 씌어있는 Singapore를 다른 도시 이름(나라 이름 포함)으로 바꿔야한다.[27)]

9) 홍콩국제중재센터(HKIAC)

가. HKIAC 중재규칙으로 홍콩중재재판소에서 진행

Any dispute, controversy or claim arising out of or relating to this contract, or the breach, termination or invalidity thereof, shall be settled by arbitration in Hong Kong under the Hong Kong International Arbitration Centre Administered Arbitration Rules in force when the Notice of Arbitration is submitted in accordance with these Rules.

The number of arbitrators shall be … (one or three).

The arbitration proceedings shall be conducted in … (insert language).

나. ICC 중재규칙으로 홍콩중재재판소에서 진행

All disputes arising out of or in connection with the present contract shall be finally settled under the Rules of Arbitration of the International Chamber of Commerce by one or more arbitrators appointed in accordance with the said Rules.

- □ The place of arbitration shall be in Hong Kong at Hong Kong International Arbitration Centre.
- □ The governing law of this contract shall be the substantive law of … The number of arbitrators shall be (one/three).
- □ The language to be used in the arbitral proceedings shall be … .

다. LCIA 중재규칙으로 홍콩중재재판소에서 진행

Any dispute arising out of or in connection with this contract, including any question regarding its existence, validity or termination, shall be referred to and finally resolved by arbitration under the Rules of the London Court of International Arbitration, which Rules are deemed to be incorporated by reference into this clause.

27) 법무법인 이산, 「기업인과 변호사를 위한 국제 중재(International Arbitration)의 이해와 활용」, p.19.

□ The place of arbitration shall be in Hong Kong at Hong Kong International Arbitration Centre.

□ The governing law of this contract shall be the substantive law of … .

□ The number of arbitrators shall be (one/three).

□ The language to be used in the arbitral proceedings shall be … .

라. AAA 중재규칙으로 홍콩중재재판소에서 진행

Any controversy or claim arising out of or relating to this contract shall be determined by arbitration in accordance with the International Arbitration Rules of the American Arbitration Association. The place of arbitration shall be in Hong Kong at Hong Kong International Arbitration Centre.

□ The place of arbitration shall be in Hong Kong at Hong Kong International Arbitration Centre.

□ The governing law of this contract shall be the substantive law of … .

□ The number of arbitrators shall be (one/three).

□ The language to be used in the arbitral proceedings shall be … .

마. UNCITRAL 중재규칙으로 홍콩중재재판소에서 진행

Any dispute, controversy or claim arising out of or relating to this contract, or the breach termination or invalidity thereof, shall be settled by arbitration in accordance with the UNCITRAL Arbitration Rules as at present in force and as may be amended by the rest of this clause.

□ The appointing authority shall be Hong Kong International Arbitration Centre.

□ The appointing authority shall be Hong Kong International Arbitration Centre.

□ The place of arbitration shall be in Hong Kong at Hong Kong International Arbitration Centre (HKIAC).

□ There number of arbitrator(s) shall be [one/three].

□ Any such arbitration shall be administered by HKIAC in accordance with HKIAC Procedures for Arbitration in force at the date of this contract including such additions to the UNCITRAL Arbitration Rules as are therein contained.

□ The language(s) to be used in the arbitral proceedings shall be … .

Chapter 08

중재지와 준거법

제1절 중재지

1. 중재지의 의의

통상 중재지(place of arbitration)란 중재절차 또는 중재판정이 행하여지는 국가나 지역을 말한다. 그런데 국제중재는 물론 국내중재에서도 중재절차는 어느 한곳에서만 이루어지는 것이 아니다. 예컨대, 중재인들의 편의상 또는 필요상 그 심리를 여러 곳에서 할 수 있고, 현장조사 또는 증인신문의 경우에는 현장이나 증인소재지에서 중재절차가 진행될 수도 있다.

또한 심리를 한 곳, 중재판정부가 본안에 관한 합의를 한 곳 또는 중재판정문에 서명한 곳 등이 다를 수 있다. 그렇기 때문에 어느 곳을 중재지로 할 것인지가 문제가 될 수 있다. 이와 같이 중재지의 결정은 준거법과 상관관계에 있는 바, 이는 중재절차의 준거법을 결정하는 기준 및 중재판정을 국내 또는 외국중재판정으로 분류하는 기준, 그리고 법원의 관할여부에 결정적인 영향을 미치기 때문이다. 특히, 중재절차가 다양한 장소에서 이루어진 경우에 중재지는 가장 중요한 중재절차를 진행 한 곳이 중재지가 되어야 하는바, 실무적으로는 중재판정의 주문과 이유를 도출하고 중재판정문에 서명한 곳이 중재지가 되는 경우가 많다.

중재법 제21조에서도 중재지는 당사자 간의 합의로 정하며, 합의가 없는 경우 중재판정부는 당사자의 편의와 해당 사건에 관한 모든 사정을 고려하여 중재지를 정한다고 규정하고 있다. 또한 당사자 간에 다른 합의가 없는 경우 중재판정부는 중재지 외의 적절한 장소에서 중재인들 간의 협의, 증인·감정인 및 당사자 본인에 대한 신문(訊問), 물건·장소의 검증 또는 문서의 열람을 할 수 있다.

그러나 중재지는 중재장소(point of arbitration) 혹은 심리장소(place of hearing)와는 구별되어야 한다. 이는 중재지와 심리장소는 특정공간을 의미한다는 점에서는 같으나 중재지에 따라 준거법은 달라지지만 심리장소에 따라서는 준거법이 달라지지 않기 때문이다. 이에 UNCITRAL 모범법안과 중재규칙에서도 중재지와 심리장소를 구별하고 있다.

즉, 모범법안 제20조에서 "당사자의 별도의 합의가 없는 한 중재판정부는 그 구성원간의 상의를 위하여서나 증인, 감정인 또는 당사자의 심리를 위하여서나 또는 물품 기타의 재산 또는 서류의 검사를 위하여 중재판정부가 적당하다고 보는 여하한 장소에서도 회합할 수 있다."고 규정함으로써 법률적인 중재지(place of arbitration)와 심리를 위한 여하한 장소(meet at any place)를 구별하고 있다.

2010년 개정된 UNCITRAL 중재규칙은 중재지를 제18조에서 규정하고 있는데, 중재지에 대한 표현을 1976년 중재규칙에서 사용되던 'place where the arbitration is to be held'에서 'place of arbitration'으로 수정하였고, 제18조 제1항 마지막 문장을 신설하여 중재판정은 중재지에서 내린 것으로 간주하는 규정을 둠으로써 중재판정은 중재지에서 이루어져야 한다는 1976년 중재규칙 제16조 제4항의 형식적 요전을 완화시켰다. 나아가 제18조 제2항에서는 중재판정부가 회합하는 장소에 대하여 중재판정부에 광범위한 재량권을 부여하였다. 즉, 법률적 중재지와 별개의 개념으로 실제로 중재인들이 만나서 심리를 포함한 회합을 하는 장소를 'location'이라는 용어로 표현하고 이러한 장소결정에 대하여 중재판정부에 재량을 부여하고 있다.[1]

2. 중재지 선정의 중요성

중재계약이 유효한 강제력을 갖기 위해서는 중재기관, 중재지, 그리고 적용

1) 신희택 (2012), 「국제투자분쟁에서의 UNCITRAL 중재규칙 활용실무」, 법무부, p.54.

할 준거법 등이 명시되어야 하는데, 이 중 가장 어려운 것이 중재지에 대한 합의이다.

오늘날 중재법의 적용범위에 관하여 영토주의를 채택하는 것이 최근 입법의 국제적 추세이다. 즉 각국은 중재에 있어서의 법적 안정성을 확보하기 위하여 자국의 영토 내에서 이루어진 중재에 대하여 그 중재법을 적용하려고 한다. 이와 관련하여 영국 중재법과 독일 민사소송법이 이러한 태도를 취하였고, 특히 UNCITRAL 모범법안이 엄격한 영토주의 입장을 취함에 따라 중재지는 중재절차에서 중요한 의미를 지니게 되었다.

중재법 제2조 제1항에서도 "이 법은 제21조에 따른 중재지(仲裁地)가 대한민국인 경우에 적용한다. 다만, 제9조와 제10조는 중재지가 아직 정해지지 아니하였거나 대한민국이 아닌 경우에도 적용하며, 제37조와 제39조는 중재지가 대한민국이 아닌 경우에도 적용한다."고 규정하고 있다. 따라서 중재가 대한민국 내에서 이루어지는 경우에는 일부 제외되는 사항을 제외되는 사항을 제외하고는 속지주의 원칙에 따라 중재법이 적용된다. 한편, 중재지의 선택은 다음과 같은 이유에서 국제중재에서 특히 중요하다.[2)]

1) 준거법의 결정기준

중재지는 중재절차 규칙의 지정과 관련하여 중요하다. 영국의 다이시(A. V. Dicey)는 "모든 섭외적 사법관계의 분쟁해결에 있어서 실체적 권리관계는 외국법을 준거법으로 하여 판단할 수 있으나 절차에 관하여는 법정지법을 적용하는 것이 원칙이다."고 주장한 바 있다.[3)] 이러한 원칙은 오늘날 모든 문명국가에서 인정되고 있는 것이므로 중재절차는 법정지법에 따라야 한다.

본래 실체법과 절차법이 분리되어 있지 아니한 영미의 국제사법이론에서도 권리와 구제가 구별되어 있으므로 구제에 관한 것은 모두 절차법적인 것이며, 따라서 그것은 법정지법에 의하여야 하는 것으로 이해된다고 하였다.

그러므로 중재지는 곧 중재절차의 준거법 결정을 의미하는 것으로 볼 수도 있다. 그리고 당사자 간에 중재절차의 준거법에 대한 합의가 없는 경우에는 당

2) 목영준 (2011), 「상사중재법」 (서울: 박영사), pp.94-95; 손태빈, 이주원 (2002), 「무역 클레임과 중재론」 (서울: 도서출판 두남), pp.126-28.

3) 윤종진 (2003), 「현대 국제사법」 (서울: 한올출판사), p.366.

사자가 중재지를 선택하여 두었다면 이는 묵시적으로 중재지의 절차규칙에 따르기로 합의한 것으로 볼 수 있다. 또한 중재지의 선택은 당해 분쟁에 적용될 실체법의 결정과 중재계약의 유효성 판단에 대한 준거법 결정에 있어서의 기준이 될 수도 있다.

당사자들이 분쟁에 적용될 실체법에 관하여 합의를 하지 않은 경우에는 어떤 법을 적용하여 판단할 것인가가 문제되는데, 이 경우 중재지의 섭외사법에 의하여 지정되는 실체법을 준거법으로 적용하게 되는 수도 있기 때문이다.

2) 중재판정의 결정기준

중재지는 대부분 중재판정의 모국지(母國地, State of Origin)가 되어 뉴욕협약 제1조 제1항 전단에 따라 그 적용 여부를 가름할 뿐만 아니라, 상호주의(reciprocity) 원칙의 기준이 되고, 중재판정의 취소국인지 여부를 결정한다. 즉, 국제상사중재에 있어서 중재지는 내국중재판정과 외국중재판정의 결정기준이 된다.

본래 중재판정의 국적을 결정하는 요인으로는 중재지법설과 준거법설이 대립되어 있다. 중재지법설은 중재절차 내지 중재판정이 이루어진 지역을 중심으로 중재판정의 국적을 결정하는 입장이고 준거법설은 중재계약 내지 중재절차의 준거법을 기준으로 중재판정의 국적을 결정하는 입장이다.

그러나 뉴욕협약 제1조는 “중재판정의 승인 및 집행의 요구를 받은 국가 이외의 국가의 영토 내에서 내려진 중재판정”과 “그 승인 및 집행의 요구를 받은 국가에서 내국중재판정이라고 인정되지 아니하는 중재판정” 모두를 외국중재판정으로 규정하여 양설을 모두 채택하고 있다. 어찌되었든 중재지는 국제상사중재에 있어서 중재판정의 국적을 결정하는 중요한 요소가 된다. 중재계약이나 중재계약에 준거하여 결정되는 중재지가 당사자의 영업소 소재지국 이외의 국가에 있는 경우 당해 중재는 국제성을 가지게 된다.

3) 국가법원의 개입기준

중재지는 중재진행 과정에 있어서도 당사자들의 편의라는 측면에서 중요하고 중재절차에 대한 국가법원의 사법적 개입의 가능성 정도를 결정하게 된다는 점에서도 중요하다.

중재판정의 취소사유가 있는 경우 당사자는 관할법원에 취소의 소를 제기할 수 있는 바, 중재지는 이러한 관할법원의 결정요인이 된다. 또한 뉴욕협약 제5조 1항(d)은 중재기관의 구성이나 중재절차가 당사자 간의 합의와 합치하지 아니하거나, 또는 이러한 합의가 없는 경우에는 중재를 행하는 국가의 법령에 합치하지 아니하는 경우를 외국중재판정의 승인과 집행을 거부할 수 있는 사유 중 하나로 규정하고 있다. 따라서 중재지는 외국중재 판정의 승인 및 집행을 거부하는데 있어서 그 기준이 된다.

4) 편의성

이외에도 중재지에서 증거조사 및 심리를 하는 경우가 많으므로 교통 및 비용과 시간 등 편의성이 달라지며, 중재에 사용될 언어에 대하여 당사자 간에 특별한 합의가 없는 한 중재지의 언어가 사용되는 등 중재지의 문화나 관습에 따라 중재가 진행되므로 중재지의 결정을 놓고 당사자 사이에 이해가 첨예하게 대립될 수 있다.

3. 중재지의 결정 방법

1) 당사자자치의 원칙

모든 입법례가 당사자의 합의에 따라 중재지를 결정하도록 하고 있다. 따라서 중재계약 시에 당사자가 중재지에 대하여 미리 합의를 하여 두거나 중재절차 중에 합의하여 결정하는 것이 대원칙이다.

중재법 제21조 제1항에서도 "중재지는 당사자 간의 합의로 정한다."라고 규정하여 당사자자치의 원칙을 적용하고 있다. 당사자자치의 원칙에 의한 중재지의 결정은 다음과 같이 크게 네 가지 유형으로 구별할 수 있다.

가. 당사자가 합의한 국가 중재

당사자 간에 협상력이 우세한 일방의 국가를 중재지로 결정하는 방식이다. 통상 협상력은 계약 당사자들의 시장상황과 경제적 우위에 따라서 결정되는데 즉, 계약목적물의 거래 상황이 구매자 시장(buyer's market) 또는 판매자 시장(seller's market)이냐에 따라서 우위의 지위를 가진 일방의 국가로 중재지가 결정되는 경우가 많다. 그러나 협상력은 꼭 시장상황에만 좌우되는 것은 아니고 당사자의 중재에 대한 이해력이나 계약에 대한 이해력에 대해서도 중재지 선정에 많은 영향을 받게 된다.

사례 1 당사자가 합의한 국가 중재의 중재조항(한국)

All disputes, controversies, or differences which may arise between the parties, out of or in relation to or in connection with this contract, or for the breach thereof, shall be finally settled by arbitration in Seoul, Korea in accordance with **the International Arbitration Rules of The Korean Commercial Arbitration Board and under the Law of Korea**. The award rendered by the arbitrator(s) shall be final and binding upon both parties concerned.

이 계약으로부터 또는 이 계약과 관련하여 또는 이 계약의 불이행으로 말미암아 당사자 간에 발생하는 모든 분쟁, 논쟁 또는 의견차이는 대한민국에서 **대한상사중재원의 국제중재규칙 및 대한민국법**에 따라 중재에 의하여 최종적으로 해결한다. 중재인(들)에 의하여 내려지는 판정은 최종적인 것으로 당사자 쌍방에 대하여 구속력을 가진다.

나. 신청인 국가 중재

거래의 양 당사자가 중재지를 정함에 있어 서로 자국의 중재기관을 주장하여 중재합의가 이루어지지 않아 계약체결이 지연되거나 이루어지지 않는 경우에 자국의 중재기관을 주장하는 대신 중재 신청인 또는 피신청인 국가의 중재기관을 이용하기로 합의하는 것이 계약체결의 유인 등에 있어 합리적이다.

분쟁의 성격상 중재 신청인이 될 가능성이 높을 경우 신청인주의, 중재피신청인이 될 가능성이 높을 경우 피신청인주의를 주장하는 것이 바람직하다.

또한 최초로 중재신청을 받은 중재기관이 중재지를 결정하는 경우도 대개 신청인은 자국의 중재기관에 중재신청을 함으로써 이에 포함시킬 수 있다. 목적물이 신청인 소재지에 도착하였을 경우에는 목적물 소재지주의와 경합될 수 있다.

사례 2 신청인주의 중재조항(한 · 중 기업 간의 예)

All disputes in relation to this contract shall be finally settled by arbitration **in the country of the claimant**. In case the claimant is (a Korean enterprise), the arbitration shall be held at the Korean Commercial Arbitration Board. In case the claimant is (a Chinese enterprise), the arbitration shall be held at the China International Economic and Trade Arbitration Commission.

이 계약과 관련하여 발생하는 모든 분쟁은 **신청인의 국가에서** 중재로 최종 해결한다. 만일 신청인이 (한국기업명 기재)일 경우 대한상사중재원에서, 만일 신청인이 (중국기업명 기재)일 경우 중국국제경제무역중재위원회에서 진행한다.

다. 피신청인 국가 중재

피신청인은 대개의 경우 분쟁을 야기한 장본인이므로 피신청인이 소재하는 곳에 분쟁과 직접 관련된 제반 물적자료가 있기 마련이다. 그러므로 분쟁을 해결하는 데는 피신청인이 소재하는 곳이 바람직한 중재지라 하겠다.

또한 피신청인주의를 채택하면 상당한 손해가 확정적으로 발생되기 이전에는 소제기(訴提起)나 중재신청 등의 남발을 삼가게 하는 억제효과를 가질 수 있다. 왜냐하면 어느 당사자도 상대방 국가에서 소송이나 중재를 진행하는 것을 선호하지 않기 때문이다.

반면 피신청인주의가 부적당한 경우도 있다. 특히 물품의 이전이 있고 난 후에 품질에 관한 분쟁이 있는 경우에는 피신청인주의 비합리적이다. 가령, 매수인(buyer)이 매도인(seller)으로부터 인도된 물품을 검사한 결과 현저한 품질불량이 발견된 경우에 매수인이 클레임을 제기하면 중재지는 매도인 국가로 결정될 것이다. 그러나 실제 분쟁의 객체인 물품은 신청인의 국가에 소재하므로 중재인이 물품의 불량사실을 직접 확인하거나 또는 제3의 검사인으로 하여금 검사하게 하는데 불편을 겪게 된다. 특히 분쟁물품이 부패성 물품(perishable goods)인 경우에는 더욱 그러하다.

이러한 취지에서 한 · 일 중재협정(The Korean-Japanese Arbitration

Agreement) 제1조에서는 "중재장소가 당사자에 의하여 지정되지 아니하거나, 또는 양 협회 중 어느 쪽인가 당사자 중의 어느 일방으로부터 중재신청을 접수한 날로부터 28일 이내에 당사자가 합의하지 아니하는 경우에는, 중재장소는 피신청인의 나라로 한다."고 규정하고 있으면서 제2조 제2항에서 "중재가 신청인의 나라에서 행하여질 것을 요구하는 전기 신청을 접수하였을 경우에는, 자신들의 판단에 도달하는 데 있어서 관계있는 모든 사정들을 예컨대, 부패성 물품이 관계되어 있는 경우에는 어느 나라가 그 물품의 신속한 검사를 위하여 상대적으로 편리한가를 고려하여야한다."고 규정하고 있다.

사례 3 피신청인주의 중재조항(한 · 일 기업 간의 예)

All disputes related to this contract shall be finally settled by arbitration **in the country of the respondent**. In case the respondent is (Korean enterprise), the arbitration shall be held at the Korean Commercial Arbitration Board. In case the respondent is (Japanese enterprise), the arbitration shall be held at the Japan Commercial Arbitration Association.

이 계약과 관련하여 발생하는 모든 분쟁은 **피신청인의 국가에서** 중재로 최종 해결한다. 만일 피신청인이 (한국기업명 기재)일 경우 대한상사중재원에서, 만일 피신청인이 (일본기업명 기재)일 경우 일본상사중재협회에서 진행한다.

라. 중재협정을 통한 중재합의

대한상사중재원은 2013년 기준으로 총 24개국 중재관련 기관과 중재협정을 체결하고 있는데, 동 협정에서 중재지에 관한 사항을 명시하고 있다

중재협정에서는 대부분 피신청인주의를 규정하고 있으므로, 실질적 내용은 앞에서 언급한 피신청인주의 조항과 동일하나, 상대방과 중재합의 시 객관성을 높일 수 있어 중재합의 가능성이 더 높다고 할 수 있다.

사례 4 중재협정을 통한 중재합의(한 · 일 기업 간의 예)

All disputes that may arise under or in relation to this contract shall be settled by arbitration in accordance with the procedure designated **in the Arbitration Agreement** between the Korean Commercial Arbitration Board and the Japan Commercial Arbitration Association, signed on October 26, 1973.

이 계약으로부터 또는 이 계약과 관련하여 발생하는 모든 분쟁은 대한상사중재원과 일본상사중재협회 간에 1973년 10월 26일 체결된 **중재협정에서** 정한 절차에 따라 중재로 해결한다.

2) 당사자합의가 없는 경우

당사자합의가 없는 경우, 그 결정방법을 법에 규정할 수도 있고 중재인이 결정하도록 할 수도 있는데 입법례들은 중재인이 결정하도록 되어 있는 것이 일반적이다. 한국중재법 제21조 제2항에서도 "당사자 간의 합의가 없는 경우 중재판정부는 당사자의 편의와 해당 사건에 관한 모든 사정을 고려하여 중재지를 정한다."라고 규정하고 있다.

그러나 유의할 점은 이러한 규정들은 앞에서 언급한 단순한 심리장소를 의미하는 것이지 중재지를 의미하는 것이 아니다. 특히 국제중재에서는 중재지를 결정한다는 것은 대부분 중재를 행하는 국가를 지정하는 것이므로 앞에서 언급한 바와 같이 중재지의 결정은 준거법의 결정이라는 점과 관련되어 중요한 역할을 하게 된다.

만일 중재계약상에 중재지가 결정되어 있지 아니한 경우에는 기관중재의 경우에는 그 중재기관이 속해 있는 국가의 영토가 될 것이고 임시중재규칙인 경우, 예를 들어 UNCITRAL 모범법안 및 중재규칙인 경우에는 중재판정부가 결정하도록 하고 있다.[4)]

만일 임시중재로서 "All disputes in relation to this agreement shall be settled by arbitration"와 같이 단순히 중재합의만 규정되어 있는 국제중재인

4) UNCITRAL 모범법안 제20조 제1항; UNCITRAL 중재규칙 제18조.

경우 준거할 중재규칙도 정해 놓지 않았다면 현실적으로 중재에 의한 해결이 불가능하게 된다.

ICC 중재법원은 일반적으로 단독중재인 또는 판정부의 의장중재인이 소속된 국가를 중재지로 선정하고 있는데 이러한 방법은 오늘날의 국제상사분쟁에서 물적 증거, 증인 및 당사자가 통상 세계 각처에 산재해 있다는 현실을 반영하지 못한다. 이러한 태도를 취하는 근본이유는 중재인이 중재지까지 먼 거리를 왕래하게 되면 중채절차의 지연 및 비용의 증가를 초래할 것이라는 점이다. 2012년 ICC 중재규칙 제18조에서는 중재지에 관하여 다음과 같이 규정하고 있다. 즉 ① 중재지는 당사자 간에 별도의 합의가 없는 한 중재법원이 정한다. ② 관련 당사자 간에 별도의 합의가 없다면 중재법원은 관련 당사자와의 협의를 거친 후 적절하다고 생각되는 장소에서 심리와 기타 회의를 가질 수 있다. ③ 중재법원은 적절하다고 생각되는 장소에서 심의할 수 있다.

미국중재협회(AAA) 중재에서는 중재지가 증인이 출석하기에 편리한가의 여부, 증거와 근접되어 있는 가의 여부 등이 가장 중요한 요소로서 고려되어진다. 증인 및 증거가 세계의 각처에 산재해 있는 경우 미국중재협회는 증거에의 근접 및 증인 출석의 편리함에 있어 양 당사자에게 공평한 선정하고 있다. 또한 중재지의 소송정지 및 중재 강제절차에서 당사자들이 주장한 관할지도 고려한다. 중재지피 선정이 신의성실에 따라 이루어지지 않아서 당사자 일방 또는 쌍방에게 회복할 수 없는 침해가 가해진 극단적인 경우에는 법원이 중재판정 전에 자유재량으로 명백한 불공정을 방지할 수 있다. 런던국제중재재판소(LCIA) 중재판정부는 미국중재협회 중재와 마찬가지로 중재지 선정에 당사자 및 증인의 거주지와 분쟁대상물의 소재지를 고려한다.[5)]

3) 합의 및 중재절차법에 중재지 결정방법이 모두 없는 경우

이 경우에는 재판관할에 관한 일반 원칙으로 돌아가 피고의 주소 또는 거소(居所)를 우선으로 하고, 그도 없으면 의무이행지로 한다.

---

5) 양병회 외 (2006),「주석 중재법」(대한상사중재원, 한국중재학회) pp.96-97.

제2절 준거법

중재계약을 포함한 당사자 간의 계약에서는 중재의 대상인 분쟁에 적용될 법을 선택하는 경우가 많으며, 중재인들은 이를 중재에 적용하여야 한다. 한국 중재법상에도 당사자들이 선택한 준거법(governing law, applicable law)을 반드시 적용할 것을 요구하는 규정을 두고 있다. 그러나 특정한 법을 준거법으로 지정하는 대신에 '법의 일반원칙'에 따라야 한다는 식으로 규정하는 경우가 많다. 여기에서 말하는 법의 일반원칙이란 특정국의 국내법이 아니라 국제상거래에 관한 국제무역관습법을 말한다. 그러나 이러한 준거법 지정 방식은 상당한 혼란을 야기할 수 있다. 왜냐하면 국제무역관습법이 여러 분야에 걸쳐 형성되어 있기는 하지만 아직까지도 모호하고 불분명한 부분이 많기 때문에 중재인들을 위한 만족할 만한 지침이 되지는 못한다고 하겠다.

중재에 적용되는 준거법에는 분쟁을 해결하는데 적용되는 절차법(the procedural law)과 분쟁의 실체를 해석하는 실체법(the substantive law)이 있다. 이하에서는 중재에서 적용될 세 가지의 준거법, 즉 중재절차를 규율하는 절차법, 주된 계약과 중재합의의 효력을 결정하는 실체법, 그리고 중재판정의 집행에 관한 준거법 등에 대해 서술하고자 한다.[6]

1. 절차의 준거법

분쟁해결에 적용되는 준거법은 보통 절차법이라고 한다. 소송에 있어서 절차법은 대체로 법정지법(lex fori)[7]을 따르는 것이 통설로 되어 있으므로 당사자간에 합의의 대상이 되지는 않는다. 즉 사법권은 그 나라의 주권에 해당함으로써 이를 당사자가 합의하여 그 국가의 주권에 속하는 부분을 변경할 수는 없다고 보는 것이다.

실무적으로는 각국의 입법과 국제조약 등이 중재절차법을 중재지법과 분리

6) 손태빈, 이주원 (2002), 앞의 글, pp.141-45.

7) 일반적으로 소송이 개시된 법원이 소재하는 나라의 법률을 말한다.

하려고 노력하였다. 그러나 실무에 있어서는 중재지법이 절차법이 되는 경우가 많다. 우선 당사자들도 중재지법원의 협조를 얻기 위하여 중재지법을 절차법으로 합의하는 경우가 많을 뿐 아니라, 중재판정의 국적에 따라 중재판정의 효율성, 집행 및 취소 등이 좌우되기 때문에 중재인들도 중재지법을 중재절차법으로 이용하려는 경향이 강하다.

1) 법정지이론과 탈국가이론

가. 법정지이론(seat theory)

재판절차는 그 법원이 속한 국가의 법, 즉 법정지법에 의하여 규율된다. 이와 마찬가지로 중재절차도 그 중재가 진행되고 있는 국가의 법, 즉 중재지법이 되어야 한다는 견해이다.

나. 탈국가이론(de-nationalization theory)

무국적중재이론이라고도 한다. 중재인의 권한은 법관의 그것과는 달리 국가공권력으로부터 나오는 것이 아니고, 중재지가 당사자나 분쟁과 무슨 관련이 있어야 하는 것도 아니며, 다만 중재가 당사자들의 편의나 효율성 때문에 그곳에서 이루어지는 것에 불과하다는 것이다. 특히 국제중재에 있어서 당사자가 중재절차를 국가법질서로부터 완전히 분리시킬 수 있으므로 절차법은 해당 법정지법은 물론 어떤 국가의 절차법도 되지 않을 수 있다는 견해이다.

2) 당사자자치의 원칙과 제한

당사자는 그들의 합의에 따라 절차지법을 결정할 수 있다는 원칙, 즉 절차지법 결정에 관한 당사자자치의 원칙은 모든 입법에서 명시되고 있다.[8] 그러나 중재절차가 국제적 기준에 반하거나 법정지국에서 허용될 수 없는 경우, 중재판정의 취소 또는 집행국에서의 집행거부로 이어질 수 있다.

---

8) 중재법 제20조 제1항, 프랑스 민사소송법 제1494조, 독일 민사소송법 제1034조 제2항, 모범법안 제19조 제1항.

3) 당사자 간 합의가 없는 경우

당사자 간의 약정이 없는 경우 중재에 관한 절차법(lex arbitri)을 어떻게 정할 것인가에 대하여는 중재지법주의와 중재인결정주의가 있다.

가. 중재지법주의

제네바의정서 제11조 제1항은 "중재절차는 당사자의 의사(the will of the parties)와 중재지의 법(the law of the country in whose territory the arbitration takes place)에 의하여 규율된다."라고 규정하여, 중재지법이 절차법의 하나임을 명시하였다. 그러나 위 조항은 당사자의 의사와 중재지법 간의 우열을 명시하지 않아 해석의 혼동을 주었다. 이에 뉴욕협약은 중재판정의 승인 및 집행의 거부사유 중 하나로 제5조 제1항 d호에 "중재절차가…당사자들의 합의에 의하거나…그것이 없을 때에 중재지법에 의하지 아니한 경우"라고 명시하여 중재지법이 당사자 간 합의의 보충적인 것임을 명시하였다.[9]

나. 중재인결정주의

독일 민사소송법 제1034조 제2항은 "중재절차에 관한 당사자 간의 명시적 합의가 없다면 중재인들은 그들의 재량에 의하여 그 절차를 정한다."고 하고, 프랑스 민사소송법 제1460조, 제1494조도 "중재절차에 관한 당사자의 합의가 없을 때에는 중재인이 절차를 결정한다."고 규정하였으며, 모범법안 제19조 제2항, UNCITRAL 중재규칙 제17조 제1항, ICC 중재규칙 제19조도 마찬가지로 중재인결정주의를 택하고 있다.

한편 유럽협약 제9조 제1항은, 뉴욕협약에서의 "당사자 간의 합의가 없을 때에는 중재지법에 따른다."는 취지의 규정을 생략함으로써 중재지법이 보충적인 절차법이 되지 않음을 규정하였다. 나아가 워싱턴협약은 중재인은 당사자 간의 합의 또는 국제투자분쟁해결기구(ICSID) 중재규칙에 의한 조항에 따라 중재절차를 결정한다고 규정하여 중재지법과의 관계를 단절하였다. 우리 중재법 제20조 제2항도 "중재절차에 관하여 당사자의 합의가 없는 경우에는 중재판정부가 이 법에 따라 적절한 방식으로 중재절차를 진행할 수 있다."고 명시하고 있다.

9) 제네바협약 제2조도 같은 취지이다.

따라서 중재당사자들이 절차 문제와 관련해서 별도로 합의하지 않는 경우, 중재판정부(중재인)는 절차에 관해서 완전히 자유롭게 결정할 권한이 있다. 따라서 증거를 제출하는 방식에 대해서도 중재판정부가 자유롭게 결정할 수 있으며, 중재판정부가 증거방법의 적법성에 대하여 자유롭게 평가하여 심증을 형성할 수 있다. 중재절차에 관하여 당사자들의 합의가 없는 경우에 중재판정부는 중재절차 前이나 계속 중에 적어도 특별한 쟁점에 관한 것이 아니라 절차에 관하여 중재법 규정의 제한을 받으며, 중재판정부가 적절하다고 여기는 방식으로 중재절차를 진행할 권한을 가진다.

중재법은 때때로 공정성을 위하여 중재판정부의 절차적 재량권을 제한하기도 하는데, 예를 들면 중재법 제19조(당사자에 대한 동등한 대우), 제25조(심리) 제2항 내지 제4항, 제27조(감정인) 제2항의 규정이 있다. 또한 국내중재규칙 제27조 제1항에는 "중재심리의 일시, 장소와 방식은 중재판정부가 정한다." 라고 규정하고 있으며, 동조 제3항에는 중재판정부가 제1항의 심리의 방식을 정함에 있어서는 집중심리 등을 통하여 절차상 지연됨이 없도록 충분한 배려를 하여야 한다고 규정하고 있다.

중재판정부의 절차적 재량권에는 모든 증거에 대하여 그 채택 여부, 관련성, 중요성 및 경중을 결정할 수 있는 권한이 포함되어 있다. 본 조문에 포함되어 있지 않지만 이 내용 속에는 중재판정부가 자신만의 증거규칙을 채택할 권한이 있다는 것도 함께 포함되어 있다.

중재절차에 있어서 영미법계의 중재절차는 당사자주의를 원칙으로 하고, 대륙법계의 중재절차는 직권탐지주의를 원칙으로 하여 사실에 관한 증거자료를 당사자로부터 구하거나 스스로 수집할 수 있다. 중재판정부가 당사자주의와 직권탐지주의 중 어느 절차를 택할 것인가도 역시 당사자 간의 합의가 우선한다. 즉 어떠한 중재절차를 택할 것인가에 관하여 당사자 간에 합의가 있다면 중재판정부는 이에 따라야 하나, 이러한 합의가 없는 경우 중재판정부가 어떠한 절차를 택할 것인지를 결정하게 된다.[10]

4) 실무적 함의

대부분 국가의 중재법은 임시중재절차를 규정하고 있으므로 중재기관을 지

10) 목영준 (2011), 앞의 글, p.141.

정하지 않고 막연히 중재지만을 규정한 경우에는 결국 임시중재가 되어 절차의 신속성이 저해되고 중재의 강점이라고 인식되어 온 신속성에 문제가 될 수 있다. 즉 중재법에서 규정할 수 있는 절차는 한정되어 있으며, 모든 중재절차를 진행하여 나갈 때마다 당사자는 해당 절차에 대하여 합의를 하고 나가야 하고, 만일 합의를 하지 못하는 경우에는 일일이 법원 등에 그 결정을 의뢰하여야 함으로써 절차의 지연을 초래하기 쉽고 악의의 당사자에게 이를 이용당하기 쉽다.

따라서 이러한 문제를 해결하기 위하여 각국에는 중재기관이 설치되어 있으며, 이 중재기관에서는 각자 기관의 특성에 따라 절차규정을 마련하여 그 규정에 따라 중재절차를 진행하고 있다. 이러한 각 기관의 절차규정을 중재규칙이라고 하는데, 결국 어느 외국의 중재기관을 이용할 때에는 그 기관의 절차규칙이 어떤가를 살펴보고 그 규칙의 공정성의 문제가 없다면 공정성에 대하여는 신뢰할 수 있을 것이다. 결국 어느 중재기관을 지정하고 그 중재기관 이외의 다른 중재기관의 중재규칙을 적용하기로 합의하는 것은 중재절차를 진행할 수 없는 중대한 하자가 될 수 있으므로 중재기관과 중재규칙은 항상 일치시켜서 중재계약을 체결하여야 한다.

2. 실체의 준거법

중재의 대상이 된 분쟁의 실체 판단에 적용될 법을 실체법(the substantive law, the law applicable to the substance of the award, the proper law of the contract)이라고 한다. 국제계약으로 인한 분쟁이 발생하고 그 분쟁의 해결이 중재판정부에 맡겨지면 중재인들은 그 계약에 적용되도록 된 실체법을 그에 적용하고 해석함으로써 판정을 만들어내게 된다.

그런데 계약의 효력 즉 계약의 유효성, 당사자들의 권리와 의무, 계약위반의 효과, 계약의 취소가능성 및 당사자의 행위능력 등은 어느 법을 기준으로 하느냐에 따라 많은 차이를 보일 수 있기 때문에 실체법 결정이 무엇보다도 중요한 것이다.

1) 실체법의 선택(choice of law)

섭외적 법률관계에 관하여 분쟁이 있는 경우, 국가주권에 터 잡아 이루어지는 재판에서의 실체법은 재판이 이루어지는 국가의 섭외사법에 의하여 결정된다. 그러나 국제중재에 있어서 중재지는 재판지와 달리 분쟁과 필연적인 관련이 있는 곳이 아니므로 이는 최후보충적일 수는 있어도 일반원칙이 될 수 없다는 것이 지배적인 견해이다.[11] 따라서 실체법 선택의 방법에 관하여 아래와 같은 논의가 생겨났다.

가. 당사자자치의 원칙

중재조항이 포함된 주된 계약은 물론 중재계약 자체도 모두 계약이므로 사적자치의 원칙이 적용되며, 따라서 당사자들의 합의로 실체법을 정할 수 있음은 당연하다. 따라서 이러한 원칙을 부인하는 입법례는 아무 곳도 없다. 우리나라도 이 원칙을 국제사법 제8조(준거법 지정의 예외), 제9조(준거법 지정시의 반정[反定]), 제25조(당사자자치) 등 여러 조문에서 천명하고 있다. 또한 중재법 제29조 제1항에 "중재판정부는 당사자들이 지정한 법에 따라 판정을 내려야 한다."고 명시함으로써 분쟁의 실체에 적용될 법에 당사자자치를 승인 또는 보장하고 있다.

이는 중재제도가 당사자자치를 근본이념으로 하고 있고 이러한 당사자자치의 원칙에는 준거법 선택의 자유가 포함되어 있기 때문이다. 이러한 원칙은 UNCITRAL 모범법안 및 중재규칙, ICC 중재규칙과 뉴욕협약 등 거의 모든 국제중재협약이나 중재규칙에서 인정되고 있으므로 국제상사중재의 세계적 통일성 내지는 보편성의 입장에서 볼 때도 당연한 것으로 볼 수 있다.[12]

나. 당사자자치의 한계

(1) 관련성

당사자는 그들의 국적이나 분쟁과 아무런 관련이 없는 법을 실체법으로 선택할 수 있는가? 이러한 필요성은 국제거래에 있어서 종종 발생한다. 즉 국적이 다른 당사자들은 일방 국가의 편파성에 대한 우려 또는 편의성의 균형 때문에 제3국의 법을 실체법으로 선택하려는 경향이 있고, 어느 특정분야에 있어서 특정국가의 법이 가장 정교하고 명확하므로[13] 이를 선택하고자 하기도 하며,

---

11) René David (1985), *Arbitration in International Trade*, (Kluwer Law and Taxation Publications), p.340.

12) 양병회 외 (2006), 앞의 글, p.135.

특정국가의 법을 실체법으로 정함으로써 상호간 집행을 용이하게 할 수도 있다. 따라서 숙련된 상인 간의 거래인 국제거래에 있어서는 당사자들이 합의한 이상, 실체법과 분쟁사이에 아무런 관련성이 없더라도 무방하다고 할 것이다.

(2) 행위능력

먼저 계약당사자의 행위능력에 관하여는 당사자자치의 원칙이 철저히 제한된다. 뉴욕협약도 제5조 제1항 a호에서 "계약당사자가 그들에게 적용될 법률에 의하여(under the law applicable to them) 무능력자인 경우에는 중재판정의 승인과 집행이 거부될 수 있다."고 명시하여 이 점을 분명히 하고 있다.[14] 이 때 준거법이 무엇을 말하는지는 중재판정의 집행이 요구된 법정지국의 섭외사법에 의하여 결정될 것이나 대부분 개인에 대하여는 국적지나 주소지, 법인에 대하여는 설립지나 주된 영업소재지의 법이 될 것이다.

우리 국제사법 제13조는 "사람의 행위능력은 그의 본국법에 의한다(본국법주의)."고 명시하고 있으며, 동법 제15조에서는 거래보호를 위해 "법률행위를 행한 자와 상대방이 법률행위의 성립 당시 동일한 국가 안에 있는 경우에 그 행위자가 그의 본국법에 의하면 무능력자이더라도 법률행위가 행하여진 국가의 법에 의하여 능력자인 때에는 그의 무능력을 주장할 수 없다."라고 규정하고 있다. 이는 강행규정으로서 당사자의 합의에 의하여 변경할 수 없으므로 당사자자치의 원칙은 이 범위 내에서 제한된다.

(3) 공공질서

당사자사이에 합의된 실체법이라도 법정지국[15]의 공공질서에 반하면 그 중재판정은 효력을 인정받지 못함으로써 실질적인 제한을 받게 된다.

국제사법 제10조는 "외국법에 의하여야 하는 경우에 그 규정의 적용이 대한민국의 선량한 풍속 그 밖의 사회질서에 명백히 위반되는 때에는 이를 적용하지 아니한다."고 규정하고 있다. 또한 중재법 제36조는 중재판정의 승인 또는 집행이 대한민국의 선량한 풍속이나 그 밖의 사회질서에 위배되는 경우에는

13) 예를 들면, 해사(maritime)에 관하여 영국법이 가장 정교하고, 그에 관한 판례가 충분히 축적되어 있으므로 영국법을 실체법으로 선택하는 경우이다.

14) 유럽협약 제6조 제2항도 같은 취지이다.

15) 중재계약의 집행에 있어서는 중재지, 중재판정의 집행에 있어서는 집행지를 말한다.

법원이 중재판정을 취소할 수 있다고 규정하고 있다.

다. 당사자의 명시적 합의가 없는 경우

당사자 간에 실체법에 관한 합의가 없다면, 그 주된 계약과 중재조항의 해석을 어느 법에 의하여야 하는가의 문제가 남는다. 이 해결은 크게 두 가지 방법으로 나뉘는데, 하나는 중재인이 적절하다고 판단하는 실체법을 적용하도록 하는 방법이고, 다른 하나는 법정지국의 섭외사법에 따르는 방법이다.

준거법의 실체법에 대한 당사자의 명시적 합의가 없는 경우, 중재판정부는 우선 당사자의 묵시적 의사를 탐구하여 준거법을 선택하도록 노력하고, 그것이 불가능한 경우에는 제반사정을 고려하여 준거법을 선택하되 분쟁과 밀접한 관련이 있는 국가의 법을 적용하도록 한다. 예를 들어, 관련계약들이 있고 특단의 사정이 없을 경우 분쟁해결의 일관성과 통일성을 위하여 관련계약의 준거법을 당해 분쟁사안의 실체적 판단을 위한 준거법으로 하는 것 등이다.

한편, 당사자들은 자신들이 중재판정부의 결정범위를 자유롭게 제한할 수 있는 것과 마찬가지로 이를 확장시키는 데에도 합의할 수 있으므로, 이러한 경우 밀접한 관련 아래에서는 중재판정부로 하여금 특정국의 국내법뿐만 아니라 국제상관습법 내지 법의 일반원칙도 당해 사안에 적용할 것을 고려하게 할 수 있다. 이는 국제거래의 유형이 다양화됨에 따라 국제거래분쟁도 전에 없이 복잡해지고 있어, 분쟁해결에 적용되는 준거법은 특정국의 국내 법질서를 넘어 보다 보편적인 법질서에 따라서만 해결될 수 있는 경우가 늘어날 것이기 때문이다.

중재법 제29조 제4항에서도 중재판정부가 계약의 내용에 따라서 판단하고 거래에 적용될 수 있는 상관습(usages of the trade)을 고려하도록 규정하고 있다. 이는 UNCITRAL 모범법안을 따른 것으로 거래상 형성된 관습의 중요성을 확인하는 의미가 있다. 뉴욕협약 제5조 제1항 a호는 "규정된 합의의 당사자가 그들에게 적용될 법률에 의하여 무능력자이었던가, 또는 당사자들이 준거법으로서 지정한 법령에 의하여 또는 지정이 없는 경우에는 판정을 내린 국가의 법령에 의하여 전기 합의가 무효인 경우"에는 그 승인과 집행이 거부될 수 있다고 규정하여, 적어도 중재계약 자체의 효력에 관하여는 행위지법이 아닌 중재판정지의 법정지법이 제2차적 준거법이 됨을 명시하고 있다.

다만 뉴욕협약은 중재판정의 집행에 주안점을 두었으므로 중재판정이 아직 내려지지 않은 상태에서 준거법이 무엇인가에 대한 대답이 없으나,[16] 이 경우

'중재판정이 내려질 국가'라고 해석하는데 이견이 없다.[17] 따라서 뉴욕협약의 적용을 받는 중재계약의 경우에 중재계약의 유효성에 관하여는 중재판정지 또는 중재판정예정지의 법이, 그 이외의 부분에 관하여는 각 입법례에 따라 정하여지는 법이 각 보충적 실체법이 될 수밖에 없다.

결론적으로 우리나라에 있어서는, 중재계약의 효력에 대하여는 뉴욕협약이 우리 국제사법에 우선하므로 중재계약 자체의 성립과 효력에 관하여 준거법에 관한 당사자의 약정을 발견할 수 없다면 그 점에 관하여는 중재판정지의 법률에 의하여 판단하여야 할 것이고, 다른 부분에 관한 실체법은 1차적으로 당사자의 약정에 의한 실체법을, 2차적으로 행위지법을 그 준거법으로 정함이 타당하다고 할 것이다.

2) 실체법과 우의적 중재

가. 우의적 중재의 의미

만일 중재인이 엄격한 법원칙(strict rules of law)에 따라 당사자에게 권리와 의무를 부과하는 것이 구체적으로는 부당하다고 판단하여 이러한 법원칙을 무시하고 형평의 원칙 또는 정의관념에 따라 중재판정을 하였고, 또한 당사자도 중재조항에서 중재인의 이러한 권한에 합의하였을 경우, 위 중재판정은 유효할까? 즉 이러한 중재를 법률에 의한 중재(arbitration at law)와 구별하여, 우의적 중재(amiable composition)[18]라고 하는바, 이를 인정할 것인지가 문제되어 왔다. 이러한 중재는 당사자 간의 우의와 신뢰가 중시되는 계약관계, 즉 광산계약이나 기술이전계약처럼 장기간 계약, 합작계약, 장래 거래가 계속될 가능성이 많은 당사자들 간의 계약, 또는 어느 특정국가의 법을 적용하는 것이 상대방에게 부담이 되는 국제거래계약 등에서 필요하다.

실제로 중재협정 또는 각국의 중재규칙에서는 당사자들이 중재판정부에 우의적 중재로써 결정을 내릴 수 있는 권한을 부여할 수 있다고 규정하는 경우가

16) 뉴욕협약에 따라 중재계약의 승인과 집행을 받기 위해서는 중재판정이 내려지기 전에 뉴욕협약의 적용여부가 결정되어야 한다.

17) Albert Jan Van den Berg (1981), *The New York Arbitration Convention of 1958: Towards a Uniform Judicial Interpretation* (Kluwer Law International), p.127.

18) 이는 실질적으로는 형평과 선(*ex aequo et bono*)에 의한 중재와 유사하다.

종종 있다. UNCITRAL 모범법안 및 중재규칙은 당사자의 합의를 전제로 우의적 중재를 인정하고 있다.[19] 한편 제네바협약과 뉴욕협약은 우의적 중재에 관하여 침묵하고 있으나, 유럽협약 제7조 제2항은 “만일 당사자들이 결정하고 준거법이 허용한다면 중재인은 우의적 중재인으로서 행동하여야 한다.”고 규정하고 있고, 워싱턴협약 제42조 제3항도 “제1, 2항의 규정은 당사자들이 합의한 경우 중재인이 형평과 선에 의하여 분쟁을 해결하는 권한에 영향을 주지 않는다.”고 규정하여 간접적으로 우의적 중재의 효력을 인정하였다.

중재법 제29조 제3항에서도 당사자들이 명시적으로 권한을 부여하는 경우 중재판정부가 형평과 선(ex aequo et bono)에 따라 중재판정을 할 수 있도록 규정하고 있는바, 이는 표현을 달리하면 중재판정부로 하여금 우의적 조정자(amiable compositeur)로써 분쟁 사안을 심리, 판정할 수 있게 하는 것이다. 이 경우 중재절차에 적용되는 법체제 하에서 허용될 수 있는 한, 우의적 중재에 있어 중재인의 판정은 상대적으로 자유로우며 자기 자신의 양심에 따라 판단하면 되는 것으로 해석된다. 따라서 사회질서 또는 강행법규에 반하지 않는 한 특정한 법률에 구속될 필요도 없고, 정의에 기초하여 판단하는 한 그것으로 충분하다.

다만, 중재인의 조리나 양심은 국제상사중재를 행하는 경우에는 국제적으로 인정된 조리와 국제상관습에 따라야 한다는 의미로 해석되어야만 한다. 그렇지 않을 경우, 국제중재에 있어서도 그 기준이 명확하지 않을 때 국내법의 일반원칙에 의한다면 국제적으로 판정의 독립성과 합리성을 인정받기 어려울 뿐만 아니라 국제중재의 폐쇄화를 초래함으로써 외국인이 해당국에서 국제중재를 행하는 것을 기피할 가능성이 있을 것이다.

3. 집행의 준거법

중재판정을 집행하고자 하는 경우에는 집행지국의 법에 따라 집행을 한다. 물론 뉴욕협약 가입국 내에서는 협약이 우선 적용되고 협약에 정함이 없는 사항에 대하여서만 집행지국의 법이 적용된다. 그러나 뉴욕협약 가입국이 아닌 경우에는 그 나라의 민사소송법에 의하여 외국판결이나 판정의 집행기준에 의

19) UNCITRAL 모범법안 제28조 제3항; UNCITRAL 중재규칙 제33조 제2항.

하여 집행이 되게 된다.

우리나라 민사소송법 제217조에서는 외국판결의 효력과 관련하여 외국법원의 확정판결은 다음 각 호의 요건을 모두 갖추어야 효력이 인정된다고 명시하고 있다.

① 대한민국의 법령 또는 조약에 따른 국제재판관할의 원칙상 그 외국법원의 국제재판관할권이 인정될 것

② 패소한 피고가 소장 또는 이에 준하는 서면 및 기일통지서나 명령을 적법한 방식에 따라 방어에 필요한 시간여유를 두고 송달받았거나(공시송달이나 이와 비슷한 송달에 의한 경우를 제외한다) 송달받지 아니하였더라도 소송에 응하였을 것

③ 그 판결의 효력을 인정하는 것이 대한민국의 선량한 풍속이나 그 밖의 사회질서에 어긋나지 아니할 것

④ 상호보증이 있을 것

따라서 외국의 중재판정도 통상 그 나라에서 확정판결과 동일한 효력이 있으므로, 뉴욕협약에 가입하지 않은 국가의 중재판정을 한국에서 집행하기 위해서는 동 기준에 의하여 부합하여야 할 것이다. 그러나 현실적으로 협약 비가입국의 중재판정을 한국에서 집행하는 것은 여러 가지 어려움이 따를 수 있으며, 반대로 우리나라의 중재판정을 외국의 비가입국에서 집행하는 것도 그 결과를 예측할 수 없을 정도로 불확실하다 할 것이다.

Chapter 09

중재판정부

제1절 중재인과 중재판정부

1. 중재인의 정의와 중재인 수

1) 중재인과 중재판정부의 정의

가. 중재인의 정의

중재인이란 당사자 간의 합의로 중재판정을 내리는 권한이 부여되어 있는 사인(私人)인 제3자를 말한다. 중재인을 영어로 'Arbitrator'라고 하며, 이 밖에도 'Arbiter', 'Umpire' 또는 'Referee' 등의 용어가 'Arbitrator'와 동의적 또는 상호교환적 의미로 사용되고 있다.

중재인은 당사자의 대리인이 아니므로 당사자의 이익을 주장하거나 옹호하는 입장에 있지 않으며, 당사자의 주장을 듣고 그 입증의 정도를 판단하여 당사자 사이의 분쟁을 공평하게 판단하는 자이다. 중재인은 그 지위가 당사자 사이의 합의에 근거한다고는 해도 당사자로부터 독립하여 공정하게 그 직무를 수행해야 하므로, 말하자면 당사자의 합의에 의해 중재판정을 하는 사적 법관(私的 法官)이라 할 수 있다.

나. 중재판정부의 정의

일반적으로 국제상사중재에 있어서 중재인은 1인 내지 3인으로 구성되어진다. 1인인 경우에는 단독중재인(a sole arbitrator)라고 하며, 3인 이상으로 구성되어진 경우를 중재판정부(arbitration tribunal)라고 부르고 있다.

그러나 중재법 제3조에서는 "중재판정부(仲裁判定部)란 중재절차를 진행하고 중재판정을 내리는 단독중재인 또는 여러 명의 중재인으로 구성되는 중재인단을 말한다."라고 정의하고 있어 양자를 구분하고 있지 않다. UNCITRAL 모범법안 제2조 b항도 "중재판정부라 함은 단독중재인 또는 일단의 중재인단을 말한다."고 규정하여 이를 구분하지 않고 있다.

실무에서는 인명제 중재판정부가 일반적이다.[1] 구체적으로 신청인과 피신청인이 각각 1명의 중재인을 선정하고, 이렇게 선정된 중재인들이 제3중재인을 선정하는 방식을 채택하고 있다. 이때 전자를 당사자선정중재인(party appointed arbitrator)이라 하고, 후자를 제3중재인(third arbitrator) 또는 의장중재인(presiding arbitrator)이라고 한다.[2]

2) 중재인의 수(數)

중재인의 수를 몇 명으로 하는가에 관하여서는 여러 가지 논의가 있어왔다. 대다수의 입법례는 3人 또는 1人으로 하여 절차의 신속성과 비용의 문제 그리고 분쟁의 규모를 고려하고 있다.

가. 당사자 간의 합의가 있는 경우

중재인의 수는 당사자 간의 합의에 따라 정하여짐이 원칙이다. 따라서 당사자는 중재인의 수를 1인 또는 3인으로 정할 수 있고 필요에 따라 더 많은 수를 정할 수도 있다. 일반적으로 중재인의 수는 단독중재인 또는 3인의 중재인 구성 등 홀수로 구성되어 진다. 그러나 당사자들이 중재인의 수를 짝수로 정하였고, 중재판정에 관한 의견이 가부동수인 경우에 문제를 예상해 볼 수 있다. 이러한 경우 중재합의 유효성에 의문이 제기되어 진다.

중재법 제11조에서는 "① 중재인 수는 당사자 간의 합의로 정한다. ② 제1항

1) 장문철 (2000), 「현대 중재법의 이해」 (서울: 세창출판사), p.104.

2) 목영준 (1999), "중재인의 법률상 지위," 「저스티스」, 제32권, 제4호 (한국법학원), p.135.

의 합의가 없으면 중재인의 수는 3인으로 한다."라고 규정하고 있다.

독일 민사소송법도 제1034조 제1항에서 "당사자는 중재인의 수에 관하여 합의할 수 있다. 이러한 합의가 없는 경우에 그 수는 3인으로 한다."고 규정하고 있으며, 프랑스 민사소송법 제1453조, 제1454조에서도 중재인의 수를 1인 또는 홀수로 규정하면서, 당사자 간에 짝수로 합의한 경우에는 단독중재인 선정절차와 같은 방식으로 마지막 중재인을 선정하도록 하고 있다.

또한 영국 중재법 제15조 제1항, 제2항에서도 짝수 중재인에 대한 제한을 두지 않으면서도, 당사자가 중재인의 수를 짝수로 정한 경우에는 당사자 간의 다른 합의가 없는 한 의장중재인으로서 1인의 중재인을 더 선임하는 것으로 간주하도록 하고 있다.

한편, 중재인 수를 1인으로 할 것인가 3인으로 할 것인가를 결정하는 요인으로는 분쟁의 규모나 복잡성·전문성 등을 들 수 있다. 단독중재인인 경우에는 그 중재인의 단독의견으로 분쟁의 최종적인 해결방법으로서의 판정을 내릴 수 있으므로 중재인간의 의사불일치의 문제가 발생할 여지가 없다. 따라서 단독중재인의 경우에는 중재판정부에 비하여 중재인의 보수나 비용이 적게 들어가며, 심리절차도 중재인간에 합의할 필요 없이 단독으로 진행시킬 수 있기 때문에 절차의 신속성을 꾀할 수 있다.

한편, 인도, 멕시코, 스코틀랜드, 미국의 일부 주, 이집트, 짐바브웨 등은 그들의 중재법이 국제사건 뿐만 아니라 국내사건, 즉 비국제중재에도 적용된다는 사실 때문에 단독중재인을 선호한다고 한다.[3] 그러나 국제상사중재의 실제에 있어서는 3인의 중재인으로 중재판정부를 구성하는 것이 보통이다. 단독중재인에 비하여 더 많은 시간과 비용이 들어감에도 불구하고 중재인을 3인으로 구성하는 이유는 분쟁당사자는 자신이 신뢰하는 사람을 중재인으로 선정할 수 있으며, 이렇게 선정된 중재인을 통하여 국제상사중재의 특성상 나타나는 언어나 문화의 차이에 따른 오해를 해결할 수 있어서 중재판정에 따른 신뢰를 제고할 수 있기 때문이다.

나. 당사자 간에 합의가 없는 경우

앞서 본 바와 같이 중재법에서는 중재인 수에 관한 당사자 간의 합의가 없는

3) 장문철, 서정일, 정선주, 강병근 (1999), 「UNCITRAL 모델중재법의 수용론」 (서울: 세창출판사), p.505.

경우에는 중재인 수를 3인으로 하였는데 대부분의 입법례와 국제중재규칙도 이와 같다. 대한상사중재원의 중재규칙에 의하는 경우, 국내중재규칙 제23조에서는 "중재합의에서 중재인의 수를 정하였을 경우에는 그 수에 따르고, 그 수를 정하지 아니하였을 경우에는 중재인의 수는 사무국이 1인 또는 3인으로 정한다."라고 규정하고 있다. 한편 국제중재규칙 제11조도 "이 규칙에 따른 중재사건은 원칙적으로 단독 중재인이 심리한다. 다만 당사자들이 3인 중재인의 심리로 합의하거나 사무국이 당사자 의사, 분쟁금액, 분쟁의 복잡성 기타 요소들을 고려하여 3인의 중재인의 심리가 적절하다고 판단하는 경우에는 3인의 중재인의 심리로 결정할 수 있다."고 규정하여 모두 당사자자치와 중재인 수를 홀수로 정함을 기본 원칙으로 명시하고 있다.

2. 중재인의 자격과 국적

1) 중재인의 법적 자격요건

중재는 당사자가 그의 판단에 따라 분쟁해결을 담당할 중재인을 정하여 분쟁을 해결하는 절차이므로 특별히 중재인의 자격을 제한할 필요는 없다고 하는 것이 일반적이다.[4] 그러나 당사자들의 합의로 중재인의 자격을 제한할 수 있다. 즉, 당사자들은 그들의 필요에 따라 중재인을 상인, 변호사, 기타 전문가 등으로 제한할 수도 있다. 그러나 이에 관한 당사자 간의 합의가 없는 경우에 중재인은 국적에 관계없이 선정될 수 있고 변호사 기타 전문가가 아니어도 상관없다.

대부분의 국가에서는 중재인의 법적자격에 관하여 제한을 두고 있지 않지만 예외적으로 제한규정을 두고 있는 국가도 있다. 예로서 중국은 중재인의 조건으로 ① 중재업무에 종사한 기간이 만 8년이 되는 자 ② 변호사업무에 종사한 기간이 만 8년이 되는 자 ③ 재판원 역임 기간이 만 8년이 되는 자 ④ 법률 연구, 교수업무에 종사하는 고위직 인사 ⑤ 법률지식이 있고 경제무역 등 전문업무에 종사한 바 있는 고위직 인사거나 상응한 수준에 이른 자 중 하나에 부합해야 한다고 규정하고 있다.[5] 그러나 이러한 조건에 부합되는 중재인은 일반적으

4) 양병회 외 (2006), 「주석 중재법」 (대한상사중재원, 한국중재학회), p.56.

로 중국 사법부와 밀접한 관계에 있다고 판단되므로 중재의 본질중 하나인 중재인의 사인성(私人性)을 심각하게 침해하고 있다는 비판을 받고 있다.

한편 국제상업사회에서 인정되어온 관행에 따르면 중재인은 자연인이어야 하며 법적 행위능력을 가지고 있어야 한다. 다시 말하면 중재기관의 규칙 또한 최소한의 자격요건을 규정하고 있다는 것이다. 예컨대, 특별한 분야에서 중재인은 무역에 관한 지식을 가지고 있거나, 중재인단의 회원임을 필요로 할 수 있다. 중재기관은 중재인이 될 수 있는 기준을 설정하고 있을 뿐 아니라 때로는 자격을 갖추기 위해 중재인을 지원하는 교육시설을 제공하기도 하며, 중재인을 심사할 수 있는 제도를 운영하기도 한다.

UNCITRAL 모범법안 제11조 제1항은 "당사자 간의 별도의 합의가 없는 한 누구도 국적을 이유로 중재인으로서 행동하는 것을 배제당하지 아니한다."고 규정하고 있다. 즉, UNCITRAL 모범법안에 의하면 국내법이 인정하는 한 어느 누구도 중재인으로 선정될 수 있다.

이와는 별도로 당사자들은 UNCITRAL 모범법안의 정책에 따르기 위해 자연스럽게 중재인으로 선정될 수 있는 자의 자격에 합의할 수 있다. 합의된 자격에 충족되지 않는 자는 UNCITRAL 모범법안 제12조에 의하여 중재인기피의 이유가 될 수 있거나, 제16조에 의하여 관할권이 없다는 이의가 제기될 수 있다. 이는 또한 제34조의 중재판정의 취소 혹은 제36조에 의하여 중재판정의 승인 또는 집행의 거부 사유가 될 수 있다.

한편 중재인은 사인(私人)이 아니면 될 수 없는가 하는 문제에 대해서는 반드시 사인에 한할 필요는 없다는 설이 일반적이다. 실제로 우리나라의 언론중재위원회의 구성을 보더라도 중재위원이 반드시 사인만이 적격이라고 말하기는 어려울 것이다.

그러나 판사 또는 사법공무원이 중재인으로 인정될 수 있는가에 관해서는 국가마다 그 규정이 상이하다. 금지하고 있는 국가는 네덜란드, 오스트리아 등이고 미국은 판사에 대하여 법률로 금지하고 있지는 않지만 미국변호사협회(ABA)가 채택한 법조인행동규범(Code of Judicial Conduct)에서 판사가 중재인으로서 활동하는 것을 허용하고 있지 않다. 벨기에에서는 판사나 법원직원이 중재인이 될 수 있지만 보수를 받는 것은 금지하고 있는 반면 스웨덴, 스위스, 이탈리아에서는 판사가 중재인이 될 수 있도록 규정하고 있다. 다만 공인을

5) 中华人民共和国仲裁法 第十三条.

중재인으로 선임하려면 해당 기관의 중재인 취임에 따른 직무허가(dienstrechtliche genehmigung)가 필요하다. 그러나 허가자체는 중재인의 자격과 무관하기 때문에 공무원 또는 법관이 사전승인 없이 중재인으로서 중재판정을 내린 경우 그 중재판정은 무효가 아니라고 한다.[6]

2) 중재인의 일반적 자격요건

일반적으로 중재는 사법적인 분쟁에 대하여 단심제로 해결하는 분쟁해결제도이므로 국제상사중재에 있어서 중재인은 풍부한 경험과 법률적 지식을 갖추고 있는 전문가이어야 한다.

UNCITRAL 모범법안에서는 전문적 자격과 같은 중재인이 가져야 하는 자격에 대하여 어떠한 조건도 규정하지 않고 지위, 경험 혹은 법적 능력과 같은 특성에 대해서도 언급하지 않고 있다. 따라서 중재인은 국내법이 인정하는 한 자연인이면 누구라도 중재인이 될 수 있다.

국제상사중재에 있어서 중재인의 자격은 단독중재인인 경우와 3인의 중재인(중재판정부) 여하에 관계없이 분쟁의 사안에 따라 당해 사안을 정확하게 판단할 수 있는 경험 많은 실무형 전문가를 중재인으로 선정하는 것이 일반적이다. 다만 중재판정부의 구성에 있어서 중재절차가 순조롭게 진행되기 위해서는 중재절차를 주재하는 의장중재인은 국제상사중재에 많은 경험과 법률적 지식을 갖추고 있어야 할 것이다.

한편, 중재인은 중재절차에서 사용될 언어에 대해서 완벽한 언어능력을 갖추어야 할 것이고, 중재절차를 신속히 진행시키기 위한 시간적 여유를 가지고 있어야 한다. 중재인이 중재절차에서 사용될 언어에 대하여 충분한 자질을 갖고 있지 않으면 별도의 통역자가 필요하게 되는 바, 이는 증인심리를 왜곡시키고 중재비용을 증가시키며 중재절차를 지연시키는 요인이 될 수도 있기 때문이다.

3) 중재법상 중재인의 자격

우리나라의 舊 중재법 제5조에서는 중재인의 결격사유를 규정하여 놓았으나 현행 중재법에서는 중재인의 결격사유는 규정해 놓지 않고 있다. 그러나 미성

---

6) 양병회 외 (2006), 앞의 글, pp.57-58.

년자나 금치산자 등 독립적인 법률행위를 할 수 없는 자는 원칙적으로 중재인 계약을 체결할 수 없는 것으로 보아야 할 것이다.

대한상사중재원 국내중재규칙 제19조는 “중재의 결과에 관하여 법률적 또는 경제적 이해관계가 있는 자는 중재인이 될 수 없다. 그러나 당사자가 중재인에게 위와 같은 사정이 있음을 알면서도 서면으로 그 중재인을 선정하기로 합의한 경우에는 그러하지 아니하다.”고 규정하고 있다.

4) 중재인의 국적

국제상사중재에 있어서 중재인은 국제무역거래에 따른 계약법리는 물론이고 분쟁당사국의 상관행을 충분히 인식하여야 할 것이다. 이는 국제무역거래가 원격지간의 국제거래이기 때문이다. 그렇지만 중재인의 국적문제는 경우에 따라서 심리적 요인으로 작용하는 경우가 많다. 예를 들어 중재인이나 대다수 중재판정부가 어느 일방의 분쟁당사자와 동일한 국적을 가지고 있다는 사실만으로 긴장을 야기하고 불공평과 무의식중에 편견을 보일 수 있다는 것이다. 이러한 심리적 문제는 중재인의 배경과 이력의 실제문제와 관련하고, 그의 존재는 특정문화와 사고방식과 편견을 주입시키게 된다.

그러나 대부분의 입법례나 국제규범에서는 중재인의 자격을 국적을 이유로 제한하지 않고 있다. UNCITRAL 모범법안 제11조 1항에도 국적을 이유로 중재인으로서 활동하는데 배제되지 아니한다고 규정하고 있으며, 우리 중재법 제12조 1항도 “당사자 간에 다른 합의가 없으면 중재인은 국적에 관계없이 선정될 수 있다.”고 규정하고 있다.

다만 ICC 중재규칙 제13조 제5항에서는 중재인의 국적과 관련한 편견과 불신을 배제시키기 위하여 다음과 같이 단독중재인이나 의장중재인의 국적을 제한하고 있다.

사례 1 ICC 중재규칙 제13조 제5항

The sole arbitrator or the president of the arbitral tribunal shall be of a nationality other than those of the parties. However, in suitable circumstances and provided that none of the parties objects within the time limit fixed by the Court, the sole arbitrator or the president of the arbitral tribunal may be chosen from a country of which any of the parties is a national.

단독중재인 또는 중재판정부의 의장중재인은 당사자와는 다른 국적을 가져야 한다. 그러나 적절한 사정이 있는 경우, 중재법원이 지정한 기간 내에 어떤 당사자도 반대의 의사를 표시하지 아니하면, 중재법원은 당사자와 같은 국적을 가진 단독중재인 또는 의장중재인을 선정할 수 있다.

또한 UNCITRAL 중재규칙 제6조 제7항에서는 중재인 선정권자(appointing authority)는 독립적이며 공정한 중재인선정을 보장하기 위한 적절한 고려를 하여야 하며, 당사자의 국적 이외의 국적을 가진 자를 중재인으로 선정하는 것의 타당성 여부를 신중히 고려하여야 한다고 명시하고 있다.

한편 대한상사중재원 국내중재규칙 제22조에서는 당사자의 국적이나 거주하는 국가가 다른 경우 사무국이 중재인을 선정함에 있어서는 단독중재인이나 의장중재인은 당사자의 어느 일방의 요구가 있으면 당사자의 어느 편에도 속하지 아니하는 제3국인 중에서 선정하여야 한다고 규정하고 있다.

또한 대한상사중재원 국제중재규칙 제12조에서는 중재인 선정 시 사무국은 선정될 중재인의 경험, 일정, 국적 및 거주지를 고려하여야 하며, 당사자 일방이 요청하는 경우 사무국은 다른 특별한 사정이 없는 한, 각 당사자들과 국적이 다른 자를 단독 중재인이나 중재판정부의 의장으로 선정하여야 한다고 규정하고 있다.

제2절 중재인의 선정과 기피

1. 중재인의 선정

1) 중재인 선정의 의의

중재인은 당사자 자치의 원칙에 따라 당사자의 합의에 의해 선정된다. 외국국적을 갖는 자라고 하더라도 합사자가 달리 합의하지 아니하는 한 외국인이 중재인이 되는 것을 배제할 수 없다. 당사자는 중재계약에 중재인 선정의 방법을 합의하여 이 방법에 따라 중재인을 선정할 수 있다. 이 경우 선정되어야 할 중재인의 자격을 특정의 단체에 소속하는 사람 등 일정한 범위로 한정할 수도 있다. 그러나 당사자의 한편만이 중재인을 선정하는 취지의 합의 등, 현저하고 불공평한 합의는 허용되지 않는다.

중재인의 선정은 어디까지나 중재인을 지정하여 특정함에 머무르는 것이며 중재인으로서 선정된 사람은 명시적으로 중재인으로서의 직무를 맡는 것으로서 중재인으로서의 지위에 있게 된다.

2) 중재인 선정의 방법

가. 기관중재의 경우

중재인수가 결정되면 당사자는 중재인의 선정절차에 들어간다. 기관중재의 경우에는 그 중재기관이 규정하고 있는 중재절차에 따라 중재인을 선정하면 된다. 그러나 기관중재의 경우에는 당사자가 중재기관이 비치하고 있는 중재인 명부로부터 중재인을 선정할 수 없는 경우도 있기 때문에 중재기관을 선정할 때에 이 점도 고려하여야 한다.

나. 임시중재의 경우

임시중재의 경우에는 당사자 간에 결정된 선정방법에 따라 중재인을 선정하게 되지만, 중재인을 선정할 수 없게 된 경우에는 최종적으로 법원에 중재인의 선정을 의뢰하게 된다. 이 경우 중재인의 선정을 관할하는 법원은 통상 중재지국의 법원이 된다. 따라서 당사자는 사전에 중재인을 선정해 두는 것이 바람직하다. 그러나 선정에 필요한 시간이나 선정된 중재인의 경력, 성품, 전문성 등을 고려하면 이와 같이 법원에 의한 중재인 선정이 반드시 바람직하다고는 할 수 없다. 이 문제에 대하여 국제상사중재에 적합한 중재인을 선정하기 위하여 그 선정을 법원으로부터 중재기관 등에 이관하도록 하는 규정을 두고 있는 국가도 있다.[7)]

다. UNCITRAL 중재규칙에 따른 중재인 선정

임시중재에서 나타나는 중재인의 선정에 관한 문제를 회피하기 위해서는 UNCITRAL 중재규칙과 같이 국제적으로 인정되고 있는 상설중재기관의 중재규칙을 활용하는 것을 고려할 수 있다. 이 경우 중재인의 선정은 다음과 같이 행하여진다. 다음은 UNCITRAL 중재규칙에서 규정하고 있는 중재인 선정 절차의 규칙조항이다.

사례 2 UNCITRAL Arbitration Rules(as revised 2010)

Section II. Composition of the arbitral tribunal

Article 7 (Number of arbitrators)

1. If the parties have not previously agreed on the number of arbitrators, and if within 30 days after the receipt by the respondent of the notice of arbitration the parties have not agreed that there shall be only one arbitrator, three arbitrators shall be appointed.

2. Notwithstanding paragraph 1, if no other parties have responded to a party's proposal to appoint a sole arbitrator within the time limit provided for in paragraph 1 and the party or parties concerned have failed to appoint a second arbitrator in accordance with article 9 or 10, the appointing authority may, at the request of a party, appoint a

7) 1994년 싱가포르 국제중재법 제8조 제2항.

sole arbitrator pursuant to the procedure provided for in article 8, paragraph 2, if it determines that, in view of the circumstances of the case, this is more appropriate.

제2장 중재판정부의 구성

제7조 (중재인의 수)

1. 당사자가 중재인수에 관하여 사전에 합의하지 아니하고, 중재신청통지를 피신청인이 수령한 후 30일 이내에 당사자들이 중재인을 1인으로 한다는데 합의하지 아니한 경우에는, 중재인은 3인으로 한다.

2. 제1항의 규정에도 불구하고 일방 당사자가 단독중재인을 선정하겠다는 요청에 대하여 어떤 당사자도 제1항의 규정에 따른 기간 내에 답변하지 않았고, 관련 당사자들이 제9조 또는 제10조의 규정에 따라 아직 두 번째 중재인을 선정하지 못한 경우, 일방 당사자의 요청에 따라 중재인선정권자는 본건의 사정을 고려하여 단독중재인이 보다 적절하다고 판단한 경우에 제8조 제2항의 절차에 따라 단독중재인을 선정할 수 있다.

Article 8–10 (Appointment of arbitrators)

Article 8

1. If the parties have agreed that a sole arbitrator is to be appointed and if within 30 days after receipt by all other parties of a proposal for the appointment of a sole arbitrator the parties have not reached agreement thereon, a sole arbitrator shall, at the request of a party, be appointed by the appointing authority.

2. The appointing authority shall appoint the sole arbitrator as promptly as possible. In making the appointment, the appointing authority shall use the following list-procedure, unless the parties agree that the list-procedure should not be used or unless the appointing authority determines in its discretion that the use of the list-procedure is not appropriate for the case:

(a) The appointing authority shall communicate to each of the parties an identical list containing at least three names;

(b) Within 15 days after the receipt of this list, each party may return the list to the appointing authority after having deleted the name or names to which it objects and numbered the remaining names on the list in the order of its preference;

(c) After the expiration of the above period of time the appointing authority shall appoint the sole arbitrator from among the names approved on the lists returned to it and in accordance with the order of preference indicated by the parties;

(d) If for any reason the appointment cannot be made according to this procedure, the appointing authority may exercise its discretion in appointing the sole arbitrator.

제8-10조 중재인 선정

제8조

1. 당사자들이 단독중재인을 선정하기로 합의한 경우에 모든 당사자들이 단독중재인의 선정에 대한 제안을 수령한 날로부터 30일 이내에 합의에 이르지 못한 경우에는, 일방 당사자의 요청에 따라 중재인선정권자가 단독중재인을 선정하여야 한다.

2. 중재인선정권자는 일방 당사자로부터 요청을 받으면 지체 없이 단독중재인을 선정하여야 한다. 중재인을 선정함에 있어 중재인선정권자는 당사자 쌍방이 다음의 열거절차에 따르지 않기로 합의하였거나, 중재인선정권자가 그 재량으로 열거절차가 적당하지 않다고 판단한 경우를 제외하고는, 다음의 열거절차에 따라야 한다:

(a) 중재인선정권자는 최소 3 인의 중재인 후보자 성명을 기재한 명부를 각 당사자에게 송부하여야 한다.

(b) 각 당사자는 위의 명부를 수령한 후 15일 이내에 이의 있는 자의 이름 또는 이름들을 말소하고 남은 이름들에 우선순위에 따른 번호를 매겨 중재인선정권자에게 반송할 수 있다.

(c) 중재인선정권자는 위 기간이 경과한 후, 각 당사자가 우선순위를 매겨 반송해온 명단 중에서 당사자 쌍방이 지시하는 우선순위에 따라서 단독

중재인을 선임하여야 한다.

(d) 중재인의 선임이 어떤 이유로든 이 절차에 따라서 행하여 질 수 없을 경우에는, 중재인선정권자는 그 재량으로 단독중재인을 선임할 수 있다.

Article 9

1. If three arbitrators are to be appointed, each party shall appoint one arbitrator. The two arbitrators thus appointed shall choose the third arbitrator who will act as the presiding arbitrator of the arbitral tribunal.

2. If within 30 days after the receipt of a party's notification of the appointment of an arbitrator the other party has not notified the first party of the arbitrator it has appointed, the first party may request the appointing authority to appoint the second arbitrator.

3. If within 30 days after the appointment of the second arbitrator the two arbitrators have not agreed on the choice of the presiding arbitrator, the presiding arbitrator shall be appointed by the appointing authority in the same way as a sole arbitrator would be appointed under article 8.

제9조

1. 3 인의 중재인을 선정할 경우에는, 당사자가 각각 1인의 중재인을 임명하며 이와 같이 임명된 2인의 중재인이 중재판정부 의장이 될 세 번째 중재인을 선정하여야 한다.

2. 당사자의 일방으로부터 중재인 임명통지를 수령한 후 30일 이내에 상대방 당사자가 전기 통지를 한 당사자(제1 당사자)에게 자신이 임명한 중재인을 통지하지 아니하는 경우에는 제1당사자는 중재인선정권자로 하여금 두 번째 중재인을 임명하도록 요구할 수 있다.

3. 두 번째 중재인이 임명된 후 30일 이내에 두 사람의 중재인이 의장중재인이 될 세 번째 중재인의 선정에 합의하지 못한 경우, 의장중재인은 제8조의 규정에 따른 단독중재인의 선정과 동일한 방법으로 중재인선정권자에 의하여 선정된다.

Article 10

1. For the purposes of article 9, paragraph 1, where three arbitrators are to be appointed and there are multiple parties as claimant or as respondent, unless the parties have agreed to another method of appointment of arbitrators, the multiple parties jointly, whether as claimant or as respondent, shall appoint an arbitrator.

2. If the parties have agreed that the arbitral tribunal is to be composed of a number of arbitrators other than one or three, the arbitrators shall be appointed according to the method agreed upon by the parties.

3. In the event of any failure to constitute the arbitral tribunal under these Rules, the appointing authority shall, at the request of any party, constitute the arbitral tribunal and, in doing so, may revoke any appointment already made and appoint or reappoint each of the arbitrators and designate one of them as the presiding arbitrator.

제10조

1. 제9조 제1항의 규정에 따라 3인의 중재인을 선정할 경우에 신청인이나 피신청인이 여러 명인 경우에는, 당사자들이 사전에 중재인 선정을 위한 다른 방법에 합의하지 않는 한 신청인이나 피신청인에 해당하는 여러 당사자들은 공동으로 중재인을 선정한다.

2. 당사자들이 사전에 중재판정부가 1인 또는 3인 이외의 중재인으로 구성한다고 합의한 경우에는 당사자들이 합의한 방법에 따라 중재인들은 선정한다.

3. 본 규칙에 따라 중재판정부를 구성하지 못하는 경우에는, 중재인선정권자는 일방 당사자의 요청에 따라 중재판정부를 구성하고, 그 과정에서 이미 이루어진 선정을 철회하고 새로 중재인을 선정하거나 다시 선정할 수 있고 그 중 1인을 의장중재인으로 지정할 수 있다.

3) KCAB 중재규칙에 따른 중재인 선정

가. 국내중재규칙

(1) 당사자의 합의에 의한 선정(제20조)

① 당사자의 합의에 의하여 중재인(의장으로 행동할 의장중재인을 포함한다. 이하 같다)을 선정하거나 또는 중재인의 선정방법을 정하였을 경우에는 이에 따라서 중재인이 선정된다.

② 법 제12조 제2항의 당사자의 합의로 중재인을 선정하는 경우에는 다음 각 호에서 정하는 방법에 따라 중재인을 선정한다.

1. 당사자가 중재인을 직접 선정하였을 경우에는 기준일로부터 15일 이내에 그 중재인의 성명, 주소 및 직업을 기재한 서면에 중재인 취임수락서를 첨부하여 사무국에 제출하여야 한다.
2. 사무국은 중재인을 선정하고자 하는 당사자의 요구가 있으면 중재원의 중재인 명부를 제시하여야 한다.
3. 당사자의 합의에서 중재인 선정기간을 정하고서도 당사자가 그 기간 내에 선정을 하지 아니하는 경우에는 사무국이 중재인을 선정한다.
4. 당사자의 합의에서 중재인 선정기간을 정하지 아니하였을 경우에는 사무국은 즉시 당사자에게 중재인을 선정하도록 통지하고 통지의 수령 후 15일 이내에 선정하지 아니하는 경우에는 사무국이 중재인을 선정한다.
5. 당사자의 합의에 의하여 당사자가 선정한 중재인이 다른 중재인을 선정하도록 되어 있는 경우, 당사자 사이에 그 다른 중재인의 선정기간의 정함이 없거나, 그 정함이 있는 경우에도 그 선정기간내 다른 중재인이 선정되지 아니하는 경우에는, 사무국은 당사자가 선정한 중재인에게 다른 중재인을 선정하도록 통지하고 통지의 수령 후 15일 이내에 당사자가 선정한 중재인이 다른 중재인을 선정하지 아니하는 때에는 사무국이 그 중재인을 선정한다.

③ 제1항에 따라 당사자가 중재인을 선정하지 아니하거나 선정방법을 정하지 아니한 경우에는 제21조를 준용하여 사무국이 선정한다.

(2) 사무국에 의한 선정(제21조)

① 사무국은 중재신청이 접수되면 제18조의 규정에 의한 조정의 가망이 없거나 조정이 성립되지 아니하였을 경우 지체 없이 중재인명부 중에서 중재인후보자 수인을 선택하고 그 명단을 당사자 쌍방에게 송부하여야 한다.
② 각 당사자는 제1항의 명단의 수령일로부터 15일 이내에 후보자명 위에 의장중재인과 중재인을 각각 구별하여 선정의 희망순위를 표시하기 위한 번호를 붙여서 이를 사무국에 반송하여야 한다. 위의 기간 내에 그 명단을 반송하지 아니하는 경우에는 그 명단에 기재된 후보자 전원에 대하여 동일순위로 지명한 것으로 보고, 반송된 명단 중 동일순위로 지명된 2인 이상의 후보자나 희망순위 표시가 없는 후보자나 말소된 후보자에 대하여는 상대방의 희망순위를 참작하여 중재원이 희망순위를 조정한다. 희망순위의 조정은 동일순위로 지명된 2인 이상의 후보자, 희망순위 표시가 없는 후보자, 말소된 후보자 순으로 조정한다.
③ 사무국은 제2항에서 지명된 후보자의 순위에 따라 중재인의 취임수락서를 받아야 한다. 다만, 희망순위가 동일한 후보자가 복수일 때에는 사무국이 그 복수 후보자 중에서 중재인을 선정한다.
④ 당사자 쌍방이 지명한 중재인이 취임수락을 거절하거나 또는 다른 이유로 직무를 행할 수가 없는 경우에는 이미 제출된 명단에서 순위에 따라 지명된 중재인으로부터 취임수락을 받는다. 그러나 이미 제출된 명단에서 선정할 수 없으면 본조에서 정하는 방법에 따라 중재인을 다시 선정하여야 한다.
⑤ 사무국은 중재인에게 취임수락을 요청할 때에는 이 규칙 제25조의 요건에 관하여 중재인의 주의를 환기시켜야 하며, 이 규칙 1부를 첨부하여야 한다.

(3) 중재인 선정의 제한(제22조)

당사자의 국적이나 거주하는 국가가 다른 경우 사무국이 중재인을 선정함에 있어서는 단독중재인이나 의장중재인은 당사자의 어느 일방의 요구가 있으면 당사자의 어느 편에도 속하지 아니하는 제3국인 중에서 선정하여야 한다. 다만, 제3국인 선정요청은 동 규칙 제21조 제2항의 중재인 후보자명단 반송 시까지에 한한다.

당사자가 단독중재인이나 의장중재인을 제3국인으로 선정하여 줄 것을 요청하는 경우, 사무국은 중재인명부에서 선택한 제3국적의 5인으로 구성된 중재인 후보자명단을 양당사자에게 송부하고, 양당사자가 반송한 명단에서 희망순위를 합산하여 그 중에서 가장 빠른 순위의 후보자를 단독중재인이나 의장중재인으로 선정한다.

나. 국제중재규칙(제12조)

① 분쟁이 단독 중재인에게 회부되는 경우, 당사자들은 피신청인이 중재신청서를 수령한 날 또는 이 규칙 제11조에 따라 사무국이 단독 중재인에 의할 것임을 결정한 경우에는 그 통지를 받은 날부터 30일 이내에 합의하여 단독 중재인을 선정하여야 한다. 당사자들이 위와 같이 정해진 기간 또는 사무국이 연장을 허용한 기간 내에 합동으로 단독 중재인을 선정하지 못하는 경우에는 사무국이 단독 중재인을 선정한다.

② 당사자들이 3인 중재인에 의하여 분쟁을 해결하기로 합의한 경우에는 신청인은 중재 신청서에서 또는 사무국이 허용한 연장기간 내에 1인의 중재인을 선정하고, 피신청인은 답변서에서 또는 사무국이 허용한 연장기간 내에 1인의 중재인을 선정하고, 제11조에 따라 사무국이 3인의 중재인에 의할 것임을 결정한 경우에는 당사자들은 사무국으로부터 그 통지를 받은 날부터 30일 이내 또는 사무국이 허용한 연장기간 내에 각각 1인의 중재인을 선정한다. 일방 당사자가 위 기한 내에 중재인을 선정하지 못한 경우에는 사무국이 이를 선정한다. 양 당사자에 의해 중재인 2인이 선정되면 2인의 중재인이 합의하여 제3의 중재인을 선정하고 그가 중재판정부의 의장이 된다. 2인 중재인이 두 번째 중재인의 선정일로부터 30일 이내에 의장으로 활동할 제3의 중재인을 선정하지 못하면 사무국이 이를 선정한다.

③ 중재판정부가 3인의 중재인으로 구성되는 경우, 신청인이나 피신청인이 복수인 때에는, 복수의 신청인들 또는 복수의 피신청인들 공동으로 이 규칙 제12조 제2항에 따라 중재인을 각각 선정한다. 그러한 선정이 이루어지지 못하고 당사자들이 중재판정부의 구성 방법에 합의하지 못한 경우에는 사무국이 중재판정부를 구성하는 중재인 전원을 선정하며 그 중 1인을 의장으로 지명한다.

④ 중재인 선정시 사무국은 선정될 중재인의 경험, 일정, 국적 및 거주지를 고려하여야 한다. 당사자 일방이 요청하는 경우 사무국은 다른 특별한 사정이 없는 한, 각 당사자들과 국적이 다른 자를 단독 중재인이나 중재판정부의 의장으로 선정하여야 한다.

⑤ 이 규칙에 따라 중재인 전원이 선정된 경우, 사무국은 쌍방당사자 및 중재인 모두에게 중재인 전원의 성명, 주소 및 직업을 서면으로 지체 없이 통지하여야 한다.

4) 중재인의 교체와 보궐

가. 보궐방법

UNCITRAL 모범법안 제15조는 "제13조(중재인의 기피절차)나 제14조(중재인의 불이행 또는 이행불능)에 따라 또는 기타 사유로 인하여 중재인이 자진하여 사임하거나 또는 당사자의 합의로 중재인의 권한이 취소되었거나 기타 사유로 인하여 중재인의 권한이 종료되는 경우에 보궐중재인은 대체되는 중재인의 선정에 적용되었던 규칙에 따라 선정된다."고 명시하고 있다.

또한 UNCITRAL 중재규칙 제14조에서는 중재인의 교체와 관련하여 중재인선정권자가 일방 당사자의 요청에 따라 본건의 특별한 사정을 고려하여 일방 당사자가 보궐중재인을 선정할 권리를 박탈하여야 한다고 결정하는 경우에는, 중재인선정권자는 당사자들 및 나머지 중재인들에게 의견을 진술할 기회를 부여한 후에 보궐중재인을 선정하도록 하고 있다. 그 절차는 동 규칙 제8조-11조의 규정에 따라 행해져야 한다. 이 절차는 대체될 중재인의 선정에서 비록 당사자의 일방이 중재인 선정권을 행사하지 못하였거나 선정절차에 참여하지 못하였다 할지라도 보궐중재인의 선정에서도 그대로 적용된다.

한편 ICC 중재규칙 제15조는 중재인 교체와 관련하여 "중재인은 사망, 중재법원의 사임 의사 수리, 중재법원의 기피신청 인용, 당사자 전원의 요청에 대한 중재법원의 수락 등의 사유로 교체될 수 있다."고 규정하고 있다.

또한 중재법원은 중재인이 자신의 직무를 법률상 또는 사실상 수행하지 못하거나 중재규칙에 따라 또는 지정된 기간 내에 직무를 수행하지 않고 있다고 판단한 경우, 직권으로 중재인을 교체할 수 있다. 중재법원은 자신이 취득한 정보에 기초하여 제15조 제2항의 적용을 고려함에 있어, 교체대상인 당해 중재인, 당사자 및 중재판정부의 다른 모든 구성원에 대하여 상당한 기간 내에 서면으로 의견을 제출할 기회를 부여한 후에 이 문제에 관한 결정을 하여야 한다. 위와 같은 의견은 당사자 및 중재인들에게 전달되어야 한다. 중재인을 교체할 때, 중재법원은 최초의 지명절차를 따를지 여부를 계량으로 결정한다.

우리 중재법 제16조에서는 보궐중재인의 선정과 관련하여 "중재인의 권한이 종료되어 중재인을 다시 선정하는 경우 그 선정절차는 대체되는 중재인의 선정에 적용된 절차에 따른다."라고 명시하고 있다. 그 구체적인 방법으로 국내중재규칙 제26조 제1항은 "중재인이 사임, 사망 또는 기타의 사유로 인하여 결원이 되었을 경우에는 그 중재인을 당사자가 선정한 경우에는 당사자가 그 재인 선정의 방식에 따라 이에 대신할 중재인을 새로 선정 통지하여야 하고, 그 중재인을 사무국이 선정한 경우에는 제21조 제3항 및 제4항의 방식에 따라 선정 통지하여야 한다."고 규정하고 있다.

또한 국제중재규칙 제14조 제1항-3항은 "중재인은 사망, 사무국의 중재인 사임 수리, 사무국의 기피결정 또는 중재의 모든 당사자가 요청하는 경우에 교체되어야 한다. 사무국은 중재인이 자신의 임무를 수행하지 않거나 임무수행을 부당하게 지연하는 경우 또는 법률상 또는 사실상 자신의 임무를 수행할 수 없는 경우 해당 중재인을 해임할 수 있다. 중재절차 진행 중에 중재인이 교체되는 경우, 새로운 중재인은 교체된 중재인의 선정에 적용되었던 이 규칙 제12조에 규정된 방식에 따라 선정한다."고 규정하고 있다.

나. 신 중재인 선정 이후 심리절차

ICC 중재규칙 제15조 제4항-5항에서는 "중재판정부가 재구성되면 중재판정부는 관련 당사자의 의견을 수렴한 후, 재구성된 중재판정부 앞에서 이전의 절차를 다시 반복할지 여부 및 그 범위를 결정하여야 한다. 중재법원은 절차가 종료된 후에는 사망하거나 또는 제15조 제1항 또는 제15조 제2항에 따라 중재법원이 해임한 중재인을 교체하는 대신 적절하다고 인정하는 경우 남은 중재인들이 중재를 계속하도록 결정할 수 있다. 그러한 결정을 내림에 있어 중재법원은 남은 중재인과 당사자의 견해, 그리고 그 상황에서 적절하다고 인정하는 요소들을 고려하여야 한다."고 규정하고 있다.

국내중재규칙 제26조 제2항은 "제1항의 경우에는 당사자 간에 따로 합의가 있는 경우를 제외하고 양당사자 또는 중재판정부가 신 중재인에게 종전의 심리결과를 진술 또는 설명하여 신 중재인이 이의를 제기하지 아니하면 절차를 속행한다. 다만, 종전 심리한 증인에 대하여 당사자가 다시 심리를 신청한 때에는 중재인은 그 심리를 하여야한다."고 규정하고 있다.

또한 국제중재규칙 제14조 제4항과 제5항은 "중재인이 교체되는 경우, 중재판정부는 당사자들과 협의한 후 중재판정부가 재구성되기 이전의 절차를 반복할 것인지 여부 및 그 범위를 결정한다. 심리가 종결된 이후에는 사무국은 사망, 사임 또는 해임된 중재인을 교체하지 않고 나머지 중재인들로 하여금 중재를 완료하도록 결정할 수 있다. 사무국은 그러한 결정을 함에 있어 나머지 중재인 및 당사자와 협의하여야 하고, 그러한 결정에 필요하다고 보는 기타의 사항을 고려할 수 있다."고 규정하고 있다.

2. 중재인의 기피

1) 중재인 기피의 의의

중재판정은 법관의 재판과는 달리 개인인 중재인에 의한 판단이지만 원칙적으로 사실의 인정과 법의 적용에 기초를 두는 제3자의 판단이라고 하는 점에서는 재판과 다른 것이 없다. 기피는 제척(除斥)[8]과는 달리 기피의 사유가 있음에 의하여 당연히 직무집행을 못하게 하는 것이 아니라 중재인이 그 사건 중재심리에 있어서 공정을 기대하기 어렵겠다는 판단이 확정되어야 효력이 발생한다.[9]

중재인은 법관과 마찬가지로 당사자 간의 분쟁을 공평하고 적정하게 해결하여야 하는 책무가 있다. 중재인의 판정은 조정이나 화해와는 달리 당사자를 구속하게 되므로 당사자와 중재인 간에는 무엇보다 신뢰가 있어야 한다. 그런데 만일 중재인이 중재합의 또는 법에서 정한 자격요건을 갖추지 못하였거나 그 공정성과 독립성에 관하여 문제가 있는 경우에는 그 중재인을 중재절차로부터

8) 제척(除斥)에는 법원구성원의 제척과 권리의 제척이 있다. 제척이란 일반적으로 법원구성원의 제척을 가리키는데, 재판권 행사의 공정을 기하고 재판에 대한 국민의 신뢰를 지키기 위하여 법관이나 사무관 등이 특정사건의 피해자이거나 또는 피해자나 피고인의 가족·친척관계일 때는 그 사건의 집행에서 제외시키는 것을 말한다. 반면 권리의 제척이란 재단의 청산 등의 경우에 일정한 기간 내에 신고를 하지 않는 채권자를 변제나 배당으로부터 제외시키는 것을 뜻한다.

9) 이시윤 (2005), 「민사소송법」 (서울: 박영사), p.70.

배제시켜 앞으로의 분쟁 소지를 없애는 것이 중재제도의 경제성과 효율성 그리고 신뢰성을 위하여 바람직하다. 중재인은 당사자로부터 독립하고 어느 당사자에게도 치우침이 없는 공평・중립의 입장을 유지해야 한다. 이것은 중재관정의 공정성을 확보해, 건전한 중재제도를 확립하기 위해서 불가결한 것이다. 그런데 법은 중재인의 자격을 제한하고 있지 않으므로 중재합의에 따라서는 당사자 및 법원은 어느 사람도 중재인으로서 선정할 수 있다. 중재인의 공정성과 독립성을 유지하기 위해 당사자에게 공정한 직무수행의 염려가 있는 중재인을 그 직무로부터 배제할 기회를 당사자에게 보장하는 것이 중재인 기피제도인 것이다.[10)]

반면 중재인에 대한 기피를 지나치게 광범위하게 인정한다면 중재절차의 진행을 지연시키려는 기피권의 남용이 우려된다. 그러므로 중재법은 중재인의 기피사유를 한정하고 있으며, 당사자 사이에 이견이 있을 때에는 법원의 판단을 받도록 하고 있다. 그러나 중재인의 공정성이나 독립성이 의심되는 경우 적시에 기피신청을 하지 않을 경우에는 추후 이를 중재판정 취소소송으로 다투기 어려울 수 있다는 점을 유념해야 한다.

2) 중재인에 대한 기피사유

중재인의 기피는 중재절차의 적정을 담보하기 위한 제도로서 기피사유가 법정되어 있다. UNCITRAL 모범법안 제12조 제2항 전단은 "중재인은 그 자신의 공정성이나 독립성에 관하여 당연시되는 의심을 야기할 수 있는 사정이 존재하거나 또는 당사자가 합의한 자격을 갖추지 못한 때에 한해 기피될 수 있다."고 명시하고 있다. UNCITRAL 중재규칙 제12조 제1항도 "중재인이 중재인으로서의 공정성과 독립성에 관하여 의혹을 갖게 할 만한 정당한 사정이 있는 경우에는 그 중재인은 기피될 수 있다."고 명시하고 있다.

중재법 제13조는 중재인에 대한 기피 사유로 중재인의 공정성이나 독립성에 관하여 의심을 살 만한 사유가 있는 경우와 당사자들이 합의한 중재인의 자격을 갖추지 못한 사유가 있는 경우의 두 가지를 명시하고 있다.

이러한 기피의 기회를 보장하기 위하여 동조 제1항에서 중재인으로 선임의뢰를 받고 그 교섭에 응하려고 하는 사람 또는 선정된 중재인은 당사자들에게

---

10) 목영준 (2011), 「상사중재법」 (서울: 박영사), p.117.

지체 없이 자기의 공정성 또는 독립성에 의심을 받을 수 있는 사실을 고지(告知)하지 않으면 안 된다고 하여, 중재인의 공정성과 독립성을 중재인의 책무로 하고 있다. 이것은 중재인에게 직무에 따른 책무를 부담시키는 것으로 중재에 대한 신뢰를 확보하기 위한 것으로 이해된다. 국내중재규칙 제25조 및 국제중재규칙 제13조 역시 동일하다.

3) 기피사유의 판단기준

기피사유의 판단기준은 일반적으로 확정지을 수는 없는 것이므로 결국 구체적인 사건에 관하여 개별적으로 판단할 수밖에 없다. 각국의 입법례 및 국제협약에서 어떤 경우가 공정성 및 독립성을 해치는 것인가에 대해서는 구체적으로 규정하고 있지 않으므로 위와 같은 판단기준 등으로부터 구체적인 사례에 따라 객관적으로 사정 등을 고려하여 판단하여야 할 것으로 이해된다.

실무적으로는 다음과 같은 경우가 공정성 ·독립성이 의심되는 사례로 제시되리라 본다.[11)]

① 당사자와 경제적 관계가 있는 때, 예를 들어 직접적인 고용관계, 여러 차례 금전적 보수를 받는 것, 당사자의 회사와의 고용관계
② 당사자와 중재인이 직업적 관계에 있는 때, 예를 들어 중재인이 일방 당사자의 법률고문으로서 돕거나 의견을 주는 것, 중재인이 속한 사무소의 파트너가 당사자의 고문을 맡고 있는 것
③ 당사자와 중재인이 교제상의 관계에 있을 때
④ 중재인이 중재의 결과에 이해관계를 가지는 때
⑤ 제3중재인 후보자의 국적이 당사자의 국적과 일치하는 때

4) 중재인에 대한 기피의 예외

당사자가 중재인에게 기피사유가 있음을 알고서도 중재인을 선임한 경우에는 공정성 등이 담보되지 않더라도 그 중재인을 기피신청을 할 수 없다. 결국 당사자가 이러한 태도를 보였다는 것은 그 중재인을 신뢰한 것이나 다름없기 때문에 절차진행의 지연을 막기 위하여 기피신청권을 상실시킨 것이다. 따라서

11) 양병회 외 (2006), 앞의 글, pp.64-65.

하자를 알고도 중재인을 선정하였다면 이를 이유로 기피한다는 것은 금반언(禁反言)의 원칙에 반하므로 기피신청을 할 수 없다.

다만 당사자가 자신이 선정하였거나 선정절차에 참여하여 선정한 중재인이라 하더라도 선정 후에 알게 된 기피사유가 있는 경우에는 기피신청을 할 수 있다. UNCITRAL 모범법안 제12조 제2항은 "당사자는 자신이 선정하였거나 그 선정 절차에 참여한 중재인에 대하여는 선정 후에 알게 된 사유에 의해서만 기피할 수 있다."고 규정하고 있으며, UNCITRAL 중재규칙 제12조 제2항도 "당사자는 자신이 선정한 중재인에 관하여는 선정 이후에 알게 된 사유만을 이유로 기피할 수 있다."고 명시하고 있다.

중재법도 제13조 제2항의 단서에서 "다만, 당사자는 자신이 선정하였거나 선정절차에 참여하여 선정한 중재인에 대하여는 선정 후에 알게 된 사유가 있는 경우에만 기피신청을 할 수 있다."고 명시하고 있다.

5) 중재인에 대한 기피절차[12)]

중재인에 대한 기피절차는 중재 당사자들이 합의로 정한 절차가 있거나 중재 당사자들이 합의한 중재기관의 중재규칙에 기피절차를 규정하고 있는 경우 그러한 절차에 따르면 된다. 예를 들면, 만약 중재 당사자들이 KCAB의 국제중재규칙에 따라 분쟁을 해결하기로 한 경우 국제중재규칙에서 정하는 기피절차에 따라 중재인의 선정 사실을 통지 받은 날 또는 기피의 원인이 된 사유와 사실을 알게 된 날부터 15일 이내에 사무국에 서면으로 기피신청을 하여야 한다.[13)] 이 경우 기피의 대상이 된 중재인, 상대방 당사자 및 중재판정부의 다른 구성원들은 기피신청을 수령한 날로부터 15일 이내에 기피에 대하여 서면으로 의견을 밝힐 수 있고, 기피신청을 받은 중재인은 사임할 수 있다. 단, 일방 당사자의 기피신청에 대하여 상대방의 동의가 있는 경우 기피신청을 받은 중재인은 사임하여야 한다. 기피 대상인 중재인이 사임하지 않는 경우 사무국은 기피신청에 대한 결정을 하여야 하며,[14)] 기피신청이 받아들여지지 아니한 경우

12) 김갑유 (2012), 「중재실무강의」 (서울: 박영사), pp.166-167.

13) KCAB 국제중재규칙은 기피신청에 대한 판단권한을 사무국에 부여함으로써, 그러한 권한을 중재판정부에 부여하는 경우 발생하는 문제들 즉 ① 기피신청을 당한 중재인이 기피여부 결정에 참여하는 것이 가능한지 여부, ② 단독중재인의 경우에는 누가 기피여부 결정을 할 것인지 여부 등을 해결하였다.

기피신청을 한 당사자는 그 결과를 통지받은 날부터 30일 이내에 법원에 해당 중재인에 대한 기피신청을 할 수 있다.[15]

반면 중재 당사자들이 기피절차에 대하여 합의한 바가 없고 중재 당사자들이 합의한 중재기관의 중재규칙에 기피절차를 규정하고 있지도 않은 경우, 중재절차가 이루어지는 국가의 중재법에서 정하는 기피절차가 적용될 것이다.

중재법에 제14조에 따르면 중재 당사자는 중재판정부가 구성된 날 또는 기피사유가 있음을 안 날부터 15일 이내에 중재판정부에 서면으로 기피신청을 하여야 한다. 만일 기피신청을 받은 중재인이 사임하지 아니하거나 상대방 당사자가 동의하지 않으면 중재판정부는 기피신청에 대한 결정을 하여야 한다.

만일 중재판정부에 의해 기피신청이 받아들여지지 아니한 경우 기피신청을 한 당사자는 그 결과를 통지 받은 날부터 30일 이내에 법원에 해당 중재인에 대한 기피신청을 할 수 있다. 당사자들은 기피신청에 대한 법원의 기피결정에 대하여는 항고할 수 없다.

6) 기피결정과 중재절차의 진행

중재판정부가 기피신청을 인용하면 해당 중재인은 중재인자격을 상실하게 되나, 중재판정부가 기피사유가 없다고 판단하여 기피신청을 기각하는 결정을 하면 기피신청을 한 당사자는 그 결과의 통지를 받은 날부터 30일 이내에 관할법원에 해당 중재인에 대한 기피를 신청할 수 있다. 법원에 기피의 신청이 제기되거나 또는 중재절차에 대해 기피의 제기가 되었을 경우에도 중재인은 중재절차를 진행시키고 중재 판단을 내릴 수 있다.[16]

그 이유는 당사자의 기피권 남용으로 인해 중재판정이 지연되는 것을 방지하기 위한 것이다. 중재절차의 중지 또는 속행은 중재인의 자유로운 의견으로 결정해야 할 것이다. 중재절차를 중지하지 않았다고 해서 그 중재인이 편파적이라고 비난 받을 것은 없다.

중재인기피를 인용하는 판결이 확정하면 해당 중재인이 중재의 직무를 실시하는 권한이 없는 것이 되어 직무로부터 배제된다. 그리고 해당 중재인에 의한

---

14) 국제중재규칙 제13조 제5항.

15) 중재법 제14조 제3항. 참고로 우리 중재법 제14조는 UNCITRAL 모범법안 제13조와 동일한 규정이라고 평가된다.

16) 중재법 제14조 제3항.

중재판정은 직무를 실시하는 권한이 없는 중재인이 내린 것이 되기 때문에 당사자는 중재판정의 취소를 구하던가, 또는 집행판결 소송에 대해 이 취지를 항변을 주장하여 그 청구기각을 요구할 수 있다. 법원은 이 기피신청에 대하여 기각 또는 인용의 결정을 하게 되는데 이러한 법원의 결정에 대하여는 항고할 수 없게 하여 중재절차의 지연을 방지하였다.[17]

제3절 중재인의 권한, 의무 및 면책

1. 중재인의 권한

1) 중재판정부의 판정권한

중재판정부의 판정권한(Kompetenz-Kompetenz)의 문제란 중재판정부가 당해 사건에 대해 자신에게 판정권한이 있는지 여부에 대해, 그리고 중재합의의 존부 또는 당해 사건에 대해 자신에게 판단권한이 있는지 여부에 대해, 그리고 중재합의의 존부 또는 유효여부에 대해 판단할 수 있는가 하는 것이다.

중재판정부의 판정권한의 문제는 지금까지 대부분의 국가에서 논란이 되어왔던 것인데, UNCITRAL 모범법안 제16조 제1항에서 "중재판정부는 중재합의의 존부 또는 유효성에 관한 이의를 포함하여 자신의 관할을 결정할 권한을 가진다."고 통일적인 규정을 제시한 후 많은 국가에서 이를 받아들임으로써 어느 정도 입법적으로 해결된 상태이다.

또한 유럽협약 제5조 3항에서도 "자신의 중재권한이 문제된 중재인은 중재를 진행하여 자신의 판정권한에 대한 판단을 하여야 한다."라고 규정하고 있으며, 워싱턴협약 제41조 제2항에서도 "분쟁이 이 기구 또는 중재판정부의 권한에 속하지 않는다는 이의는 중재판정부에 의하여 판단되어야 한다."라고 명시하고 있다. 반면 미국은 연방중재법 제4조에서 중재판정부의 판정권한에 대한

17) 중재법 제14조 제4항.

결정권을 인정하지 않고, 법원의 약식소송(summary trial)에 의해 중재합의의 무효 주장을 판단하도록 하고 있다.[18)]

중재판정부의 판정권한 이외에도 UNCITRAL 모범법안은 제17조(중재판정부의 임시적 처분 명령권한), 제18조(당사자의 동등한 대우), 제19조(중재절차의 결정), 제20조(중재장소의 결정), 제21조(중재절차의 개시), 제22조(사용언어의 결정), 제26조(감정인의 임명), 제27조(증거조사를 위한 법원의 협조요청) 등에 의거하여 중재인에게 광범위한 권한을 부여하고 있다.

2) 중재절차 진행과 중재판정의 권한

가. 중재절차 진행권한

중재법상 분쟁의 당사자들은 강행규정(强行規定)에 반하는 경우를 제외하고는 중재절차에 관하여 합의할 수 있다. 절차가 합의된 경우에는 중재인은 이에 따라야 한다. 그러나 이러한 합의가 없는 경우에는 중재판정부가 중재법에 따라 적절한 방식으로 중재절차를 진행할 수 있다.

이 경우 중재판정부는 증거능력, 증거의 관련성 및 증명력에 관하여 판단할 권한을 가진다. 중재는 당사자들이 자산들이 선정한 중재인들이 내리는 판정에 무조건 복종하기로 하는 계약이며, 그러한 중재인으로 당해 분쟁분야의 전문가들을 선정하는 것이기 때문에 중재인들은 자신들의 경험과 학식을 바탕으로 선과 형평의 원칙에 따라 판단하면 된다. 또한 당사자 간에 다른 합의가 없는 경우 중재판정부는 직권으로 또는 당사자의 신청을 받아 감정인을 구술심리기일에 출석시켜 당사자의 질문에 답변하도록 할 수 있다. 또한 중재판정부는 직권으로 또는 당사자의 신청을 받아 법원에 증거조사를 촉탁(囑託)할 수 있다.

중재절차에 관한 결정도 당사자 간에 다른 합의가 없는 경우 3명 이상의 중재인으로 구성된 중재판정부의 과반수의 결의에 따른다. 다만, 중재절차는 당사자 간의 합의가 있거나 중재인 전원이 권한을 부여하는 경우에는 절차를 주관하는 중재인이 단독으로 결정할 수 있다.

---

18) 목영준 (2011), 앞의 글, p.120.

나. 중재판정의 권한

중재판정부는 심리를 마친 후 본안에 대한 중재판정을 내려야 한다. 중재판정은 중재판정부가 단독중재인(a sole arbitrator) 경우에는 즉시 판정이 가능하지만, 당사자 간에 다른 합의가 없는 경우 3명 이상의 중재인으로 구성된 중재판정부의 의사결정은 과반수의 결의에 따라야 한다.

3) 중재판정부의 임시적 처분 권한19)

국제상사중재에서도 최종적인 중재판정이 있기 전까지 임시적 처분(Interim measure)으로 책임재산 또는 증거의 보전 등을 취할 필요가 있는 것은 소송절차에서와 마찬가지이다. 이러한 경우에 과거의 통설적인 견해는 법원에 의한 보전처분만 인정되었을 뿐이나, 중재를 직접 수행하는 중재판정부(Arbitral tribunal)에 의한 임시적 처분이 가능하도록 하자는 견해가 유력하게 대두되었다. 이를 반영하여 1985년 구 모범법안 제17조는 당사자 사이에 다른 합의가 없는 한 중재판정부가 임시적 처분을 명할 수 있음을 명시적으로 인정하였다. 그러나 기존 중재규칙이나 모범법안은 중재판정부에 의한 임시적 처분의 유효성을 인정한 이외에는 임시적 처분의 정의, 요건, 그 집행력 인정여부 등에 대하여는 아무런 규정을 두지 않고 있으며, 다만, 구 모범법안은 그 부속 해설서(explanatory note)에서 법원에 의한 보전처분과 양립 가능함을 기재하고 있었을 뿐이다.

2006년 개정 모범법안은 중재판정부에 의한 임시적 처분에 대하여 별도로 제4장의 2(Chapter Ⅳ bis) '임시적 처분과 사전명령(Interim measures and preliminary orders)'이라는 장(章)을 두고 그 중 제1절에서 임시적 처분의 정의와 요건을, 제2절에서 사전명령의 정의와 요건, 제3절에서 임시적 처분과 사전명령의 효력과 절차, 제4절에서 임시적 처분의 승인과 집행, 제5절에서 법원에 의한 임시적 처분 등을 각각 규정하여, 종래 학설이나 실무에 맡겨 두었던 임시적 처분의 정의, 요건, 절차, 그 승인과 집행 등을 구체적으로 규정하였다.

동 법 제17조 제1항은 당사자 사이에 다른 합의가 없는 경우에 중재판정부는 당사자의 신청에 따라 임시적 처분을 내릴 수 있다고 규정하여 중재판정부

19) 노태악 (2010), "UNCITRAL 모델중재법 및 중재규칙 개정에 따른 국내법 개정의 필요성 검토," 「국제사법연구」, 제16호 (국제사법학회), pp.125-131.

의 임시적 처분의 권한을 명시하고 있다.

한편 개정 모범법안은 임시적 처분의 발령 형식을 중재판정이든지 또는 중재절차에서의 다른 형태이든지 상관하지 않고 그 내용이 각호에서 규정하는 것에 포섭될 수 있으면 임시적 처분이 된다고 규정하고 있다. 종래에는 임시적 처분을 판정(award)의 형식으로 발령할 수 있는지, 판정의 형식으로 발령한 임시적 처분도 중재판정과 같이 뉴욕협약에 의하여 집행력을 부여할 수 있는지 여부 등에 대하여 논란이 있어 왔는데, 개정 모범법안은 이러한 논란을 종식하기 위하여 임시적 처분은 판정 또는 다른 형식으로 발령가능하고, 또한 뒤에서 보는 바와 같이 판정(award)의 형식이든 다른 결정(order) 등의 형식에 의하든 형식에 관계없이 임시적 처분에 대하여 집행력을 부여하고 있다.

사전명령(preliminary order)도 최종적인 중재판정 이전에 중재판정부에 의하여 발령되는 잠정적인 처분이므로 넓은 의미에서 임시적 처분의 일종이다. 따라서 사전명령을 발령하기 위해서는 임시적 처분의 발령 요건이 충족되어야 한다. 그러나 사전명령은 다음과 같은 점에서 임시적 처분과 구별된다. 첫째, 사전명령은 일방 당사자에 의한 신청으로(ex parte) 이루어지는 처분이다. 즉, 사전명령은 상대방 당사자가 임시적 처분의 신청이 있음을 알면 그 임시적 처분의 실행을 방해할 염려가 있다고 인정되는 경우에 발령되는 것이므로 상대방에 대한 통지 없이 발령된다. 둘째, 사전명령은 특정한(specific) 임시적 처분의 집행불능을 방지하기 위한 것이다. 이러한 점에서 임시적 처분이 분쟁의 본안에 대한 집행의 보전 등을 목적으로 신청하는 것과 구별된다.

모범법안에서는 사전명령은 그 임시적 처분과 함께 신청하여야 한다. 따라서 사전명령이란 임시적 처분의 집행불능을 방지할 목적으로 상대방에 대한 통지 없이 하는 중재판정부의 잠정적 처분이라고 정의될 수 있을 것이다.

한편 중재법은 제18조에서는 UNCITRAL 구 모범법안 제17조를 수용하여 임시적 처분에 대한 중재판정부의 권한을 명시적으로 인정하였다. 다만, 중재판정부의 임시적 처분권한의 구체적인 내용과 그 집행 등에 대해서는 여전히 논의의 여지가 남아 있기 때문에 손해예방, 중재판정의 집행을 쉽게 할 목적 및 중재절차의 원활과 실효성 확보를 목적으로 한 임시처분은 중재법 제10조에 의거하여 중재절차의 개시 전 또는 진행 중에 법원에 보전처분(保全處分)을 신청하는 것이 일반적인 현상이다.

한편 외국 중재판정부가 행한 임시적 처분이 우리나라에서 집행될 수 있는가 하는 문제가 발생하는데, 이는 본안에 대한 최종적인 판단을 내리는 중재판정이 아니기 때문에 뉴욕협약의 적용대상이 되지 않는다. 또한 중재법에서도 이와 관련한 명시적 규정을 두고 있지 않기 때문에 현재로서는 이 문제를 판단할 수 없다.

한편 중재신청 전이나 중재판정부가 구성되기 이전이라면 일방 당사자는 법원에 신청하지 않고는 임시적 처분을 신청할 다른 방법이 없게 된다.[20] 이러한 문제를 보안하고자 미국중재협회/국제분쟁해결센터(AAA/ICDR)이 전 세계 중재기관 중 최초로 당사자들의 별도의 합의가 없는 한 일방당사자가 긴급중재인의 선정을 신청할 수 있는 긴급중재인제도(Emergency Arbitrator System)를 도입하였다.[21]

그 후 ICDR 이외에도 스톡홀름상업회의소중재원(SCC), 싱가포르국제중재센터(SIAC), ICC국제중재법원(ICC) 및 호주국제상사중재센터(ACICA) 등 주요 국가 및 국제중재기관에서 긴급중재인제도를 운영하고 있다.

4) 중재인의 권한 종료

가. 중재인 권한종료의 의의

중재판정부의 구성은 중재인 중 1인이 법적으로 또는 사실적으로 직무를 수행할 수 없는 상태에 처하게 되거나, 기타 이유에서 적절한 기간 내에 직무를 수행할 수 없는 경우에 변경된다. 그리고 중재인이 사임하거나 당사자들이 중재인의 권한 종료를 합의한 경우에도 마찬가지이다.

중재법 제15조는 중재인의 권한이 중재인 스스로에 의해 또는 당사자의 합의에 의해 종료될 수 있음을 명시하고 있다. 중재인은 중재절차의 어느 때나 일정한 사유가 있는 경우 사임할 수 있으며, 또한 당사자도 합의하여 중재인의 권한을 종료시킬 수 있다. 그리고 당사자와 중재인간에 권한종료에 대한 다툼이 있으면 법원이 이에 대해서 판단할 수 있는 권한을 가진다.

---

20) 주이화, 배상필, 심상렬 (2012), "중재판정부의 임시적 처분과 국제중재기관들의 긴급중재인제도 비교 연구"' 「중재연구」, 제22권, 제3호 (한국중재학회), p.233.

21) AAA/ICDR 중재규칙 제37조.

나. 중재인의 권한종료 사유

중재인의 권한종료는 다양한 원인에 의해 발생할 수 있다. 가장 일반적인 원인으로는 중재인의 업무가 완성된 경우, 즉 중재절차가 종료된 경우를 들 수 있는데, 중재판정이 내려지거나 화해중재판정이 성립되는 경우 등이다.

중재절차의 종료시점은 원칙적으로 중재판정이 행해지고 중재비용문제가 해결된 때가 기준이 된다. 그밖에 중재인의 권한은 중재인의 사망, 중재인에 대한 기피결정 또는 법원에 의한 중재인의 권한종료결정 등의 사유에 의해서 종료될 수 있다.[22]

일반적으로 중재인의 권한종료사유를 크게 나누어 보면, 첫째 계약해지 등에 의한 중재인계약의 종료, 둘째 질병 등에 의한 중재인의 직무수행 불가능, 셋째 중재인의 직무불이행이다. 이러한 직무종료사유가 발생하면 중재인 스스로 사임하거나 당사자가 중재인의 직무종료를 합의할 수 있으며, 만일 중재인 스스로 사임하지 않거나 당사자의 합의가 이루어지지 않는 경우에는 당사자는 법원에 중재인의 직무종료에 관한 판단을 구할 수 있다.

특히 중재인은 법관처럼 직무감독을 받는 것이 아니기 때문에 중재인이 여러 가지 이유로 직무를 수행하지 않는 경우에는 이에 대한 대처방안으로서 중재인의 직무불이행을 직무종료사유로 인정할 필요가 있다. 중재인이 법률상 자신의 직무를 수행할 수 없는 경우란, 예컨대 중재인이 행위능력을 상실한 경우,[23] 또는 공직에 취임하여 중재인이 될 수 없는 경우, 또는 중재인에게 합의한 자격요건이 결여된 경우 등을 말한다.

그리고 중재인이 사실상 자신의 직무를 수행할 수 없는 경우란, 중재인의 질병이나 해외파견, 장기간의 구금 등의 사유를 생각해 볼 수 있다. 중재인이 정당한 사유 없이 직무수행을 지체하는 경우란, 중재인이 고의적으로 중재절차의 진행과 중재판정의 선고를 거부하는 경우뿐 아니라 정당한 사유 없이 이를 적절하게 수행하지 못하는 경우도 포함한다. 예컨대, 중재인이 적절한 기간 내에 구술변론기일을 지정하지 않고 미루는 경우 등이 이에 해당할 것이다.

---

22) 프랑스 민사소송법 제1456조에서는 중재합의에서 달리 기간을 정하지 않은 경우 중재인의 임무는 6개월간 지속됨을 명시하고 있다. 이 기간은 중재인 중 마지막 중재인이 직무를 인수한 날로부터 기산한다.

23) 중재인이 행위무능력자가 된 경우에도 권한이 종료된다.

다. 중재인의 사임권

중재인은 법률상 또는 사실상의 사유로 직무를 수행할 수 없거나 정당한 사유 없이 직무수행을 지체하는 경우에 스스로 사임함으로써 권한이 종료된다. 그런데 중재인이 특별한 사유 없이도 자유롭게 사임할 수 있는가에 대하여 과거 독일에서는 중재인의 사임권을 특별한 사유가 존재하지 않는 한 인정하지 않았다. 중재인이 중재인계약을 체결한 것은 당사자 간의 분쟁을 중재판정을 통해 해결하겠다는 의사표시이므로 특별한 사유가 존재하지 않는 한 그 직무로부터 물러날 수 없다는 것이다. 그리하여 중재인은 자신의 직무를 끝까지 수행하여야 하며, 원칙적으로 중재절차 중에는 다른 중재인으로 대체될 수 없다고 보았다. 그러나 독일의 새로운 중재법은 제1038조에서 중재인의 권한은 중재인의 직무수행 불능 등을 이유로 종료될 뿐 아니라 특별한 사유 없이도 중재인이 사임할 수 있음을 명시하고 있다.

한편 우리 중재법은 제15조는 독일과는 달리 "정당한 사유 없이"라고 규정하고 있기 때문에 합리적인 이유 없이 단순히 직무수행을 원하지 않는 경우까지 중재인의 사임이 허용되는 것은 아니라고 보아야 한다. 다만, 입법론적으로 어떠한 이유에서든지 직무수행을 원하지 않는 중재인에 대해 강제적으로 직무수행을 요구할 수는 없기 때문에 직무수행의 지체사유로서 "정당한 사유"보다는 "기타 사유"로 규정하는 것이 타당할 것이다.

원칙적으로 중재인은 직무수행을 승낙한 후에도 언제든지 직무수행을 거부할 수 있으며, 다만 이에 대해서는 민사상의 책임을 질뿐이라고 보아야 하는 것이다. 따라서 중재인의 직무수행의 지체 역시 정당한 사유가 있건 없건 간에 가능하다고 볼 수 있으며, 만일 정당한 사유 없이 직무수행을 지체하는 경우에는 당사자와의 관계에서 중재인계약 위반에 따른 민사상의 손해배상책임을 질 뿐이다. 그리고 중재인에 의한 사임은 당사자에 의한 중재인계약의 해지보다 엄격하게 적용되어야 한다.

라. 당사자의 합의

중재인 선정계약의 성질에 대해서는 견해가 나누어지나, 위임에 유사한 계약이라고 보면 위임에 관한 민법 규정이 준용된다. 따라서 위임계약에서와 마찬가지로 중재인이 사망, 파산하거나 금치산선고를 받은 경우에는 중재인 선정계

약이 종료된다.[24)]

그리고 중재인 선정계약은 중재인과 양당사자 간의 신뢰를 전제로 하는 것이므로 당사자들은 언제든지 합의에 의해 중재인계약을 해지할 수 있다. 즉, 중재인에 대한 신뢰를 상실한 당사자는 언제든지 중재인계약을 해지하여 중재인의 권한을 종료시킬 수 있다. 이 경우 중재인은 당사자에 대해 밀린 보수청구권을 가지며, 계약해지로 인해 상실한 이익에 대한 배상을 청구할 수 있다. 한편 당사자가 아무런 이유 없이 중재인의 권한종료를 합의한 경우에는 중재인은 당사자를 상대로 중재인계약 위반에 따른 민사상 손해배상책임을 물을 수 있다.

마. 중재인 권한종료의 효과

중재인 자신의 사임이나 당사자의 합의에 의해 중재인의 직무가 종료되는 경우, 이에 대해서는 법원의 사후심사 가능성이 존재하지 않기 때문에 중재인이 사임하거나 당사자 간에 중재인의 직무종료를 합의하였다고 하여 이로써 중재인에 대한 기피사유나 직무종료사유가 존재함을 인정하는 의미로 볼 것은 아니다. 그리고 중재합의 내에서 중재인을 선임하였다 하더라도 중재인의 사임은 중재합의의 존속에는 영향을 미치지 않는다. 중재인의 권한이 종료되는 경우에는 중재인은 중재인계약에 의해 자신에게 부여되었던 보수청구권 등의 권리를 상실하게 된다. 중재인의 권한이 종료하게 되면 새로운 중재인이 보궐중재인 선정절차에 따라 선임된다.

2. 중재인의 의무

1) 공정의무(duty of acting fairly and judicially)

중재인은 사법적 판단지위에 있으므로 실체판단에 있어서는 물론, 절차에 있어서도 공정하고 독립·중립적이어야 한다. 따라서 먼저 중재인들은 취임수락을 하기 전에 먼저 자신이 당해 사건과 이해관계 혹은 인적관계가 있는지 여부를 조사하여 만일 그러한 사실이 있거나 그러한 오해를 불러일으킬 소지가 있

24) 민법 제690조.

는 경우에는 이를 밝히고 수락을 거절하여야 한다.

다음으로 중재인은 중재절차를 진행하면서 양 당사자에게 중재절차에서 동등한 대우를 하여야 하고 자신의 사안(事案)에 대하여 변론할 수 있는 충분한 기회를 제공하여야 한다. 만약 중재인이 이를 위반하면 중재판정 취소와 중재판정 승인 및 집행의 거부 사유가 된다.

또한, 중재인은 본안 사건의 판단을 함에 있어서나 절차를 진행함에 있어 추호도 편파적이어서는 안 된다. 그리고 절차의 진행 중에 일방 당사자에게 법적으로 불리하게 판단된 내용을 먼저 말하거나 하여서는 안 된다. 즉, 본안에 관하여 일방 당사자만과의 논의를 피하는 등 중재판정 과정에 있어서도 공정성에 대한 의심을 야기하지 않아야 한다. 따라서 중재인은 심리 중에는 당사자들에게 사실관계만을 심리하고 법적인 판단은 중재인이 최종적으로 판정으로 판단하여야 한다.

2) 주의의무(duty of due care)

중재인은 중재판정을 내림에 있어 전문가로서 주의의무가 있다. 이 때 주의의 정도는 그의 전문성에 따라 '전문가로서의 주의'가 요구되는 바, 예를 들면 중재인이 법률가라면 그에게는 다른 법률사무에 종사하는 만큼의 주의의무가 요구되고, 이를 게을리 한 경우에는 그에게 '전문가로서의 과실'이 있다고 인정된다.[25)]

또한 중재인은 자신이 내린 판단이 분쟁당사자들이 부탁한 사항의 범위를 넘지 않아야 할 뿐 아니라 당사자들이 판단을 요구한 부분에 대하여는 빼놓지 말고 판단을 하여야 한다. 1998년 한국 중재법에서는 이를 명문화하여 중재판정에 판단유탈(判斷遺脫)이 있는 경우에는 재심사유로서 규정하고 있었으나, 뉴욕협약상 판단유탈은 중재판정의 승인 및 집행의 거부사유에 해당되지 않기 때문에 1999년 중재법 개정에서는 동 조항이 삭제되었다. 그럼에도 불구하고 판단유탈이나 중재인의 권한유월(權限踰越)이 있는 경우에는 중재판정을 집행하는데 걸림돌이 될 수가 있기 때문에 중재인은 주의하여야 한다.

25) '전문가로서의 과실'은 영미법계에서 본래 전문가의 계약위반으로 인한 손해배상청구에서 사용된 것이나, 최근에는 과실로 인한 불법행위에도 가끔 사용되고 있다.

3) 성실의무(duty of acting with due diligence)

중재인은 분쟁해결을 위해 자신을 선임한 당사자들의 신뢰에 어긋나지 않도록 신의와 성실의 원칙하에서 맡은 임무를 수행하여야 한다. 민법에서도 권리의 행사와 의무의 이행을 신의성실의 원칙에 따르도록 하고 있다. 또한 중재인은 분쟁사안에 적절한 절차를 채택하여 당사자에게 불필요한 비용과 시간을 들이지 않게 하여야 한다. 예를 들어 분쟁이 사실관계에 관하여는 다툼이 없고, 법률적 해석만이 남았다면 증거조사의 절차를 거칠 필요 없이 서면심리만으로도 족하다. 만일 이러한 의무에 위반하여 정당한 사유 없이 중재절차를 지체하는 경우 권한종료사유가 될 수 있다.

4) 비밀준수의무(duty of confidentiality)

중재사건 특히 국제무역 분쟁에 대한 중재사건은 해당 당사자의 기업의 비밀이나 노하우(know-how)가 개재되어 있는 경우가 많으며, 또한 당사자들의 대외 이미지를 실추시켜 중재의 결과와 상관없이 사업에 지장을 받게 하는 경우도 있다. 따라서 중재인은 중재절차과정에서 알게 된 내용들에 대하여 외부에 절대로 발설하여서는 안 된다. 다만 법의 규정에 의한 경우나 당사자들이 공개에 동의한 경우에는 그러하지 아니한다.

5) 의무위반의 효과

중재인이 중재절차 진행 중 또는 중재판정 과정에서 위와 같은 의무를 위반한 경우에는 분쟁당사자에 의하여 기피될 수 있고, 이러한 중재인에 의하여 내려진 중재판정이 취소되거나 집행 거부될 수 있다.

3. 중재인의 책임과 면책[26)]

중재인은 당사자들로부터 공평하고도 적정하게 분쟁을 해결하여 주도록 계약상 위임받았을 뿐 아니라, 그가 내린 중재판정은 국가공권력의 뒷받침을 받

26) 목영준 (1999), 앞의 글, pp.154-58.

는 등 사법적 기능을 수행하고 있으므로, 중재인은 중재절차를 진행하고 중재판정을 내리는데 있어서 앞의 설명과 같은 중재인의 의무를 준수하여야 한다.

그러므로 만일 중재인이 위와 같은 의무를 위반한 경우에는 중재인으로 하여금 채무불이행으로 인한 손해배상책임이나 불법행위로 인한 민·형사상 책임을 지게 함으로써 중재인의 공정성 및 정직성을 담보할 수 있다.

반면 중재에서는 화해, 조정 등 다른 분쟁해결방안과 달리, 국가공권력의 뒷받침을 받는 중재판정이 내려져야 하고, 그 결과 중재판정에 불복하는 당사자가 생기게 마련인 바, 이러한 불복당사자는 중재판정을 취소 또는 집행거부하기 위하여 중재인의 잘못을 문제삼으려할 가능성이 높다.

그런데 만일 중재인을 이러한 민·형사상 청구에 제한 없이 노출시킨다면 크게 두 가지 문제가 발생한다. 우선, 대다수의 전문가들이 중재인선정의 수락을 하지 않으려 할 것이다. 왜냐하면 중재인으로서는 그의 과실유무에 불문하고 민사상 청구 또는 형사상 고소를 당하는 그 자체를 꺼려하기 때문이다. 다음으로 패소당사자가 중재민의 책임을 묻는 소를 제기하게 되면, 그 소송에서는 중재절차 및 중재판정 과정을 검토하지 않을 수 없고, 그 결과 사실상 분쟁에 대하여 반복적인 심리를 하게 되는 바, 이는 분쟁의 1회적 및 신속한 해결이라는 중재제도의 목적에 맞지 않는다.

이러한 상반된 목적들을 조화시키기 위하여, 일정한 경우에는 중재인에 대하여 민·형사상 책임을 부과하되, 그 인정범위를 극도로 제한하는 것이 적절하다 할 것이다.

1) 형사상 책임

가. 뇌물죄(賂物罪)

중재인은 공무원, 특히 법관과 같은 공정성을 요구받고 있으므로, 우리 형법상 뇌물죄에 있어서 공무원과 동일한 취급을 받는다. 즉 중재인이 그 직무에 관하여 뇌물을 수수, 요구 또는 약속한 때는 수뢰죄(受賂罪)로, 중재인이 될 자가 그 담당할 직무에 관하여 청탁을 받고 뇌물을 수수, 요구 또는 약속한 후 중재인이 된 때에는 사전수뢰죄(事前受賂罪)로 처벌받게 된다.[27]

또한 중재인이 그 직무에 관하여 부정한 청탁을 받고 제3자에게 뇌물을 공

27) 형법 제129조.

여하게 하거나 공여를 요구 또는 약속한 때에는 제3자뇌물제공죄(第三者賂物提供罪)로 처벌받는다.[28] 나아가 중재인이 앞의 죄를 범한 후 부정한 행위를 한 때 및 중재인이 그 직무상 부정한 행위를 한 후 뇌물을 수수, 요구 또는 약속하거나 제3자에게 이를 공석하게 하거나 공여를 요구 또는 약속한 때에는 수락후부정처사죄(受賂後不正處事罪)와 사후수뢰죄(事後受賂罪)로 가중처벌 받고[29] 중재인이었던 자가 그 재직 중에 청탁을 받고 직무상 부정한 행위를 한 후 뇌물을 수수, 요구 또는 약속한 매에도 사후수뢰제로 처벌받는다.[30]

한편 이러한 뇌물을 약속, 공여 또는 공여의 의사표시를 한 자 및 그 목적으로 제3자에게 금품을 교부하거나 그 사실을 알면서 교부를 받은 자도 뇌물공여죄(賂物供與罪)로 처벌받는다.[31]

나. 배임죄(背任罪)

배임죄에 관한 우리 형법 제355조 제2항은 "타인의 사무를 처리하는 자가 그 임무에 위배하는 행위로써 재산상의 이익을 취득하거나 제3자로 하여금 이를 취득하게 하여 본인에게 손해를 가한 때에도 전항의 형과 같다."라고 규정하고 있다. 그렇다면 중재당사자로부터 중재사무의 처리를 위임받은 중재인이 그 임무에 위배하여 일방 당사자에게 이익을 취득하게 하였다면, 배임죄에 해당할 것인지가 문제될 수 있다.

그러나 이때의 사무라 함은 재산상의 사무에 한한다는 설이 우리의 다수설이고, 우리판례도 "배임죄에 있어서 타인의 사무를 처리하는 자란 타인의 재산관리에 관한 사무의 전부 또는 일부를 대행하는 경우와 타인의 재산보전에 협력하는 경우라야 한다."고 판시하고 있는 점에 비추어 볼 때 중재인은 타인의 사무를 처리하는 자에 해당하지 않고, 따라서 배임죄의 주체가 되지 않는다고 보아야 할 것이다.

---

28) 형법 제130조.

29) 형법 제131조 제1-2항.

30) 형법 제131조 제3항.

31) 형법 제133조.

2) 민사상 책임

가. 책임의 법적 성질

앞에서 본 바와 같이 중재인이 중재인선정계약에 의하여 중재인으로서의 직무를 수행하는 것이라고 본다면, 중재인의 의무위반으로 인한 책임은 채무불이행으로 인한 손해배상책임으로 보아야 할 것이다. 또한 중재인의 불법행위로 인한 손해배상책임이 될 수도 있다.

나. 입법례(立法例)

독일 중재법, 프랑스 중재법, 네덜란드 중재법 등 대륙법계 국가의 중재법에서는 중재인의 민사상 책임과 면책(免責)에 관한 규정을 두고 있지 않다. 다만 오스트리아 민사소송법 중 중재편은 중재인이 의무를 위반한 경우에 그 잘못으로 인한 손해를 배상할 책임이 있다고 규정하고 있다.

반면 영국 중재법은 이에 관한 자세한 규정을 두었다. 영국 중재법 제29조 제1항은 "중재인은 해의(害意, bad faith)에 기한 것이라고 증명되지 않은 한, 그 직무수행중의 행위(anything done) 또는 나태(懶怠, anything omitted)로 인한 책임을 지지 아니한다."고 규정하고 있다. 문제는 해의(害意)의 의미인바, 영국에서 해의는 법관들이 그들의 보통법상 책임을 제한하기 위하여 또는 규제당국에 의하여 쓰여 왔는데, 그 의미는, 개인적 반감을 의미하는 악의나 부당한 이유로 해치고자 하는 의사, 또는 결정권한이 없음을 알고 있는 상태를 의미한다고 한다. 또한 해의에 대한 입증책임은 이를 주장하는 자에게 있다.

한편 ICC 중재규칙은 제40조에 "중재인, 중재법원과 그 위원, ICC와 그 직원, ICC 국내위원회는 중재와 관련된 어떠한 작위 또는 부작위에 대하여 어느 누구에게도 책임을 지지 아니한다."라는 책임면제(Limitation of Liability) 조항을 두고 있다. 또한 UNCITRAL 중재규칙도 2010년 제16조에 "고의의 부정행위가 아닌 한, 당사자들은 적용되는 법률에 의하여 허용된 최대한의 한도에서 중재인, 중재인선정권자 및 중재판정부에 의하여 선임된 자의 중재와 관련된 작위 또는 부작위에 대하여 청구할 권리를 포기한다."라는 면책(Exclusion of liability) 조항을 마련하였다.

우리나라 입법의 경우 중재법과 국내중재규칙에는 중재인의 책임과 면책에 관하여 아무런 규정을 두고 있지 않으나, 중재규칙의 국제적 신뢰성 확보를 위하여 2007년 제정된 국제중재규칙 제51조에 “중재인과 사무국 임직원은 이 규칙에 따라 진행된 중재와 관련된 작위 또는 부작위에 대하여 고의 또는 무모한 행위에 해당되지 않는 한 책임을 지지 않는다.”라고 면책조항을 최초로 명시한 바 있다.

3) 손해배상책임의 유형 및 면책 여부

가. 과실로 인한 손해배상책임과 면책

중재인과 양당사자 간의 관계를 위임에 유사한 특수계약으로 볼 때, 이론적으로는 중재인이 과실로 의무를 위반하였다면 이로 인한 손해배상책임을 지워야 할 것이나, 어느 범위에서 이를 면책할 것인지가 문제된다.

영국 중재법에 의하면, ‘전문가로서의 과실’에 의하여 의무위반이 있는 경우에 그것이 경과실이건 중과실이건 해의(害意)에 이르지는 않을 것이므로 제29조 제1항에 의하여 면책된다.[32] 이에 대하여 대륙법계에서는, 중재인이 단순한 실수나 경과실이 아닌, 사법적 정의 실현의 거부(denial of justice)에 이를 만큼의 중과실(gross negligence)에 기인한 경우라면 면책되지 않는다고 한다.

나. 고의로 인한 손해배상책임과 면책

중재인이 고의로 의무를 위반하였을 때 면책되지 않는다는 점은 다툼이 없다. 이에 관한 구체적인 사례는 다음과 같은바, 이러한 행위들은 중재인이 해의를 가졌다고 보아도 무방할 것이다.

① 중재인이 의도적으로 변론기일에 나타나지 않는 등 고의적으로 중재절차 진행을 방해하는 경우

② 중재인이 정당한 사유 없이 중재판정부의 합의에 참석하기를 거부하는 경우

③ 중재인이 중채판정이 내려지기 전에 일방 당사자에게 중재판정부의 합의 내용을 누설하는 경우

결론적으로 중재의 양당사자에게 중재인의 선정에 관하여 대등한 참여기회

---

32) 그러나 중재인의 권한종료사유에는 해당할 것이다.

가 보장되어 있고, 중재인에 대한 기피제도가 존재하며, 중재인의 의무위반을 이유로 중재판정을 취소하거나 중재판정의 집행을 거부할 수 있게 하는 점 등에 비추어 볼 때, 중재인의 공정성과 독립성 유지 및 기타 직무상 의무의 준수는 제도적으로 어느 정도 담보되어 있다고 볼 수 있다. 따라서 중재인이 고의적(故意的)으로 의무를 위반한 경우에 한하여 손해배상책임을 지우는 것은 타당할 것이다. 다만 고의란 중재인의 내심의 의사이므로, 법원이 그 의무위반에 이른 객관적 사정을 고려하여 고의 여부를 판단하게 될 것이다.

Chapter 10

중재절차

제 1 절 중재절차의 의의와 기본원칙

1. 중재절차의 의의

중재절차는 중재의 진행준칙(進行準則)을 의미하기도 하나 일반적으로 중재의 진행과정을 의미한다. 즉, 중재절차란 중재를 행하기 위한 절차이다. 이러한 중재절차는 당사자가 스스로 결정할 수 있고, 당사자의 합의가 없는 경우에는 중재판정부가 결정하는 것이 바람직하다.

중재절차는 원칙적으로 중재당사자가 중재합의에서 정한 방법과 절차에 따라 진행한다. 중재절차에 있어서 이것을 당사자 자치의 원칙이라고 한다. 이 원칙은 각국의 강행법규나 공공정책에 의하여 제한을 받는다. 따라서 중재절차는 당사자들이 정한 규정과 각국의 강행법규나 공공정책의 요건에 부합되어야 하고 준거법상의 무효조건과도 균형을 이루어야 한다.[1]

UNCITRAL 모범법안 및 우리나라 중재법은 모두 '중재절차'라는 제목의 장에 당사자에 대한 동등한 대우의 기본원칙을 천명한 다음, 원칙적으로 중재절차에 관하여 당사자들의 합의에 따른다고 규정하고,[2] 중재지, 중재절차의 개

1) 김경배 (2005), 「국제무역분쟁과 ADR」 (서울: 무역경영사), p.266.

2) UNCITRAL 모범법안 제18조-19조, UNCITRAL 중재규칙 제17조; 중재법 제19조-20조.

시, 중재언어, 신청서와 답변서, 심리, 당사자의 해태, 감정인 및 증거조사에 관한 법원의 협조에 관하여 상세히 규정하고 있다. 그러나 이 밖의 사항은 당사자 간 합의 또는 중재기관의 중재규칙에 위임하고 있다 할 것이다.[3)]

한편 기관중재와 비기관중재를 불문하고 중재사건은 일반적으로 중재절차의 개시(중재신정 또는 통지) → 피신청인의 답변 → 중재판정부의 구성 → 사건관리회의 → 주장서면의 교환 및 증거제출, 문서제출절차 → 심리기일 → 절차의 종결 및 중재판정의 순으로 진행된다.

본 장에서는 UNCITRAL 중재규칙과 국내기업이 국제계약에서 분쟁해결절차로 많이 이용하는 ICC 중재규칙을 중심으로 중재절차를 위와 같은 진행단계별로 기술하고자 한다.

2. 중재절차의 기본원칙

1) 당사자 자치의 원칙

당사자 자치는 중재의 근간을 이룬다. 당사자들은 원칙적으로 중재의 절차에 관하여 자유로이 합의할 수 있으며, 합의를 하지 못한 경우에만 중재판정부가 적절하다고 판단하는 방식으로 중재절차를 진행시키게 된다. 한편 중재판정부의 권한에는 증거의 채택 여부, 관련성, 중요성 및 그 경중을 결정할 권한이 포함된다.[4)]

우리나라 중재법도 중재법 내용과 다른 내용의 중재규칙을 채택할 수 있도록 당사자 자치를 폭넓게 허용하지만, 이러한 당사자 자치는 중재법의 강행규정(强行規定)에 반하는 경우에는 허용되지 않는다.[5)] 다만, 중재법은 어느 조항이 강행규정인지 명시하고 있지는 않은데, 당사자들이 적정한 중재절차의 근간을 이루는 권리·의무를 제한하는 중재규칙을 채택하는 것은 허용되지 않을 가능성이 높다. 예컨대, 당사자의 동등한 대우를 배제하거나 중재인의 공정성

3) 김갑유 (2012), 「중재실무강의」 (서울: 박영사), pp.166-167.

4) UNCITRAL 모범법안 제19조 제2항. 중재절차에 있어서 당사자 자치의 제약에 대한 자세한 내용은 Michael Pryles (2007), "Limits to Party Autonomy in Arbitral Procedure," Journal of International Arbitration, Vo1. 24, No. 3, pp.327-39. 참조.

5) 중재법 제20조 제1항.

이나 독립성에 대하여 합리적 의심을 살 만한 사유에 대한 공개를 금지하는 등의 규칙을 채택하는 것은 허용되지 않을 것이다.[6)]

마찬가지로, 대부분의 경우 중재기관의 규칙이 정한 절차도 당사자들의 합의로 변경하는 것이 허용된다. 그러나 실무상 당사자들이 관행 및 정해진 절차로부터 이탈하여 독자적인 규칙에 합의하는 경우는 매우 드물다. 이는 통상 중재기관의 중재규칙에 따르더라도 중재판정부가 심리기일, 주장서면 및 전문가에 의한 증언 등에 관하여 폭넓은 재량을 갖고 있으므로 융통성 있는 절차의 전개가 가능하기 때문이다.

2) 동등대우의 원칙과 충분한 변론기회 부여

당사자들에 대한 동등한 대우와 충분한 변론의 기회 부여 역시 중재의 근간을 이룬다. UNCITRAL 모범법안 제18조 및 중재법 제19조도 "양쪽 당사자는 중재절차에서 동등한 대우를 받아야 하고, 자신의 사안(事案)에 대하여 변론할 수 있는 충분한 기회를 가져야 한다."고 규정하고 있고, 각 기관의 중재규칙도 이와 유사한 취지의 규정을 두고 있다.[7)]

특히 위 규정들은 강행규정으로 해석[8)]되기 때문에 중재판정부가 중재절차를 진행함에 있어 적정절차를 보장하지 않은 경우에는 중재판정의 취소나 중재판정의 승인 및 집행의 거부사유가 될 수 있다.[9)]

그러나 "당사자들에 대한 동등한 대우"는 기회의 균등을 의미하는 것일 뿐, 결과의 균등을 의미하는 것은 아니다. 그러므로 당사자 일방이 스스로 중재절차에 참여하기를 거부하여 변론 또는 서면 · 증거제출의 기회를 포기하였다면, 상대방 당사자가 그에 반하여 주어진 기회를 충분히 활용하였다 하더라도 동등한 대우 원칙의 위반에 해당하지 않는다.

한편 중재법은 중재 당사자가 중재절차에서 변호 대리인을 선임할 수 있는지에 대한 명문의 규정을 두고 있지는 않다. 그러나 중재의 대리와 관련하여

---

6) 대법원도 중재인이 공정성이나 독립성에 관하여 의심을 야기할 수 있는 사유를 당사자들에게 고지할 의무를 규정한 중재법 제13조 제1항이 강행규정이라고 판시하였다(대법원 2005. 4. 29. 선고 2004다47902 판결 참조).

7) ICC 중재규칙 제22조 제4항; 국내중재규칙 제35조 제5항; 국제중재규칙 제20조 제2항.

8) 대한상사중재원 (2010), 「국제중재규칙 해설」, p.119.

9) 뉴욕협약 제5조 제1항 b호; 중재법 제36조(중재판정 취소의 소) 제2항 1호 나.

국내중재규칙 제8조에서 “당사자는 이 규칙에 의한 절차의 대리를 변호사 또는 상당하다고 인정되는 자로 하여금 하게 할 수 있다. 그러나 중재판정부가 대리인이 중재절차 대리에 부적당하다고 판단하는 경우 동 대리인을 거부할 수 있다.”라고 규정하고 있다.[10] 또한 국제중재규칙 제7조도 “이 규칙에 따른 절차에서 당사자는 자신이 선정한 자로 하여금 자신을 대리하게 할 수 있다. 다만, 중재판정부가 요구하는 바에 따라 그 대리권을 증명하여야 한다.”고 규정함으로써 당사자의 변호인 대리권을 인정하고 있다.

3) 직권탐지주의

우리나라 중재에 있어서는 민사소송의 변론주의(辯論主義)[11]가 적용되지 아니하고, 직권탐지주의(職權探知主義)가 적용된다. 직권탐지주의란 법원이 소송당사자의 주장이나 청구에 구속받지 않고 직권으로 증거를 수집・조사해야 하는 주의로서 대륙법계 중재절차에서 많이 나타난다. 즉 중재인은 사실에 관한 증거자료를 당사자로부터 구할 수도 있고 스스로 수집할 수도 있다.[12]

4) 포기의 원칙

포기의 원칙이란 당사자들이 중재규칙, 중재합의 또는 중재절차에 적용되는 규범에 대한 위반을 인식하면 지체 없이 이에 대하여 이의를 제기하여야 함을 의미한다. 이러한 위반에 대하여 시의적절한 이의를 제기하지 못할 경우, 당사자들이 이의신청권을 포기한 것으로 간주하므로 이는 실무상 매우 중요하다.

UNCITRAL 모범법안 제4조는 “이 법의 규정에 의하여 당사자가 그 효력을 배제할 수 있다는 규정이나 중재합의의 요건이 준수되지 아니한 사실을 알았거나 알 수 있으면서 당사자가 지체 없이(without undue delay), 또는 기한이 정해져 있는 경우에는 그 기한 내에 그러한 불이행에 대해 이의를 제기하지 아니하고 중재절차를 속행한 경우에는 자신의 이의신청권을 포기한 것으로 본

---

10) 양병회 외 (2006), 「주석 중재법」 (대한상사중재원, 한국중재학회), p.89.

11) 당사자가 판결의 기초가 되는 사실과 증거의 수집을 책임지는 주의로 당사자의 주장과는 상관없이 법원이 적극적으로 사실과 증거를 조사하는 직권주의(職權主義)와 대립되는 개념이다.

12) ICC 중재규칙 제25조; 국내중재규칙 제42조; 국제중재규칙 제22조 등.

다."라고 규정하여 이의신청권의 포기원칙을 명시하고 있다.

ICC 중재규칙 제39조는 "중재에 적용되는 본 중재규칙 또는 그 밖의 다른 규칙의 규정, 중재판정부의 지시, 중재판정부의 구성이나 절차 진행과 관련한 중재합의 상의 요건 등이 지켜지지 않는 데 대하여, 당사자가 이의를 제기하지 않고 중재절차를 계속 진행하면 이의할 권리를 포기(waiver)한 것으로 간주한다."고 규정하고 있다.

또한 중재법 제5조는 "당사자가 이 법의 임의규정 또는 중재절차에 관한 당사자 간의 합의를 위반한 사실을 알고도 지체 없이 이의를 제기하지 아니하거나, 정하여진 이의제기 기간 내에 이의를 제기하지 아니하고 중재절차가 진행된 경우에는 그 이의신청권을 상실한다."고 명시하고 있다.[13)]

5) 중재절차의 비공개 및 비밀유지 원칙

재판은 공정을 위하여 공개되는 것을 원칙으로 하고 있다. 그러나 특정거래에 있어서는 그 분쟁의 대상, 예를 들면 기술, 노하우(know-how) 등이 경쟁사나 고객에게 알려지지 않아야 하며, 한편으로는 분쟁이 발생하였다는 사실 자체가 공개되는 것을 꺼려하는 경우도 많다.

중재는 심리를 비공개하고 비밀을 보장함으로써 위와 같은 불이익을 방지할 수 있다. 이와 관련하여 ICC 중재규칙 제28조 제3항 전단은 "당사자들이 달리 정하지 않는 한 심리는 비공개로 이루어진다."고 규정하고 있다. 나아가 제34조 5항에서는 "모든 당사자가 동의한 경우 또는 법적 권리의 보호나 추구를 위한 경우, 또는 법원에서의 소송이나 다른 관할 기관의 절차와 관련되어 당사자에게 법적 의무로써 요구되는 경우에 한하여 중재판정을 공개할 수 있다."고 규정하고 있다.

국내중재규칙 제9조에서도 "중재절차는 공개하지 아니한다."고 규정하고 있으며, 국제중재규칙 제52조에서도 "중재절차 및 그 기록은 공개하지 아니한다. 중재인, 사무국 임직원, 당사자 그리고 그 대리인과 보조자는 당사자 사이에 합의되거나 법률상 또는 소송절차에서 요구되는 경우를 제외하고는 중재사건과 관련된 사실 또는 중재절차를 통하여 알게 된 사실을 공개하여서는 아니 된

13) 국내중재규칙 제46조 및 국제중재규칙 제50조에도 이의신청권의 상실과 관련한 규정을 두고 있다.

다."고 규정함으로써 중재절차의 비공개와 비밀유지의 의무를 요구하고 있다.

이러한 규정은 중재기관 사무국, 당사자 및 중재판정부 모두에 적용되는 폭넓은 비공개와 비밀유지 의무를 규정하고, 당사자 간 별도의 합의 또는 별도의 법규정이 없다면 중재의 존부자체 및 제출된 증거, 변론, 녹음기록 및 중재판정의 존재를 공개하는 것을 모두 금지하는 것으로 해석된다. 비공개를 원칙으로 정하지 않은 중재기관의 경우에도 합의로써 중재절차를 비공개로 할 수 있음은 물론이다.[14)]

제2절 중재절차의 개시 및 철회

1. 중재신청서와 답변서

1) 중재신청서 또는 중재요청서에 의한 절차개시

가. 중재신청서와 중재요청서(통지서)의 개념

중재절차의 개시 방법은 기관중재인지, 비기관중재인지에 따라 다를 뿐만 아니라, 기관중재인 경우에도 어떠한 중재규칙에 따른 중재인지 여부에 따라 다르다.

기관중재의 경우, ICC 중재나 KCAB 중재의 경우는 ICC 중재법원이나 KCAB 사무국에 중재신청서(Request for Arbitration)를 제출하면 이로써 중재가 개시되고, 이들 기관이 중재신청서를 피신청인에게 송달한다.

런던중재법원(LCIA) 중재나 싱가포르국제중재센터(SIAC) 중재의 경우는 중재신청서보다는 다소 간략한 중재통지서(Notice of Arbitration)를 신청인이 직접 피신청인에게 송달한 후 사무국에 이러한 송달을 증명하는 서류를 제출함으로써 중재가 개시된다. 미국중재협회(AAA) 중재의 경우에도 한 페이지로 간편화된 양식의 중재통지서를 이용한다. UNCITRAL 중재규칙에서도 중재절차

14) 김갑유 (2012), 앞의 글, p.177.

를 관장할 중재기관이 없는 비기관중재의 경우에는 신청인이 피신청인에게 직접 중재통지서(Notice of Arbitration)를 송부함으로써 중재가 개시된다.

즉, 중재요청서(통지서)는 통상 두세 쪽 내외 분량의 간명한 문서로서 신청인이 피신청인에게 특정 분쟁을 중재에 회부할 것을 알리는 의사표시이고, 중재신청서는 구체적인 신청취지와 신청원인 사실을 기재한 법률적 서면으로서 중재기관에 제출된다.

중재법에서 이와 같이 구별하고 있은 이유는 임시중재를 위한 것이다. 즉 상설중재기관에 의한 중재에서는 일방 당사자가 중재기관에 중재신청서를 제출하면 중재기관이 신청서 부본을 상대방 당사자에게 통지하고, 그 중재기관 규칙에 따라 중재인을 선정하게 되므로 신청당사자 입장에서 중재요청서와 중재신청서를 구분하여 청구할 필요가 없다. 그러나 임시중재에 있어서는 그와 같은 규칙이 없으므로, 일방 당사자는 우선 상대방 당사자에게 중재요청서를 보내서 중재절차가 개시되도록 하고, 그 후에 중재인 선정절차를 거쳐 중재인에게 중재신청서를 제출하게 되는 것이다.

나. 중재절차의 개시일자

중재절차의 개시일자와 관련하여 UNCITRAL 모범법안 제21조는 "당사자 간에 달리 합의하지 않는 한 특정한 분쟁에 관한 중재절차의 진행은 당해 분쟁을 중재에 부탁할 것을 요구한 서면이 피신청인에 의하여 수령된 일자에 개시된다."고 명시하고 있다. 또한 UNCITRAL 중재규칙 제3조 제2항은 "중재절차는 전항의 중재통지가 피신청인에 의해 수령된 날로부터 개시(commence)되는 것으로 간주한다."고 규정하고 있다.

ICC 중재규칙 제4조 제2항은 "중재신청서가 사무국에 접수된 일자는 모든 면에서 중재의 개시일(date of the commencement)로 본다."고 규정하고 있다. 중재법 제22조 제1항에서는 당사자 간에 다른 합의가 없는 경우 중재절차는 피신청인이 중재요청서를 받은 날부터 시작된다고 규정하고 있다. 그러나 중재법 제22조 제1항의 '중재요청서'는 동법 제24조의 '신청서'와는 구별된다. 즉, 기관중재인 경우에는 중재신청서가 KCAB 사무국에 접수된 일자에, 임시중재의 경우에는 중재요청서가 피신청인에 의해 수령된 날로부터 중재절차가 개시된다.

다. 중재절차의 개시효과

중재절차의 개시 시기는 다음 두 가지 점에서 법률적으로 중요한 의미를 갖는다.[15] 첫째, 중재절차가 개시됨으로써 채권의 소멸시효[16] 진행을 중단시킬 수 있다. 민법 제168조 제1호에 의하면 재판상 청구는 시효의 중단사유[17]이고, 중재법 제35조에 따라 중재판정은 법원의 확정판결과 동일한 효력이 있으므로 결국 중재절차의 개시는 소송절차의 개시와 마찬가지로 시효중단 사유가 된다고 보아야 한다.

UNCITRAL 모범범안 제21조에는 중재절차의 개시일자에 대해서만 명시하고 있고 시효중단과 관련한 내용을 명시하고 있지는 않다. 그러나 동 조를 두게 된 목적은 각국의 국내법에서 중재절차의 개시일자가 소멸시효의 중단일로 정해지는 것을 예상하여, 시효중단, 정지 또는 출소제한의 시기를 통일시키는데 있다.

둘째, 중재 개시의 시기는 중재신청이 중재합의 또는 법령에 의한 시기 제한을 준수하였는지 여부를 결정하게 된다. 즉 당사자들은 중재합의로서 중재 개시시기를 제한할 수 있고, 이러한 제한시기를 지키지 못한 경우에 청구가 금지되거나 무효화되도록 합의할 수 있으며, 비록 이러한 효력조항이 없다 하여도 기간을 경과한 당사자는 중재를 할 권리를 상실하거나 법원에 의한 구제수단이 제한될 것이다. 또한 법령에 출소시기를 제한할 경우에는 중재의 시기는 이 기간 내에 이루어져야 한다.

라. 중재신청서 또는 중재요청서의 기재사항

각 중재기관의 중재규칙은 중재신청서 또는 중재요청서에 기재될 사항에 대하여 조금씩 상이하게 규정하고 있다. 그러나 대부분의 중재기관들이 중재신청서에 공통적으로 중재인 선정에 대한 의견이나, 중재절차의 언어, 중재지에 대한 합의내용 또는 의견을 포함하도록 요구하고 있다.[18] 중재요청서나 중재신

---

15) 장문철, 서정일, 정선주, 강병근 (1999), 「UNCITRAL 모델중재법의 수용론」 (서울: 세창출판사), p.395.

16) 채권 및 소유권의 소멸시효는 민법 제7장(소멸시효) 참조.

17) 소멸시효의 중단사유는 1. 청구, 2. 압류 또는 가압류, 가처분, 3. 승인이다.

18) 법원에 제출하는 서류는 비교적 엄격한 형식적 요구사항이 있는 데에 반해, 중재신청서나 중재요청서의 경우에는 규정에 명시된 사항만 충실히 기재하면 형식적 요건이 미비

청서에 위와 같은 사항이 포함되는 것은, ① 적법절차의 준수를 위하여 중재기관 또는 중재판정부를 통하여 모든 서신이 정확하고 지체 없이 관련 당사자 주소로 송달되고, ② 필요 시 중재기관이 당사자들에게 자격요건을 갖춘 실력 있는 중재인 후보자를 제공할 수 있도록 충분한 정보를 알리며, ③ 중재판정부가 당사자 간 분쟁의 쟁점을 빨리 파악하고 당사자들이 적절한 분쟁해결 절차 및 일정을 정할 수 있도록 지원하도록 하기 위함 등의 목적이 있다.

따라서 아무리 간단한 중재요청서라 하더라도, 중재 개시의 효력이 인정되기 위하여 최소한 요구되는 요소로서 당사자나 분쟁의 대상을 명확하게 특정되도록 표시, 설명하여야 할 것이다.

중재신청서 또는 중재요청서에 기재될 사항에 대하여 UNCITRAL 중재규칙 제3조 제3항에서는 중재통지서[19]에는 다음 사항을 기재하여야 한다고 명시하고 있다.

(a) 당해 분쟁이 중재에 회부될 것을 청구하는 내용;

(b) 당사자의 성명과 연락처;

(c) 원용하는 중재합의의 표시;

(d) 분쟁의 발생원인이 된 계약 기타 법률서류에 관한 기술이나, 계약 기타 법률서류가 없는 경우 당해 법률관계에 대한 간략한 기술;

(e) 청구의 간략한 기술과 청구액이 있는 경우 그 액수의 명시;

(f) 청구취지;

(g) 당사자가 사전에 합의하지 않은 경우의 중재인 수, 중재언어 및 중재지에 관한 제안.

ICC 중재규칙 제4조 제3항은 중재신청서에는 다음의 사항을 포함하여야 한다고 명시하고 있다.

(a) 각 당사자의 완전한 명칭, 각 당사자에 대한 설명, 주소 및 기타 연락처;

(b) 중재에서 신청인을 대리하는 자의 완전한 명칭, 주소 및 기타 연락처;

(c) 신청의 원인이 된 분쟁의 본질과 상황 및 신청의 근거에 관한 설명;

하였다는 이유로 각하 또는 기각되는 경우는 드물다. 또한 만일 문제가 있다면 중재판정부에서 일정한 기한 내에 보완을 요구하는 것이 일반적이다.

19) 당사자 또는 당사자들(신청인)이 상대방 당사자 또는 당사자들(피신청인)에게 보내는 중재요청서의 개념이다.

(d) 신청취지와 금전 신청의 경우에는 신청 금액, 기타 신청의 경우에는 가능한 한도까지 표시한 그 금전가치 추정액;
(e) 관련된 합의들, 특히 중재합의;
(f) 2개 이상의 중재합의에 따라 신청이 제기되는 경우, 각 신청의 바탕이 되는 중재합의의 표시;
(g) 제12조 및 제13조의 규정에 따른 중재인의 수와 중재인의 선정에 관련한 모든 세부사항 및 의견 또는 제안, 그리고 위 규정에서 요구하는 중재인의 지명;
(h) 중재지, 준거법, 중재 언어 등에 대한 모든 세부사항 및 의견 또는 제안.

한편 중재법 제22조 제2항에는 중재요청서에 당사자, 분쟁의 대상 및 중재합의에 대하여 기재를 하도록 요구하고 있는데, 이는 요청의 논리 일관성을 위해서이며, 이러한 기재사항이 모두 갖추어진 경우에만 중재절차 개시의 효과가 인정 된다고 할 것이다. 또한 중재신청서의 기재사항은 국내중재규칙 제10조 제2항 및 국제중재규칙 제8조 제3항에 중재신청서의 구체적인 기재사항이 명시되어 있다.

2) 중재신청의 접수통지

기관중재의 경우 사무국은 충분한 수의 신청서 사본이 제출되고 필요한 예납이 이루어진 경우 피신청인이 답변서를 제출할 수 있도록 신청서 및 첨부서류의 사본을 피신청인에게 송부하여야 한다.

만일 신청인이 규칙에서 요구하는 부수의 신청서와 신청요금 납부의 두 요건 중 하나라도 준수하지 못한 경우 사무국은 그 준수를 위한 기한을 정 할 수 있으며, 그 기간 내에도 준수하지 못하는 경우에는 위 신청의 처리를 종료할 수 있다. 이 경우 다른 신청서로 동일한 신청을 다시 제출 할 수 있다.[20)]

충분한 부수의 신청서가 제출되고 규정된 신청요금이 납부되면, 사무국은 피신청인이 신청서에 대한 답변을 할 수 있도록 신청서와 그 첨부서류 1부씩을 각 피신청인에게 송부하여야 한다.

사무국 및 중재판정부로부터의 모든 통지와 교신은, 수신인인 당사자 또는

20) ICC 중재규칙 제4조 제4항; 국제중재규칙 제8조 제4항.

그 대리인의 최후에 알려진 주소로 한다. 이러한 통지나 교신은 수령증을 받는 교부송달, 등기우편, 택배, 팩스, 텔렉스, 전신 또는 송신기록이 남는 다른 교신수단으로 할 수 있다.[21)]

통지 또는 교신은 당사자 자신 또는 그 대리인이 이를 수령한 날, 위의 교신수단에 따라 행하여진 경우에는 이를 수령하였을 날에 이루어진 것으로 보며,[22)] 규칙에 명시되어 있거나 확정되어 있는 기간의 준수를 판단할 때는 통지 또는 기타 교신이 도달한 익일로부터 기산한다. 그러한 기간의 말일이 수령인의 주소지 또는 영업지에서 공휴일 또는 휴무일에 해당하는 경우, 기간은 그 이후의 최초 영업일에 만료한다. 기간 중의 공휴일 또는 휴무일은 기간에 산입된다.[23)]

3) 신청에 대한 답변 및 반대신청

가. 답변서

(1) 답변서의 기재사항

중재신청서와 마찬가지로 답변서에도 당사자는 사실관계 및 주장의 개요를 간단히 설시하고, 자세한 공격·방어방법 및 입증방법은 추후 제출하는 주장서면에서 다루는 것이 일반적이다. 대부분의 중재규칙에서 답변서는 '중재통지서 또는 중재신청서에 대한 답변'을 기재하여 제출하도록 되어 있기 때문에, 답변서의 기재사항은 중재통지서나 중재신청서의 기재사항에 따라 다를 수밖에 없다.[24)]

(2) 답변서 제출기한 및 미제출의 효과

중재기관의 중재규칙에는 답변서의 제출기한을 정하고 있는 경우가 많다. 예를 들면, UNCITRAL 중재규칙 제4조에서는 피신청인은 중재통지서를 수령한 날로부터 30일 이내에[25)] 중재통지서에 대한 응답을 송달하여야 한다고 규정하고 있으며, ICC 중재규칙 제5조 제1항은 피신청인이 사무국으로부터 신청서

21) ICC 중재규칙 제3조 제2항; 국제중재규칙 제4조 제2항.
22) ICC 중재규칙 제3조 제3항; 국제중재규칙 제4조 제3항.
23) ICC 중재규칙 제3조 제4항; 국제중재규칙 제5조 제3항.
24) UNCITRAL 중재규칙 제4조 제2항-3항; ICC 중재규칙 제5조; 국내중재규칙 제12조; 국제중재규칙 제9조 등.
25) Within 30 days of the receipt of the notice of arbitration.

를 수령한 날로부터 30일 이내에[26] 답변서를 제출하여야 한다고 명시하고 있다. 한편 국내중재규칙 제12조는 통지의 수령일로부터 15일 이내,[27] 국제중재규칙 제9조는 사무국으로부터 신청서를 수령한 날로부터 30일 이내에[28] 답변서를 제출하도록 규정하고 있다.

만일 피신청인이 제출기한 내에 답변서를 제출하지 않은 경우 UNCITRAL 모범법안 제25조 제2항은 "중재판정부는 그러한 해태의 사실자체가 피신청인이 신청인의 주장을 그대로 인정하는 것으로 취급함이 없이 중재절차를 속행하여야 한다."고 규정하고 있으며, ICC 중재규칙 제5조 2항에서도 "사무국의 피신청인에 대한 답변서 제출기한 연장[29]에도 불구하고 피신청인이 답변서를 제출하지 아니할 경우 중재법원은 중재규칙에 따라 절차를 진행하여야 한다."고 규정하고 있다.

중재법 제26조 제2항 역시 "피신청인이 답변서를 제출하지 아니하는 경우 중재판정부는 신청인의 주장에 대한 자백으로 간주하지 아니하고 중재절차를 계속 진행하여야 한다."고 동일하게 규정하고 있으며, 국내중재규칙 제12조 제5항은 오히려 "기간 내에 답변서의 제출이 없는 경우에는 신청인이 주장하는 청구의 기각을 구하는 것으로 본다."고 규정하고 있다.

따라서 중재에서 기한 내에 답변서를 제출하지 않더라도 소송에서 원고가 의제자백판결(擬制自白判決, default judgment)[30]을 받는 것과 같은 법률상 불이익은 없다. 즉, 피신청인의 답변서 제출 유무 또는 답변서의 불완전성과 관계없이 중재판정부를 구성하고 중재절차를 계속 진행하여야 하며[31], 중재판정부는 제출된 증거를 기초로 하여 중재판정을 내릴 수 있다. 그러나 당사자간에 다른 합의가 있거나 중재판정부가 상당한 이유가 있다고 인정하는 경우에는 달리 진행할 수도 있다.[32]

---

26) Within 30 days from the receipt of the Request from the Secretariat
27) within 15 days from the date of receipt of the notice.
28) Within thirty (30) days from the receipt of the Request from the Secretariat.
29) 답변서 제출기한이 명시된 경우라 하더라도, 대다수의 중재규칙은 피신청인이 제출기한의 연장을 신청하는 것을 허용하고 있다.
30) 당사자가 변론에서 상대방이 주장하는 사실을 명백히 다투지 아니한 때에는 그 사실을 자백한 것으로 본다(민사소송법 제150조 제1항).
31) UNCITRAL 중재규칙 제4조 제3항.
32) UNCITRAL 모범법안 제25조 제3항; 중재법 제26조 제4항.

나. 반대신청 및 추가신청

중재에서 반대신청(counterclaim)은 중재신청서에 대한 답변과 동시에 하는 것이 일반적 원칙이나, 중재판정부가 당시 사정을 고려하여 그 지연의 정당성을 인정하는 경우 이후의 중재절차 단계에서도 반대신청을 제기할 수 있도록 허용하는 경우도 있다.[33]

ICC 중재규칙에서도 중재신청서에 대한 답변과 함께 요건을 정하여 반대신청을 제기하도록 하고 있으나,[34] 중재판정부의 중재위탁요지서(Terms of Reference: TOR)[35]가 작성되기 이전에는 당사자는 중재신청서나 반대신청서에 포함시키지 않았던 새로운 청구를 추가하거나 자유롭게 청구내용을 변경할 수 있다. 그러나 중재위탁요지서가 서명되거나 중재법원의 승인을 받은 후에는 당사자 누구도 중재판정부의 허가 없이 중재위탁요지서의 범위를 벗어나는 새로운 신청을 할 수 없다.[36]

국제중재규칙에서도 피신청인의 반대신청은 답변서와 함께 제출하는 것을 원칙[37]으로 하고 있으며, 반대신청서에는 ① 반대신청의 원인이 된 분쟁의 성질과 상황에 대한 기술 ② 반대신청취지(가능한 한도 내에서 반대청구금액 포함)가 포함되어야 한다고 명시하고 있다.[38]

반면 국내중재규칙은 반대신청의 제출기한을 따로 명시하고 있지는 않으나 반대신청이 시기에 늦어 상대방의 이익을 해하거나, 절차의 완결을 지연 하게 하는 것으로 인정하는 경우에는 중재판정부의 직권 또는 상대방의 신청에 의하여 이를 허가하지 아니할 수 있다고 규정하고 있다.[39]

모든 반대신청 또는 추가신청은 모두 신청인과 피신청인 사이의 중재합의에 기초해야 함은 물론이며, 반대신청 및 추가신청은 당사자들이 병합에 동의하거나, 중재의 모든 신청이 동일한 중재합의에 따르는 경우에는 신청인의 중재신청과 병합하여 심리하는 것이 일반적이다.[40]

---

33) UNCITRAL 중재규칙 제21조 제3항.

34) ICC 중재규칙 제5조 제5항.

35) ICC 중재규칙 제23조 제1항.

36) ICC 중재규칙 제23조 제4항.

37) 중재판정부가 정황을 고려하여 그 지연이 정당하다고 판단하는 경우에는 그 이후의 중재절차에서 제출할 수 있다

38) 국제중재규칙 제9조 제4항.

39) 국내중재규칙 제14조 제1항.

4) 중재비용의 납부

중재비용은 당사자가 분쟁의 최종해결을 위해 중재를 신청한 후 판정이 내려질 때까지 소요되는 비용으로 기관중재인 경우 일반적으로 신청요금, 관리요금, 중재인의 수당과 경비 및 중재절차 중에 발생하는 기타 경비(증거, 증인, 또는 감정인의 소요경비, 검사 또는 조사경비, 녹음 또는 속기록의 작성경비, 통역 또는 번역경비 등)로 구성된다.

비기관중재(임시중재)의 경우에는 중재비용에 대한 당사자 간의 별도의 약정이 없으면 중재판정부가 합리적인 범위 내에서 중재비용을 정하고, 중재판정을 내릴 때 양 당사자 간의 부담비율을 정한다. 중재인 보수 및 비용에 관하여는 중재인을 선정할 때 명시적으로 약정하는 것이 일반적이다.

중재기관들은 대부분 중재비용의 일부를 예납하여야 중재서류 송달이나 중재판정부 구성 등 중재절차를 진행한다. 중재비용을 예납한 후에도 절차가 초기에 예상한 것보다 장기화되고 복잡해지면 중재기관은 추가로 비용예납을 요구하기도 하며, 예납이 이루어지지 않을 경우 사무국은 중재판정부와 협의 후 중재절차를 중지 또는 종료시킬 수 있다. 이는 국제중재규칙과 국내중재규칙에서도 마찬가지이다. 최종적인 중재비용은 중재절차가 모두 마무리된 후 중재판정부가 중재판정문을 통해 확정하며, 사무국은 예납금을 정산하여 이를 납입한 당사자에게 반환한다.

2. 중재판정부의 구성과 관할권 항변

1) 중재판정부의 구성

비기관중재의 경우에는 보통 중재판정부가 구성된 후 신청서와 답변서를 제출하고,[41] 기관중재의 경우에는 신청서와 답변서가 제출된 후 중재판정부가 구성되는 것이 보통이다.

중재판정부의 구성, 중재인의 선정 및 기피 및 중재인의 교체 및 해임에 대해서는 본 교재 제9장을 통하여 자세히 서술하였으므로 본 장에서는 설명을 생략한다.

40) ICC 중재규칙 제10조; 국제중재규칙 제8조 제6항; 국내중재규칙 제14조 제2항.

41) UNCITRAL 모범법안 제23조; UNCITRAL 중재규칙 제20조-21조; 중재법 제24조.

2) 중재판정부의 관할권에 대한 이의신청

한편 중재판정부의 관할에 대한 이의신청[42]이 제기되면 중재판정부는 자신의 권한 및 이와 관련된 중재합의의 존재 여부 또는 유효성에 대한 이의에 대하여 결정할 권한이 있다.[43]

중재판정부의 권한에 관한 이의신청은 본안에 관한 답변서를 제출할 때까지 제기해야 한다.[44] 다만 중재판정부가 지연에 정당한 이유가 있다고 인정하는 경우에는 위 시기보다 늦게 제기된 이의도 받아들일 수 있으나 실무상으로는 중재신청서에 대한 답변과 함께 관할에 대하여 이의를 제기하는 것이 통례이다.[45]

일반적으로 중재판정부는 관할권에 대한 이의신청을 선결문제로 판단하여야 하나, 중재절차를 진행한 후 최종판정에서 판단할 수도 있다.[46] 중재판정부가 선결문제로서 자신의 관할권이 있음을 결정하는 경우에 당사자는 당해 결정의 통지를 받은 후 30일 이내에 법원에 대하여 당해 사항을 결정해 줄 것을 신청할 수 있으며 그 결정에 대하여는 항고할 수 없다. 이러한 신청이 계속 중인 경우에도 중재판정부는 중재절차를 속행하여 중재판정을 내릴 수 있다.[47]

3. 중재언어의 결정

1) 중재언어의 의의

국제중재의 경우 언어의 선택은 실무상 상당히 중요한 문제이다. 당사자 간

42) 흔히 이루어지는 이의신청으로는 중재합의가 당사자를 구속하지 않는다는 항변(예컨대 분쟁의 당사자가 중재합의의 당사자가 아니라는 항변), 분쟁이 중재합의의 범위를 벗어난다는 항변, 중재에 대한 선결요건(예컨대 협의, 전문패널에 의한 결정 기타 중재에 앞서 다른 분쟁해결 방안을 거쳐야 한다는 조건이 충족되지 않았다는 항변) 등이 있다.

43) UNCITRAL 모범법안 제16조; 중재법 제17조 제1항; 국제중재규칙 제19조 제1항; 본 교재 제7장 제2절 제2항 4) 중재인의 자기권한 심사 참조.

44) UNCITRAL 모범법안 제16조 제2항; UNCITRAL 중재규칙 제4조 제2항(a); 중재법 제17조 제2항; 국제중재규칙 제19조 제3항.

45) 김갑유 (2012), 앞의 글, pp.189-90.

46) 중재법 제17조 제5항; 국제중재규칙 제19조 제4항.

47) UNCITRAL 모범법안 제16조 제3항; UNCITRAL 중재규칙 제23조 제3항; 중재법 제17조 제6항.

사용언어가 다를 경우 당사자들은 각자 자기가 친숙한 언어의 사용을 희망하기 때문에 때로는 민족적·국민적 감정으로 심각한 문제가 발생되기도 한다. 언어의 결정 및 사용범위의 문제는 중재절차의 원활한 운영뿐 아니라, 비용부담과 당사자 간의 공평의 면에서 매우 중요하다.

2) 중재언어의 결정방법 및 범위

중재절차의 언어는 일차적으로 당사자들이 결정한다. 당사자들의 이러한 사적 자치는 특별히 여기서 중요한 바, 왜냐하면 이러한 결정은 중재절차에서의 당사자들의 지위와 중재절차의 편의성 및 비용에 영향을 미치기 때문이다.[48]

중재합의서에 중재언어가 지정되어 있지 않거나, 중재신청서상 양 당사자가 제안한 중재언어가 일치하지 않는 경우에는 중재판정부는 모든 관련사항을 고려하여 중재언어를 결정할 수 있다. 이 경우 무엇보다도 당사자들에 대한 동등한 대우 원칙이 적용되어야 할 것은 당연하다. 그러나 이 원칙이 반드시 각 당사자들이 사용하는 언어로 중재언어가 결정되어야 한다는 의미는 아니다. 예를 들면 당사자들이 사업거래에서 특히, 계약이나 통신 왕래에서 오직 하나의 언어만을 사용하는 경우에는 이 언어로 중재절차를 진행시키려는 중재판정부의 결정 자체가 당사자 평등대우원칙에 반하는 것은 아니다. 또한 자신의 언어가 채택되지 않은 당사자가 이 결정에 의해 자신의 사건에 대하여 진술할 수 있는 충분한 기회를 박탈당한 것도 아니다.[49]

UNCITRAL 모범법안 제22조 제1항에서는 "당사자는 중재절차의 진행에 사용되는 일개 또는 수개 언어에 관하여 자유로이 합의할 수 있다. 그러한 합의가 없는 경우에는 중재판정부는 중재절차에 사용되는 일개 또는 수개 언어를 결정하여야 한다. 그러한 합의 또는 결정은 그 속에 별도의 의사가 명시되어 있지 않는 한 당사자의 서면진술, 중재판정부의 심문 및 판정, 결정 또는 기타 통지에도 적용된다."고 규정하고 있다. UNCITRAL 중재규칙 제19조 제2항에서는 "중재판정부는 청구이유서 또는 답변서의 첨부서류, 중재절차진행 중에 제출된 추가증거서류 등이 원어로 되어 있는 경우, 당사자가 합의한 언어 또는 중재판정부가 결정한 언어의 번역문도 함께 첨부할 것을 명할 수 있다."

48) 양병회 외 (2006), 앞의 글, p.100.

49) 장문철, 서정일, 정선주, 강병근 (1999), 앞의 글, p.397.

고 규정하고 있다.

중재법 제23조 제1항에서는 “중재절차에서 사용될 언어는 당사자 간의 합의로 정하고, 합의가 없는 경우에는 중재판정부가 지정하며, 중재판정부의 지정이 없는 경우에는 한국어로 한다.”고 규정하고 있으며, 동 조 제2항에서는 그 사용 범위로 “제1항의 언어는 달리 정한 것이 없으면 당사자의 준비서면, 구술심리(口述審理), 중재판정부의 중재판정 및 결정, 그 밖의 의사표현에 사용된다.”고 규정하고 있다. 국내중재규칙 제50조는 “당사자 간에 다른 합의가 없는 경우에 중재절차에서 사용될 언어는 한국어로써 한다. 다만, 당사자의 일방 또는 쌍방으로부터 요구가 있거나 또는 중재인 중에서 외국의 국적을 가진 자가 있을 때는 한국어와 영어를 공용할 수 있으며 이에 따라 국문과 영문으로 작성되는 중재판정문은 모두 이를 정본으로 한다. 그러나 국문과 영문의 중재판정문에 해석상 차이가 있을 때는 한국어에 의하여 해석한다.”고 규정하고 있다. 그러나 국제중재규칙 제24조에서는 당사자 간에 합의가 없을 때에는 중재판정부에 중재 언어 결정 권한을 두고 있을 뿐이다.

4. 절차협의 및 일정결정50)

1) 사전준비기일(Preliminary Meeting)

국내중재사건에서는 중재의 전 과정에 대한 절차 일정표를 초반에 확정하는 경우는 드물고, 일반적인 소송절차처럼 각 단계별로 중재판정부 및 당사자들이 중재절차를 정하게 되는 것이 일반적이다.

그러나 국제중재 사건이나 복잡한 절차적 문제(예컨대 임시적 처분 신청 또는 관할항변)가 있는 사건의 경우 중재판정부도 구성 후 신속히 사전준비기일(事前準備期日)을 개최하는 경우가 많다. 사전준비기일은 중재판정부와 당사자들이 모두 모여 진행하는 것이 일반적이지만, 쟁점이 많지 않은 경우 혹은 중재판정부와 당사자가 모두 모이기가 어려운 사정이 있는 경우에는 전화회의 또는 화상회의를 통해 진행되기도 한다.

한편 ICC 중재에는 전술한 바와 같이 중재절차요지서(Terms of Reference)

50) 김갑유 (2012), 앞의 글, pp.190-96.

를 작성하는 독특한 절차가 있다. 중재절차요지서는 중재판정부가 각 당사자의 주장 및 신청취지, 사안의 쟁점, 적용될 절차적 규정 등을 포함하여 당해 중재에 관한 전반적인 사항을 간략한 형태로 정리하는 문서이다. 중재판정부가 구성되고 ICC 중재법원으로부터 중재판정부가 중재기록을 전달받으면 중재판정부는 60일 이내에 중재절차요지서를 작성하여야 한다. 중재절차요지서의 가장 중요한 기능은 신청인 혹은 반대청구를 한 피신청인이 중재절차요지서가 작성되고 난 이후에는 중재판정부의 승인을 받지 않는 한 새로운 청구나 반대청구를 할 수 없다는 데 있다.[51] 중재판정부는 중재절차요지서를 작성할 당시 또는 작성한 뒤로부터 가능한 빠른 시일 내에, 사건관리회의(Case Management Conference)를 소집하여 당사자들과 협의하에 절차 일정표를 정하는 등 절차에 대한 제반사항을 정한다.[52]

2) 절차일정표(Procedural Timetable)

중재판정부는 사건관리회의[53] 중 또는 그 후에 중재절차의 진행을 위하여 준수하게 될 절차일정표을 확정하여야 한다. 절차일정표 및 그에 대한 수정은 중재법원과 당사자들에게 통지하여야 한다.[54]

국제중재규칙 제15조에서도 “중재판정부는 당사자들과 협의한 후 중재 진행을 위한 잠정적인 일정표를 별도의 서면으로 작성하여 중재판정부의 구성일로부터 30일 이내에 사무국과 당사자들에게 통지하여야 한다.”고 규정하고 있다. 이때 확정해야 하는 일정 중에서 가장 중요한 일정은 심리기일(hearing)이다. 다른 일정들, 가령 주장서면 제출기한이나 문서제출절차일정 등은 당사자 간의 합의나 중재판정부의 승인으로 진행과정에서 수정될 수 있지만, 심리기일은 특별한 사정이 없는 한 바꾸지 않는 것이 관행이다. 통상 1주일가량 진행되는 심리기일의 경우 중재인들과 대리인들의 복잡한 일정으로 인해 수개월 전에 정해야만 하고, 이를 변경하고자 할 경우 모두의 일정에 맞는 새로운 기일을 정하는 것이 매우 어렵기 때문에 중재절차가 상당히 지연된다. 따라서 심리기일

51) ICC 중재규칙 제23조.

52) ICC 중재규칙 제24조.

53) 국제중재규칙 제15조에서는 ‘준비회의’(preparatory conference)라는 용어를 사용하고 있음.

54) ICC 중재규칙 제24조 제2항.

일정을 확정함에 있어서는 대리인의 출석가능성은 물론 증인과 전문가 증인들의 출석가능성까지지도 정확히 확인하여 정하는 것이 바람직하다.

위와 같이 중재절차를 미리 협의하고 결정하는 과정에서 당사자들은 소송절차에 비하여 상당한 자율성을 가진다. 사전준비기일이나 절차일정표 작성에 앞서 당사자들은 전화, 전자우편, 서신 등의 다양한 방법으로 의견을 교환하고 협의할 수 있으며, 합의된 사항과 합의되지 않은 사항을 정리하여 중재판정부에 미리 전달함으로써 사전준비기일이나 절차일정표 작성이 원활히 이루어지도록 도울 수도 있다.

5. 주장서면의 제출과 입증방법

중재신청과 그에 대한 답변이 이루어지면 당사자들은 주장 및 입증방법이 포함된 주장서면을 제출하게 된다. 통상 국제중재의 경우 심리기일 전에 주장서면 교환은 2회 정도 이루어지고, 심리기일 이후의 주장서면 교환도 1, 2회로 한정된다.

기관중재의 경우 중재판정부가 구성되기 전 까지는 각 당사자와 중재인간의 모든 교신은 중재기관(사무국)을 경유하여야 한다. 그러나 중재판정부가 구성되고 나면 주장서면을 당사자가 직접 중재판정부와 다른 당사자들에게 전달하며, 사본을 중재기관에 제공하는 것이 일반적이다.[55] 그러나 국내중재규칙과 같이 모든 문서를 원칙적으로 사무국에 제출하여, 사무국이 이를 당사자와 중재판정부에 송달하는 방식도 있다.[56]

1) 주장서면(준비서면)

중재의 경우 특별히 사용하는 별도의 주장서면 양식이 있는 것은 아니다. 주장서면의 분량은 사안마다 다를 것이나, 쟁점이 복잡한 사건의 경우는 100쪽을 넘기는 경우도 적지 않다. 중재판정부는 필요하다고 판단하는 경우 요약주장서면을 제출할 것을 요구하거나 스스로 요약본을 작성하여 각 당사자가 확

55) ICC 중재규칙 제4조; 국제중재규칙 제4조 제4항.

56) 국내중재규칙 제16조 제1항, 제39조 제1항.

인하도록 할 수 있다. 국내중재규칙은 중재판정부가 요약된 쟁점에 대해서만 심리·판정할 수 있다고 규정하고 있다.[57]

주장서면의 작성에 있어서 유의할 점은 사건 초기 단계에서부터 사건에 관련된 여러 서류나 증거자료에 관한 철저한 조사와 연구가 필요하다는 점이다. 주장서면에서 주장의 정도나 설명의 정도는 여러 가지 전략적 고려를 통하여 조절할 수 있지만, 어떠한 내용이든 일단 주장한 내용이 사실이 아닌 것으로 드러나게 되면 중재판정부에게 그만큼 신뢰를 잃게 되므로, 초기에 충분한 조사와 검토를 거쳐 사건의 내용을 완전히 파악한 이후에 주장서면의 작성에 들어가야 한다.

이는 모든 종류의 분쟁에 있어서 공통적으로 적용되는 사항이지만, 중재의 경우 단심제로 운영되기 때문에 한 번의 중재절차에 모든 노력을 쏟아야 하는데, 국내 소송절차에 익숙한 기업의 경우에는 초기에 많은 비용부담을 꺼려 초기 조사를 소홀히 하는 경우가 적지 않으므로 유의할 필요가 있다.

2) 입증방법

입증방법, 특히 서증(exhibits)은 주장서면 및 증인진술서와 별개로 편철(bundle)하여 제출되기도 하는데, 각 입증방범은 'C-l', 'R-l' 혹은 '갑 제○호증', '을 제○호증'과 같이 영문 또는 한글 및 숫자의 조합으로 특정 한다.[58]

서증의 언어가 중재언어가 다를 경우 이를 중재언어로 번역하여야 하는데, 당사자들이 합의하고 중재인들이 번역 없이 심리하는 데에 무리가 없는 경우 번역을 제출하지 않는 경우도 있다. 번역을 제출하는 경우에도 상대방이 이의하지 않는다면 맥락을 해치지 않는 범위 내에서 사건에 직접 관련이 있는 부분만 일부 번역하여 제출하는 것도 허용된다. 한편 중재의 경우는 서증 제출 시 증인 진술서나 전문가 증인 진술서도 함께 제출하는 경우가 많다.

---

57) 국내중재규칙 제34조 제2항.

58) 영어로 진행하는 중재의 경우 신청인측 서증 번호는 'C-1', 피신청인측 서증 번호는 'R-1'과 같이, 한국어로 진행하는 경우 신청인측 서증 번호는 '갑 제1호증', 피신청인측 서증 번호는 '을 제1호증'과 같이 붙이는 경우가 일반적이다.

6. 중재신청의 철회[59)]

중재를 제기한 신청인은 중재판정이 내려지기 전까지 언제라도 중재신청을 철회할 수 있다. 그러나 피신청인이 이에 대하여 이의를 제기하고, 중재판정부가 피신청인에게 분쟁의 최종적 해결을 구할 정당한 이익이 있다고 인정하는 때에는 그러하지 아니하다.[60)]

실무상 중재절차 진행 중에 당사자들이 합의에 이르게 되는 경우, 중재절차 종료에 관한 합의를 명시하는 경우보다는 중재를 철회하는 경우가 훨씬 많다. 당사자들이 중재절차 종료에 합의할 경우, 중재판정부는 중재절차 종료를 결정하여야 한다.[61)] 이러한 경우 중재기관들은 상대방에게 중재신청 철회의 서면을 송달하면서 이의할 기회를 부여하고, 일정 기간 동안 이의가 없으면 철회에 동의한 것으로 간주하기도 한다. 국제중재규칙 제38조 제2항에서는 중재신청 철회의 서면이 발송된 날로부터 15일 이내에 상대방이 이의를 제기하지 아니한 때는 철회에 동의한 것으로 본다.

중재신청을 철회한 경우 신청인은 중재기관의 규칙에 따라 중재기관에 예납한 중재비용 중 일부를 반환 받을 수 있는 경우가 많다. 중재기관에 따라서는 예납한 중재비용뿐만 아니라 변호사비용 등 당사자가 부담한 비용에 관하여도 중재판정부가 분담비율을 정할 수 있도록 하여, 피신청인이 중재신청을 취하한 신청인으로부터 자신이 지출한 법률비용의 전부 또는 일부를 상환 받을 수도 있다.[62)]

59) 김갑유 (2012), 앞의 글, pp.196-97.

60) UNCITRAL 모범법안 제32조 제2항 제1호; 중재법 제33조 제2항 제1호.

61) NCITRAL 모범법안 제32조 제2항 제2호; 중재법 제33조 제2항 제2호.

62) ICC 중재규칙 제37조 제6항.

제3절 중재심리

1. 중재심리절차

중재심리절차는 모든 중재절차 중에서 심리(hearings)에 해당하는 기간 중의 절차만을 지칭하는데, 심리절차는 중재판정부가 결정하는 것이 원칙으로 되어 있다. 여기서 심리란 당사자들이 중재인 앞에서 그들의 사건을 제시하고 구두진술이나 서면증거를 제출·주장하고, 타방 당사자가 제출한 증거를 부인하는 기회를 부여하는 것을 말한다.[63]

심리에 관하여 UNCITRAL 중재규칙 제17조 및 ICC 중재규칙 제22조는 중재판정부는 적당하다고 판단하는 바에 따라서 제한 없이 심리할 수 있다고 하여 매우 신축적으로 규정하고 있다.[64] 그러나 심리절차는 절차진행에 있어서 적정한 절차가 보장되어야 한다. 따라서 중재판정부는 양 당사자를 공정하고 동등하게 대우하고 충분하게 자신의 주장을 진술할 수 있도록 하며, 상대방의 주장과 증거에 대하여 공격과 방어를 할 수 있는 기회를 제공하여야 한다. 만일 적정한 중재심리절차가 이루어지지 않으면 중재판정은 취소되거나 집행이 거부될 수 있다. 중재판정부는 심리일시에 심리장소에서 사건과 당사자의 호명으로 심리를 개시하여야 한다.

1) 구술심리절차

당사자 간에 다른 합의가 없는 경우 중재판정부는 구술심리를 할 것인지 또는 서면으로만 심리를 할 것인지를 결정한다. 다만, 당사자들이 구술심리를 하지 아니하기로 합의한 경우를 제외하고는 중재판정부는 어느 한쪽 당사자의 신청에 따라 적절한 단계에서 구술심리를 하여야 한다.[65]

구술심리의 경우, 중재판정부는 당사자들에게 심리일시 및 장소에 대하여 충

63) 김경배 (2005), 앞의 글, p.273.

64) 양병회 외 (2006), 앞의 글, p.107.

65) UNCITRAL 모범법안 제24조 제1항; 중재법 제25조 제1항.

분히 사전에 통지하여야 한다. 감정인 증인을 포함한 증인의 신문은 중재 판정부가 정한 방식 및 조건에 의하여 이루어진다.[66]

중재판정부는 심리를 전적으로 관장하며, 모든 당사자는 심리에 참석할 자격이 있다. 당사자들이 달리 정하지 않는 한, 심리는 비공개로 이루어진다. 해당 중재와 관련 없는 사람은 중재판정부와 당사자의 승인 없이는 심리에 참석할 수 없다.[67] 이는 중재절차의 비공개성과 비밀성의 유지 때문이다. 중재판정부는 감정인증인을 비롯한 증인으로 하여금 다른 증인이 진술할 때 퇴장을 명령할 수 있으며, 다만, 중재절차의 당사자인 증인 또는 감정인 증인은 원칙적으로는 퇴장을 요청받지 아니한다.[68]

AAA와 LCIA 중재규칙은 주로 보통법절차(Common Law Procedures)에 의하여 중재를 진행한다. 그 통상적인 절차진행은 당사자가 진술을 하고 이어서 증인에 대하여 직접심리, 반대심리, 재직접심리, 재반대심리의 순서로 심리를 진행한 후에 최종진술을 한다. 그러나 중재인은 반드시 이러한 절차를 따를 의무는 없으며, 중재에서 직권심리주의[69]를 전적으로 채택할 필요는 없다.[70]

2) 서면심리절차

당사자는 서면에 의한 합의에 의하여 분쟁을 구술심리에 의하지 아니하고 서면심리에 의한 중재에 붙일 수 있다. 만일 당사자의 준비서면과 서증만으로 분쟁을 해결할 수 있다면 중재판정부는 서면 만에 의한 심리를 한다.

당사자가 서면심리절차에 관하여 중재기관의 중재규칙에 따르도록 정하였을 경우에 중재기관의 사무국은 서면심리에 필요한 문서와 증거를 제출하도록 당사자에게 통지한다. 이때 당사자는 원인사실의 진술을 포함한 쟁점에 관한 진술서에 증거를 첨부하여 제출하여야 하며, 이에는 요약서를 첨부할 수 있도록

66) UNCITRAL 중재규칙 제28조 제1항-2항.

67) ICC 중재규칙 제26조 제3항.

68) UNCITRAL 중재규칙 제28조 제3항.

69) 직권주의적 소송구조하에서는 법원이 실체진실을 발견하기 위해서 사건의 심리를 적극적으로 관여하여 피고인 신문·증거조사 등에 있어서 주도적 역할을 담당하고 소송물은 법원의 지배 아래 놓이게 된다. 이러한 의미에서 직권주의를 직권심리주의(職權審理主義) 또는 직권탐지주의(職權探知主義)라 한다. 직권주의는 당사자주의(當事者主義)에 대립한다.

70) 양병회 외 (2006), 앞의 글, p.107.

그 절차를 상세하게 규정하고 있다.

국제중재규칙 제42조는 "당사자 사이에 다른 합의가 없고 신청금액 및 반대 신청금액이 각 2천만원 이하인 경우 중재판정부는 서면심리를 한다. 다만 중재판정부는 어느 한쪽 당사자의 신청에 따라 또는 직권으로 1회의 구술심리를 개최할 수 있다. 중재판정부는 서면제출의 기간과 방법에 관하여 적절한 절차를 마련하여야 한다."고 규정하고 있으며, 국내중재규칙 제45조도 서면심리에 의한 절차를 자세히 명시하고 있다.

2. 심리기일의 절차와 방식

한국 소송의 경우 변론기일 또는 변론준비기일이 수차례 열리는 경향이 있고, 이 영향을 많이 받은 대한상사중재원 국내중재의 경우도 심리기일이 비교적 자주 열린다. 이에 반해, 국제중재의 경우는 보통 짧게는 3일, 길게는 2주 정도의 기간 동안 집중적으로 진행되는 심리기일(hearing)을 단 한 번 여는 것이 일반적이다. 다만 중재 진행과정에서 중재판정부는 관할에 대한 다툼이 치열할 경우 관할에 대한 판단과 본안에 대한 판단을 분리하여 선후로 진행하거나 또는 책임의 존부에 대한 판단과 구체적인 손해액 산정에 대한 판단을 분리하여 역시 선후로 진행하기로 결정할 수도 있는데, 이러한 절차분리(bifurcation)를 시행하는 경우에는 심리기일이 2회 이상 열리기도 한다.

심리기일의 절차와 방식을 정하는 것은 중재판정부의 자유 권한이지만,[71] 국제중재의 경우 서로 다른 나라에 있는 당사자와 중재인들이 심리기일만을 위하여 중재지에 집결하는 경우가 많다는 점을 고려하여 심리기일을 집중하여 진행하는 경우가 많다.

심리기일에서는 절차적인 미결문제를 간단히 다룬 후, 양측이 사건의 개요를 설명하는 '모두진술'(opening statement)을 진행하고, 쌍방의 모두 진술이 종료되면 사실관계에 관한 증인에 대한 증인신문과 전문가들에 대한 증인신문을 진행하는 것이 일반적이다.

실무상으로는 심리기일의 순서, 신문할 증인 채택, 증인들에 대한 증인신문 순서와 시간 배정, 전문가 증인에 대한 신문 방식, 증인 신문 시 다른 증인이나

---

71) ICC 중재규칙 제26조 제3항; 국내중재규칙 제27조 1항; 국제중재규칙 제26조 제2항.

전문가 증인의 참석 가능 여부, 통역사의 이용 방식 등 세부 절차에 관해 미리 대리인들 사이에 합의를 하여 중재판정부의 최종 승인 및 결정을 받는 심리기일 전 회의(Pre-hearing conference)를 개최하여, 여기서 정해진 바대로 심리기일을 진행하는 경우가 많다.

먼저 이루어지는 모두진술은 통상 구두로 간략하게 하며, 이때 당사자들은 사실관계, 법적 쟁점을 포함하여 분쟁의 어느 측면에 대하여서도 자유롭게 변론할 수 있다. 단 중재판정부는 당사자들의 주장서면 등에 비추어 모두진술이 필요하지 않다고 결정할 수도 있다. 모두진술과 함께 기일 개시단계에서 중재판정부가 각 대리인에게 주장서면 및 증거에 대한 질의를 하고 답을 듣는 시간을 가질 수도 있다. 모두진술이 끝나면 증인신문을 진행하게 되는데, 일반적으로는 신청인 측 증인들에 대한 신문절차를 먼저 진행하고, 그 뒤 피신청인 측 증인들에 대한 신문절차를 진행한다.

증인들은 자신의 증언 전에는 심리기일에 참석하지 못하도록 하는 경우가 일반적이다. 중재판정부는 필요하다고 판단될 경우 다른 증인의 진술 중 특정 증인의 퇴정을 명할 수도 있다. 한편, 간단히 설명한 바와 같이 심리기일에서 주신문은 아예 생략하거나 진술서 기재 내용에 대한 확인(confirm) 및 수정할 사항의 유무 등에 대해서만 물어보는 방식으로 아주 짧게 하는 것이 최근의 추세이며, 주로 반대신문과 재주신문을 위주로 진행한다.

중재인들은 증인신문 중에는 언제든지 증인에게 질문을 할 수 있다. 상대방 대리인의 반대신문과 달리 중재인들의 질문은 반드시 해당 증인의 증인 진술서에 기재된 내용에 국한되거나 관련되어야 한다는 제한이 적용되지 않는 편이다. 증언은 역시 중재언어로 진행되어야 하기 때문에 국제중재의 경우는 통역이 필요한 경우가 대부분이다. 그런데 중재판정부가 해당 증인의 모국어를 이해하지 못하는 경우에는 중재판정부는 실제 증인의 증언이 아닌 통역사의 통역을 듣게 되는 것이므로 경험이 풍부하고 실력이 있는 통역사를 선정하는 것은 실무상으로 매우 중요하다.

한편, 심리기일 동안에는 전문가 증인들에 대한 반대신문도 이루어지게 되는데, 실무상으로는 전문가 증인들에 대해서는 사실관계 증인에 대한 반대신문과 마찬가지 방식으로 순차적으로 전문가들에 대해 반대신문을 진행하는 식으로 진행되기도 하지만, 최근에는 토론식 신문방식[72]이 채택되는 경우가 늘고 있

72) 토론식 신문(witness conference)이란 대질신문처럼 여러 명의 증인 또는 여러 명의

다. 토론식 신문은 중재절차가 필요에 따라 자유롭게 운용될 수 있음을 보여주는 전형적인 예라고 할 수 있다. 예컨대, 건설분쟁에서 각 분야의 전문가들과 기술자들이 증인과 전문가로 증언하고 있을 경우, 양 당사자들을 위해 증언하는 증인이나 전문가들을 함께 앉혀두고 중재판정부 혹은 양측의 대리인들이 한꺼번에 또는 번갈아 가면서 같은 쟁점에 대해서 물어보거나 필요에 따라서는 한 쪽의 전문가나 증인이 다른 전문가나 증인에게 직접 질문을 하는 것을 허용함으로써 보다 입체적인 사건의 진실을 발견해 나가도록 할 수 있을 것이다. 구체적으로 어떻게 신문을 진행할 것인지, 어느 정도의 범위에서 이러한 신문방식을 시행할 것인지는 전적으로 중재판정부의재량에 달려 있다. 중재판정부는 당사자가 변촌하거나 자신들의 주장사실을 입증할 기회만 보장된다면 어떠한 방식의 신문이든 허용할 수 있는 것이다. 실무에서는 중재판정부가 전문성을 가지고 있지 않은 분야의 경우 이러한 토론식 신문방식이 보다 광범위하게 사용되는 경향이 있다.

3. 증거조사와 법원의 협조

1) 증거조사의 의의

중재에 있어서 증거조사는 중재판정부가 심증을 형성하는데 영향을 미치는 요인들에 대하여 인증(人證)과 물증(物證)의 방법을 통하여 사실 여부를 확인하는 절차를 말한다. 여기서 인증이란 당사자, 감정인 등을 말하고 물증이란 서증(書證), 검증물 등을 말한다.[73)]

분쟁당사자들의 주장과 입증에 대한 사실판단은 중재판정에 결정적인 역할을 하게 되므로 중재인은 증거를 조사하여 자유심증에 의해 공정하게 판정하여야 한다. 그리고 국제중재에 있어서는 증거조사방식의 결정은 아주 중요하다. 그 이유는 영미법계와 대륙법계가 서로 다른 결정방식을 취하고 있기 때문이다. 그러므로 증거조사방식에 관하여 당사자 간 합의가 있으며 그에 따르고, 만일 이러한 합의가 없으면 중재판정부는 가장 적절한 증거조사방식을 결정하여야 한다.

전문가를 동시에 혹은 번갈아 가면서 신문하는 방식을 말한다.

73) 김경배 (2005), 앞의 글, p.276.

2) 증거조사의 형태

가. 증인신문

중재의 경우 증인은 '사실관계 증인'과 '전문가 증인'으로 구분되며, 전문가 증인은 당사자가 선임한 전문가(party-appointed expert)와 중재판정부가 선임한 전문가(tribunal-appointed expert)로 구분된다.

중재에서는 서증이 매우 중요한 증거지만, 실무상으로는 5-10일 정도에 걸친 심리기일 동안 대부분의 시간이 증인신문에 할애되고 이로 인해 증인신문 과정에서 사실관계에 관한 당사자들 주장의 진위가 상당 부분 밝혀지기 때문에 정확히 사실관계를 설명하고 이를 뒷받침하는 서증들을 제대로 설명해 줄 수 있는 증인의 역할이 더 중요한 경우도 많다.

한편, 중재에서도 소송과 마찬가지로 증인에 대한 주신문이 실질적으로 이루어지는 경우도 있지만, 최근의 실무적 경향은 주신문을 대체할 증인진술서를 사전에 제출하여, 실제 심리기일에서는 진술서의 진위와 내용 확인 정도의 주신문만을 행하고 바로 반대신문을 진행한 후 재주신문과 재반대신문을 진행하는 것이 관행으로 자리 잡고 있다.[74)]

나. 전문가(감정인)

당사자 간에 다른 합의가 없는 경우에 중재판정부는 특정 쟁점에 대한 감정이나 의견청취를 위하여 1인 또는 수인의 전문가를 선정하여 보고하도록 할 수 있다.[75)]

감정인은 선임을 승낙하기 전에 원칙적으로 중재판정부와 당사자들에게 자신의 자격 및 공정성과 독립성에 관한 진술서를 제출한다. 중재판정부가 정한 기한 내에 당사자들은 감정인의 자격, 공정성 또는 독립성에 대하여 이의가 있는 경우 중재판정부에게 알린다. 중재판정부는 지체 없이 그러한 이의를 받아들일 것인지를 판단한다.[76)] 중재판정부는 전문가에게 관련 정보를 제공하거나, 관련 서류, 동산 또는 기타 재산을 전문가가 조사할 수 있게 하도록 당사자에게 명할 수 있다. 중재판정부는 전문가의 보고서 수령 후 그 사본을 모든 당사

74) 김갑유 (2012), 앞의 글, p.209.
75) ICC 중재규칙 제25조 제4항; 국내중재규칙 제42조 제2항; 국제중재규칙 제23조 제1항.
76) UNCITRAL 중재규칙 제29조 제2항.

자에게 송부하고 당사자들이 보고서에 대하여 의견을 표명할 수 있는 기회를 부여하여야 한다. 당사자는 전문가가 그 보고서를 작성함에 있어서 근거로 삼은 모든 서류를 검토할 수 있다.[77]

전문가 증인의 역할은 전문분야에 속한 사항에 대하여 입증하는 것이 한정되며, 그들의 의견은 분쟁사항에 대한 중재판정부의 결정을 대체할 수 없다. 따라서 이들의 역할은 기본적으로 중재판정부의 해당 전문분야에 대한 이해를 도와주는 것이다. 중재인은 엄격한 증거법칙에 구속되지 아니 하고 제출된 증거의 신빙성과 유용성을 자유심증으로 판단함으로 관련 증거 내지 전문가 의견서(Export Opinion)의 채택여부는 전적으로 중재판정부의 재량에 의한다.

3) 증거조사에 관한 법원의 협조

소송과 달리 중재의 경우에는 자발적인 증언을 거부하는 증인을 심리기일에 강제로 출석시켜 증언을 하도록 할 수 있는 방법은 없다. 당사자가 중재판정부에게 특정한 증인에게 자발적으로 출석하여 증언할 것을 요구하도록 요청할 수 있다는 취지의 규정이 있는 중재규칙들도 있다.[78]

또한 해당 증인의 증언이 꼭 필요함에도 불구하고 해당 증인이 협조를 거부한다면 중재판정부가 관할법원에 직권 또는 당사자의 신청에 의하여 증거조사를 촉탁할 수 있도록 하는 중재법 규정 등도 있지만,[79] 실무상으로 이러한 제도들이 널리 이용되지는 않는다.

4. 일방 당사자의 해태

1) 신청서와 답변서의 미제출

신청인이 중재신청서를 제출하지 아니하는 경우에 중재판정부는 중재절차를 종료하여야 하는데 이는 신청인의 해태를 규정한 것이다. UNCITRAL 모범법

77) 국제중재규칙 제23조 제2항-3항.

78) 국내중재규칙 제42조 제2항 등. 한편 ICC 중재규칙 및 국제중재규칙은 이와 관련한 명시적 규정이 없으나 마찬가지로 해석된다.

79) UNCITRAL 모범법안 제27조; 중재법 제28조 제1항; 국내중재규칙 제42조 제3항.

안 제25조 제1항은 “당사자가 달리 합의하지 않는 한 충분한 이유를 제시하지 아니하고 신청인이 청구에 관한 진술서를 제출하지 않는 경우에는 중재판정부는 중재절차를 종료하여야 한다.”고 규정하고 있다. 다만 결정되어야 할 쟁점들이 남아있고 중재판정부가 그러한 결정을 하는 것이 적절하다고 판단하는 경우 예외로 한다.[80] 또한 중재법 제26조 제1항에서도 “신청인이 신청서를 제출하지 아니하는 경우 중재판정부는 중재절차를 종료하여야 한다.”고 명시하고 있다. 한편 피신청인이 신청인의 중재신청에 대한 답변서를 제출하지 아니하는 경우에 중재판정부는 신청인의 주장에 대한 자백으로 간주하지 아니하고 중재절차를 진행하여야 한다.[81] 이는 피신청인이 방어의사를 전하지 못하는 경우에도 중재자체가 무위로 끝나게 하지 않으려는 의도이다.

2) 당사자의 불출석

당사자의 일방이 정당하게 통지 받았음에도 불구하고 심리기일에 출석하지 않거나 출석하여도 심리에 응하지 아니하는 경우에도 중재는 그대로 진행시킬 수 있다. 심리기일에 당사자가 결석하거나 심리에 응하지 않은 당사자가 제출한 서면, 기타의 증거가 있을 때에는 이를 진술 또는 제출한 것으로 보고 출석한 당사자에 판정에 필요한 심리를 진행 할 수 있다.[82]

만약 당사자 쌍방이 정당하게 통지 또는 고지가 되었음에도 불구하고 심리에 출석하지 아니하거나, 출석하여도 심리에 응하지 아니하는 경우에는 중재판정부는 중재절차 종료를 선언할 수 있다.[83] 한편 중재판정부가 사실관계를 확정하기 위하여 당사자가 참석한 가운데 증인, 당사자가 지명한 전문가, 그 밖의 다른 사람을 심문하는 경우, 당사자가 정식으로 소환되었다면 당사자가 참석하지 않더라도 위 신문을 할 수 있다.[84]

중재판정부의 이러한 권한 속에는 당해 증거에 대한 절차상 제한된 특정기간을 경과한 후 일방 당사자가 제출한 모든 서면증거를 허용하거나 무시할 수 있는 권한까지 포함한다. 나아가 중재판정부는 요구된 증거를 전혀 제출하지

80) UNCITRAL 중재규칙 제30조 제1항 (a).

81) UNCITRAL 모범법안 제25조 제2항; 중재법 제26조 제2항.

82) 중재법 제26조; 국내중재규칙 제37조; 국제중재규칙 제29조.

83) 양병회 외 (2006), 앞의 글, pp.111-12.

84) ICC 중재규칙 제25조 제3항.

않는 일방당사자의 해태로부터 나름대로 추론할 수도 있다.[85)]

제4절 심리종결과 중재절차 종료

1. 심리종결과 재개

중재판정부는 당사자들에게 더 이상 제출할 증거나 신문할 증인 또는 기타 제출사항이 있는지의 여부를 문의하여 없는 경우에는, 심리종결을 선언 할 수 있다.[86)] 심리 종결 이후에는, 중재판정부가 요청하거나 허용하는 경우를 제외하고는 추가 서면이나 주장, 증거를 제출할 수 없다.

또한 국내중재규칙 제35조 제6항에서는 "당사자가 준비서면을 수차에 걸쳐 중복 제출함으로써, 공격・방어방법의 요지를 파악하기 어렵다고 인정한 때는 중재판정부는 심리의 종결에 앞서 요약된 준비서면의 제출을 명할 수 있다."고 규정하고 있는데, 이때에는 중재판정부가 요약준비서면의 제출을 위하여 정한 최종기일에 심리종결이 있는 것으로 본다.[87)]

그렇지만 중재판정부는 예외적인 사태의 발생으로 인하여 필요하다고 인정하면, 직권으로 또는 당사자의 일방으로부터 요청이 있는 경우, 중재판정을 내리기 전에는 언제든지 심리를 재개할 수 있다.[88)] 이러한 경우 만약 당사자가 중재합의에서 정한 기간 내에 판정을 할 수 없게 되면 당사자가 그 기간을 연장할 것을 합의하여야 심리를 재개할 수 있다.[89)] 심리가 재개되었을 경우의 심리종결일은 그 재개된 심리가 종결된 날로 한다.[90)]

85) 양병회 외 (2006), 앞의 글, p.112.

86) UNCITRAL 중재규칙 제31조 제1항; ICC 중재규칙 제27조 제1항; 국내중재규칙 제43조 제1항; 국제중재규칙 제27조 제1항.

87) 국내중재규칙 제43조 제2항.

88) 국제중재규칙 제27조 제2항; 국내중재규칙 제44조 제1항; ICC 중재규칙에는 심리재개와 관련한 명문규정을 두고 있지 않으나 동일한 원칙이 적용된다고 이해된다.

89) 국내중재규칙 제44조 제2항.

2. 중재절차의 종료

중재절차는 중재판정부가 종국판정(終局判定)을 내리거나 중재절차의 종료결정을 내리면 종료된다. 중재절차의 종료시점은 중재관리비용을 산정하고 소송과 관련된 제척기간을 산정하는 기준이 되기 때문에 법률적으로도 매우 중요한 의의를 가진다.

UNCITRAL 모범법안 제 32조 제2항 및 중재법 제33조 제2항에 명시되어 있는 중재절차의 종료결정 사유는 다음과 같다. 첫째, 신청인이 중재신청을 철회하는 경우. 다만, 피신청인이 이에 동의하지 아니하고 중재판정부가 피신청인에게 분쟁의 최종적 해결을 구할 정당한 이익이 있다고 인정하는 경우는 제외한다. 즉 중재신청인이 중재신청을 철회하는 것만으로 중재절차는 종료되지 않고 중재판정부가 종료결정을 내려야만 중재절차가 종료된다.

둘째, 당사자들이 중재절차를 종료하기로 합의하는 경우이다.

셋째, 중재판정부가 중재절차를 계속 진행하는 것이 불필요하거나 불가능하다고 인정하는 경우이다. 이때 중재판정부가 중재절차의 종료결정을 할 사유가 없음에도 불구하고 판단 착오로 종료결정을 한 경우, 일반적으로 중재합의의 효력이 소멸되지 않고, 따라서 양당사자는 여전히 중재합의에 구속되고 다시 중재를 제기할 수 있다고 견해가 지배적이다.[91]

한편 중재판정부의 권한은 중재판정의 정정, 해석 또는 추가판정을 내려야 할 경우를 제외하고는 중재절차의 종료와 함께 종료된다.[92]

---

90) 국내중재규칙 제44조 제3항.

91) 양병회 외 (2006),「주석 중재법」(대한상사중재원, 한국중재학회), p.167.

92) UNCITRAL 모범법안 제32조 제3항; 중재법 제33조 제3항.

제5절 신속절차

1. 신속절차의 의의

신속절차는 중재제도의 강점을 최대로 살려 국내외 상사분쟁을 신속·저렴하게 해결함으로써 중재 이용자들에게 편익을 제공하는 제도이다. 이 제도는 미국중재협회의 상사중재규칙 중 '신속절차'에 관한 규정을 모범으로 하여 소액사건의 신속처리를 목적으로 대한상사중재원의 중재규칙에 도입함으로써 1990년 1월 1일부터 시행되었다.

또한 현재 대다수를 차지하고 있는 소액 국제사건의 경우를 고려하여 국내중재사건에만 적용되던 신속절차 규정을 국제사건에 경우에도 적용하도록 2011년 9월 1일(대법원 승인) 그 규정을 국제중재규칙에 신설하였다.

2. 적용범위 및 중재인 선정

1) 신속절차의 적용범위

가. 국내중재규칙

당사자 간에 국내중재규칙의 신속절차에 따르기로 하는 별도의 합의가 있는 중재사건 또는 신청금액이 1억원 이하인 중재의 경우에는 신속절차를 적용한다. 다만, 신청금액이 1억원 이하인 중재의 경우에는 중재절차 개시일 후에 1억원을 초과하는 증액은 허용하지 아니한다.[93]

나. 국제중재규칙

국제중재규칙의 경우 신속절차는 신청금액이 2억원 이하인 경우 또는 당사자 사이에 국제중재규칙에서 정한 신속절차에 따르기로 하는 합의가 있는 경

93) 국내중재규칙 제56조.

우 중 어느 하나에 해당하는 경우에만 적용한다.[94)]

만약 피신청인의 반대신청금액이 2억원을 초과하는 경우에는 당사자 사이에 합의가 없는 한 신속절차 규정은 적용하지 아니한다. 또한 신속절차의 진행 중에 당사자의 증액신청에 의해 신청금액 또는 반대신청금액이 2억원을 초과하게 되는 경우에도 신속절차 규정을 적용하지 아니한다. 다만, 당사자사이에 위 증액 이후에도 신속절차를 따르기로 하는 합의가 있고, 중재판정부가 이미 구성된 경우 그 판정부가 이를 승인 한 때에는 신속절차를 적용할 수 있다.[95)]

2) 중재인의 선정

가. 국내중재규칙

사무국은 당사자 간에 별도의 합의가 없는 경우 국내중재규칙 제21조의 방법에 의하지 아니하고 중재인명부 중에서 1인의 중재인을 선정한다.[96)]

나. 국제중재규칙

당사자 사이에 다른 합의가 없는 경우 국제중재규칙 제12조의 방법에 의하지 아니하고 사무국이 국제중재인명부 중에서 1인의 중재인을 선정한다.[97)]

한편 당사자들이 중재합의를 통하여 3인의 중재판정부에 의하기로 합의한 경우 사무국은 당사자들에게 단독판정부에 의할 것을 합의하도록 권유할 수 있다.[98)]

94) 국제중재규칙 제38조.
95) 국제중재규칙 제39조.
96) 국내중재규칙 제57조.
97) 국제중재규칙 제40조 제1항.
98) 국제중재규칙 제40조 제2항.

3. 심리절차 및 판정기한

1) 심리절차

가. 국내중재규칙

중재판정부는 심리의 일시와 장소를 결정하며, 사무국은 이를 심리개시 3일 전에 구술, 인편, 전화 또는 서면 등 적합한 방법으로 당사자에게 통지하여야 한다. 심리는 1회로 종결함을 원칙으로 한다. 다만, 중재판정부는 상당한 이유가 있다고 인정하는 경우에는 심리를 재개할 수 있다. 피신청인은 심리종결 전까지 반대신청을 할 수 있다.[99]

나. 국제중재규칙

(1) 구술심리절차

중재판정부는 구술심리의 일시와 장소를 결정하여 구술, 인편, 전화 또는 서면 등을 포함하여 적절한 방법으로 당사자 및 사무국에 통지하여야 한다.

구술심리는 1회로 종결함을 원칙으로 한다. 다만, 중재판정부는 필요한 경우 종결한 심리를 재개하거나 또는 심리 종결 후 추가서면의 제출을 요구할 수 있다.[100]

(2) 서면심리

당사자 사이에 다른 합의가 없고 신청금액 및 반대신청금액이 각 2천만원 이하인 경우 중재판정부는 서면심리를 한다. 다만 중재판정부는 어느 한쪽 당사자의 신청에 따라 또는 직권으로 1회의 구술심리를 개최할 수 있다. 중재판정부는 서면제출의 기간과 방법에 관하여 적절한 절차를 마련하여야 한다.[101]

99) 국내중재규칙 제58조.
100) 국제중재규칙 제41조.
101) 국제중재규칙 제42조.

2) 판정기한

가. 국내중재규칙

중재판정부는 심리종결일로부터 10일 이내에 판정하여야 한다.[102)]

나. 국제중재규칙

중재판정부는 판정부가 구성된 날로부터 3개월 이내에 판정하여야 한다. 다만, 사무국은 중재판정부의 요청에 따라 또는 직권으로 필요하다고 인정한 경우 판정기간을 연장할 수 있다. 당사자 사이에 다른 합의가 없으면 중재판정부는 그 판정의 근거가 되는 이유의 요지를 기재하여야 한다.[103)]

102) 국내중재규칙 제59조.

103) 국제중재규칙 제43조.

Chapter 11

중재판정

제 1 절 중재판정의 의의와 성립

1. 중재판정의 의의

1) 중재판정의 개념

소송절차에서 법원이 내리는 판결 또는 결정에 대응되는 것이 중재절차에서의 중재판정(arbitral award)이다. 그렇지만 중재판정에 관해 국제적으로 널리 인정되는 정의는 존재하지 않는다.

UNCITRAL 모범법안, 한국 중재법, 기타 각종 중재기관의 중재규칙, 뉴욕협약 등과 같은 국제적 협약에서도 중재판정에 관한 정의 조항을 따로 두고 있지는 않으며, 다만 중재판정의 형식과 내용, 효력 등만을 규정하고 있을 뿐이다. 이는 최종판정 외에도 일부판정이나 잠정판정 등의 여러 종류의 중재판정을 모두 포괄할 수 있는 개념을 정립하는 것이 매우 어렵기 때문이다.

그렇더라도 최소한의 개념적 특징을 정리해보면 중재판정이란 분쟁을 중재로 해결하기로 하는 당사자의 합의에 근거하여 주로 실체적인 쟁점에 관하여 내린 중재판정부의 판단으로서 일정한 형식적 요건을 갖추어 성립된 것이라고 할 수 있다.[1] 다만 중재판정부가 내린 모든 결정이 중재판정인 것은 아니다.

---

1) Gary B. Born (2009), *International Commercial Arbitration* (Kluwer Law

가령 중재판정부는 중재과정에서 수시로 절차명령(procedural order)을 내리기도 하는데, 이러한 절차명령은 서면으로 내려지고 당사자들에게 구속력이 있다고 하더라도 중재판정에 해당하지는 않는다.

2) 중재판정의 유형

일반적으로 중재판정은 판정의 종국성 여부에 따라 잠정판정과 종국판정으로, 당해 판정에서 다루는 쟁점의 범위에 따라 전부판정과 일부판정 및 추가판정으로 구분될 수 있다.

가. 종국판정(Final Award)

종국판정이란 중재판정부가 분쟁의 모든 쟁점(또는 남아있는 모든 쟁점)에 관련하여 일반적으로 절차를 종료하는 단계에 내린 최후의 판정, 즉 최종판정을 말한다.[2] UNCITRAL 모범법안과 우리 중재법은 중재절차는 종국판정(終局判定) 또는 중재판정부의 종료결정에 의하여 종료된다고 규정하고 있다.[3]

나. 일부판정(Partial Award)과 잠정판정(Interim Award)

일부판정과 잠정판정(임시판정)은 모두 분쟁의 일부 특정 쟁점에 관하여 내려지는 판정이다.[4] 두 용어가 실무적으로 엄밀한 구분 없이 사용되기도 하고 또한 중재판정부는 재량에 따라 적절하다고 판단하는 형태의 판정을 내릴 수 있는 것이므로 양자의 구분이 절대적인 것은 아니지만 가장 좁은 의미로는 일부판정은 중재판정부가분쟁의 일부 사안을 완전히 결정짓는 내용의 판단임에 반해, 잠정판정은 대개 분쟁해결에 선결적인 특정 쟁점에 관하여 내리는 판단이다.

일부판정이나 잠정판정은 특정 쟁점에 관한 다툼이 치열하거나 또는 분쟁

International), p.2434.

2) 넓은 의미의 종국판정, 즉 '종국적 판정'은 해당 쟁점에 관하여 뒤집을 수 없는 구속력 있는 판정을 가리키는 것으로 최종판정뿐 아니라 일부판정까지 포함할 수 있는 의미로 사용된다.

3) UNCITRAL 모범법안 제32조 제1항; 중재법 제33조 제1항.

4) 중재판정부가 일부판정, 잠정판정 등을 내릴 수 있는 권한은 종국판정을 할 권한에 근거하는 것으로 이해되며, 국제중재규칙 제32조 제1항이나 ICC 중재규칙 제2조 제3항에서는 중재판정부가 종국판정 외에도 일부판정, 잠정판정 등을 내릴 수 있다는 명시적 규정을 두고 있다.

해결에 선결적인 쟁점이 문제되는 때 이를 절차 중간 단계에서 먼저 판단을 내리고 진행하는 것이 적절한 경우에 이루어진다. 경우에 따라 중재판정부는 당사자의 신청 또는 직권으로 특정 쟁점에 관한 심리분리절차(bifurcation)를 진행하여 일부판정이나 잠정판정을 내리기도 한다.

일부판정은 종국판정과 달리 중재 절차를 종료시키지는 아니하지만, 청구의 일부에 대해 종국적 판정으로서 내려진 경우에는 우리 중재법상 중재판정취소의 소의 대상이 된다고 할 것이고, 또한 승인 및 집행의 대상이 된다.

UNCITRAL 모범법안은 2006년 개정으로 임시적 구제수단을 명하는 잠정판정 등 임시적 처분(interim measure)에 관한 상세한 규정을 두었다. 이에 따르면 중재판정부는 분쟁 결정시까지 현상 유지 혹은 회복, 손해 발생의 예방 혹은 금지를 위한 조치, 판정 이행에 필요한 자산 보전 조치 및 분쟁해결에 관련된 중요한 증거 보전을 위한 조치를 명하는 임시적 처분을 판정 또는 그 이외의 형식으로 내릴 수 있으며,[5] 이러한 임시적 처분은 승인 및 집행의 대상이 됨을 분명히 하였다.[6] 그러나 각 국가의 법제에 따라서는 임시적 처분이 판정의 형태로 내려지더라도 이러한 잠정판정에 대한 승인 및 집행이 허용되지 않는 경우도 있을 수 있으므로 이에 유의해야 한다.

다. 추가판정(Additional Award)

추가판정은 중재절차에서 주장되었으나 중재판정에 포함되지 아니한 청구에 대하여 당사자의 신청이 있는 경우에 추가로 이루어지는 중재판정이다.[7]

UNCITRAL 모범범안이나 한국 중재법, 기타 여러 기관중재 규칙들은 추가판정에 대한 명시적 근거를 두고 있는 경우가 많다.[8]

라. 화해중재판정(Consent Award)

당사자들은 중재절차가 개시된 후라고 하여도 언제든지 분쟁에 관하여 화해합의를 할 수 있다. 합의에 이르면 당사자는 중재절차를 단순히 종료시킬 수도 있지만 분쟁의 확정적인 종결을 위하여 중재판정부에게 당사자들이 합의한 화

5) UNCITRAL 모범법안 제17조 제2항.

6) UNCITRAL 모범법안 제17조의 H 제2항.

7) Gary B. Born (2009), p.2440.

8) UNCITRAL 모범법안 제33조; 중재법 제34조; LCIA 중재규칙 제27조 등.

해 내용을 중재판정의 형식으로 작성하여 줄 것을 요구할 수도 있다. 이러한 당사자의 요청에 응하여 중재판정부가 내리는 것을 화해중재판정이라 한다. 화해중재판정은 중재판정의 형식을 갖추어야 하지만, 적용되는 중재법규에 따라서는 당사자의 합의 없이도 판정의 이유기재가 생략되기도 한다.9)

2. 중재판정의 성립

1) 중재판정부의 판단

대부분의 규칙은 중재판정부가 복수의 중재인으로 구성된 경우 다수결에 의하여 결정을 내리도록 규정하고 있다. 예를 들면 UNCITRAL 모범법안 및 중재규칙이나 ICC 중재규칙은 모두 중재판정부가 1인보다 많은 수의 중재인으로 구성된 경우 다수결을 의사결정 방식의 원칙으로 규정하고 있다.10)

가부동수 등으로 다수의견이 부재하는 경우의 결정방법에 관하여 UNCITRAL 모범법안은 명확히 정하지 않고 있으나, ICC 등 대부분의 기관중재규칙에서는 다수의견이 존재하지 않는 경우에는 의장중재인이 단독으로 판정할 수 있도록 하고 있다.11) 우리 중재법 역시 제30조에서 "당사자 간에 다른 합의가 없는 경우 3명 이상의 중재인으로 구성된 중재판정부의 의사결정은 과반수의 결의에 따른다. 다만, 중재절차는 당사자 간의 합의가 있거나 중재인 전원이 권한을 부여하는 경우에는 절차를 주관하는 중재인이 단독으로 결정할 수 있다."고 명시하고 있다.12)

한편 국내중재규칙 제48조 제2항에서는 "중재인이 수인인 경우, 중재인 일부가 중재판정에의 참여를 거부하거나, 정당한 이유 없이 중재판정합의에 불참한 경우에는 과반수에 해당하는 나머지 중재인들만의 합의로 결정한다."고 규정하고 있다.

9) UNCITRAL 모범법안 제31조 제2항; 중재법 제32조 제2항.

10) UNCITRAL 모범법안 제29조; UNCITRAL 중재규칙 제33조 제1항; ICC 중재규칙 제31조 제1항; LCIA 중재규칙 제26조 제3항; SIAC 중재규칙 제28조 제5항.

11) UNCITRAL 모범법안 제29조; UNCITRAL 중재규칙 제33조 제2항; ICC 중재규칙 제31조 제1항; LCIA 중재규칙 제26조 제3항; SIAC 중재규칙 제28조 제5항.

12) 국제중재규칙 제30조에서도 동일한 내용을 규정하고 있음.

2) 판단의 근거

가. 분쟁의 실체에 적용될 법

중재판정부는 당사자들이 지정한 준거법에 따라 쟁점에 관한 실체적 판단을 한다. 당사자 사이에 준거법에 대한 별다른 합의가 존재하지 않는 분쟁의 경우, 중재판정부는 해당 중재에 적용되는 중재법이나 중재규칙 등에 기초하여 해당 분쟁의 실체에 적용될 준거법을 선택한 이후 그 준거법에 따라 쟁점에 관한 판단을 내린다.13)

나. 형평과 선

중재판정부는 오로지 당사자가 명시적으로 동의한 경우에만 형평과 선에 따라 판단을 내릴 수 있다 UNCITRAL 모범법안과 우리 중재법 등은 중재판정부는 당사자들이 명시적으로 권한을 부여하는 경우에만 형평과 선(ex aequo et bono)에 따라 혹은 우의적 중재인(amiable compositeur)으로서 판정을 내릴 수 있다는 취지의 규정을 두어, 형평과 선에 따른 판단이나 우의적 중재의 광범위한 적용에 제한을 가하고 있다.14)

또한 ICC 중재규칙이나 LCIA 중재규칙을 비롯한 여러 기관중재규칙들도 형평과 선에 따른 판단은 당사자가 공동으로 적용을 요구하는 경우에만 적용하도록 제한을 두는 경우가 대부분이다. 그렇기 때문에 경험이 많은 중재인들은 중재 초기단계에서 당사자들에게 형평과 선을 적용한 판단을 원하는지 여부에 대해 확인을 구하는 경우가 적지 않다.15)

다. 적용 가능한 상관습

UNCITRAL 모범법안과 우리 중재법 등은 중재판정부가 판단을 내릴 때 계약에 정해진 바에 따르되, 해당 거래에 적용될 수 있는 상관습(usage of trade)도 고려하도록 규정하고 있다.16)

---

13) 중재법 제29조 및 본 교재 제8장 제2절 참조.

14) UNCITRAL 모범법안 제28조 제3항; 중재법 제29조 제3항.

15) 김갑유 (2012), 「중재실무강의」 (서울: 박영사), p.228.

16) UNCITRAL 모범법안 제28조 제4항; ICC 중재규칙 제21조 제2항; 중재법 제29조 제4항.

3. 종국판정의 기한

중재절차의 신속성을 보장하기 위하여 국제협약 및 각국의 입법례에서는 종국판정의 기한을 명시하고 있으나, 중재판정부가 기한의 연장이 필요하다고 판단하는 경우 종국판정 기한의 연장을 허용하고 있다.

ICC 중재규칙 제30조 제1항은 "중재판정부가 종국판정을 내려야 할 기한은 6개월이다. 그 기한은 종재판정부나 당사자가 최종적으로 중재위탁요지서에 서명한 날로부터 또는, 제23조 제3항을 적용하는 경우 중재법원이 중재위탁요지서를 승인하였다는 사실을 사무국이 중재판정부에 통지한 일로부터 기산한다."고 명시하고 있다.

국내중재규칙 제48조 제1항은 "중재판정부는 당사자의 합의 또는 법률의 규정 중 다른 정함이 없는 한 심리종결일로부터 30일 이내에 판정하여야 한다."고 규정하고 있으며 국제중재규칙 제33조는 "모든 당사자들이 달리 합의하지 않는 한 중재판정부는 최종서면의 제출일과 심리의 종결일 중 나중의 날짜로부터 45일 이내에 판정을 내려야 한다. 사무국은 중재판정부의 이유 있는 요청이 있는 경우, 또는 기한의 연장이 필요하다고 판단하는 경우에는 직권으로 종국판정의 기한을 연장할 수 있다."고 규정하고 있다.

제2절 중재판정의 형식

1. 중재판정의 형식

1) 중재판정의 서면성

중재판정부는 해당 중재에 적용되는 준거법이 요구하는 형식에 맞게 중재판정을 내려야 하는데, 대부분의 중재법과 중재규칙은 중재판정을 서면으로 작성할 것을 요구하고 있다.[17] 다만, 영국은 구두에 의한 중재판정도 인정하고 있다.

2) 중재언어

중재판정문은 정해진 언어로 작성되어야 한다. 중재언어는 중재합의에 지정되어있거나 추후 당사자들의 합의로 결정되는 경우가 많지만, 당사자들의 합의가 없는 경우에는 해당 중재에 적용될 중재법이나 중재규칙에 정해진 바에 따라 결정된다.[18)]

한편 국내중재규칙 제50조는 “당사자 간에 다른 합의가 없는 경우에 중재절차에서 사용될 언어는 한국어로써 한다. 다만, 당사자의 일방 또는 쌍방으로부터 요구가 있거나 또는 중재인 중에서 외국의 국적을 가진 자가 있을 때는 한국어와 영어를 공용할 수 있으며 이에 따라 국문과 영문으로 작성되는 중재판정문은 모두 이를 정본으로 한다. 그러나 국문과 영문의 중재판정문에 해석상 차이가 있을 때는 한국어에 의하여 해석한다.”고 규정하고 있다.

3) 표지나 서두

판정문의 표지나 서두에는 ‘중재판정문’ 또는 ‘AWARD’라고 기재하여 해당 문서가 중재판정이라는 것을 명시하는 것이 일반적이다. 만일 해당 판정이 일부판정이나 잠정판정일 경우에는 그와 같이 기재한다. 해당 중재사건의 사건번호와 중재기관 등도 일반적으로 표지나 서두에 기재된다.

또한 중재판정문의 서두에는 당사자 쌍방(대리인 포함)의 명칭과 주소가 기재된다. 국제중재의 경우에는 당사자들에 관한 정보 외에도 중재판정부에 관한 정보(성명과 주소 등)와 중재판정부 구성 경위에 관한 사항도 중재판정문에 정리해 두는 경우가 많다.

4) 신청취지 및 판정주문

주문은 신청인이 중재를 통해 구하는 신청취지(requested relief)에 대한 응답이라고 할 수 있는 중재판정부의 명령(order)으로 당연히 중재판정문에 포함되어야 한다.[19)]

---

17) UNCITRAL 모범법안 제31조 제1항; 중재법 제32조 제1항.

18) UNCITRAL 모범법안 제22조 제1항; UNCITRAL 중재규칙 제19조 제1항; ICC 중재규칙 제30조 제1항; 중재법 제23조 제1항.

19) 1998년 중재법 제11조 제3항에서는 “중재판정은 서면으로 작성하여 중재인이 서명·

중재판정부는 신청인 또는 반대청구(counter claim)의 신청인이 구하는 신청취지 전부에 대해 일일이 검토, 판단하여 전부를 인용 또는 기각하기도 하고, 또한 일부를 인용하고, 나머지 전부를 기각하기도 한다.

중재판정부는 일반적으로 중재신청서의 신청취지(requested relief)에 열거된 개별신청취지에 대한 당부 판단을 통해 적절한 명령을 내리게 된다. 중재판정부가 분쟁에 관한 구제수단을 명할 수 있는 권한은 당사자의 의사에서 기인하는 것이므로 중재판정부의 구체적인 구제수단 결정은 신청인이 구하는 신청취지의 구속을 받는다.

만약, 중재판정부가 이를 일탈하여 신청인이 요청하지 않은 구제수단을 명하는 경우, 가령 신청인이 채무 부존재의 확인을 구하는 사건에서 피신청인이 반대신청을 통해 채무이행을 구하지 않고 있음에도 불구하고, 중재판정부가 신청인의 신청을 부인하는데 그치지 않고 더 나아가 신청인에게 채무를 이행할 것을 명한다면 이는 중재판정취소 사유[20] 중 하나로 열거하는 '중재부탁의 범위를 벗어나는 사항에 관한 결정을 포함하는 경우'에 해당할 수 있다.[21]

그렇지만 국제중재의 경우에는 신청취지 마지막 항에 "기타 중재판정부가 적절하다고 판단하는 구제수단"을 명해줄 것을 관행적으로 요청하는 경우가 많고, 이러한 신청취지로 인해 중재판정부는 필요하다고 판단할 경우 신청인이 신청취지에 열거하지 않은 유형의 구제수단을 명할 수 있는 재량을 부여받기도 한다.

중재판정부는 신청취지의 범위 내에서 ① 금전의 지급 ② 특정행위의 이행 또는 금지 ③ 권리 또는 법률관계의 확인 ④ 계약의 수정 ⑤ 이자의 지급 ⑥ 징벌적 손해배상 등과 같은 다양한 형태의 구제수단을 명할 수 있다.

또한 중재판정부는 판정주문을 통해 중재비용을 확정하여 어느 당사자가 어느 비율로 이를 부담해야 할지를 정하도록 하고 있다.[22]

5) 중재판정의 이유

중재판정문의 본문에 판정이유를 기재하는 것은 중재판정의 신뢰성을 증대

날인하고 중재판정에 대한 주문 및 이유의 요지와 작성년월일을 기재하여야 한다."고 규정하였으나, 주문의 기재는 당연한 것이므로 1999년 개정에서는 이를 삭제하였다.

20) 중재판정 취소 사유에 관한 자세한 내용은 다음 제4절에서 자세히 다루기로 함.

21) Gary B. Born (2009), p.2608.

22) ICC 중재규칙 제37조 제4항; 국내중재규칙 제52조 제2항; 국제중재규칙 제47조.

시킬 수 있기 때문이다. 즉 중재인이 중재판정의 결론(주문)에 도달하기 위한 합리적인 접근을 보증할 수 있고 중재판정의 패소자는 패소의 이유를 알 수 있으며, 외국 중재판정의 승인 및 집행을 용이하게 할 수 있다.[23]

가. 이유기재의 인정

중재판정에 이유를 기재하도록 한 것은 중재절차에 관한 사법적 심사를 규정한 것이지 결코 중재의 기본정신에 반한다고는 할 수 없다. 이것은 각국 중재법을 비교·검토하더라도 대부분의 국가가 중재판정의 결론에 도달하게 된 합리적 과정을 보증하고 중재의 신용도를 높이기 위한 정책적 고려에서 중재판정문에 이유기재를 규정하고 있는 것이다.

중재판정의 이유기재가 필요하다는 견해를 살펴보면 아래와 같다. 첫째, 중재판정에 이유를 기재하여야만 패소당사자를 설득 및 이해시킬 수 있고 이로 인하여 중재제도를 신뢰할 수 있다.

둘째, 중재판정의 이유가 기재되고 공개되어야 중재판정이 예측 가능하게 되고 공개된 중재판정이 중재인 훈련에 활용되거나 국제거래에 유용한 국제보편법이나 상인법이 될 수 있다.

셋째, 다수의 입법례가 중재판정에 이유기재를 요구하고 있는 바, 외국에서의 중재판정 승인과 집행을 용이하게 하기 위해서는 이유기재를 입법화하여야 한다.

나. 이유기재의 불인정

중재판정에 대한 이유기재를 반대하는 입장은 중재절차의 개시·진행·종결에 관하여는 당사자가 합의한 바에 따라 엄격한 원칙에 얽매일 필요 없이 현실에 입각한 자유로운 판정이 가능해야 하고, 중재절차에 대한 지나친 사법적 심사는 자치적인 분쟁해결제도로서의 중재제도 그 자체의 부정을 의미하는 것이라는 것이다. 따라서 중재는 사적 자치의 원칙에 입각한 분쟁해결제도이기 때문에 소송의 경우에서처럼 법률에 얽매이지 않고 얼마든지 현실에 입각한 판정을 할 수 있다는 것이다.

중재판정의 이유기재가 불필요하다는 견해를 살펴보면 아래와 같다. 첫째, 분쟁당사자로 하여금 중재판정에 불복하도록 고무시키는 결과가 된다. 즉, 중

23) 김경배 (2005), 「국제무역분쟁과 ADR」 (서울: 무역경영사), p.288.

재판정에 이유가 없으면 승복할 패소 당사자도 중재판정 이유 중에서 꼬투리를 잡아 불복할 가능성이 높다.

둘째, 법률전문가가 아닌 중재인으로 하여금 중재판정에 이유를 쓰게 하면 법적용이 현저히 잘못된 경우가 노출될 것이고 이는 중재판정이 법원에 도전받도록 통로를 열어 줌으로써 중재제도의 신속성과 종국성을 위협하게 된다.

셋째, 중재판정에 이유를 기재하게 함으로써 중재의 신속성과 효율성을 떨어뜨린다.

넷째, 비법률 전문가인 중재인에게 번거로운 부담을 안겨주고 그에 따라 중재인들이 중재판정의 이유를 쓰는 데 시간과 노력을 들여야 하므로 분쟁분야 전문가들이 중재인 취임수락을 회피할 우려가 있다.

다. 각국의 입법례 및 국제협약

원칙적으로 중재판정에 판정이유의 기재는 당사자 자치의 원칙이 우선되지만, 영미법계 국가에서는 중재판정에 판정이유의 기재를 요구하지 않고 있으며 대륙법계 국가에서는 판정이유의 기재를 입법화하고 있는 것이 일반적이다.

UNCITRAL 모범법안 제31조 제2항은 "중재판정문에는 그 판정의 근거가 되는 이유를 기재하여야 한다. 다만, 당사자 간에 이유의 불기재에 관하여 합의하였거나 또는 그 중재판정문이 제30조(화해)에 의하여 합의된 내용의 판정인 경우에는 그러하지 아니하다."고 규정하고 있다.

ICC 중재규칙 제31조 제2항은 "판정에는 그와 같은 판정을 내린 이유가 기재되어야 한다."고 규정하고 있으며, 중재판정부는 판정문에 서명하기 전에 판정문의 초안을 중재법원에 제출하여 그 형식에 관하여 승인을 얻도록 하고 있다.[24)]

중재법 제32조 제2항은 "중재판정에는 그 판정의 근거가 되는 이유를 기재하여야 한다. 다만, 당사자 간에 합의가 있거나 제31조(화해)의 규정에 의한 화해중재판정인 경우에는 그러하지 아니하다."고 규정하고 있다.

한편 뉴욕협약은 이유기재와 관련한 각국의 입법례를 존중하여 이와 관련한 어떠한 조항도 두고 있지 않으며, 중재판정의 승인과 집행의 거부사유에도 이를 명시하고 있지 않다.

---

24) ICC 중재규칙 제33조.

6) 작성일자

중재판정에는 작성일자가 기재되어야 하는바, 당해 중재판정은 판정일 이후에는 위 일자에 내려진 것으로 본다. 이러한 작성일자는 중재판정일 이후부터 지급되어야 할 이자를 산정하고 중재합의 또는 절차법에 중재기간이 정하여져 있는 경우에 그 기간이 준수되었는지 여부를 판단하는 데 필요하다.

또한 만일 중재판정에 대한 불복기간의 기산점이 중재판정일인 경우에는 그 기간은 작성일자로부터 산정된다. 그렇다면 언제를 판정 작성일자로 기재할 것인가가 문제된다. 중재판정부는 당사자들이 달리 합의하지 않는 한 스스로 작성일자를 결정할 수 있으나, 통상 중재인들이 중재판정문 내용에 최종적으로 합의한 일자를 기재하거나 당해 중재판정문에 관한 사무국의 형식 요건 검토가 끝나 중재인들이 최종 서명한 날을 작성일자로 정한다.[25)]

7) 중재지

중재지는 중재절차가 주로 행하여지는 곳을 말하는데, 이는 사실적인 개념보다는 법률적인 개념이다. 따라서 중재판정부의 결정으로 중재 진행에 관한 회합과 심리를 중재지 이외의 곳에서 할 수 있는데 이를 중재지와 구별하여 중재장소라고 한다.

중재판정에는 중재지를 기재하여야 하고 중재판정은 위 장소에서 내려진 것으로 본다.[26)] 중재지 선택은 중재법의 적용 범위에 관하여 영토주의를 채택하는 것이 최근 각국의 입법 추세임을 감안할 때, 각국의 입법례에 따라 중재지법이 절차법이 될 가능성이 높고, 때에 따라서는 중재합의에 관한 실질법도 되며, 중재합의의 실현 또는 중재가능성도 중재지에 따라 결정되므로 그 중요성이 더하다. 또한 중재지는 대부분 중재판정의 모국지(state of origin)가 되어 뉴욕협약 제1조 제1항 전단에 따라 그 적용 여부를 가름하게 될 뿐만 아니라, 상호주의 원칙 적용에 있어서도 관건이 되고, 중재판정의 취소국을 정함에 있어서도 그 기준이 된다.

---

25) 양병회 외 (2006), 「주석 중재법」 (대한상사중재원, 한국중재학회), p.153.

26) 중재법 제32조 제3항 및 본 교재 제8장 제1절 참조.

8) 중재인의 서명

대부분 각국의 중재법은 중재인의 서명을 중재판정의 요건으로 하고 있다. 원칙적으로 중재판정에는 중재인 전원이 서명하여야 하고 서명이 없는 판정은 그 효력이 없다. 다만 일부 중재인에게 서명할 수 없는 사유가 있을 때, 출장·사망 등으로 서명을 할 수 없거나 판정결과에 동의하지 못하여 서명을 거부한 때에는 이러한 상황을 구제할 필요가 있다. 그러므로 중재판정부의 과반수에 미달하는 일부 중재인이 서명할 수 없거나 서명을 거부하는 경우에는 다른 중재인이 그 사유를 기재하고 서명할 수 있다.

UNCITRAL 모범법안 제 31조 제1항은 "중재판정문은 서면으로 작성되어야 하며 중재인 또는 중재인들이 이에 서명하여야 한다. 2인 이상의 중재에 있어서는 중재판정부 구성원 중의 과반수의 서명으로 충분하다. 다만 이 경우에는 서명이 생략된 이유가 기재됨을 요한다."고 규정하고 있다.

중재법 제32조 제1항은 "중재판정은 서면으로 작성하여야 하며, 중재인 전원이 서명하여야 한다. 다만, 3인 이상의 중재인으로 구성된 중재판정부의 경우에 과반수에 미달하는 일부 중재인에게 서명할 수 없는 사유가 있는 때에는 다른 중재인이 그 사유를 기재하고 서명하여야 한다."고 명시하고 있다.

2. 중재판정의 정정, 해석 및 추가판정

중재법 제34조는 UNCITRAL 모범법안 제33조를 그대로 수용하여 중재판정부로 하여금 중재판정을 내리는 것에서 나아가 판정의 정정, 해석 및 추가판정을 할 수 있도록 권한을 확장하고 있다.

당사자들이 달리 기간을 정한 경우를 제외하고는 각 당사자는 중재판정의 정본을 받은 날부터 30일 이내에 다음 각 호의 어느 하나에 규정된 정정, 해석 또는 추가 판정을 중재판정부에 신청할 수 있다.

① 중재판정의 오산(誤算)·오기(誤記), 그 밖에 이와 유사한 오류의 정정
② 당사자 간의 합의가 있는 경우에 중재판정의 일부 또는 특정 쟁점에 대한 해석
③ 중재절차에서 주장되었으나 중재판정에 포함되지 아니한 청구에 관한 추

가 판정. 다만, 당사자 간에 다른 합의가 있는 경우는 제외한다.

정정, 해석 또는 추가 판정을 중재판정부에 신청하는 신청인은 상대방 당사자에게 그 취지를 통지하여야 하며, 중재판정부는 정정 및 해석 신청을 받은 날부터 30일 이내에, 추가판정 신청에 대하여는 신청을 받은 날부터 60일 이내에 이를 판단하여야 한다.

한편 중재판정부는 판정일부터 30일 이내에 직권으로도 중재판정의 오산(誤算)·오기(誤記), 그 밖에 이와 유사한 오류의 정정을 할 수 있다. 중재판정부는 필요하다고 인정할 때에는 정정, 해석 또는 추가 판정의 기간을 연장할 수 있으며, 중재판정의 정정, 해석 또는 추가 판정의 형식에 관하여는 중재법 제32조(중재판정의 형식과 내용)를 준용한다.

3. 중재판정의 송부 및 보관

1) 중재판정문의 송부

중재의 경우는 판결과는 달리 별도로 선고일자를 지정하여 선고하는 절차를 거치지 않고, 중재판정문을 당사자들에게 바로 송부하는 방식으로 중재판정이 내려지게 된다.

소송절차에서 판결문 정본이 소송당사자에게 송달되어야 하는 것과 마찬가지로 중재판정의 정본도 중재당사자에게 송부되어야 한다. 이는 전부 또는 일부 패한 당사자의 경우 중재판정을 수령하여 전문을 살핀 후에야 중재판정의 내용에 승복할 것이지 여부를 결정할 수 있으므로 당연한 권리이다.

한편 중재의 승소당사자는 패소당사자가 판정에 따른 자발적 이행을 하지 않을 경우에 관할법원에 이러한 판정정본으로 중재판정의 승인 및 집행을 구할 수 있다. 더구나 중재판정에 불복하여 그 취소를 구하고자 하는 당사자는 중재판정의 정본을 받은 날로부터 3개월 이내에 중재판정취소의 소를 제기하여야 하기 때문에 중재판정의 수령은 매우 중요하다고 할 수 있다. 중재판정의 정본은 중재법에서 정한 서면의 통지방법[27]으로 각 당사자에게 송부한다.

---

27) UNCITRAL 모범법안 제3조; ICC 중재규칙 제34조; 중재법 제4조; 국내중재규칙 제

한편 중재는 당사자들의 사적 자치를 존중하여 국가의 사법권을 배제하고 진행하는 절차이므로 그와 관련하여 발생하는 일체의 비용을 중재 당사자들이 부담하여야 함은 당연하다. 이에 ICC 중재규칙 제34조 후단은 사무국으로 하여금 당사자 쌍방 또는 그 일방이 ICC에 중재비용을 완납한 경우에 한하여 중재판정부가 서명한 판정문을 당사자에게 통지하도록 제한하고 있다. 또한 영국 중재법에서도 중재당사자가 중재인에 대한 보수와 중재비용을 납부하기 까지 중재판정부로 하여금 중재판정을 송부하지 않고 유치할 수 있도록 규정하고 있다. 국내중재규칙 제2항도 송달은 다른 사정이 없는 한 당사자가 부담하여야 할 소정의 중재비용의 전액이 사무국에 납입된 후에 행할 수 있다고 명시하고 있다.

2) 중재판정문 원본의 법원 보관

중재법은 중재판정문의 정본[28]을 당사자들에게 송부함과 동시에 그 원본[29]은 그 송부사실을 증명하는 서면을 첨부하여 관할법원에 송부・보관하도록 정하고 있다.[30] 이때의 관할법원은 중재합의에서 지정한 경우에는 그 지정한 법원이, 중재합의에서 지정되지 않은 경우에는 중재지를 관할하는 법원이 된다.[31]

중재판정을 관할법원에 보관하는 실익은 다음과 같다.[32] 첫째, 중재판정의 존재에 대한 입증이 용이해진다. 이러한 장치는 중재판정의 존재에 대해 다툼이 발생하는 경우 법원이라는 공적인 국가기관이 중재판정의 존재 사실을 담보해 줌으로써 분쟁을 종식시켜 주는 기능을 수행한다. 이는 기관중재보다 특히 비기관중재의 경우에 그 효용이 클 것이다. 기관중재의 경우에는 중재기관이 중재판정문을 보관함으로써 중재판정의 존재 사실을 입증할 수 있으나, 비기관중재의 경우에는 중재판정문을 보관하여 그 존재 사실을 증명할 만한 기관이 없어 이러한 분쟁에 대비할 수 있는 장치가 필요하기 때문이다.

둘째, 중재판정의 작성일자를 법원 기타 국가기관으로부터 인증 받음으로써

55조; 국제중재규칙 제4조.

28) 법령상 권한 있는 자, 즉 공증권한을 갖는 자가 원본에 기하여 작성한 등본의 일종으로 특히 정본이라고 표시한 문서를 말한다. 정본은 법률상 원본과 동일한 효력이 인정된다.

29) 원본(元本)이란 서류를 작성하는 자가 그 내용을 확정적으로 표시한 것으로서 최초에 작성한 서류를 말한다. 즉 중재인이 서명한 중재판정문을 의미한다.

30) 중재법 제32조 제4항.

31) 중재법 제7조 제3항.

32) 양병회 외 (2006), 앞의 글, p.157.

외국에서 중재판정 집행을 용이하게 할 수 있다. 즉, 중재판정의 집행을 위해서는 그 전제로써 유효한 중재판정의 존재가 요구되는데, 그 확정 여부와 시기를 법원이 공인해줌으로써 중재판정 집행이 원활해지는 것이다.

한편 중재법은 한국 내에서 내려진 중재판정에 대해서만 적용되기 때문에 외국에서 내려진 중재판정의 경우는 동 조항의 적용을 받지 않는다. 반대로 한국 내에서 내려진 중재판정이면 외국 중재기관의 중재규칙에 따라 내려진 중재판정이라고 하더라도 동 조항이 적용되게 된다.

제3절 중재판정의 효력

1. 중재판정의 효력 개관

중재판정은 확정판결과 비슷한 점이 많기는 하나, 반드시 같은 것은 아니다. 중재판정은 중재절차가 갖는 특성에 따라 그 효력에 관해서도 판결과 다른 고유한 특성이 있을 수밖에 없다. 그러나 원칙적으로는 확정판결과 같은 효력을 갖는다.[33)]

중재법 제35조에서는 "중재판정은 양쪽 당사자 간에 법원의 확정판결과 동일한 효력을 가진다."라고 명백히 선언되어 있다. 중재법과 마찬가지로 상당수의 입법례는 중재판정의 효력에 관한 규정을 두고 있다. 한국이나 독일, 일본과 같이 "확정판결과 동일한 효력"이라고 규정한 입법례도 있고, 프랑스처럼 기판력(旣判力)을 명시적으로 인정한 입법례도 있으며, 영국과 같이 "중재판정은 당사자들이나 이들의 권리에 근거하여 청구하는 모든 사람들에게 확정적이며 구속력이 있다."는 다소 구체화된 규정을 둔 입법례도 있다.

33) 양병회 외 (2006), 앞의 글, p.174.

2. 구체적 효력

1) 형식적 확정력(기속력)

일반적으로 판결이 확정되면 당사자가 통상의 절차에 의해서는 그 판결에 불복할 수 없는 효력이 생기는데 이를 형식적 확정력(finality, conclusiveness)이라 하는 바, 이는 중재판정에도 적용되고 있다. 즉, 대부분의 중재제도에는 중재절차 내의 상소제도가 없고, 법원에도 항소도 허용되지 않아 통상의 불복방법이 없다 할 것이므로 일단 판정이 내려지면 위와 같은 형식적 확정력이 발생한다. 따라서 중재판정이 성립·발효한 경우에는 그 기속력(羈束力)[34] 때문에 중재판정부를 구속한다. 즉, 중재인은 본인이 내린 중재판정을 어떠한 경우에도 철회하거나 변경할 수 없다. 다만, 중재판정문에서 숫자계산의 착오나 과실 기타 이와 유사한 사유로 인하여 발생한 명백한 오자 또는 오류를 발견하였을 때는 결정으로 이를 정정할 수 있다.[35]

2) 실질적 확정력(기판력)

판결이 형식적으로 확정되면 동일한 당사자가 그 소송물에 관하여 다시 다툴 수 없는 효력, 즉 기판력(旣判力)[36]이 발생하는 바, 형식적으로 확정된 중재판정에도 기판력이 발생하느냐의 문제가 있다. 소송제도의 단점을 보완하기 위한 중재제도가 되기 위해서는 이미 판정이 내려진 법률관계에 관하여 동일한 당사자가 다시 중재신청을 하면 그 신청은 위 판정의 기판력에 반하는 것으로서 기각 또는 각하된다고 해석하여야 할 것이다.

영미법계에서는 형식적으로 확정된 중재판정은 그 내용에 관한 금반언(禁反言, estoppel)을 만들어 냄으로써 분쟁당사자는 새로운 중재절차 또는 소송절차에서 중재판정의 내용과 모순되게 중재판정에 의하여 결정된 소인(cause)의 존재 또는 부존재를 주장할 수 없고, 이러한 주장은 기판력의 항변에 부딪치게

34) 법원이나 행정기관이 자기가 한 재판이나 처분에 스스로 구속되어 자유롭게 취소·변경할 수 없는 효력을 의미함.

35) UNCITRAL 중재규칙 제38조 제1항; ICC 중재규칙 제35조 제1항; 국내중재규칙 제54조 제1항; 국제중재규칙 제36조 제1항.

36) 확정판결을 받은 사항에 대해서는 후에 다른 법원에 다시 제소되더라도 이전 재판내용과 모순되는 판단을 할 수 없도록 구속하는 효력을 의미함.

된다. 대륙법계에서도 프랑스 민사소송법 제1476조는 "중재판정이 내려지면 법원에 의하여 집행결정이 나기 전이라도 판단 받은 사실로 간주된다."라고 규정하고 있어 중재판정의 기판력을 인정하고 있다. 그 밖의 네덜란드, 벨기에, 독일, 이탈리아에서도 중재판정에 대한 기판력을 인정하고 있다.

3) 집행력

확정판결과 마찬가지의 효력으로서 집행력(執行力)[37]이 생기는 것은 당연하다. 다만, 확정판결에 대한 집행력은 원칙적으로 법원의 사무관 등에 의하여 집행문을 부여받음으로써 생기는데 반하여[38], 중재판정은 법원의 집행판결을 받아야만 집행력이 생기므로 그 때까지는 잠정적인 집행력만을 가진다 할 것이다.

중재판정의 집행을 허가하는 절차 및 형식은 국가마다 다르다. 즉, 한국과 일본은 집행판결청구의 소제기에 의한 집행판결로 중재판정의 집행을 허용하고 있고,[39] 독일은 변론 없이 또는 변론을 거쳐 결정으로 집행의 허가 여부를 결정하며,[40] 프랑스에서는 이를 비송절차로 보아 1심법원에서 집행명령을 받도록 하고 있으며,[41] 미국은 확인명령(order of confirmation)에 의하도록 하고 있다.[42]

4) 구속력

당사자는 중재판정에 따르기로 합의한 것이므로 중재판정에 따를 의무가 있다. 즉, 중재판정은 당사자들에 대하여 구속력(拘束力)[43]이 있다. 만일 이와 같은 구속력이 있음에도 불구하고 당사자가 중재판정의 내용을 임의로 이행하지 않을 때에는 실질적으로 그 이행을 강제하기 위하여 법원으로부터 집행판결에 의하여 강제집행을 할 수밖에 없다.

---

37) 판결 또는 그 급부의무를 강제로 실현시키는 효력 혹은 강제력으로 행정행위의 내용역시 실현할 수 있는 효력을 의미함.

38) 민사집행법 제28조.

39) 중재법 제37조 제1항; 민사집행법 제27조.

40) 독일민사소송법 제1060조-1061조.

41) 프랑스 민사소송법 제1500조, 제1477조.

42) 미국 연방중재법 제207조.

43) 일반적으로는 법률・규칙・조약 등에 의하여 자유로운 행동을 속박하는 효력을 의미함.

제4절 중재판정의 취소

1. 중재판정 취소의 의의

중재판정은 원칙적으로 법원의 확정판결과 동일한 효력이 있으므로 중재판정이 내려지면 당사자는 이에 구속된다. 그러나 중재판정에 일정한 사유가 존재하는 경우 중재판정에 패소한 당사자가 그 취소의 주장이나 중재판정에 불복하여 상소를 제기할 수 없는가 하는 문제가 있다. 이에 UNCITRAL 모범법안이나 중재법은 중재판정에 패소한 당사자가 중재판정에 불복하여 구제를 요청할 수 있는 유일한 방법으로 법원에 중재판정취소의 소를 제기하도록 하고 있다.[44]

중재판정의 취소란 일방 당사자의 요청을 받은 법원이 판결로서 그 중재판정의 효력을 소멸시키는 것을 말한다. 이러한 중재판정의 취소는 법이 명시적으로 규정한 사유가 발생한 경우에 한하여 할 수 있고 법원의 판결에 의해서만 이를 적법하게 할 수 있다. 만일 당사자 일방으로부터 중재판정취소의 소가 제기되었다 하더라도 그 청구의 사실이 각국의 중재법상 취소사유에 해당되지 않는 경우에는 당해 소는 부적법한 것으로서 당연히 각하(却下)[45]된다.

2. 중재판정의 취소사유

중재판정의 취소사유는 각국 법에 따라 다르다. 그러나 국제상사중재에 있어서 중재판정의 취소사유는 대체로 뉴욕협약이나 UNCITRAL 모범법안에서 정하고 있는 취소사유와 어느 정도 일치하고 있다. 그 이유는 뉴욕협약은 외국중재판정의 승인 및 집행을 위한 국제협약이고, 모범법안은 국제상사중재절차의 통일을 위하여 영미법계나 대륙법계 국가의 상이한 법체계를 상호 조정한

44) UNCITRAL 모범법안 제34조; 중재법 제36조.

45) 각하(却下)는 심사 청구의 형식적 요건을 갖추지 못하였거나 청구 기간 또는 보정(補正) 기간을 경과하여 청구를 하였을 때, 그에 대한 본안 심리를 거절하는 결정으로, 심사 청구의 형식적 요건을 갖추었으나 그 내용을 심사하여 청구의 이유가 없다고 하여 원래의 처분(處分)을 인정하는 결정인 기각(棄却)과 구분된다.

것이기 때문이다.

UNCITRAL 모범법안 제34조 제2항은 중재판정의 취소사유를 취소신청을 한 당사자가 입증책임을 부담하는 경우와 법원이 직권조사에 의해 취소할 수 있는 사유로 구분하고 있는데 이를 자세히 서술하면 다음과 같다.

1) 취소신청 당사자 입증책임을 부담하는 경우

가. 중재합의 당사자 무능력 또는 중재합의의 무효

중재합의의 당사자가 무능력자인 사실 또는 그 중재합의가 당사자들이 준거법으로서 지정한 법에 의하여 무효이거나 그러한 지정이 없는 경우에는 중재판정이 내려진 국가의 법률에 의하여 무효인 사실에 대한 증거를 취소신청을 한 당사자가 증명하는 경우이다.

나. 방어권의 침해

중재판정부는 중재절차의 전 과정을 통하여 당사자를 평등하게 대우하여야 한다. 만일 당사자가 중재인의 선임이나 중재절차에 관한 적절한 통지를 받지 못하였거나 기타 이유로 방어할 수 있는 기회를 상실당한 경우에는 방어권의 침해로서 취소사유가 된다.

적법절차위반에 따른 중재판정취소의 소를 제기하고자 하는 자는 중재인의 선정 또는 중재절차에 관하여 적절한 통지를 받지 못하였거나 기타의 사유로 인하여 본안에 관한 변론을 할 수 없었던 사실을 입증하여야 한다. 그러나 당사자가 심리기일에 관한 적법한 통지를 받고서도 정당한 이유 없이 심리기일에 불참하는 경우에는 당사자에 대한 심문 없이 중재판정을 하였더라도 취소사유로 볼 수 없다. 그리고 패소한 당사자가 적절한 통지를 받지 못하였다고 하더라도 실제로 중재인 선정이나 중재절차를 알았고 이에 대비할 충분한 시간적 여유가 있었음에도 고의로 변론하지 않았다면 이는 취소사유에 해당하지 않는다.[46]

다. 중재인의 월권

중재인은 중재관할권의 범위 내에서만 판정할 수 있음이 원칙이다. 즉, 당사

46) 김경배 (2005), 앞의 글, p.293.

자가 중재합의에서 약정한 범위 내에서 판단권한을 갖는다. 그러므로 중재판정부가 중재의 범위를 초과하거나 또는 범위를 벗어난 분쟁에 관하여 내린 중재판정은 취소사유가 된다.

중재인의 월권에 대한 중재판정취소의 소를 제기하고자 하는 자는 중재판정이 중재합의의 내용에 예정되어 있지 아니하거나 그 범위에 속하지 아니하는 분쟁을 다루었거나 또는 중재합의의 범위를 유월한 사항에 관한 결정을 포함하고 있다는 사실을 입증하여야 한다. 즉, 중재합의의 효력범위를 넘어 중재판정이 내려졌다면 그 중재판정은 권한 없는 자에 의하여 이루어진 것으로 취소되어야 한다.

다만, 중재판정이 중재합의의 대상에 관할부분과 대상이 아닌 부분으로 분리될 수 있는 경우에는 대상이 아닌 중재판정부분만을 취소할 수 있다

라. 중재판정부 구성 또는 중재절차의 위반

중재판정부의 구성과 중재절차 진행은 원칙으로 당사자가 합의한 바에 따른다. 만일 당사자의 합의가 없는 경우에는 국제협약이나 중재기관이 정하는 방법에 따라 또는 중재판정부가 스스로 적당하다고 인정하는 절차규칙에 따라 진행하여야 한다. 따라서 중재판정부의 구성이나 중재절차가 당사자의 합의 또는 중재판정부가 정한 절차에 반하여 내려진 중재판정은 취소사유가 된다.

중재판정취소의 소를 제기하고자 하는 자는 중재판정부의 구성이나 중재절차가 당사자 간의 합의에 따르지 아니하였다는 사실[47] 또는 그러한 합의가 없는 경우에 이 법에 따르지 아니하였다는 사실을 입증하여야한다.

2) 법원의 직권조사에 의한 취소사유

가. 중재가능성의 결여

중재판정 취소소송의 수소법원이 중재판정의 대상이 된 해당국의 법령상 중재로 해결될 수 없다는 사실을 발견하였을 때에는 직권으로 중재판정을 취소하여야 한다.[48]

---

47) 다만, 그 합의는 당사자에 의해 배제될 수 없는 성격을 가진 본 법의 규정(강행규정)에 저촉되어서는 아니 된다.

48) 본 교재 제7장 제3절 참조.

나. 공공질서위반

중재판정 취소소송의 수소법원이 중재판정의 승인 또는 집행이 해당국의 선량한 풍속 기타 사회질서(공서양속)에 위배되는 사실을 발견한 경우에는 직권으로 중재판정을 취소하여야 한다. 예를 들면, 중재판정에 의하여 피신청인에게 부과되는 의무가 강행법규 또는 공서양속에 반하여 허용될 수 없는 경우로서 도박계약이나 뇌물계약을 이행하라는 판정, 금제품(禁制品)을 인도하라는 판정 등을 들 수 있다.

3. 중재판정 취소의 소 제기

1) 취소의 대상이 되는 중재판정

중재판정 취소에 대하여는 중재법 제36조에 따르는데 이 조항은 중재지가 대한민국인 경우에만 적용된다.[49] 따라서 중재법에 따른 중재판정 취소는 외국중재판정에는 적용되지 않는다.

또한 본안에 대하여 판단하지 않은 각하 판정은 취소의 대상이 되지 않고, 본안에 대하여 판단한 중재판정만이 중재판정 취소의 대상이 된다.[50]

2) 관할법원

중재법 제7조 제3항 제2호에 의하면, 중재판정취소의 소의 관할법원은 중재합의에서 지정한 법원이, 그 지정이 없는 경우에는 중재지(仲裁地)를 관할하는 법원이 된다.

3) 소 제기 기한

중재법 제36조 제3항은 UNCITRAL 제34조 제3항을 수용하여 “중재판정 취소의 소는 중재판정의 취소를 구하는 당사자가 중재판정의 정본을 받은 날부터 또는 제34조에 따른 정정・해석 또는 추가 판정의 정본을 받은 날부터 3

49) 중재법 제2조 제1항.

50) 김갑유 (2012), 앞의 글, p.291.

개월 이내에 제기하여야 한다."고 소 제기 기한을 명시하고 있다.

4) 소 제기에 대한 제한

중재법 제36조 제4항에 의하면, 해당 중재판정에 관하여 대한민국의 법원에서 내려진 승인 또는 집행판결이 확정된 후에는 중재판정 취소의 소를 제기할 수 없다. 그 이유는 중재법의 중재판정취소사유는 한국에서 내려진 중재판정의 집행거부사유와 동일하고 뉴욕협약상 집행거부사유와 거의 동일하기 때문이다. 따라서 중재의 패소 당사자로 하여금 중재판정의 승인 또는 집행판결절차에서 집행거부사유를 모두 주장하게 하여 소송경제를 꾀하고 같은 국가의 법원판결의 상충을 방지하기 위함이다.[51]

4. 중재판정 취소판결 확정 후 재심 여부

중재판정 취소판결이 확정되면 중재판정은 효력이 없어진다. 그런데, 법원에 의하여 중재판정 취소의 소에 대한 취소판결이 확정되면 당해 분쟁의 중재합의의 효력은 어떻게 되는지가 문제이다.

이와 관련해서는 중재판정 취소의 소에 의해 중재판결이 취소되어도 중재합의의 효력은 유효하기 때문에 중재판정 취소판결은 중재판정부의 재심사유가 된다는 견해와 중재판결이 취소되면 중재합의의 효력도 소멸되기 때문에 중재판정 취소판결은 소송사유가 된다는 견해가 대립되고 있다.

먼저 중재판정부 재심사유의 견해는 중재판정의 취소판결이 확정되면 중재판정만 취소되는 것이고 본래의 중재합의는 소멸되지 아니하고 그대로 존속된다고 보고 있다. 즉 중재합의에 의하여 행하여진 중재판정이 사법적 판단에 의해 취소되면 중재판정은 취소로 인하여 소급하여 소멸되는 것이며 중재합의는 이행되지 아니한 상태로 남게 되는 것이므로 당연히 중재판정을 다시 하여야 한다는 것이다.

다음으로 법원에 소송을 제기하여야 한다는 견해는 중재판정이 사법적 판단에 의해 취소되면 당사자는 중재절차의 재개신청이나 중재판정의 재실시를 주

51) 목영준 (2000), 「상사중재법론」 (서울: 박영사), p.234.

장할 수 없고 오직 국가법원에 제소할 수밖에 없다고 본다. 따라서 중재판정 취소판결이 확정되면 당사자는 중재대상인 분쟁에 관하여 법원에 바로 소를 제기하여야 한다는 것이다.

한편 중재법은 중재판정 취소판결 확정 이후 재심 여부에 관한 규정을 두고 있지 않다. 그러나 중재판정 취소판결이 확정된 경우에 그 취소사유가 중재합의 당사자의 무능력 또는 중재합의의 무효인 때, 중재가능성이 없을 때, 공공질서에 위배되는 때에는 중재합의까지도 그 효력을 상실하고 그 이외의 사유로 중재판정이 취소된 때에는 중재합의가 유효하게 존속한다고 해석하여야 할 것이다.[52)]

52) 김경배 (2005), 앞의 글, p.297.

Chapter 12

중재판정의 승인과 집행

제1절 중재판정의 유형과 적용 법조

1. 중재판정, 승인 및 집행의 개념

1) 중재판정의 개념과 유형

중재판정(arbitral award)이란 분쟁당사자에 의해 선정된 중재인이 당사자로부터 부여받은 중재권한에 근거하여 분쟁을 구속력 있게 판단하는 행위로서 법원의 확정판결과 동일한 효력을 지니는 것이라고 할 수 있다. 당사자가 중재인의 판정을 존중하고 스스로 복종할 것이라는 사전합의에 따라 중재판정에 공법적 효과를 부과함으로써 당사자에게는 실체법상의 의무부담의 원인이 되는 것이다.

그러나 중재판정은 중재인, 중재지 또는 준거법에 따라 다양한 방법으로 중재절차가 진행되어 얻어진 결과이기 때문에 집행국가의 법원은 중재판정의 내용에 따라 내국중재판정과 외국중재판정으로 구분하여 승인과 집행을 허용하고 있다. 중재법에서도 중재판정의 취소나 승인 및 집행이라는 관점에서 중재판정을 다음의 세 가지로 분류하고 있다.[1)]

① 중재지가 대한민국인 중재판정
(내국중재판정)

1) 중재법 제38-39조.

② 중재지가 뉴욕협약이 적용되는 국가인 외국중재판정
(뉴욕협약 적용 중재판정)

③ 중재지가 뉴욕협약이 적용되지 않는 국가인 외국중재판정
(뉴욕협약 비적용 중재판정)

2) 승인 및 집행의 개념

승인(recognition)의 개념에 대해서는 '법원이 중재판정에 대하여 우리 법원의 확정판결과 같은 효력을 인정하여 주는 것'이라고 하는 설명과[2] '우리 법원이 외국중재판정에 대하여 효력을 인정하는 것'이라고 하는 설명이 있다.[3]

어떤 의견에 따르더라도 승인은 법원이 진행하는 사건에서 중재판정의 대상이 된 사안이 문제될 때 소극적으로 작용하는 개념이다. 어떤 사안에 관하여 이미 중재판정이 내려졌는데 같은 사안이 별개의 소송절차에서 다루어질 경우, 법원이 이미 내려진 중재판정을 승인한다면 해당 사안은 중재판정의 내용에 따라 결정할 것이다. 따라서 중재판정의 승인은 '방패'로 이용된다고 할 수 있다.[4]

반면, 집행(enforcement)은 중재판정의 법적 효력을 승인하는 데에서 나아가 중재의 당사자로 하여금 중재판정에 따르도록 강제하는 것이다. 이러한 강제는 압류, 매각 등 강제집행 절차를 포함한다. 이런 이유로 중재판정의 집행은 '검'으로 비유된다.

또한 승인은 집행 없이도 허용될 수 있지만 집행은 승인됨을 전제로 허용되는 것이므로 집행은 승인을 포함하는 개념이라고도 할 수 있다.[5]

2. 중재판정 유형별 적용 법조

앞에서 본 것처럼 중재판정의 취소에 관한 중재법 제36조는 내국중재판정에만 적용된다. 또한 중재판정의 승인 및 집행에 관한 요건이나 절차는 중재판정

2) 목영준 (2011), 「상사중재법」 (서울: 박영사), p.270.

3) 석광현 (2007), 「국제상사중재법연구」, 제1권 (서울: 박영사), p.248.

4) 목영준 (2011), 앞의 글, pp.270-271.

5) Alan Redfern and Martin Hunter (2004), *Law and Practice of International Commercial Arbitration* (London: Sweet & Maxwell, Limited), pp.448-49.

이 내국판정인지, 뉴욕협약 적용 중재판정인지, 뉴욕협약 비적용중재판정인지에 따라 다르게 적용된다.

내국중재판정의 경우 중재법 제36조 제2항에 규정된 취소 사유가 없으면 승인 및 집행되어야 하므로, 위 취소사유가 내국중재판정의 승인 및 집행의 거부사유가 된다.[6)]

뉴욕협약 적용 중재판정의 경우에는 뉴욕협약 제5조에 규정된 취소 사유가 없으면 승인되거나 집행되어야 한다.[7)]

마지막으로 뉴욕협약 비적용 중재판정의 승인 또는 집행에 관하여는「민사소송법」제217조,「민사집행법」제26조 제1항 및 제27조를 준용한다.[8)]

외국중재판정이 뉴욕협약 적용 중재판정인지 여부와 관련해서는 우리나라가 뉴욕협약 가입하면서 제1조 제3항에 따라 '상호주의 유보선언'[9)]과 '상사유보선언'을 하였다는 점에 주의하여야 한다. 따라서 중재지인 외국이 뉴욕협약 체약국이 아니라면 우리나라 법원이 그 중재판정의 집행판결을 부여할 때 뉴욕협약이 적용되지 않으며, 또한 한국법상 상사분쟁에 관한 중재판정이 아니라면 역시 뉴욕협약이 적용되지 않는다.

한편 뉴욕협약 제7조 제1항은 중재판정이 뉴욕협약의 적용을 받는다고 하더라도 집행신청인이 그보다 유리한 법령이나 조약에 따라 신청할 수 있도록 선택권을 부여하고 있다. 따라서 뉴욕협약 적용 중재판정이라 할지라도 그 집행을 구하는 당사자가 국내법 또는 국제조약에 기하여 집행을 구하는 것이 유리하다고 판단하는 경우에는 그에 기하여 외국중재판정의 집행을 구할 수 있는 것이다.[10)]

---

6) 중재법 제38조.

7) 중재법 제39조 제1항.

8) 중재법 제39조 제2항.

9) 상호주의 유보는 중재지를 기준으로 하는 것이지 중재당사자의 국적을 기준으로 하는 것이 아니다.

10) 서정일 (2003),「국제상사중재법론」(서울: 도서출판 두남), p.172.

제2절 중재판정의 승인 및 집행 거부 사유

1. 중재판정의 승인 및 집행 거부 관련 규정

1) 내국중재판정의 승인 및 집행 거부 사유

중재법은 대한민국에서 내려진 국내 중재판정은 동법 제36조 제2항의 사유가 없으면 승인되거나 집행되어야 한다고 명시하고 있다. 따라서 같은 사유로 내국판정의 승인 및 집행이 거부될 수 있음은 당연하다.[11)]

• 중재법 제36조 제2항

법원은 다음 각 호의 어느 하나에 해당하는 경우에만 중재판정을 취소할 수 있다.

1. 중재판정의 취소를 구하는 당사자가 다음 각 목의 어느 하나에 해당하는 사실을 증명하는 경우
   가. 중재합의의 당사자가 해당 준거법(準據法)에 따라 중재합의 당시 무능력자였던 사실 또는 중재합의가 당사자들이 지정한 법에 따라 무효이거나 그러한 지정이 없는 경우에는 대한민국의 법에 따라 무효인 사실
   나. 중재판정의 취소를 구하는 당사자가 중재인의 선정 또는 중재절차에 관하여 적절한 통지를 받지 못하였거나 그 밖의 사유로 본안에 관한 변론을 할 수 없었던 사실
   다. 중재판정이 중재합의의 대상이 아닌 분쟁을 다룬 사실 또는 중재판정이 중재합의의 범위를 벗어난 사항을 다룬 사실. 다만, 중재판정이 중재합의의 대상에 관한 부분과 대상이 아닌 부분으로 분리될 수 있는 경우에는 대상이 아닌 중재판정 부분만을 취소할 수 있다.
   라. 중재판정부의 구성 또는 중재절차가 이 법의 강행규정에 반하지 아니

11) 중재법에서는 국내 중재판정의 승인 또는 집행의 거부사유를 별도로 두지 않고 제36조 제2하의 중재판정의 취소사유를 그대로 인용한 점에서 UNCITRAL 모범법안의 규정 방식과 다르다.

하는 당사자 간의 합의에 따르지 아니하였거나 그러한 합의가 없는 경우에는 이 법에 따르지 아니하였다는 사실

2. 법원이 직권으로 다음 각 목의 어느 하나에 해당하는 사유가 있다고 인정하는 경우
   가. 중재판정의 대상이 된 분쟁이 대한민국의 법에 따라 중재로 해결될 수 없는 경우
   나. 중재판정의 승인 또는 집행이 대한민국의 선량한 풍속이나 그 밖의 사회질서에 위배되는 경우

2) 뉴욕협약 적용 중재판정의 승인 및 집행 거부 사유

중재법 제39조 제1항은 "「외국 중재판정의 승인 및 집행에 관한 협약」을 적용받는 외국 중재판정의 승인 또는 집행은 같은 협약에 따라 한다."고 명시하고 있다. 뉴욕협약 제5조에 규정된 중재판정의 승인 및 집행거부 사유는 아래와 같다.

• **뉴욕협약 제5조**

1. 판정의 승인과 집행은 판정이 불리하게 원용되는 당사자의 청구에 의하여 그 당사자가 판정의 승인 및 집행의 요구를 받은 국가의 권한 있는 기관에게 다음의 증거를 제출하는 경우에 한하여 거부될 수 있다.
   a. 제2조에 규정된 합의의 당사자가 그들에게 적용될 법률에 의하여 무능력자이었던가 또는 당사자들이 준거법으로서 지정한 법령에 의하여 또는 지정이 없는 경우에는 판정을 내린 국가의 법령에 의하여 전기 합의가 무효인 경우; 또는
   b. 판정이 불리하게 원용되는 당사자가 중재인의 선정이나 중재절차에 관하여 적절한 통고를 받지 아니하였거나 또는 기타 이유에 의하여 변론할 수 없었을 경우; 또는
   c. 판정이 중재부탁조항에 규정되어 있지 아니하거나 또는 그 조항의 범위에 속하지 아니하는 분쟁에 관한 것이거나 또는 그 판정이 중재부탁의 범위를 벗어나는 사항에 관한 결정을 포함하는 경우. 다만, 중재에 부탁한 사항에 관한 결정이 부탁하지 아니한 사항과 분리될 수 있는 경우에는 중재부탁 사항에 관한 결정을 포함하는 판정의 부분은 승인

되고 집행될 수 있다.

d. 중재기관의 구성이나 중재절차가 당사자 간의 합의와 합치하지 아니하거나, 또는 이러한 합의가 없는 경우에는 중재를 행하는 국가 법령에 합치하지 아니하는 경우; 또는

e. 판정이 당사자에 대한 구속력을 발생하지 아니하였거나, 또는 판정이 내려진 국가 또는 판정의 기초된 법이 속하는 국가의 권한 있는 기관에 의하여 취소 또는 정지된 경우.

2. 중재판정의 승인 및 집행이 요구된 국가의 권한 있는 기관이 다음의 사항을 인정하는 경우에도 중재판정의 승인과 집행을 거부할 수 있다

a. 분쟁의 대상인 사항이 그 국가의 법률하에서는 중재에 의한 해결을 할 수 없는 것일 경우; 또는

b. 판정의 승인이나 집행이 그 국가의 공공의 질서에 반하는 경우.

중재법과 뉴욕협약의 중재판정의 승인 및 집행 거부사유를 비교해보면 중재법에서 뉴욕협약 제5조 제1항 (e)가 누락되어 있음을 알 수 있다. 즉 거부사유에서 중재판정의 효력이 정지되거나 취소된 경우가 빠져 있는데, 이는 우리나라 법원에 의하여 중재판정의 효력이 정지되거나 취소된 경우 우리나라 법원이 그 중재판정의 승인 및 집행을 거부하는 것은 당연하기 때문이다.

3) 뉴욕협약 비적용 중재판정의 승인 및 집행 거부 사유

뉴욕협약 비적용 중재판정의 승인 및 집행에 관하여는 「민사소송법」 제217조, 「민사집행법」 제26조 제1항 및 제27조를 준용한다.

- **민사소송법 제217조**

외국법원의 확정판결은 다음 각호의 요건을 모두 갖추어야 효력이 인정된다.

1. 대한민국의 법령 또는 조약에 따른 국제재판관할의 원칙상 그 외국법원의 국제재판관할권이 인정될 것
2. 패소한 피고가 소장 또는 이에 준하는 서면 및 기일통지서나 명령을 적법한 방식에 따라 방어에 필요한 시간여유를 두고 송달받았거나(공시송달이나 이와 비슷한 송달에 의한 경우를 제외한다) 송달받지 아니하였더라

도 소송에 응하였을 것

3. 그 판결의 효력을 인정하는 것이 대한민국의 선량한 풍속이나 그 밖의 사회질서에 어긋나지 아니할 것
4. 상호보증이 있을 것

• 민사집행법 제26조 제1항

외국법원의 판결에 기초한 강제집행은 대한민국 법원에서 집행판결로 그 적법함을 선고하여야 할 수 있다.

• 민사집행법 제27조

① 집행판결은 재판의 옳고 그름을 조사하지 아니하고 하여야한다.

② 집행판결을 청구하는 소는 다음 각호 가운데 어느 하나에 해당하면 각하하여야 한다.

1. 외국법원의 판결이 확정된 것을 증명하지 아니한 때
2. 외국판결이 민사소송법 제217조의 조건을 갖추지 아니한 때

따라서 뉴욕협약 비적용 중재판정은 ① 중재판정을 한 중재판정부의 정당한 관할이 인정되고, ② 패소당사자가 방어에 필요한 시간여유를 두고 적절한 통지를 받았거나 소송에 응하였으며, ③ 그 중재판정의 효력을 인정하는 것이 우리나라의 공서양속에 반하지 않고, ④ 상호보증이 인정되는 경우에 한하여 중재판정이 승인 및 집행될 수 있다.

2. 중재판정의 승인 및 집행 거부 사유

1) 행위능력의 결여 또는 중재합의의 무효

뉴욕협약 제5조 제1항 a호 및 중재법 제36조 제2항 제1호 가목에 따라 중재합의의 당사자가 해당 준거법에 따라 무능력자로 확정된 경우 또는 중재합의가 당사자가 지정한 준거법이나 중재판정이 내려진 국가의 법률에 따라 무효인 경우에는 중재판정의 승인 및 집행은 거부될 수 있다.

가. 판단 기준[12)]

중재합의를 체결할 수 있는 당사자들의 능력을 판단함에 있어서는 자연인의 경우 당사자의 본국법이, 법인 및 기타 단체의 경우에는 그 설립의 준거법이 적용된다.[13)]

중재합의의 성립, 유효성 및 해석의 준거법은 당사자들의 지정이 있는 경우에는 당사자들이 지정한 법을 적용하여야 한다는 점에서는 별다른 다툼이 없다.[14)] 그런데 계약상 중재조항의 준거법에 대한 명시적인 지정은 없으나, 당사자들이 중재조항을 포함한 주된 계약의 준거법, 즉 분쟁의 실체에 적용될 법을 지정한 경우 중재합의의 준거법도 묵시적으로 지정하였다고 볼 수 있는가에 대한 견해는 부정설과 긍정설로 나뉘고 있다.

부정설은 중재합의의 독립성이라는 측면에서 주된 계약상 준거법에 관한 합의가 있다고 해서 중재합의도 같은 준거법에 의해 판단할 것은 아니라고 한다. 반면 긍정설은 계약해석의 일반원칙에 따라 계약의 준거법은 계약의 모든 조항의 해석에 있어 적용되는 것이 일반적일 것이므로, 당사자들이 주된 계약의 준거법을 지정한 때에는 그 법을 중재조항의 준거법으로 지정하였다고 본다.

만약 당사자들이 중재합의의 준거법을 지정하지 않은 경우 또는 부정설을 지지하는 경우라면 중재합의의 성립 및 유효성의 준거법을 어떻게 결정할 것인가의 문제에 대하여 우리 대법원은 중재합의의 효력을 판단하는 준거법에 관한 당사자의 합의가 없는 경우 중재지법을 적용하는 태도를 취하고 있다고 해석하는 것이 학설상 유력하다.[15)]

나. 입증책임 및 입증할 사항

당사자의 무능력 또는 중재합의의 무효는 중재판정의 효력을 부정하는 당사

---

12) 본 교재 제8장 제2절 참조.

13) 강수미 (2006), "중재합의의 성립에 효력에 관한 준거법," 「중재연구」, 제16권, 제2호 (한국중재학회), p.97; Gary B. Born (2009), International Commercial Arbitration (Kluwer Law International), pp.553-54. 이에 대하여 뉴욕협약 제5조 제1항 a호는 중재합의를 체결할 수 있는 당사자 능력의 준거법에 관한 저촉규범을 규정한 것이 아니므로 별도로 법정지의 국제사법을 적용하여 그 준거법을 결정하여야 한다는 견해도 있다. 목영준 (2011), 앞의 글, p.113.

14) 강수미 (2006), 앞의 글, p.83.

15) Keechang Kim (2008), "Arbitration Agreement under Korean Law," *Korea University Law Review*, Vol. 3, p.83.

자가 입증하여야 할 사항이다.[16] 이는 중재합의의 대상인 분쟁에 관하여 법원에 소가 제기된 경우에 피고가 중재합의가 있다는 항변을 하여야 하는 것과 구별되어야 할 것이다. 대법원은 중재합의가 유효하기 위한 최소한의 요건은 분쟁을 중재에 의하여 해결하겠다는 명시적인 의사표시이고, 중재기관, 준거법이나 중재지는 명시되지 않아도 무방하다고 보고 있지만,[17] 중재인, 중재기관을 잘못 지정하거나 복수로 지정하는 경우 등에 대하여는 당사자들의 의사를 합리적으로 해석하여 중재합의의 유효성 여부를 판단하고 있다.[18]

다만, 선택적 중재합의의 경우에는 상대방이 중재에 이의 없이 응하지 않는 한 중재합의로서 효력이 없다고 판시하고 있다.[19]

2) 방어권의 침해

뉴욕협약 제5조 제1항 b호, 중재법 제36조 제2항 제1호 나목, 중재법 제38조 및 민사소송법 제217조 제3호에 따라 중재인 선정이나 중재절차에 관하여 당사자에게 공정하고 정당한 기회를 주지 않고 내려진 중재판정은 그 승인 및 집행이 거부될 수 있다.

가. 판단 기준

이 사유는 중재에 있어서 절차적 보장 내지 심문청구권의 보장에 관한 규정이다. 다만 당사자에게 기회가 충분히 부여되었음에도 스스로 권리를 행사하지 않은 경우에는 방어권 침해가 인정되지 않는다.

대법원은 이 규정의 취지는 위와 같은 사유로 당사자의 방어권이 침해된 모든 경우를 말하는 것이 아니라 “그 방어권 침해의 정도가 현저하게 용인할 수 없는 경우만으로 한정되는 것”이라고 해석하고 있다. 또한 중재 당사자의 방어권 보장은 “절차적 정의실현과 직결되어 공공의 질서의 일부를 이루는 것이므로 이는 집행국 법령의 기준에 의하여 판단하여야 한다.”고 판시하여, 중재판정 집행이

16) 중재법 제32조 제2항 제1호; 뉴욕협약 제5조 제1항.

17) 대법원 2007. 5. 31. 선고 2005다74344 판결.

18) 대법원 1996. 4. 12. 선고 96다280 판결; 서울고등법원 1980. 6. 26. 선고 80나533 판결; 서울민사지방법원 1992. 5. 1. 선고 91가합45511 판결; 서울민사지방법원 1984. 4. 12. 선고 83가합7051 판결 등 참고.

19) 본 교재 제7장 제2절 2 참조.

거부될 수 있는 방어권침해의 정도에 대하여 확실한 기준을 제시하였다.[20]

국제적으로도 방어권 침해로 인한 중재판정의 승인 및 거부는 패소당사자의 방어권 침해의 정도가 현저하게 용인할 수 없는 경우에 한정되며, 패소당사자의 방어권이 침해되었는지 여부는 집행국 법령에 따라 판단하지만, 집행국 법령을 위반하였다고 하여 바로 뉴욕협약상의 절차적 방어권 침해라고 판단하여서는 안 되며, 사안에 따라 구체적인 내용을 전체적으로 살펴본 후 신중하게 결정하여야 한다는 것이 주요국의 판례에서 확인되고 있다.

나. 송달, 문서제출

한편 중재에서는 중재신청서를 비롯한 서류 송달이 소송절차와 같이 엄격하게 규율되지는 않는다는 점에 유의하여야 한다. 따라서 이메일을 통해서 중재신청서를 받거나 적법한 대리인이 아닌 법무법인에 의하여 사실상 전달을 받은 경우에도 중재판정의 효력을 부정할 정도의 방어권 침해로 인정되지는 않는다.[21] 또한 뉴욕협약 비적용중재판정의 승인 및 집행에 민사소송법 제217조 제3호를 적용할 때에도 송달 요건은 소송절차상의 송달보다 완화하여 적용하여야 할 것이다.

다. 중재인 선정절차

피신청인이 상대방으로부터 중재인을 선정하라는 통보를 받고도 불가항력 등 정당한 사유 없이 이에 응하지 아니하고 절차에 전혀 참여하지 아니한 경우에는 피신청인의 귀책사유이므로 뉴욕협약 제5조 제1항 b호 소정의 집행거부 사유가 될 수 없다.

3) 중재판정부의 권한 유월 또는 중재합의의 범위 일탈

뉴욕협약 제5조 제1항 c호 및 중재법 제36조 제2항 제1호 다목 및 중재법 제38조에 따라 중재판정이 중재합의의 대상이 아닌 분쟁을 다룬 사실 또는 중재판정이 중재합의의 범위를 벗어난 사항을 다룬 사실이 있으면 중재판정의 승인 및 집행은 거부될 수 있다. 다만, 중재판정이 중재합의의 대상에 관한 부

20) 대법원 1990. 4. 10. 선고 89다카20252 판결.

21) 김갑유 (2012), 「중재실무강의」 (서울: 박영사), pp.323-23.

분과 대상이 아닌 부분으로 분리될 수 있는 경우에는 대상이 아닌 중재판정 부분만을 취소할 수 있다.

가. 판단 기준

이 사유는 유효한 중재합의가 있음을 전제로 하여, 중재에서 내려진 구체적인 판정 내용이 중재합의 범위를 벗어난 경우를 다루는 것이다. 그러나 대부분의 국가에서 중재인의 월권문제로 중재판정이 된 사례는 좀처럼 찾아 볼 수 없다.

한편 중재인이 중재절차 중에 당사자가 제시한 주장을 판단하지 아니한 것을 판단유탈이라 한다. 이러한 중재인의 판단유탈은 뉴욕협약 제5조의 승인 및 집행거부 사유에 포함되어 있지 않기 때문에 이로 인한 중재판정의 집행거부는 할 수 없다.[22]

나. 중재합의의 범위를 넓게 해석한 사례

우리 법원은 중재합의가 포함된 계약관계로부터 유래한 불법행위로 인한 손해배상 청구도 중재합의의 범위에 포함한다고 판시하기도 하고,[23] 당사자들이 중재 이전에 협의를 통해 합의가 어느 정도 이루어진 쟁점들에 대하여도 어느 일방에 의해 합의 성립 여부가 다투어진다면 중재판정부가 이에 대하여 판정하는 것은 허용된다고 보는 등[24] 비교적 중재합의의 범위를 넓게 해석하고 있다.[25]

4) 중재판정부의 구성 또는 절차상의 하자

뉴욕협약 제5조 제1항 d호 및 중재법 제36조 제2항 제1호 라목 및 중재법 제38조에 따라 중재판정부의 구성 또는 중재절차가 당사자 간의 합의에 따르지 아니하였거나, 그러한 합의가 없는 경우에는 중재를 행하는 국가 법령에 합치하지 아나하는 경우에는 중재판정의 승인 및 집행은 거부될 수 있다.

---

22) 김경배 (2005), 「국제무역분쟁과 ADR」 (서울: 무역경영사), p.309.

23) 대법원 1992. 4. 14. 선고 91다17146, 17153 판결.

24) 대법원 2005. 5. 27. 선고 2005다12452 판결.

25) 김갑유 (2012), 앞의 글, p.327.

가. 판단 기준

중재판정의 집행을 저지하거나 취소하기 위해서는 중재판정부의 구성 또는 절차상의 하자로 인하여 당사자의 권리에 '중대한 침해'가 있어야 한다.

한편 중재절차상 하자가 있을 경우에도 당사자가 이를 다투지 아니하고 중재절차를 진행하여 중재판정이 되었을 때 동 중재판정의 승인 및 집행단계에서 그 하자가 치유될 수 있는지에 대하여 뉴욕협약에는 분명한 규정이 없다. 그러나 각국의 소송법에는 책문권(責問權)의 상실[26] 및 금반언의 원칙이 인정되므로 당사자가 중재절차 과정에서 그 절차상의 하자를 알았거나 알 수 있었을 때에 이를 책문하지 아니하였을 경우에는 중재절차상의 하자를 주장하여 중재판정의 집행을 거부할 수 없다고 보아야 할 것이다.[27] 예를 들면, 중재인 선임 통지를 받고도 아무런 이의를 하지 않았는데 중재인을 선임할 기회를 부여받지 못했다고 하면서 중재판정 취소를 주장하는 것은 허용되지 않는다.[28]

나. 중재판정부 구성 관련 판례

대한상사중재원 국내중재절차중 당사자들의 중재인 선정 절차 합의가 있음에도 불구하고 사무국이 중재인 선정 절차를 거쳐 중재판정부를 구성한 사례에서 법원은 당사자들이 제1차 심문기일에 모두 출석하여 사무국에 의하여 구성된 중재판정부 앞에서 중재인 선정과 관련하여 아무런 이의를 제기하지 아니한 채 본안에 관하여 진술하였으므로, 이로써 원고와 피고는 제1차 심문기일에 중재인을 사무국선정의 중재판정부로 하기로 하는 새로운 합의를 묵시적으로 하였다고 판시하였다.[29]

한편, 중재인이 중재절차 진행 중에 당해 중재사건과 사실상 쟁점을 같이 하는 동종사건에서 일방 당사자의 대리인으로 활동하여 공정성과 독립성을 현저히 훼손한 경우 중재판정이 취소된 사례가 있다.[30]

---

26) 민사소송법 제151조(소송절차에 관한 이의권) 당사자는 소송절차에 관한 규정에 어긋난 것임을 알거나, 알 수 있었을 경우에 바로 이의를 제기하지 아니하면 그 권리를 잃는다. 다만, 그 권리가 포기할 수 없는 것인 때에는 그러하지 아니하다.

27) 김홍규 (1980), "외국중재판정의 승인집행의 요건과 절차," 「상사중재연구총서」, 제22집 (대한상사중재원), p.6.

28) 서울민사지방법원 1984. 4. 12. 선고 83가합7051 판결.

29) 대법원 2001. 11. 27. 선고 2000다29264 판결.

30) 대법원 2004. 3. 12. 선고 2003다21995 판결.

그러나 이와 유사한 사례로 일방 당사자의 소송대리인과 같은 법무법인 소속 변호사가 중재인으로 선정된 사건에서는 "중재법이 정한 기피신청 및 법원에 대한 불복절차를 통하여 그 적격여부를 다투어야지 그러한 절차를 취하지 아니하고 있다가 중재판정이 내려진 이후에 새삼스럽게 중재판정 자체의 취소를 구하는 방법으로 다툴 수는 없다."며 중재판정 취소 사유를 인정하지 않은 판결도 있다.[31]

다. 중재판정의 이유기재 누락

현행 중재법하에서 대법원은 중재법 제32조 제2항에서 "중재판정에는 그 판정의 근거가 되는 이유를 기재하여야 한다."고 규정하고 있다는 이유로, 중재판정에 이유를 기재하지 아니한 때에는 중재판정의 취소사유가 된다고 판시하고 있다.

대법원은 여기서 "이유를 기재하지 아니한 때"란 ① 중재판정서에 전혀 이유의 기재가 없거나 ② 이유의 기재가 있더라도 불명료하여 중재판정이 어떠한 사실상 또는 법률상의 판단에 기인하고 있는가를 판명할 수 없는 경우 ③ 이유가 모순인 경우를 말하며, 당해 사건의 전제로 되는 권리관계에 대하여 명확하고 상세한 판단을 나타낼 것까지는 요구되지 않고 중재인이 어떻게 하여 판단에 이른 것인지를 알 수 있을 정도의 기재가 있으면 충분하다고 했다. 또한 판단이 명백하게 비상식적이고 모순인 경우가 아닌 한, 판단에 부당하거나 불완전한 점이 있다는 것은 이유를 기재하지 아니한 때에 해당하지 않는다고 판시했다.[32]

4) 구속력 없는 중재판정 또는 중재판정의 취소, 정지

뉴욕협약 제5조 제2항 e호 및 민사집행법 제27조 제2항 제1호에 따라 판정이 당사자에 대한 구속력을 발생하지 아니하였거나, 또는 판정이 내려진 국가 또는 판정의 기초된 법이 속하는 국가의 권한 있는 기관에 의하여 취소 또는 정지된 경우에는 중재판정의 승인 및 집행은 거부될 수 있다.

---

31) 대법원 2005. 4. 29. 선고 2004다47901 판결.

32) 대법원 2010. 6. 24. 선고 2007다73918 판결.

가. 구속력 없는 중재판정

중재판정이 상급의 중재기관 또는 일반법원에 불복을 할 수 있고, 그 불복에 의하여 당연히 집행정지의 효력이 있다면 중재판정의 구속력은 발생한 것으로 볼 수 없을 것이다.[33)]

그러나 이는 통상의 불복절차에 의한 불복가능성을 뜻할 뿐, 중재판정취소의 소와 같이 특별한 불복절차가 있다고 하여 구속력이 부정되는 것은 아니다. 학설은 중재판정이 그에 적용된 절차법에 따라 본안에 관하여 법원에 항소할 수 있거나, 중재규칙에 따라 그 중재기관 내에서 재심사가 허용되거나, 중재합의에서 중재판정 이후의 다른 절차를 규정한 경우에는 구속력이 없다고 보는 반면, 법률문제에 관하여 법원에 항소할 수 있는 경우나 중재판정취소소송의 여지가 있는 경우에는 구속력이 있다고 본다.[34)]

나. 중재판정이 취소 또는 정지된 경우

뉴욕협약 규정상 중재판정의 취소 또는 정지는 판정이 내려진 국가의 권한 있는 기관[35)] 또는 판정의 기초된 법이 속하는 국가의 권한 있는 기관의 전속적 관할이 된다.

여기서 판정의 기초된 법이 속하는 국가의 권한 있는 기관이 관할을 갖는 경우란 중재 당사자들이 중재지가 아닌 외국의 중재절차법을 적용하기로 합의한 예외적, 이론적인 경우를 염두에 둔 것으로, '판정의 기초된 법'이란 중재절차의 준거법을 뜻하고 사건의 실체에 대하여 중재인이 적용한 법령을 뜻하는 것은 아니다.[36)]

중재판정이 취소 또는 정지된 경우, 그 취소 또는 정지사유가 뉴욕협약상 취소 또는 정지사유에 해당하는지 여부는 묻지 아니한다.[37)] 또한 중재판정을 취소하는 외국의 재판은 우리 법에 따라 외국재판 승인요건을 갖추었는지 여부

---

33) 양병회 외 (2006), 「주석 중재법」(대한상사중재원, 한국중재학회), p.394.

34) 목영준 (2011), 앞의 글, p.297.

35) 권한 있는 기관(a competent authority)은 관할법원을 뜻하는 경우가 대부분이다.

36) Albert Jan Van den Berg (1981), *The New York Arbitration Convention of 1958: Towards a Uniform Judicial Interpretation* (Kluwer Law International), p.350.

37) 양병회 외 (2006), 앞의 글, p.395.

는 문제되지 아니하고, 그러한 재판이 있었는지 여부만이 문제된다고 한다. 다만, 중재판정을 취소하는 중재지 법원의 판결이 부당하다고 판단되면, 집행법원이 중재판정의 집행을 허가 할 수 있다는 미국법원의 판결이 있다. 우리나라에서도 중재지국에서 취소된 외국중재판정을 집행지국에서 독자적인 판단으로 그 유효성을 인정하여 승인 및 집행할 수 있다는 견해가 있다.[38)]

중재판정의 집행을 요구받은 국가의 법원은 그 중재판정에 대하여 관할 법원에서 취소 또는 정지 소송이 제기된 경우, 제반 사정을 고려하여 집행판결청구소송 절차를 연기할 수 있다. 이 때 집행을 요구한 당사자가 신청하면 상대방에게 담보의 제공을 명할 수도 있다[39)]

5) 중재가능성의 결여

뉴욕협약 제5조 제2항 a호 및 중재법 제36조 제2항 제2호 가목 및 중재법 제38조에 따라 중재판정의 대상이 된 분쟁이 그 국가의 법률하에서 중재로 해결될 수 없는 경우에는 중재판정의 승인 및 집행은 거부될 수 있다.

한편, 중재법 제3조 제1호는 "중재란 당사자 간의 합의로 사법(私法)상의 분쟁을 법원의 재판에 의하지 아니하고 중재인의 판정에 의하여 해결하는 절차"라고 정의하며, 동조 제2호는 "중재합의란 계약상의 분쟁인지 여부에 관계없이 일정한 법률관계에 관하여 당사자 간에 이미 발생하였거나 앞으로 발생할 수 있는 분쟁의 전부 또는 일부를 중재에 의하여 해결하도록 하는 당사자 간의 합의"라고 정의한다. 따라서 중재가능성 판단에서 계약상의 분쟁인지 여부는 중요하지 않지만, 중재법은 공법상의 분쟁에는 적용되지 않는다고 볼 수 있다.

뉴욕협약 역시 원 협약상으로는 '계약상의 분쟁'일 것을 요하지 않는다. 다만 우리나라는 뉴욕협약 제1조 제3항에 따라 "계약적 성질의 것이거나 아니거나를 불문하고 국내법상 상사상의 것이라고 인정되는 법률관계로부터 발생하는 분쟁에 한하여 이 협약을 적용할 것이라고 선언"하였기 때문에 만약 상사분쟁(商事紛爭)이 아니라면 한국에서는 뉴욕협약이 적용되기 어렵다.

대체로 중재가능성이 문제되는 것은 공법상의 분쟁, 가족법상의 분쟁, 공정거래법 위반사건, 지적재산권 관련 분쟁, 증권거래에 관한 분쟁, 사회・경제적

38) 양병회 외 (2006), 앞의 글, p.396.
39) 뉴욕협약 제6조.

약자의 보호에 관한 분쟁, 노동법상의 분쟁 등이다.

우선, 중재법과 뉴욕협약의 위 조항에 비추어 볼 때 공법상의 분쟁은 중재가능성이 없다고 할 수 있다. 그러나 일부 공공적 성격이 있는 분쟁이라 하더라도 특별히 사법상 분쟁해결을 금지하는 조항이 없는 이상 중재가능성을 무작정 부정하기는 곤란하며, 지적재산권의 유효성이나 공정거래법 위반이 문제되는 사안이더라도 적어도 그것이 분쟁의 직접적인 대상이 아니라 선결 문제로 다루어지는 경우에는 중재가능성을 인정하는 것이 타당하다고 본다.[40)]

6) 공서양속 위반

뉴욕협약 제5조 제2항 b호 및 중재법 제36조 제2항 제2호 나목, 중재법 제39조 제2항 및 민사소송법 제217조 제3호에 따라 중재판정의 승인 또는 집행이 그 국가의 선량한 풍속이나 그 밖의 사회질서에 위배되는 경우에는 중재판정의 승인 및 집행은 거부될 수 있다.

그러나 공서양속이 무엇이며 그 판단기준을 어떻게 설정할 것인지에 대하여는 세계적으로 오랜 논쟁의 대상이다.[41)] 판례는 외국중재의 집행가부를 판단함에 있어서 국제거래안정이라는 국제적인 특성을 고려하여 국제상사중재판정에 관하여 우리나라의 공서양속에 위반함을 이유로 집행을 거부하는 것은 제한적으로 해석하며, 설사 외국중재판정이 한국의 강행법규에 위반하더라도 그 자체만으로 곧 취소사유가 있다고 판단하지는 않는다.[42)] 그리하여 지금까지 한국 법원에서 공서양속 위반을 이유로 외국중재판정의 집행이 거부된 것은 단 1건도 없는 것으로 알려져 있다.

뉴욕협약 제5조 제2항의 "공공의 질서에 반하는 경우(contrary to the public policy)"란 한국 민법 제103조의 "선량한 풍속 기타 사회질서"보다는 더 엄격한 개념으로 이해되고 있다. 우리나라 법원은 뉴욕협약상 공서양속 위반사유를 판단함에 있어서 매우 높은 기준을 설정하며, 최근의 하급심은 "국제적 공서양속(international public policy)"이라는 표현을 사용하여 외국중재의 승인 및 집

40) 김갑유 (2012), 앞의 글, p.334.

41) Albert Jan Van den Berg (1981), *The New York Arbitration Convention of 1958: Towards a Uniform Judicial Interpretation* (Kluwer Law International), p.360.

42) 대법원 1990. 4. 10, 선고 89다카20252 판결 등 다수.

행장애사유를 제거하려는 뉴욕협약 도입 취지를 적극 반영하고 있다.

뉴욕협약상의 공서양속 규정에 대하여 대법원은 "외국중재판정의 승인이나 집행이 집행국의 기본적인 도덕적 신념과 사회질서를 해하는 것을 방지하여 이를 보호하려는 데 그 취지가 있는 것이므로, 국내적인 사정뿐만 아니라 국제적 거래질서의 안정이라는 측면도 함께 고려하여 이를 제한적으로 해석하여야 하고, 외국중재판정에 적용된 외국법이 우리나라의 실정법상 강행법규에 위반된다고 하여 바로 승인거부의 사유가 되는 것은 아니고 해당 중재판정을 인정할 경우 그 구체적 결과가 우리나라의 선량한 풍속 기타 사회질서에 반할 때에 한하여 승인 및 집행을 거부할 수 있다."고 판시하였다.[43)]

7) 승인 및 집행거부 사유를 판단하는 기준시점

일반적으로 중재판정의 취소 사유나 승인 및 집행 거부 사유를 판단할 때는 변론 종결 시를 기준으로 하여 판단한다. 그러나 중재판정 이후에 생긴 사정으로 뉴욕협약 제5조 제2항 b호의 '공공질서 위반'에 해당되는 경우 중재판정의 승인 및 집행은 거부될 수 있다. 이와 관련된 예로는 중재판정의 목적이 되는 채무의 전부 또는 일부 소멸을 들 수 있다. 즉 중재판정 이후 패소당사자가 그 판정에 따라 성실하게 그 내용을 이행하였는데도 승소당사자가 그 판정의 승인 및 집행을 구한다면 이러한 집행을 허용하는 것은 공공질서에 반한다고 판시하였다.[44)]

3. 중재판정의 집행판결청구소송 절차

1) 관할법원

중재법 제37조 내지 제39조의 규정에 의한 중재판정의 집행판결청구소송의 관할법원은 동법 제7조 4항에 따라 ① 중재합의에서 지정한 법원 ② 중재지를 관할하는 법원 ③ 피고 소유의 재산이 있는 곳을 관할하는 법원 ④ 피고의 주소 또는 영업소, 주소 또는 영업소를 알 수 없는 경우에는 거소, 거소도 알 수

43) 대법원 1995. 2. 14. 선고 93다53054 판결.

44) 서울고등법원 2001. 2. 27. 선고 2000나23725 판결.

없는 경우에는 최후로 알려진 주소 또는 영업소를 관할하는 법원 중 어느 곳이든 신청인이 선택하여 소를 제기할 수 있다.

중재법 제2조 제1항에 따르면 집행판결청구의 소에 관한 위 중재법 제7조 제4항은 내국중재판정에 적용되어야 하고, 내용상으로도 내국중재판정을 염두에 두고 마련된 규정으로 보인다. 그러나 중재법 제39조는 외국중재판정의 집행에 관한 규정임이 명백하고, 뉴욕협약 제3조도 중재판정의 집행에 있어서 '그 판정이 원용될 영토의 절차 규칙'에 따르도록 하고 있으므로, 집행판결청구의 소의 관할에 관한 중재법 제7조 제4항은 외국중재판정의 집행에 관하여도 적용되는 것으로 해석된다.[45]

따라서 만일 외국에 주소 또는 영업소를 두고 있는 피고에 대하여 외국에서 중재판정을 받은 경우에도 피고가 우리나라에 재산을 가지고 있다면 피고의 재산 소재지를 관할하는 지방법원에 소를 제기할 수 있을 것이다. 이 경우 집행 대상이 되는 피고의 재산이 부동산이나 유체동산인 경우에는 소재지가 분명하므로 그 관할법원을 정하면 되고, 채권이나 그 밖의 재산권인 경우에는 민사집행절차에 대한 관할을 참조하여 관할 법원을 정할 수 있을 것이다.[46]

2) 소 제기 기간

중재판정취소소송[47]과 달리 우리나라에서 집행판결청구의 소를 제기하는 데에는 기간 제한이 없다. 그러나 국가에 따라서는 그러한 제한을 두는 경우가 있으므로 그러한 기간을 도과하지 않도록 주의하여야 한다.

실례로 우리나라 회사가 네팔 회사를 상대로 KCAB에서 중재판정을 받아서 네팔에서 집행을 하고자 하였으나, 네팔의 경우 1999년 중재법에서 중재판정의 집행신청은 중재판정이 내려진 때로부터 90일 이내에 이루어져야 한다고 규정하고 있어 집행을 하지 못한 사례가 있다. 이에 위 신청인은 KCAB에서 같은 내용의 중재를 다시 신청하여 중재판정을 받아야 했다.

또한 중국의 경우에도 중재판결의 집행시효는 법률문서가 규정한 이행기간

45) 김갑유 (2012), 앞의 글, p.294.

46) 민사집행법 제224조 제2항 본문 참조.

47) 중재법 제36조; 중재판정 취소의 소는 중재판정의 취소를 구하는 당사자가 중재판정의 정본을 받은 날부터 또는 제34조에 따른 정정・해석 또는 추가 판정의 정본을 받은 날부터 3개월 이내에 제기하여야 한다.

의 최종일로부터 기산하여 2년이므로 당사자들은 이 기간을 초과하지 않도록 유의하여야 한다.[48)]

3) 제출서류

중재법 제37조 제2항에 따라 집행판결청구소송의 소장에는 다음 서류들을 첨부하여야 한다. 다만, 중재판정 또는 중재합의가 외국어로 작성되어 있는 경우에는 정당하게 인증된 한국어 번역문을 첨부하여야 한다.

- 중재판정의 정본 또는 정당하게 인증된 그 등본(The duly authenticated award or a duly certified copy thereof; and)
- 중재합의의 원본 또는 정당하게 인증된 그 등본(The original arbitration agreement or a duly certified copy thereof.)

뉴욕협약도 중재판정이나 중재합의가 집행국의 공용어로 작성되어 있지 않은 경우 그 공용어 번역문을 제출하도록 규정하고 있는데, '정당하게 인증된 한국어 번역문'을 요구하는 중재법과 달리 뉴욕협약 제4조 제2항은 '번역문은 공적인 번역관 또는 선서한 번역관, 외교관 또는 영사관에 의하여 증명(certified)되어야 한다.'고 규정하고 있다.

그런데 우리나라에는 공적인 번역관이나 선서한 번역관 제도가 없어서 문제가 된다. 이와 관련하여 대법원은 중재판정이 번역관 또는 외교관들에 의해서 직접 번역되지 않았으므로 집행이 거부되어야 한다는 피고의 주장에 대하여, 위 뉴욕협약 규정은 번역관이나 외교관들에 의해서 직접 번역되지 않았더라도 그들에 의해서 당해 중재판정을 번역한 번역문임이 증명되면 족하다는 취지로 볼 것이고, 위 규정에서 증명이란 당해 중재판정을 번역한 번역문이라는 사실 확인일 뿐 외교관 또는 영사관의 서명이 반드시 필요한 것은 아니고, 또한 그 번역의 정확성까지 증명하여야 하는 것은 아니라고 판시하였다.[49)]

실무상으로는 중재판정 번역문을 외교관이나 영사관에게 증명 받아 제출하는 경우는 드물고, 공증인으로부터 소위 번역공증을 받아 제출하는 것이 일반적이다. 판례에서도 번역공증을 받은 중재판정이나 중재합의 번역문에 대해서

48) 2013년 개정 중화인민공화국 민사소송법 제239조.
49) 대법원 1995. 2. 14. 선고 93다53054 판결.

는 번역 요건을 특별히 문제 삼지는 않는 것으로 보인다.[50]

4) 집행판결의 당사자

집행판결청구의 소를 제기할 때 중재판정에서 승소판정을 받은 당사자 전원이 함께 제기하여야 하는 것은 아니다. 대법원은 중재에서 다수 당사자의 1인에게만 승소판정이 부여된 경우 그 승소판정을 받은 당사자는 단독으로 집행판결을 구할 수 있다고 판시하였다.[51]

한편 중재판정에서 승소한 신청인에 대하여 중재판정 후 도산절차가 개시되더라도 중재판정에 어떠한 직접적인 영향도 없고, 단지 신청인이 재산에 대한 관리처분권을 상실하여 파산관재인이나 관리인이 집행판결청구의 소를 제기하면 된다.

5) 집행판결청구소송 절차의 정지 또는 연기

뉴욕협약 제6조에 의거하여 중재판정의 취소 또는 정지를 요구하는 신청이 중재지 법원에 제기된 경우 법원은 집행판결청구소송 절차를 정지하고 판결을 연기할 수 있다.

그러나 이 경우 우리나라 법원이 당연히 집행판결청구소송 절차를 정지하여야 하는 것은 아니다. 경우에 따라서는 중재판정 취소 또는 정지 신청이 집행을 지연시키기 위한 방편에 불과한 경우도 있을 수 있기 때문이다. 또한, 절차를 정지하지 않고 집행판결을 내리더라도, 그 후 그 중재판정이 취소될 경우 회복할 수 없는 손해가 발생할 가능성이 없다면 굳이 정지할 필요도 없을 것이다.

이러한 이익을 조화하기 위하여 뉴욕협약 제6조는 후단은 "판정의 집행을 요구하는 당사자의 신청에 의하여 타방당사자에 대하여 적당한 보장을 제공할 것을 명할 수 있다."고 규정하고 있다. 즉, 중재패소당사자가 권한 있는 기관에 중재판정의 취소 또는 정지를 신청한 경우, 집행국 법원은 그것이 적절하다고 인정될 때에는 그 외국중재판정의 집행에 관한 재판을 연기하고, 중재승소당사자(집행판결청구의 소에서 원고)의 신청이 있을 경우 중재패소당사자에 대하여 적절한 담보를 제공할 것을 명할 수 있는 것이다.[52]

50) 김갑유 (2012), 앞의 글, p.298.

51) 대법원 1995. 2. 14. 선고 93다53054 판결.

52) 대법원 2009.5.28. 선고 2006다20290 판결.

1. 중재법
2. 대한상사중재원 국내중재규칙
3. 대한상사중재원 국제중재규칙
4. UNCITRAL 모범법안
5. 외국중재판정의 승인 및 집행에 관한 UN협약

부 록 Appendix

☞ UNCITRAL 중재규칙과 ICC 중재규칙 영문원본과 국문해석본이 필요하신 교수님은 도서출판 두남 대표메일로 소속기관명과 성명을 보내주시면 메일로 파일을 보내드리겠습니다.

1. 중재법

[시행 2013.3.23] [법률 제11690호, 2013.3.23, 타법개정]
[시행 2010.3.31] [법률 제10207호, 2010.3.31, 일부개정]
[시행 2002.7.1] [법률 제6626호, 2002.1.26, 타법개정]
[시행 2001.7.1] [법률 제6465호, 2001.4.7, 타법개정]
[시행 1999.12.31] [법률 제6083호, 1999.12.31, 전부개정]

제1장 총칙 〈개정 2010.3.31〉

제1조(목적) 이 법은 중재(仲裁)에 의하여 사법(私法)상의 분쟁을 적정·공평·신속하게 해결함을 목적으로 한다.

[전문개정 2010.3.31]

제2조(적용 범위) ① 이 법은 제21조에 따른 중재지(仲裁地)가 대한민국인 경우에 적용한다. 다만, 제9조와 제10조는 중재지가 아직 정해지지 아니하였거나 대한민국이 아닌 경우에도 적용하며, 제37조와 제39조는 중재지가 대한민국이 아닌 경우에도 적용한다.

② 이 법은 중재절차를 인정하지 아니하거나 이 법의 중재절차와는 다른 절차에 따라 중재에 부칠 수 있도록 정한 법률과 대한민국에서 발효(發效) 중인 조약에 대하여는 영향을 미치지 아니한다.

[전문개정 2010.3.31]

제3조(정의) 이 법에서 사용하는 용어의 뜻은 다음과 같다.

1. "중재"란 당사자 간의 합의로 사법상의 분쟁을 법원의 재판에 의하지 아니하고 중재인(仲裁人)의 판정에 의하여 해결하는 절차를 말한다.
2. "중재합의"란 계약상의 분쟁인지 여부에 관계없이 일정한 법률관계에 관하여 당사자 간에 이미 발생하였거나 앞으로 발생할 수 있는 분쟁의 전부 또는 일부를 중재에 의하여 해결하도록 하는 당사자 간의 합의를 말한다.
3. "중재판정부"(仲裁判定部)란 중재절차를 진행하고 중재판정을 내리는 단독중재인 또는 여러 명의 중재인으로 구성되는 중재인단을 말한다.

[전문개정 2010.3.31]

제4조(서면의 통지) ① 당사자 간에 다른 합의가 없는 경우에 서면(書面)의 통지는 수신인 본인에게 서면을 직접 교부하는 방법으로 한다.

② 제1항에 따른 직접 교부의 방법으로 통지할 수 없는 경우에는 서면이 수신인의 주소, 영업소 또는 우편연락장소에 정당하게 전달된 때에 수신인에게 통지된 것으로 본다.

③ 제2항을 적용할 때에 적절한 조회를 하였음에도 수신인의 주소, 영업소 또는 우편연락장소를 알 수 없는 경우에는 최후로 알려진 수신인의 주소, 영업소 또는 우편연락장소로 등기우편이나 그 밖에 발송을 증명할 수 있는 우편방법에 의하여 서면이 발송된 때에 수신인에게 통지된 것으로 본다.
④ 제1항부터 제3항까지의 규정은 법원이 하는 송달에는 적용하지 아니한다.
[전문개정 2010.3.31]

제5조(이의신청권의 상실) 당사자가 이 법의 임의규정 또는 중재절차에 관한 당사자 간의 합의를 위반한 사실을 알고도 지체 없이 이의를 제기하지 아니하거나, 정하여진 이의제기 기간 내에 이의를 제기하지 아니하고 중재절차가 진행된 경우에는 그 이의신청권을 상실한다.
[전문개정 2010.3.31]

제6조(법원의 관여) 법원은 이 법에서 정한 경우를 제외하고는 이 법에 관한 사항에 관여할 수 없다.
[전문개정 2010.3.31]

제7조(관할법원) ① 다음 각 호의 사항에 대하여는 중재합의에서 지정한 지방법원 또는 지원(이하 이 조에서 "법원"이라 한다)이, 그 지정이 없는 경우에는 중재지를 관할하는 법원이 관할하며, 중재지가 아직 정하여지지 아니한 경우에는 피신청인의 주소 또는 영업소를 관할하는 법원이, 주소 또는 영업소를 알 수 없는 경우에는 거소(居所)를 관할하는 법원이, 거소도 알 수 없는 경우에는 최후로 알려진 주소 또는 영업소를 관할하는 법원이 관할한다.
1. 제12조제3항 및 같은 조 제4항에 따른 중재인의 선정
2. 제14조제3항에 따른 중재인의 기피신청에 대한 법원의 기피결정
3. 제15조제2항에 따른 중재인의 권한종료신청에 대한 법원의 권한종료결정
4. 제17조제6항에 따른 중재판정부의 권한심사신청에 대한 법원의 권한심사
5. 제27조제3항에 따른 감정인(鑑定人)에 대한 기피신청에 대한 법원의 기피결정

② 제28조에 따른 증거조사는 증거조사가 실시되는 지역을 관할하는 법원이 관할한다.
③ 다음 각 호의 사항에 대하여는 중재합의에서 지정한 법원이 관할하고, 그 지정이 없는 경우에는 중재지를 관할하는 법원이 관할한다.
1. 제32조제4항에 따른 중재판정 원본(原本)의 보관
2. 제36조제1항에 따른 중재판정 취소의 소(訴)

④ 제37조부터 제39조까지의 규정에 따른 중재판정의 승인과 집행 청구의 소는 다음 각 호의 어느 하나에 해당하는 법원이 관할한다.
1. 중재합의에서 지정한 법원
2. 중재지를 관할하는 법원
3. 피고 소유의 재산이 있는 곳을 관할하는 법원
4. 피고의 주소 또는 영업소, 주소 또는 영업소를 알 수 없는 경우에는 거소, 거소도 알 수 없는 경우에는 최후로 알려진 주소 또는 영업소를 관할하는 법원

[전문개정 2010.3.31]

제2장 중재합의 〈개정 2010.3.31〉

제8조(중재합의의 방식) ① 중재합의는 독립된 합의 또는 계약에 중재조항을 포함하는 형식으로 할 수 있다.

② 중재합의는 서면으로 하여야 한다.

③ 다음 각 호의 어느 하나에 해당하는 경우는 서면에 의한 중재합의로 본다.

1. 당사자들이 서명한 문서에 중재합의가 포함된 경우
2. 편지, 전보(電報), 전신(電信), 팩스 또는 그 밖의 통신수단에 의하여 교환된 문서에 중재합의가 포함된 경우
3. 어느 한쪽 당사자가 당사자 간에 교환된 문서의 내용에 중재합의가 있는 것을 주장하고 상대방 당사자가 이에 대하여 다투지 아니하는 경우

④ 계약이 중재조항을 포함한 문서를 인용하고 있는 경우에는 중재합의가 있는 것으로 본다. 다만, 그 계약이 서면으로 작성되고 중재조항을 그 계약의 일부로 하고 있는 경우로 한정한다.

[전문개정 2010.3.31]

제9조(중재합의와 법원에의 제소) ① 중재합의의 대상인 분쟁에 관하여 소가 제기된 경우에 피고가 중재합의가 있다는 항변(抗辯)을 하였을 때에는 법원은 그 소를 각하(却下)하여야 한다. 다만, 중재합의가 없거나 무효이거나 효력을 상실하였거나 그 이행이 불가능한 경우에는 그러하지 아니하다.

② 피고는 제1항의 항변을 본안(本案)에 관한 최초의 변론을 할 때까지 하여야 한다.

③ 제1항의 소가 법원에 계속(繫屬) 중인 경우에도 중재판정부는 중재절차를 개시 또는 진행하거나 중재판정을 내릴 수 있다.

[전문개정 2010.3.31]

제10조(중재합의와 법원의 보전처분) 중재합의의 당사자는 중재절차의 개시 전 또는 진행 중에 법원에 보전처분(保全處分)을 신청할 수 있다.

[전문개정 2010.3.31]

제3장 중재판정부 〈개정 2010.3.31〉

제11조(중재인의 수) ① 중재인의 수는 당사자 간의 합의로 정한다.

② 제1항의 합의가 없으면 중재인의 수는 3명으로 한다.

[전문개정 2010.3.31]

제12조(중재인의 선정) ① 당사자 간에 다른 합의가 없으면 중재인은 국적에 관계없이 선정될 수 있다.

② 중재인의 선정절차는 당사자 간의 합의로 정한다.

③ 제2항의 합의가 없으면 다음 각 호의 구분에 따라 중재인을 선정한다.

1. 단독중재인에 의한 중재의 경우: 어느 한쪽 당사자가 상대방 당사자로부터 중재인의 선정을 요구받은 후 30일 이내에 당사자들이 중재인의 선정에 관하여 합의하지 못한 경우에는 어느 한쪽 당사자의 신청을 받아 법원이 중재인을 선정한다.
2. 3명의 중재인에 의한 중재의 경우: 각 당사자가 1명씩 중재인을 선정하고, 이에

따라 선정된 2명의 중재인들이 합의하여 나머지 1명의 중재인을 선정한다. 이 경우 어느 한쪽 당사자가 상대방 당사자로부터 중재인의 선정을 요구받은 후 30일 이내에 중재인을 선정하지 아니하거나 선정된 2명의 중재인들이 선정된 후 30일 이내에 나머지 1명의 중재인을 선정하지 못한 경우에는 어느 한쪽 당사자의 신청을 받아 법원이 그 중재인을 선정한다.

④ 제2항의 합의가 있더라도 다음 각 호의 어느 하나에 해당할 때에는 당사자의 신청을 받아 법원이 중재인을 선정한다.

1. 어느 한쪽 당사자가 합의된 절차에 따라 중재인을 선정하지 아니하였을 때
2. 양쪽 당사자 또는 중재인들이 합의된 절차에 따라 중재인을 선정하지 못하였을 때
3. 중재인의 선정을 위임받은 기관 또는 그 밖의 제3자가 중재인을 선정할 수 없을 때

⑤ 제3항 및 제4항에 따른 법원의 결정에 대하여는 항고(抗告)할 수 없다.

[전문개정 2010.3.31]

제13조(중재인에 대한 기피 사유) ① 중재인이 되어 달라고 요청받은 사람 또는 중재인으로 선정된 사람은 자신의 공정성이나 독립성에 관하여 의심을 살 만한 사유가 있을 때에는 지체 없이 이를 당사자들에게 고지(告知)하여야 한다.

② 중재인은 제1항의 사유가 있거나 당사자들이 합의한 중재인의 자격을 갖추지 못한 사유가 있는 경우에만 기피될 수 있다. 다만, 당사자는 자신이 선정하였거나 선정절차에 참여하여 선정한 중재인에 대하여는 선정 후에 알게 된 사유가 있는 경우에만 기피신청을 할 수 있다.

[전문개정 2010.3.31]

제14조(중재인에 대한 기피절차) ① 중재인에 대한 기피절차는 당사자 간의 합의로 정한다.

② 제1항의 합의가 없는 경우에 중재인을 기피하려는 당사자는 중재판정부가 구성된 날 또는 제13조제2항의 사유를 안 날부터 15일 이내에 중재판정부에 서면으로 기피신청을 하여야 한다. 이 경우 기피신청을 받은 중재인이 사임(辭任)하지 아니하거나 상대방 당사자가 기피신청에 동의하지 아니하면 중재판정부는 그 기피신청에 대한 결정을 하여야 한다.

③ 제1항 및 제2항에 따른 기피신청이 받아들여지지 아니한 경우 기피신청을 한 당사자는 그 결과를 통지받은 날부터 30일 이내에 법원에 해당 중재인에 대한 기피신청을 할 수 있다. 이 경우 기피신청이 법원에 계속 중일 때에도 중재판정부는 중재절차를 진행하거나 중재판정을 내릴 수 있다.

④ 제3항에 따른 기피신청에 대한 법원의 기피결정에 대하여는 항고할 수 없다.

[전문개정 2010.3.31]

제15조(중재인의 직무 불이행으로 인한 권한종료) ① 중재인이 법률상 또는 사실상의 사유로 직무를 수행할 수 없거나 정당한 사유 없이 직무 수행을 지체하는 경우에는 그 중재인의 사임 또는 당사자 간의 합의에 의하여 중재인의 권한은 종료된다.

② 제1항에 따른 중재인의 권한종료 여부에 관하여 다툼이 있는 경우 당사자는 법원에 이에 대한 결정을 신청할 수 있다.

③ 제2항에 따른 권한종료신청에 대한 법원의 권한종료결정에 대하여는 항고할 수 없다.

[전문개정 2010.3.31]

제16조(보궐중재인의 선정) 중재인의 권한이 종료되어 중재인을 다시 선정하는 경우 그 선정절차는 대체되는 중재인의 선정에 적용된 절차에 따른다.

[전문개정 2010.3.31]

제17조(중재판정부의 판정 권한에 관한 결정) ① 중재판정부는 자신의 권한 및 이와 관련된 중재합의의 존재 여부 또는 유효성에 대한 이의에 대하여 결정할 수 있다. 이 경우 중재합의가 중재조항의 형식으로 되어 있을 때에는 계약 중 다른 조항의 효력은 중재조항의 효력에 영향을 미치지 아니한다.

② 중재판정부의 권한에 관한 이의는 본안에 관한 답변서를 제출할 때까지 제기하여야 한다. 이 경우 당사자는 자신이 중재인을 선정하였거나 선정절차에 참여하였더라도 이의를 제기할 수 있다.

③ 중재판정부가 중재절차의 진행 중에 그 권한의 범위를 벗어난 경우 이에 대한 이의는 그 사유가 중재절차에서 다루어지는 즉시 제기하여야 한다.

④ 중재판정부는 제2항 및 제3항에 따른 이의가 같은 항에 규정된 시기보다 늦게 제기되었더라도 그 지연에 정당한 이유가 있다고 인정하는 경우에는 이를 받아들일 수 있다.

⑤ 중재판정부는 제2항 및 제3항에 따른 이의에 대하여 선결문제(先決問題)로서 결정하거나 본안에 관한 중재판정에서 함께 판단할 수 있다.

⑥ 중재판정부가 제5항에 따라 선결문제로서 그 권한이 있다고 결정한 경우에 이의제기 당사자는 그 결정을 통지받은 날부터 30일 이내에 법원에 중재판정부의 권한에 대한 심사를 신청할 수 있다.

⑦ 중재판정부는 제6항에 따른 신청으로 재판이 계속 중인 경우에도 중재절차를 진행하거나 중재판정을 내릴 수 있다.

⑧ 제6항에 따른 권한심사신청에 대한 법원의 권한심사에 대하여는 항고할 수 없다.

[전문개정 2010.3.31]

제18조(임시적 처분) ① 당사자 간에 다른 합의가 없는 경우에 중재판정부는 어느 한쪽 당사자의 신청에 따라 결정으로 분쟁의 대상에 관하여 필요하다고 인정하는 임시적 처분을 내릴 수 있다. 이 경우 중재판정부는 피신청인이 임시적 처분을 갈음하여 제공할 담보의 금액을 정할 수 있다.

② 중재판정부는 임시적 처분의 신청인에게 적절한 담보를 제공할 것을 명할 수 있다.

[전문개정 2010.3.31]

제4장 중재절차 〈개정 2010.3.31〉

제19조(당사자에 대한 동등한 대우) 양쪽 당사자는 중재절차에서 동등한 대우를 받아야 하고, 자신의 사안(事案)에 대하여 변론할 수 있는 충분한 기회를 가져야 한다.

[전문개정 2010.3.31]

제20조(중재절차) ① 이 법의 강행규정(强行規定)에 반하는 경우를 제외하고는 당사자들은 중재절차에 관하여 합의할 수 있다.

② 제1항의 합의가 없는 경우에는 중재판정부가 이 법에 따라 적절한 방식으로 중재

절차를 진행할 수 있다. 이 경우 중재판정부는 증거능력, 증거의 관련성 및 증명력에 관하여 판단할 권한을 가진다.
[전문개정 2010.3.31]

제21조(중재지) ① 중재지는 당사자 간의 합의로 정한다.
② 제1항의 합의가 없는 경우 중재판정부는 당사자의 편의와 해당 사건에 관한 모든 사정을 고려하여 중재지를 정한다.
③ 당사자 간에 다른 합의가 없는 경우 중재판정부는 제1항 및 제2항에 따른 중재지 외의 적절한 장소에서 중재인들 간의 협의, 증인・감정인 및 당사자 본인에 대한 신문(訊問), 물건・장소의 검증 또는 문서의 열람을 할 수 있다.
[전문개정 2010.3.31]

제22조(중재절차의 개시) ① 당사자 간에 다른 합의가 없는 경우 중재절차는 피신청인이 중재요청서를 받은 날부터 시작된다.
② 제1항의 중재요청서에는 당사자, 분쟁의 대상 및 중재합의의 내용을 적어야 한다.
[전문개정 2010.3.31]

제23조(언어) ① 중재절차에서 사용될 언어는 당사자 간의 합의로 정하고, 합의가 없는 경우에는 중재판정부가 지정하며, 중재판정부의 지정이 없는 경우에는 한국어로 한다.
② 제1항의 언어는 달리 정한 것이 없으면 당사자의 준비서면, 구술심리(口述審理), 중재판정부의 중재판정 및 결정, 그 밖의 의사표현에 사용된다.
③ 중재판정부는 필요하다고 인정하면 서증(書證)과 함께 제1항의 언어로 작성된 번역문을 제출할 것을 당사자에게 명할 수 있다.
[전문개정 2010.3.31]

제24조(신청서와 답변서) ① 신청인은 당사자들이 합의하였거나 중재판정부가 정한 기간 내에 신청 취지와 신청 원인이 된 사실을 적은 신청서를 중재판정부에 제출하고, 피신청인은 이에 대하여 답변하여야 한다.
② 당사자는 신청서 또는 답변서에 중요하다고 인정하는 서류를 첨부하거나 앞으로 사용할 증거방법을 표시할 수 있다.
③ 당사자 간에 다른 합의가 없는 경우 당사자는 중재절차의 진행 중에 자신의 신청이나 공격・방어방법을 변경하거나 보완할 수 있다. 다만, 중재판정부가 변경 또는 보완에 의하여 절차가 현저히 지연될 우려가 있다고 인정하는 경우에는 그러하지 아니하다.
[전문개정 2010.3.31]

제25조(심리) ① 당사자 간에 다른 합의가 없는 경우 중재판정부는 구술심리를 할 것인지 또는 서면으로만 심리를 할 것인지를 결정한다. 다만, 당사자들이 구술심리를 하지 아니하기로 합의한 경우를 제외하고는 중재판정부는 어느 한쪽 당사자의 신청에 따라 적절한 단계에서 구술심리를 하여야 한다.
② 중재판정부는 구술심리나 그 밖의 증거조사를 하기 전에 충분한 시간을 두고 구술심리기일 또는 증거조사기일을 당사자에게 통지하여야 한다.
③ 어느 한쪽 당사자가 중재판정부에 제출하는 준비서면, 서류, 그 밖의 자료는 상대방 당사자에게 고지되어야 한다.
④ 중재판정부가 판정에서 기초로 삼으려는 감정서(鑑定書) 또는 서증은 양쪽 당사

자에게 고지되어야 한다.
[전문개정 2010.3.31]

제26조(어느 한쪽 당사자의 해태) ① 신청인이 제24조제1항에 따라 신청서를 제출하지 아니하는 경우 중재판정부는 중재절차를 종료하여야 한다.
② 피신청인이 제24조제1항의 답변서를 제출하지 아니하는 경우 중재판정부는 신청인의 주장에 대한 자백으로 간주하지 아니하고 중재절차를 계속 진행하여야 한다.
③ 어느 한쪽 당사자가 구술심리에 출석하지 아니하거나 정하여진 기간 내에 서증을 제출하지 아니하는 경우 중재판정부는 중재절차를 계속 진행하여 제출된 증거를 기초로 중재판정을 내릴 수 있다.
④ 당사자 간에 다른 합의가 있거나 중재판정부가 상당한 이유가 있다고 인정하는 경우에는 제1항부터 제3항까지의 규정을 적용하지 아니한다.
[전문개정 2010.3.31]

제27조(감정인) ① 당사자 간에 다른 합의가 없는 경우 중재판정부는 특정 쟁점에 대한 감정을 위하여 감정인을 지정할 수 있다. 이 경우 중재판정부는 당사자로 하여금 감정인에게 필요한 정보를 제공하고 감정인의 조사를 위하여 관련 문서와 물건 등을 제출하게 하거나 그에 대한 접근을 허용하도록 할 수 있다.
② 당사자 간에 다른 합의가 없는 경우 중재판정부는 직권으로 또는 당사자의 신청을 받아 감정인을 구술심리기일에 출석시켜 당사자의 질문에 답변하도록 할 수 있다.
③ 중재판정부가 지정한 감정인에 대한 기피에 관하여는 제13조 및 제14조를 준용한다.
[전문개정 2010.3.31]

제28조(증거조사에 관한 법원의 협조) ① 중재판정부는 직권으로 또는 당사자의 신청을 받아 법원에 증거조사를 촉탁(囑託)할 수 있다.
② 제1항의 경우 중재판정부는 조서(調書)에 적을 사항과 그 밖에 증거조사가 필요한 사항을 서면으로 지정할 수 있다.
③ 수탁법원(受託法院)은 증거조사를 마친 후 증인신문조서 등본, 검증조서 등본 등 증거조사에 관한 기록을 지체 없이 중재판정부에 보내야 한다.
④ 중재판정부는 증거조사에 필요한 비용을 수탁법원에 내야 한다.
[전문개정 2010.3.31]

제5장 중재판정 〈개정 2010.3.31〉

제29조(분쟁의 실체에 적용될 법) ① 중재판정부는 당사자들이 지정한 법에 따라 판정을 내려야 한다. 특정 국가의 법 또는 법 체계가 지정된 경우에 달리 명시된 것이 없으면 그 국가의 국제사법이 아닌 분쟁의 실체(實體)에 적용될 법을 지정한 것으로 본다.
② 제1항의 지정이 없는 경우 중재판정부는 분쟁의 대상과 가장 밀접한 관련이 있는 국가의 법을 적용하여야 한다.
③ 중재판정부는 당사자들이 명시적으로 권한을 부여하는 경우에만 형평과 선(善)에 따라 판정을 내릴 수 있다.
④ 중재판정부는 계약에서 정한 바에 따라 판단하고 해당 거래에 적용될 수 있는 상

관습(商慣習)을 고려하여야 한다.
[전문개정 2010.3.31]

제30조(중재판정부의 의사결정) 당사자 간에 다른 합의가 없는 경우 3명 이상의 중재인으로 구성된 중재판정부의 의사결정은 과반수의 결의에 따른다. 다만, 중재절차는 당사자 간의 합의가 있거나 중재인 전원이 권한을 부여하는 경우에는 절차를 주관하는 중재인이 단독으로 결정할 수 있다.
[전문개정 2010.3.31]

제31조(화해) ① 중재절차의 진행 중에 당사자들이 화해한 경우 중재판정부는 그 절차를 종료한다. 이 경우 중재판정부는 당사자들의 요구에 따라 그 화해 내용을 중재판정의 형식으로 적을 수 있다.
② 제1항에 따라 화해 내용을 중재판정의 형식으로 적을 때에는 제32조에 따라 작성되어야 하며, 중재판정임이 명시되어야 한다.
③ 화해 중재판정은 해당 사건의 본안에 관한 중재판정과 동일한 효력을 가진다.
[전문개정 2010.3.31]

제32조(중재판정의 형식과 내용) ① 중재판정은 서면으로 작성하여야 하며, 중재인 전원이 서명하여야 한다. 다만, 3명 이상의 중재인으로 구성된 중재판정부의 경우에 과반수에 미달하는 일부 중재인에게 서명할 수 없는 사유가 있을 때에는 다른 중재인이 그 사유를 적고 서명하여야 한다.
② 중재판정에는 그 판정의 근거가 되는 이유를 적어야 한다. 다만, 당사자 간에 합의가 있거나 제31조에 따른 화해 중재판정인 경우에는 그러하지 아니하다.
③ 중재판정에는 작성날짜와 중재지를 적어야 한다. 이 경우 중재판정은 그 중재판정서에 적힌 날짜와 장소에서 내려진 것으로 본다.
④ 제1항부터 제3항까지의 규정에 따라 작성·서명된 중재판정의 정본(正本)은 제4조제1항부터 제3항까지의 규정에 따라 각 당사자에게 보내고, 중재판정의 원본은 그 송부 사실을 증명하는 서면을 첨부하여 관할법원에 송부하여 보관한다.
[전문개정 2010.3.31]

제33조(중재절차의 종료) ① 중재절차는 종국판정(終局判定) 또는 제2항에 따른 중재판정부의 결정에 따라 종료된다.
② 중재판정부는 다음 각 호의 어느 하나에 해당하는 경우에는 중재절차의 종료결정을 하여야 한다.
1. 신청인이 중재신청을 철회하는 경우. 다만, 피신청인이 이에 동의하지 아니하고 중재판정부가 피신청인에게 분쟁의 최종적 해결을 구할 정당한 이익이 있다고 인정하는 경우는 제외한다.
2. 당사자들이 중재절차를 종료하기로 합의하는 경우
3. 중재판정부가 중재절차를 계속 진행하는 것이 불필요하거나 불가능하다고 인정하는 경우

③ 중재판정부의 권한은 제34조의 경우를 제외하고는 중재절차의 종료와 함께 종결된다.
[전문개정 2010.3.31]

제34조(중재판정의 정정·해석 및 추가 판정) ① 당사자들이 달리 기간을 정한 경우를

제외하고는 각 당사자는 중재판정의 정본을 받은 날부터 30일 이내에 다음 각 호의 어느 하나에 규정된 정정, 해석 또는 추가 판정을 중재판정부에 신청할 수 있다.
1. 중재판정의 오산(誤算)·오기(誤記), 그 밖에 이와 유사한 오류의 정정
2. 당사자 간의 합의가 있는 경우에 중재판정의 일부 또는 특정 쟁점에 대한 해석
3. 중재절차에서 주장되었으나 중재판정에 포함되지 아니한 청구에 관한 추가 판정. 다만, 당사자 간에 다른 합의가 있는 경우는 제외한다.
② 제1항의 신청을 하는 경우 신청인은 상대방 당사자에게 그 취지를 통지하여야 한다.
③ 중재판정부는 제1항제1호 및 제2호의 신청에 대하여는 신청을 받은 날부터 30일 이내에, 같은 항 제3호의 신청에 대하여는 신청을 받은 날부터 60일 이내에 이를 판단하여야 한다. 이 경우 제1항제2호의 해석은 중재판정의 일부를 구성한다.
④ 중재판정부는 판정일부터 30일 이내에 직권으로 제1항제1호의 정정을 할 수 있다.
⑤ 중재판정부는 필요하다고 인정할 때에는 제3항의 기간을 연장할 수 있다.
⑥ 중재판정의 정정, 해석 또는 추가 판정의 형식에 관하여는 제32조를 준용한다.
[전문개정 2010.3.31]

제6장 중재판정의 효력 및 불복 〈개정 2010.3.31〉

제35조(중재판정의 효력) 중재판정은 양쪽 당사자 간에 법원의 확정판결과 동일한 효력을 가진다.
[전문개정 2010.3.31]

제36조(중재판정 취소의 소) ① 중재판정에 대한 불복은 법원에 중재판정 취소의 소를 제기하는 방법으로만 할 수 있다.
② 법원은 다음 각 호의 어느 하나에 해당하는 경우에만 중재판정을 취소할 수 있다.
1. 중재판정의 취소를 구하는 당사자가 다음 각 목의 어느 하나에 해당하는 사실을 증명하는 경우
가. 중재합의의 당사자가 해당 준거법(準據法)에 따라 중재합의 당시 무능력자였던 사실 또는 중재합의가 당사자들이 지정한 법에 따라 무효이거나 그러한 지정이 없는 경우에는 대한민국의 법에 따라 무효인 사실
나. 중재판정의 취소를 구하는 당사자가 중재인의 선정 또는 중재절차에 관하여 적절한 통지를 받지 못하였거나 그 밖의 사유로 본안에 관한 변론을 할 수 없었던 사실
다. 중재판정이 중재합의의 대상이 아닌 분쟁을 다룬 사실 또는 중재판정이 중재합의의 범위를 벗어난 사항을 다룬 사실. 다만, 중재판정이 중재합의의 대상에 관한 부분과 대상이 아닌 부분으로 분리될 수 있는 경우에는 대상이 아닌 중재판정 부분만을 취소할 수 있다.
라. 중재판정부의 구성 또는 중재절차가 이 법의 강행규정에 반하지 아니하는 당사자 간의 합의에 따르지 아니하였거나 그러한 합의가 없는 경우에는 이 법에 따르지 아니하였다는 사실
2. 법원이 직권으로 다음 각 목의 어느 하나에 해당하는 사유가 있다고 인정하는 경우
가. 중재판정의 대상이 된 분쟁이 대한민국의 법에 따라 중재로 해결될 수 없는 경우

나. 중재판정의 승인 또는 집행이 대한민국의 선량한 풍속이나 그 밖의 사회질서에 위배되는 경우

③ 중재판정 취소의 소는 중재판정의 취소를 구하는 당사자가 중재판정의 정본을 받은 날부터 또는 제34조에 따른 정정·해석 또는 추가 판정의 정본을 받은 날부터 3개월 이내에 제기하여야 한다.

④ 해당 중재판정에 관하여 대한민국의 법원에서 내려진 승인 또는 집행판결이 확정된 후에는 중재판정 취소의 소를 제기할 수 없다.

[전문개정 2010.3.31]

제7장 중재판정의 승인과 집행 〈개정 2010.3.31〉

제37조(중재판정의 승인과 집행) ① 중재판정의 승인 또는 집행은 법원의 승인 또는 집행판결에 따라 한다.

② 중재판정의 승인 또는 집행을 신청하는 당사자는 다음 각 호의 서류를 제출하여야 한다. 다만, 중재판정 또는 중재합의가 외국어로 작성되어 있는 경우에는 정당하게 인증된 한국어 번역문을 첨부하여야 한다.

1. 중재판정의 정본 또는 정당하게 인증된 그 등본
2. 중재합의의 원본 또는 정당하게 인증된 그 등본

[전문개정 2010.3.31]

제38조(국내 중재판정) 대한민국에서 내려진 중재판정은 제36조제2항의 사유가 없으면 승인되거나 집행되어야 한다.

[전문개정 2010.3.31]

제39조(외국 중재판정) ①「외국 중재판정의 승인 및 집행에 관한 협약」을 적용받는 외국 중재판정의 승인 또는 집행은 같은 협약에 따라 한다.

②「외국 중재판정의 승인 및 집행에 관한 협약」을 적용받지 아니하는 외국 중재판정의 승인 또는 집행에 관하여는「민사소송법」제217조,「민사집행법」제26조제1항 및 제27조를 준용한다.

[전문개정 2010.3.31]

제8장 보칙 〈개정 2010.3.31〉

제40조(상사중재기관에 대한 보조) 정부는 이 법에 따라 국내외 상사분쟁(商事紛爭)을 공정·신속하게 해결하고 국제거래질서를 확립하기 위하여 산업통상자원부장관이 지정하는 상사중재(商事仲裁)를 하는 사단법인에 대하여 필요한 경비의 전부 또는 일부를 보조할 수 있다. <개정 2013.3.23>

[전문개정 2010.3.31]

제41조(중재규칙의 제정 및 승인) 제40조에 따라 상사중재기관으로 지정받은 사단법인이 중재규칙을 제정하거나 변경할 때에는 대법원장의 승인을 받아야 한다.

[전문개정 2010.3.31]

부칙 〈제11690호, 2013.3.23〉 (정부조직법)

제1조(시행일) ① 이 법은 공포한 날부터 시행한다.
② 생략
제2조부터 제5조까지 생략
제6조(다른 법률의 개정) ①부터 <131>까지 생략
<132> 중재법 일부를 다음과 같이 개정한다.
제40조 중 "지식경제부장관"을 "산업통상자원부장관"으로 한다.
<133>부터 <710>까지 생략
제7조 생략

2. 대한상사중재원 국내중재규칙

[2011. 6. 29. 대법원 승인] [2011. 9. 1. 발효]

제1장 총칙

제1조(목적) 이 규칙은 사단법인 대한상사중재원(이하 중재원이라 한다)이 중재법에 의하여 국내중재를 공정·신속하게 하기 위한 절차를 규정함을 목적으로 한다.

제2조(정의) 국내중재(이하 중재라 한다)란 국내에 주된 영업소나 주소를 두고 있는 당사자 간의 중재로서, 중재원 국제중재규칙에서 정한 '국제중재'에 해당 하지 아니하는 중재를 말한다.

제3조(적용범위) 이 규칙은 다음 각 호의 어느 하나에 적용한다. 이 경우 이 규칙은 중재 합의의 일부를 구성한다. 다만, 당사자들이 서면으로 수정한 사항은 그에 따른다.

1. 당사자들이 이 규칙에 따라 중재를 진행하기로 서면으로 합의한 경우
2. 당사자들이 분쟁을 중재원의 중재에 의해 해결하기로 서면으로 합의한 경우로서 해당 중재가 국내중재인 경우

제4조(사무국) ① 중재원은 중재에 관한 사무를 처리하기 위하여 중재원의 본부 또는 지부에 사무국을 둔다.

② 사무국의 조직 및 그 직능과 운영은 중재원이 별도로 정한다.

제5조(중재인명부) 중재원은 중재인명부를 작성·유지하며, 사무국에서 중재인을 선정하는 경우에는 이 규칙이 정하는 바에 의하여 이 중재인 명부 중에서 선정한다.

제6조(중재판정부) ① 당사자 간의 분쟁해결을 위하여 이 규칙에 의해 선정된 1인 또는 수인의 중재인은 중재판정부를 구성한다.

② 중재판정부의 사무소는 중재원의 본부 또는 지부에 둔다.

제7조(중재서기) ① 중재원은 각 중재사건의 사무를 처리하기 위하여 그 사무국의 직원 중 에서 1인 또는 수인의 중재서기(이하 서기라 한다)를 지명한다.

② 서기는 지정된 중재사건에 관하여 이 규칙이 정하는 직무를 수행한다.

제8조(중재의 대리) 당사자는 이 규칙에 의한 절차의 대리를 변호사 또는 상당하다고 인정되는 자로 하여금 하게 할 수 있다. 그러나 중재판정부가 대리인이 중재절차 대리에 부적당하다고 판단하는 경우 동 대리인을 거부할 수 있다.

제9조(비공개) 중재절차는 공개하지 아니한다.

제2장 중재의 신청

제10조(신청) ① 이 규칙에 의한 중재를 신청하고자 하는 자는 중재원의 사무국에 중재

신청서와 함께 제8장 소정의 중재비용 및 다음과 같은 서면을 제출하여야 한다.
1. 중재의 합의를 인증하는 서면
2. 대리인이 있는 경우 위임장

② 중재신청서에는 다음 사항을 기재하여야 한다.
1. 당사자의 성명 및 주소(법인인 경우에는 그 대표자의 성명 및 주소를 함께 기재한다)
2. 대리인이 있는 경우에는 그 성명 및 주소
3. 중재신청의 취지
4. 중재신청의 이유 및 입증방법

제11조(신청의 접수 및 통지) ① 사무국은 중재의 신청서를 제출받음과 동시에 당해 신청이 제10조의 규정에 적합한 것인지의 여부를 확인하고 적합한 경우에는 이를 접수한다.

② 사무국이 중재의 신청을 접수하였을 때에는 쌍방 당사자에게 이를 접수하였다는 뜻을 통지한다. 이 경우에 피신청인에게는 중재신청서 1부를 첨부하여야 한다.

제12조(답변) ① 피신청인은 제11조 제2항의 규정에 의한 통지의 수령일(이하 기준일이라 한다)로부터 15일 이내에 그 통지를 한 사무국에 다음의 서류를 제출하여 답변할 수 있다.
1. 답변서
2. 답변의 이유를 증명하는 서증이 있는 경우에는 그 서증의 원본 또는 사본
3. 대리인이 답변하는 경우에는 그 위임장

② 제1항 제1호의 답변서에는 다음 사항을 기재하여야 한다.
1. 피신청인과 상대방의 성명 및 주소(당사자가 법인인 경우에는 법인의 명칭 및 주소 이외에 그 대표자의 성명 및 주소를 병기한다)
2. 대리인이 있는 경우에는 그 성명 및 주소
3. 답변의 취지
4. 답변의 이유 및 입증방법

③ 사무국은 답변서를 제출받음과 동시에 그 답변이 제2항의 규정에 적합한 것인지의 여부를 확인하고 적합한 경우에는 이를 접수한다.

④ 사무국이 답변을 접수하였을 때는 쌍방 당사자에게 이를 접수하였다는 뜻을 통지한다. 이 경우에는 신청인에게는 답변서 1부를 첨부하여야 한다.

⑤ 제1항의 기간 내에 답변서의 제출이 없는 경우에는 신청인이 주장하는 청구의 기각을 구하는 것으로 본다.

제13조(제출서류의 부수) 제10조 제1항 및 제12조 제1항(이상의 규정을 제14조 제3항 및 제16조 제3항에서 준용하는 경우를 포함한다)의 규정에 의하여 당사자가 제출하는 서류의 부수는 그 서류가 위임장인 경우를 제외하고는 5부(원본을 제출하였을 경우에는 그 원본을 포함하여 5부)로 한다. 다만, 사무국은 필요에 따라 제출서류의 부수를 가감할 수 있다.

제14조(반대신청) ① 피신청인은 중재절차 중 반대신청을 할 수 있다. 다만, 중재판정부는 반대신청이 시기에 늦어 상대방의 이익을 해하거나, 절차의 완결을 지연 하게 하는 것으로 인정하는 경우에는 직권 또는 상대방의 신청에 의하여 이를 허가하지 아니할 수 있다.

② 피신청인의 반대신청은 신청인의 중재신청과 병합심리한다.

③ 반대신청 그 접수 및 통지와 반대신청에 대한 답변에 관하여는 제10조 내지 제13조의 규정을 준용한다.

제15조(중재판정부에 의한 반대신청의 요구) 중재판정부가 답변의 취지 또는 이유가 반대신청의 내용을 포함하고 있다고 판단할 경우 중재판정부는 피신청인에게 그 부분에 대하여 제14조의 규정에 의한 반대신청을 할 것인지의 여부를 명확히 하도록 요구할 수 있다.

제16조(신청 및 답변의 변경 또는 보완) ① 신청서 또는 답변서의 제출 후에 당사자의 일방 또는 쌍방이 신청을 변경 하거나 신청의 보완을 하는 경우에는 이를 서면으로 작성하여 사무국에 제출 하여야 한다.

② 중재절차 진행 중에 신청과 답변을 변경하거나 신청의 보완을 하고자 할 때에는 중재판정부의 허가를 받아야 한다. 다만, 중재판정부는 그 변경 또는 보완이 시기에 늦어 상대방의 이익을 해하거나, 절차의 완결을 지연하게 하는 것으로 인정하는 경우에는 직권 또는 상대방의 신청에 의하여 이를 허가하지 아니할 수 있다.

③ 제1항의 변경에 관하여는 제10조 내지 제13조의 규정을 준용한다.

제17조(중재장소의 결정) 중재를 실시할 장소는, 당사자 간에 별도의 약정이 없는 한, 당해사건에 관한 당사자의 편의, 증거조사 방법 등을 고려하여 사무국이 정한다.

제18조(조정에 의한 해결) ① 기준일로부터 15일 이내에 당사자 쌍방의 조정요청이 있는 경우 사무국은 중재절차를 개시하기 전에 분쟁을 조정에 회부한다.

② 사무국은 중재인명부 중에서 1인 또는 3인을 조정인으로 선정한다. 조정의 절차와 방법은 조정인이 정한다.

③ 조정이 성립하면 그 조정인은 당사자의 합의에 의하여 선정된 중재인으로 보며 조정의 결과는 제53조의 화해에 의거한 판정의 방식으로 처리되는 동시에 판정과 동일한 효력을 가진다.

④ 조정인이 선정된 날로부터 30일 이내에 조정이 성립되지 아니하는 경우에는 그 조정절차는 종료되며, 즉시 이 규칙에 의한 중재인의 선정 및 중재절차가 개시된다. 그러나 당사자는 합의에 의하여 위 기간을 연장할 수 있다.

⑤ 조정절차의 비용은, 당사자 간 별도의 합의가 없는 한, 당사자 각자 부담으로 한다.

⑥ 제8장 소정의 중재비용에 관한 규정은 각각 조정의 경우에 이를 준용 하며, 본조 제4항에 의거 중재로 계속된 때에는 조정비용은 중재비용의 일부로 본다.

제3장 중재인의 선정

제19조(중재인의 자격) 중재의 결과에 관하여 법률적 또는 경제적 이해관계가 있는 자는 중재인이 될 수 없다. 그러나 당사자가 중재인에게 위와 같은 사정이 있음을 알면서도 서면으로 그 중재인을 선정하기로 합의한 경우에는 그러하지 아니하다.

제20조(당사자의 합의에 의한 선정) ① 당사자의 합의에 의하여 중재인(의장으로 행동할 의장중재인을 포함한다. 이하 같다)을 선정하거나 또는 중재인의 선정방법을 정하였을 경우에는 이에 따라서 중재인이 선정된다.

② 법 제12조 제2항의 당사자의 합의로 중재인을 선정하는 경우에는 다음 각 호에서

정하는 방법에 따라 중재인을 선정한다.

1. 당사자가 중재인을 직접 선정하였을 경우에는 기준일로부터 15일 이내에 그 중재인의 성명, 주소 및 직업을 기재한 서면에 중재인 취임수락서를 첨부하여 사무국에 제출하여야 한다.
2. 사무국은 중재인을 선정하고자 하는 당사자의 요구가 있으면 중재원의 중재인 명부를 제시하여야 한다.
3. 당사자의 합의에서 중재인 선정기간을 정하고서도 당사자가 그 기간 내에 선정을 하지 아니하는 경우에는 사무국이 중재인을 선정한다.
4. 당사자의 합의에서 중재인 선정기간을 정하지 아니하였을 경우에는 사무국은 즉시 당사자에게 중재인을 선정하도록 통지하고 통지의 수령 후 15일 이내에 선정하지 아니하는 경우에는 사무국이 중재인을 선정한다.
5. 당사자의 합의에 의하여 당사자가 선정한 중재인이 다른 중재인을 선정하도록 되어 있는 경우, 당사자 사이에 그 다른 중재인의 선정기간의 정함이 없거나, 그 정함이 있는 경우에도 그 선정기간내 다른 중재인이 선정되지 아니하는 경우에는, 사무국은 당사자가 선정한 중재인에게 다른 중재인을 선정하도록 통지하고 통지의수령후 15일 이내에 당사자가 선정한 중재인이 다른 중재인을 선정하지 아니하는 때에는 사무국이 그 중재인을 선정한다.

③ 제1항에 따라 당사자가 중재인을 선정하지 아니하거나 선정방법을 정하지 아니한 경우에는 제21조를 준용하여 사무국이 선정한다.

제21조(사무국에 의한 선정) ① 사무국은 중재신청이 접수되면 제18조의 규정에 의한 조정의 가망이 없거나 조정이 성립되지 아니하였을 경우 지체없이 중재인명부 중에서 중재인후보자 수인을 선택하고 그 명단을 당사자 쌍방에게 송부하여야 한다.

② 각 당사자는 제1항의 명단의 수령일로부터 15일 이내에 후보자명 위에 의장중재인과 중재인을 각각 구별하여 선정의 희망순위를 표시하기 위한 번호를 붙여서 이를 사무국에 반송하여야 한다. 위의 기간 내에 그 명단을 반송하지 아니하는 경우에는 그 명단에 기재된 후보자 전원에 대하여 동일순위로 지명한 것으로 보고, 반송된 명단 중 동일순위로 지명된 2인 이상의 후보자나 희망순위 표시가 없는 후보자나 말소된 후보자에 대하여는 상대방의 희망순위를 참작하여 중재원이 희망순위를 조정한다. 희망순위의 조정은 동일순위로 지명된 2인 이상의 후보자, 희망순위 표시가 없는 후보자, 말소된 후보자 순으로 조정한다.

③ 사무국은 제2항에서 지명된 후보자의 순위에 따라 중재인의 취임 수락서를 받아야 한다. 다만, 희망순위가 동일한 후보자가 복수일 때에는 사무국이 그 복수 후보자 중에서 중재인을 선정한다.

④ 당사자 쌍방이 지명한 중재인이 취임수락을 거절하거나 또는 다른 이유로 직무를 행할 수가 없는 경우에는 이미 제출된 명단에서 순위에 따라 지명된 중재인으로부터 취임수락을 받는다. 그러나 이미 제출된 명단에서 선정할 수 없으면 본조에서 정하는 방법에 따라 중재인을 다시 선정하여야 한다.

⑤ 사무국은 중재인에게 취임수락을 요청할 때에는 이 규칙 제25조의 요건에 관하여 중재인의 주의를 환기시켜야 하며, 이 규칙 1부를 첨부하여야 한다.

제22조(중재인선정의 제한) 당사자의 국적이나 거주하는 국가가 다른 경우 사무국이 중

재인을 선정함에 있어서는 단독중재인이나 의장중재인은 당사자의 어느 일방의 요구가 있으면 당사자의 어느 편에도 속하지 아니하는 제3국인 중에서 선정하여야 한다. 다만, 제3국인 선정요청은 동규칙 제21조 제2항의 중재인 후보자명단 반송시까지에 한한다.

제23조(중재인의 수) 중재합의에서 중재인의 수를 정하였을 경우에는 그 수에 따르고, 그 수를 정하지 아니하였을 경우에는 중재인의 수는 사무국이 1인 또는 3인으로 정한다.

제24조(중재인선정의 통지) 이 규칙에 의하여 중재인 전원이 선정되었을 경우에는 사무국은 쌍방 당사자 및 중재인 모두에게 지체없이 중재인 전원의 성명, 주소 및 직업을 서면으로 통지하여야 한다.

제25조(중재인의 부적격 고지) ① 선정의 통지를 받은 중재인은 그 자신의 공정성 또는 독립성에 관하여 정당한 의문을 야기시킬 수 있는 사유가 있을 때에는 지체 없이 서면으로 이를 모두 사무국에 고지하여야 한다.

② 사무국이 제1항의 고지를 접수하였을 때에는 즉시 이를 중재판정부와 당사자에게 통지하여야 하며 중재인을 기피하고자 하는 당사자는 중재판정부가 구성된 날로부터 또는 중재인에 대한 기피사유를 안 날로부터 15일 이내에 서면으로 중재판정부에 대한 기피신청을 해야 한다. 그러나 당사자가 위 기간 내에 이의를 제기하지 아니하였을 경우에는 다시 그 사정을 이유로 그 중재인의 자격에 대하여 이의를 제기할 수 없다.

③ 당사자의 일방이 고지 받은 사정을 이유로 그 사정이 있는 중재인을 선정함에 대하여 이의를 제기함으로써 발생되는 중재인의 결원은 제26조에서 정하는 방법으로 보충된다.

제26조(중재인의 보궐) ① 중재인이 사임, 사망 또는 기타의 사유로 인하여 결원이 되었을 경우에는 그 중재인을 당사자가 선정한 경우에는 당사자가 그 중재인 선정의 방식에 따라 이에 대신할 중재인을 새로 선정 통지하여야 하고, 그 중재인을 사무국이 선정한 경우에는 제21조 제3항 및 제4항의 방식에 따라 선정 통지하여야 한다.

② 제1항의 경우에는 당사자 간에 따로 합의가 있는 경우를 제외하고 양당사자 또는 중재판정부가 신 중재인에게 종전의 심리결과를 진술 또는 설명하여 신 중재인이 이의를 제기하지 아니하면 절차를 속행한다. 다만, 종전 심리한 증인에 대하여 당사자가 다시 심리를 신청한 때에는 중재인은 그 심리를 하여야한다.

제4장 심리절차

제27조(일시와 장소) ① 중재심리의 일시, 장소와 방식은 중재판정부가 정한다.

② 사무국은 제1항의 결정을 심리개시 10일전까지 당사자에게 통지하여야 한다. 그러나 당사자가 위 기간을 변경하는 경우에는 그러하지 아니하다.

③ 중재판정부가 제1항의 심리의 방식을 정함에 있어서는 집중심리 등을 통하여 절차상 지연됨이 없도록 충분한 배려를 하여야 한다.

제28조(속기록의 작성 등) ① 사무국은 당사자의 일방 또는 쌍방의 요구가 있으면 당사자의 진술이나 증언의 녹음 또는 속기록을 작성하는데 필요한 준비를 하여야 한다.

② 중재판정부의 지시에 의하여 사무국이 제1항의 준비를 할 경우의 비용은 이 규칙 제65조에 의하여 당사자가 예납한 금액에서 지급한다.

제29조(번역문 제출) 당사자는 사무국 또는 중재판정부의 요구가 있으면, 사무국 또는 중재판정부에 제출하는 서면, 서증 또는 기타 문서의 번역문을 제출하여야 한다.

제30조(통역 또는 번역) ① 사무국은 당사자의 일방 또는 쌍방의 요구가 있거나 중재판정부가 필요하다고 인정하여 지시하는 경우에는 통역 또는 번역에 필요한 준비를 하여야 한다.

② 중재판정부의 지시에 의하여 사무국이 제1항의 준비를 할 경우의 소요경비는 이 규칙 제65조에 의하여 당사자가 예납한 금액에서 지급한다.

제31조(심리에의 출석) ① 당사자는 심리에 출석할 수 있다.

② 당사자 이외의 자로서 중재판정 결과에 이해관계가 있는 자는 중재판정부에 이해관계가 있음을 소명하고 중재판정부의 허가를 받아 심리에 출석할 수 있다.

③ 중재판정부는 증인의 증언 중 다른 증인의 퇴석을 요구할 수 있다.

제32조(심리의 연기 또는 속행) 중재판정부는 상당한 이유가 있으면 직권 또는 당사자의 요구에 의하여 심리를 연기 또는 속행할 수 있다. 다만, 심리기일 연기신청은 심리기일 3일 전까지 하여야 하며 그 다음 기일은 15일이내로 정하도록 하며, 계속하여 2회 이상 연기하지 않도록 하여야 한다.

제33조(중재판정부의 의사결정) 중재인이 수인인 경우에는 중재판정을 포함한 모든 결정은, 당사자 간에 별도의 합의가 없는 한 중재인의 과반수 결의에 의한다. 다만, 중재심리절차에 관한 사항에 관하여 다수결이 이루어지지 아니하는 경우에는 의장중재인이 정한다.

제34조(심리) ① 중재판정부는 당사자에게 심리절차를 신속·정확하게 진행할 수 있도록 하기 위하여 사전에 주장과 증거방법 및 상대방 주장에 대한 의견을 기재한 준비서면과 답변서를 제출하게 할 수 있다.

② 중재판정부는 필요하다고 인정하는 경우 또는 당사자 쌍방의 요청이 있는 때에는, 당사자가 제출한 준비서면과 답변서를 요약하여 제출하게 하거나 중재판정부가 이를 요약한 다음 당사자의 확인을 받을 수 있다. 이 경우에 중재판정부는 요약된 쟁점에 대해서만 심리·판정할 수 있다.

제35조(심리절차) ① 심리는 사건과 당사자의 호명으로 개시된다.

② 중재판정부는 심리를 하기 전에 분쟁의 쟁점을 설명하는 진술을 요구할 수 있다.

③ 중재를 신청한 당사자는 신청취지 및 신청이유의 진술과 동시에 증거서류를 제출하고 증인을 출석시키며 중재의 피신청인인 당사자는 항변과 동시에 증거서류를 제출하고 증인을 출석시킨다.

④ 당사자의 일방이 증거물을 제출하는 경우에는 중재판정부는 이를 증거로서 접수할 수 있다. 접수되면 서기는 번호를 붙여서 기록의 일부로 한다.

⑤ 중재판정부는 필요하다고 인정하는 경우에는 심리절차를 변경할 수 있다. 그러나 당사자 쌍방에게 증거 및 관계자료를 제출할 수 있는 공평하고 충분한 기회를 주어야 한다.

⑥ 당사자가 준비서면을 수차에 걸쳐 중복 제출함으로써, 공격·방어방법의 요지를 파악하기 어렵다고 인정한 때는 중재판정부는 심리의 종결에 앞서 요약된 준비서면

의 제출을 명할 수 있다.

제36조(당사자의 해태) 중재를 신청한 당사자가 신청취지를 특정하지 아니하거나, 신청 이유 및 입증방법을 명시 또는 제출하지 아니하거나 당사자 쌍방이 주장 및 입증을 태만히 하여 중재절차의 계속적 진행이 부적절하다고 판단하는 경우에는 중재판정부는 중재절차의 종료를 결정할 수 있다.

제37조(당사자의 불출석) ① 당사자의 일방이 정당하게 통지 또는 고지되었는데도 불구하고 출석하지 아니하거나 출석하여도 심리에 응하지 아니하는 경우에도 중재는 그대로 진행시킬 수 있다.

② 제1항의 경우에는 결석하거나 심리에 응하지 아니한 당사자가 제출한 서면 기타의 증거가 있을 때에는 이를 진술 또는 제출한 것으로 보고 출석한 당사자에게 판정에 필요한 심리를 진행 할 수 있다.

③ 당사자 쌍방이 정당하게 통지 또는 고지가 되었는데도 불구하고 2회 이상 출석하지 아니하거나, 출석하여도 심리에 응하지 아니하는 경우에는 중재판정부는 중재절차의 종료를 결정할 수 있다.

제38조(중재신청의 철회) ① 중재신청인은 중재판정에 이르기까지 중재신청의 전부 또는 일부를 서면에 의하여 철회할 수 있다. 다만, 피신청인이 답변서를 제출하거나 심리절차에서 진술한 후에는 피신청인의 동의를 얻어야 한다.

② 제1항의 경우 중재신청 철회의 서면이 발송된 날로부터 15일이내에 상대방이 이의를 제기하지 아니한 때는 철회에 동의한 것으로 본다.

제39조(준비서면 및 기타 문서의 제출) ① 심리시에 중재판정부에 제출하지 못하고 심리당시의 합의 또는 그 이후의 합의 및 중재판정부의 요구에 의하여 제출하는 모든 준비서면 및 기타 문서는 사무국이 접수하여 중재판정부에 송달하여야 한다. 이 경우에는 쌍방의 당사자에게 이 서류를 조사할 수 있는 기회를 주어야 한다.

② 제1항에 의한 준비서면 및 기타 문서가 중재판정부에서 정한 기간 내에 제출되지 아니한 경우에도, 중재판정부는 심리를 진행시킬 수 있다.

제40조(검증) 중재판정부는 검증을 할 필요가 있을 경우에는 검증하기 전에 검증의 목적, 일시 및 장소를 정하여 사무국으로 하여금 이를 당사자에게 통지하도록 한다. 당사자는 검증에 입회할 수 있다.

제41조(임시적 처분) ① 중재판정부는 당사자의 어느 일방의 신청이 있는 경우에는 당사자의 권리나 분쟁의 최종판정과는 관계없이 분쟁의 대상이 된 재산을 보호하기 위하여 필요한 조치를 당사자의 어느 일방에게 지시할 수 있다.

② 중재판정부는 임시적 처분의 신청인에게 적절한 담보를 제공할 것을 명할 수 있다.

제42조(증거) ① 당사자는 자기의 주장을 입증할 수 있는 증거를 제출하거나 증인 또는 감정인의 임의출석을 신청할 수 있다. 다만, 중재판정부는 제출된 증거와 당사자의 주장이 서로 관련이 없다고 인정할 때는 이를 조사하지 아니할 수 있다.

② 중재판정부는 필요하다고 인정할 때는 증거의 제출이나 증인 또는 감정인의 임의의 출석을 요구할 수 있다. 그러나 중재판정부가 정한 기간 내에 증거가 제출되지 아니하거나, 증인 또는 감정인이 출석하지 않은 경우에도 중재판정부는 심리를 진행시킬 수 있다.

③ 중재판정부가 중재판정에 필요하다고 인정하는 증거의 조사를 직접 할 수 없는

것은 직권 또는 당사자의 요구에 의하여 관할법원에 이를 신청할 수 있다.

④ 모든 증거는 당사자 전원이 출석하고, 단독중재인 또는 중재인의 과반수가 출석한 자리에서 제출 조사되어야 한다. 그러나 어느 당사자가 정당한 사유 없이 출석하지 아니하거나 출석할 권리를 포기한 경우에는 그러하지 아니하다.

⑤ 중재인은 제출된 증거의 신빙성과 유용성을 자유심증으로 판단한다.

제43조(심리의 종결) ① 중재판정부는 당사자가 주장 및 입증을 다하였다고 인정할 때는 심리의 종결을 선언하여야 한다.

② 이 규칙에서 정하는 요약준비서면 등의 제출이 요구되는 경우에는 중재판정부가 동 서류의 제출을 위하여 정한 최종기일에 심리종결이 있는 것으로 본다.

제44조(심리의 재개) ① 중재판정부는 직권에 의하여 또는 당사자의 일방이 상당한 이유를 제시하여 신청하였을 경우에는 판정전이면 언제든지 심리를 재개할 수 있다.

② 제1항의 경우에 있어서 당사자가 중재합의에서 정한 기간 내에 판정을 할 수 없게 되면 당사자가 그 기간을 연장할 것을 합의하여야 심리를 재개할 수 있다.

③ 심리가 재개되었을 경우의 심리종결일은 그 재개된 심리가 종결된 날로 한다.

제45조(서면심리에 의한 절차) ① 당사자는 서면에 의한 합의에 의하여 분쟁을 구술심리에 의하지 아니하고 서면심리에 의한 중재에 붙일 수 있다.

② 당사자가 절차에 관하여 따로 정하지 아니하였을 경우에는 중재는 본조와 저촉하는 규정을 제외하고는 이 규칙에 의하여 행하여진다.

③ 사무국은 아래의 절차에 따라서 필요한 문서와 증거를 제출하도록 당사자에게 통지한다.

④ 당사자는 원인사실의 진술을 포함한 쟁점에 관한 진술서에 증거를 첨부하여 사무국에 제출하여야 하며 이에는 요약서를 첨부할 수 있다.

⑤ 모든 서류는 진술서와 증거를 제출하도록 통지된 일로부터 15일이내에 사무국이 요구하는 부수의 사본을 구비하여 제출되어야 한다.

⑥ 사무국은 일방의 당사자로부터 제출된 진술서 및 증거의 사본을 상대방에게 송부한다. 각 당사자는 상대방의 진술서 및 증거에 대하여 답변하거나 의견을 진술할 수 있다. 그러나 그 송부 후 15일 이내에 당사자가 답변서 내지 의견서를 제출하지 아니한 경우에는 그 당사자는 답변 내지 의견진술의 권리를 포기한 것으로 본다.

⑦ 사무국은 모든 증거 및 서류를 이 규칙 제4장에서 정하는 바에 따라서 구성된 중재판정부에 송달한다. 중재판정부는 그 송달일로부터 10일 이내에 당사자에게 추가증거의 제출을 요구할 수 있다. 사무국은 이 요구를 당사자에게 통지하고 당사자는 통지일로부터 15일 이내에 추가증거를 제출하여야 한다.

⑧ 사무국은 당사자의 일방으로부터 제출된 추가진술서 및 증거의 사본을 상대방 당사자에게 송부한다. 각 당사자는 그 진술서 및 증거에 대하여 답변 내지 의견을 진술할 수 있다. 그러나 서류의 송부 후 15일 이내에 답변 내지 의견진술을 하지 아니하는 당사자는 답변 내지 의견을 진술하는 권리를 포기한 것으로 본다.

⑨ 본조 각항 규정에 따라서 제출된 모든 서류를 중재판정부에 송달하였을 경우에는 심리절차는 그 때 종결된 것으로 본다.

제5장 특별조항

제46조(이의신청권의 상실) 당사자가 이 규칙의 규정 또는 요건이 지켜지지 아니한 것을 알았거나 알 수 있으면서 이에 대하여 지체 없이 이의를 제기하지 아니하고 중재절차를 진행한 경우에는 이에 대한 이의신청권을 상실한다.

제47조(기간의 변경) 당사자는 서면에 의한 합의로 이 규칙에서 정한 기간을 변경할 수 있다. 중재판정부는 상당한 이유가 있으면 판정을 하는 기간을 제외하고는 이 규칙에서 정한 기간을 연장할 수 있다. 기간을 연장하는 경우에 중재판정부는 사무국을 통하여 그 연장기간 및 이유를 당사자에게 통지하여야 한다.

제6장 판 정

제48조(중재판정 등) ① 판정은 신속히 하여야 한다. 중재판정부는 당사자의 합의 또는 법률의 규정 중 다른 정함이 없는 한 심리종결일로부터 30일 이내에 판정하여야 한다.

② 중재인이 수인인 경우, 중재인 일부가 중재판정에의 참여를 거부하거나, 정당한 이유 없이 중재판정합의에 불참한 경우에는 과반수에 해당하는 나머지 중재인들만의 합의로 결정한다.

③ 사무국은 중재판정에 영향을 미치지 않는 범위 내에서 중재판정의 형식에 관하여 중재판정부에 의견을 제시할 수 있다.

제49조(판정의 형식) ① 중재판정은 다음 사항을 서면으로 작성하고 중재인이 서명하여야 한다. 다만, 당사자 간에 합의가 있거나 제53조 화해중재판정의 경우에는 판정이유의 기재를 생략할 수 있다.

1. 당사자의 성명, 또는 명칭과 주소, 대리인이 있는 경우에는 그 대리인의 성명과 주소
2. 판정주문 및 판정이유
3. 작성년월일
4. 중재지

② 수인의 중재인에 의한 중재판정의 경우, 과반수에 미달하는 일부 중재인이 중재판정에 서명을 거부하거나 서명할 수 없을 때에는 다른 중재인이 그 사유를 기재하고 서명하여야 한다.

제50조(언어) 당사자 간에 다른 합의가 없는 경우에 중재절차에서 사용될 언어는 한국어로써 한다. 다만, 당사자의 일방 또는 쌍방으로부터 요구가 있거나 또는 중재인 중에서 외국의 국적을 가진 자가 있을 때는 한국어와 영어를 공용할 수 있으며 이에 따라 국문과 영문으로 작성되는 중재판정문은 모두 이를 정본으로 한다. 그러나 국문과 영문의 중재판정문에 해석상 차이가 있을 때는 한국어에 의하여 해석한다.

제51조(규칙의 해석 및 적용) ① 개개의 분쟁사건에 대한 이 규칙의 해석 및 적용은 그 분쟁사건을 담당하는 중재판정부가 한다.

② 제1항의 경우 중재판정부를 구성하는 중재인간에 의견일치를 보지 못하는 경우에는 다수결에 의한다.

제52조(판정의 범위) ① 중재판정부는 중재합의의 범위내에서 계약의 현실이행 뿐만 아

니라 공정하고 정당한 배상이나 기타의 구제를 명할 수 있다.

② 중재판정부는 책임 있는 일방 또는 쌍방의 당사자에게 제8장 소정의 중재비용의 부담비율을 명하여야 한다.

③ 중재판정부는 상당하다고 인정되는 범위 내에서 이자, 지연손해금에 대하여 그 지급을 명할 수 있다.

제53조(화해중재판정) 당사자가 중재절차 중에 화해를 하였을 경우에 당사자가 요구하면 중재판정부는 합의된 화해의 내용을 판정으로써 기재할 수 있다.

제54조(중재판정의 정정, 해석 및 추가판정) ① 중재판정부는 중재판정문에서 숫자계산의 착오나 과실 기타 이와 유사한 사유로 인하여 발생한 명백한 오자 또는 오류를 발견하였을 때는 결정으로 이를 정정할 수 있다. 다만, 당해 중재판정부가 정정할 수 없는 때에는 사무국이 이를 할 수 있다.

② 중재판정부는 당사자 간의 합의가 있는 경우에 중재판정의 일부 또는특정쟁점의 해석에 대하여 당사자가 중재판정의 정본을 받은 날로부터 30일 이내에 신청하면, 신청을 받은 날로부터 30일 이내에 판단하여야 한다.

③ 중재판정부는 중재절차에서 주장되었으나 중재판정에 포함되지 아니한 청구에 대한 추가판정은 당사자의 신청을 받은 날로부터 60일 이내에 판단하여야 한다.

④ 위 제1항 내지 제3항은 중재판정의 일부를 구성한다.

제55조(중재판정문의 송부) ① 사무국은 중재판정의 정본을 당사자 또는 대리인에게 법 제4조 제1항 내지 제3항의 규정에서 정하는 방법에 따라 송부하고, 중재판정의 원본은 그 송부사실을 증명하는 서면을 첨부하여 관할법원에 송부한다.

② 제1항에 의한 송달은 다른 사정이 없는 한 당사자가 부담하여야 할 제8장 소정의 중재비용의 전액이 사무국에 납입된 후에 행할 수 있다.

제7장 신속절차

제56조(적용범위) 당사자 간에 이 장의 절차에 따르기로 하는 별도의 합의가 있는 중재사건 또는 신청금액이 1억원 이하인 중재의 경우에는 이 장의 신속절차를 적용한다. 다만, 신청금액이 1억원 이하인 중재의 경우에는 중재절차 개시일 후에 1억원을 초과하는 증액은 허용하지 아니한다.

제57조(중재인의 선정) 사무국은 당사자 간에 별도의 합의가 없는 경우 이 규칙 제21조의 방법에 의하지 아니하고 중재인명부 중에서 1인의 중재인을 선정한다.

제58조(심리절차) ① 중재판정부는 심리의 일시와 장소를 결정하며, 사무국은 이를 심리개시 3일전에 구술, 인편, 전화 또는 서면 등 적합한 방법으로 당사자에게 통지하여야 한다.

② 심리는 1회로 종결함을 원칙으로 한다. 다만, 중재판정부는 상당한 이유가 있다고 인정하는 경우에는 심리를 재개할 수 있다.

③ 피신청인은 심리종결전까지 반대신청을 할 수 있다.

제59조(판정기한) 중재판정부는 심리종결일로부터 10일 이내에 판정하여야 한다.

제60조(준용) 이 장에서 규정하지 않은 사항은 이 규칙의 나머지 조항을 준용한다.

제8장 중재비용

제61조(중재비용) ① 중재비용은 이 규칙 제62조 내지 제64조에 규정하는 요금, 경비, 수당으로 구분한다.

② 제1항의 중재비용은 중재판정에 의하여 결정되는 부담비율에 따라 부담한다. 다만, 중재판정에서 중재비용의 전부 또는 일부를 어느 일방 당사자 또는 쌍방 당사자의 부담으로 정하지 아니하였을 경우에는 당사자 쌍방의 균등부담으로 한다.

③ 제45조의 서면심리에 의한 절차의 중재비용의 경우에도 본조 내지 제65조의 규정을 적용한다.

④ 중재비용 예납에 따라 발생할 수 있는 이자는 반환하지 아니한다.

제62조(요금) ① 요금은 관리요금과 심리기일연기요금으로 구분하며 신청인이 예납하여야 한다. 다만, 심리기일연기요금은 그 연기가 중재판정부의 직권으로 이루어진 경우에는 부과하지 아니한다.

② 제1항의 관리요금은 이 규칙 제16조의 규정에 의한 신청의 변경으로 인하여 신청요금의 감액이 있는 경우에도 그 차액은 반환되지 아니한다.

③ 요금의 실행요율과 예납방법 또는 반환요율과 반환방법에 관하여는 부표에 의한다. 부표에서 명시되지 아니한 것은 중재원이 정하는 바에 의한다.

제63조(경비) ① 중재인 및 서기의 소요경비, 증거, 증인, 또는 감정인의 소요경비, 검사또는 조사경비, 녹음 또는 속기록의 작성경비, 통역 또는 번역경비, 기타 중재에 소요되는 일체의 경비는 당사자의 신청에 의한 경우에는 그 당사자가 예납한다.

② 제1항의 경비가 중재판정부 지시에 의한 것일 경우에는 당사자 간에 따로 정함이 없는 한 신청인이 예납한다.

제64조(수당) 신청인은 중재원이 정하는 중재인의 수당을 예납하여야 한다.

제65조(예납방법 등) ① 이 규칙에 달리 정함이 없는 경우에는 중재의 신청인은 제62조 내지 제64조 소정의 중재비용을 중재의 신청과 동시에 사무국이 지정하는 통화로 예납하여야 한다.

② 제1항의 예납액이 부족될 것으로 인정되는 경우에는 사무국은 신청인에게 추가예납을 요구할 수 있다. 신청인이 제1항 및 제2항의 예납을 이행하지 아니하거나 피신청인이 이를 대납하지 아니하는 경우에는 중재판정부의 결정에 따라 중재절차의 진행을 종료할 수 있다.

③ 사무국은 심리가 종결되면 예납액의 수지계산서를 작성하고 중재판정문이 작성되었을 때는 그 정산서를 작성하여 중재판정문과 함께 송부한 후 해당 당사자에게 정산잔액을 반환한다.

부칙

① (시행일) 이 규칙은 2011년 9월 1일부터 시행한다.

② (중재 진행 중인 사건에 대한 경과조치) 이 규칙 시행 당시에 중재절차가 진행 중인 사건에 대해서는 종전의 규정을 따른다. 다만, 당사자 사이에 이 규칙에 따르기로 합의한 경우에는 합의 후의 절차에 대하여 이 규칙을 적용하되, 이 규칙 시행 전에

종전의 규정에 따라 행한 행위의 효력에는 영향을 미치지 아니 한다.
③ (적용례) 이 규칙은 시행일 이후 이 규칙 제3조에서 정하는 당사자 간의 중재합의가 이루어진 중재에 대하여 적용한다.

요금표〈부표〉

1. 요금

종별	1. 관리요금	2. 심리기일 연기요금
예납자	신청인	좌동
부담자	중재판정에서 결정	좌동
부담비용	중재판정에서 결정	좌동
요율	1천만원이하, 2% (단, 최저 5만원) 1천만원 초과 5천만원이하, 20만원에 1천만원 초과액의 1.5% 가산 5천만원 초과 1억원이하, 80만원에 5천만원 초과액의 1% 가산 1억원 초과 50억원이하, 130만원에 1억원 초과액의 0.5% 가산 50억원 초과 100억원이하, 2,580만원에 50억원 초과액의 0.25% 가산 100억원 초과, 3,830만원에 100억원 초과액의 0.2% 가산 신청금액이 없는 경우, 100만원	매 연기당 10만원
비고		

3. 대한상사중재원 국제중재규칙

[2011. 6. 29. 대법원 승인] [2011. 9. 1. 발효]

제1장 총칙

제1조(규칙과 기관) ① 이 규칙은 사단법인 대한상사중재원(이하 "중재원"이라 한다)의 국제중재규칙이라 하고, 중재원 국제중재규칙(이하 "이 규칙"이라 한다)이라 약칭한다.

② 이 규칙에 따라 사무국이 처리하여야 할 중재절차에 관한 사무는 중재원이 사무국의 직원 중에서 지명한 중재서기가 수행한다.

③ 중재원은 자체 선정한 위원으로 구성된 국제중재위원회(이하 "위원회"라 한다)를 설치하여야 한다. 중재원은 이 규칙 제12조에 따른 의사결정을 함에 있어 필요하다고 판단하는 경우 및 제13조, 제14조에 따른 의사결정을 하는데 있어 적절하게 위원회의 자문을 받아야 한다.

제2조(정의) 이 규칙에서 사용하는 용어의 정의는 다음과 같다.

1. "중재판정부"에는 1인의 중재인으로 구성된 중재판정부와 복수의 중재인으로 구성된 중재판정부가 모두 포함된다.
2. "신청인"에는 1인 또는 복수의 신청인이 모두 포함되며, "피신청인"에는 1인 또는 복수의 피신청인이 모두 포함된다.
3. "판정"에는 잠정판정, 중간판정, 일부판정 및 종국판정이 있다.
4. "국제중재"란 다음 각 목의 어느 하나에 해당하는 중재를 말한다.
   가. 중재합의를 할 당시 당사자들 중 1인 이상이 대한민국 외의 곳에 영업소를 두고 있는 경우
   나. 중재합의에서 정한 중재지가 대한민국이 아닌 경우
5. "영업소"란 다음 각 목의 어느 하나를 말한다.
   가. 하나 이상의 영업소를 가지는 당사자의 경우에는 주된 영업소
   나. 영업소를 가지지 않은 당사자의 경우에는 상거소

제3조(적용범위) ① 이 규칙은 다음 각 호의 어느 하나에 적용한다. 이 경우 이 규칙은 중재합의의 일부를 구성한다. 다만, 당사자들이 서면으로 수정한 사항은 그에 따른다.

1. 당사자들이 이 규칙에 따라 중재를 진행하기로 서면으로 합의한 경우
2. 당사자들이 분쟁을 중재원의 중재에 의해 해결하기로 서면으로 합의한 경우로서 해당 중재가 국제중재인 경우

② 이 규칙이 당해 중재에 적용되는 강행법규에 위배되는 경우에는 해당 강행법규가 우선한다.

제4조(통지 및 서면제출) ① 당사자는 중재서류와 기타 서면 및 첨부서류를 제출함에

있어서 각 당사자에게 1부, 각 중재인에게 1부 및 사무국에 1부를 제공하기에 충분한 수의 사본을 제출하여야 한다. 중재판정부가 당사자에게 전달하는 모든 교신은 그 사본 1부를 사무국으로 보내야 한다.

② 사무국 및 중재판정부로부터의 모든 통지와 교신은, 수신인인 당사자 또는 그 대리인의 최후에 알려진 주소로 한다. 이러한 통지나 교신은 수령증을 받는 교부송달, 등기우편, 택배, 팩스, 텔렉스, 전신 또는 송신기록이 남는 다른 교신수단으로 할 수 있다.

③ 통지 또는 교신은 당사자 자신 또는 그 대리인이 이를 수령한 날, 위 제2항에 따라 행하여진 경우에는 이를 수령하였을 날에 이루어진 것으로 본다.

④ 중재판정부가 구성될 때까지는 당사자 상호 간, 각 당사자와 중재인 간의 모든 교신은 사무국을 경유한다. 중재판정부가 구성된 이후에는, 중재판정부가 달리 지시하지 않는 한, 구두, 서면을 불문한 모든 교신은 당사자 상호 간, 각 당사자와 중재판정부 사이에 직접 이루어진다. 서면교신의 경우에는 그 사본을 동시에 사무국에 송부한다.

⑤ 사무국이 중재판정부를 대신하여 일방 당사자에게 서면 교신을 보내는 경우에는 다른 당사자들 전원에게도 사본을 송부한다. 일방 당사자가 사무국에 교신을 보내는 경우에는 나머지 각 당사자와 각 중재인의 수만큼의 사본을 첨부한다. 사무국은 나머지 각 당사자와 중재판정부에 그 사본을 송부한다.

제5조(기한) ① 기한의 기산점을 정함에 있어서 통지 또는 기타 교신은 이 규칙 제4조에 따라 송달된 일자에 수령된 것으로 본다.

② 기한의 준수를 판단함에 있어서, 통지 또는 기타 교신이 이 규칙 제4조에 따라 기한만료일 또는 그 전에 발송된 경우 그 통지 또는 교신은 기한을 준수한 것으로 본다.

③ 이 규칙에 따라 기간을 산정함에 있어서는, 통지 또는 기타 교신이 도달한 익일로부터 기산한다. 그러한 기간의 말일이 수령인의 주소지 또는 영업지에서 공휴일 또는 휴무일에 해당하는 경우, 기간은 그 이후의 최초 영업일에 만료한다. 기간 중의 공휴일 또는 휴무일은 기간에 산입된다.

제6조(일반규칙 및 해석규칙) 이 규칙에 명시적으로 규정되지 않은 모든 사항에 대하여 사무국과 중재판정부는 이 규칙의 정신에 따라 처리하여야 하며, 판정이 법률상 집행될 수 있도록 모든 노력을 다하여야 한다.

제7조(대리) 이 규칙에 따른 절차에서 당사자는 자신이 선정한 자로 하여금 자신을 대리하게 할 수 있다. 다만, 중재판정부가 요구하는 바에 따라 그 대리권을 증명하여야 한다.

제2장 중재개시

제8조(중재신청) ① 이 규칙에 따라 중재를 신청하고자 하는 당사자는 사무국에 중재신청서(이하 “신청서”라 한다)를 제출하여야 한다. 사무국은 신청서의 접수사실과 접수일자를 신청인과 피신청인에게 통지하여야 한다.

② 중재절차 개시일은 어떠한 경우에나 신청서가 사무국에 접수된 일자로 한다.

③ 신청서에는 다음의 사항이 기재 또는 첨부되어야 한다.

1. 신청인의 성명, 주소, 국가번호와 지역번호를 포함하는 팩스번호, 전화번호
2. 신청인에 대한 기재 -신청인이 회사인 경우 그 설립지와 회사 형태, 개인인 경우 국적과 주된 거주지 또는 근무지
3. 중재 상대방(피신청인)의 성명, 주소, 국가번호와 지역번호를 포함하는 전화번호와 팩스번호
4. 청구의 원인이 된 분쟁의 성격과 상황에 관한 기술
5. 중재 신청취지
6. 중재절차에 관하여 당사자가 이미 서면으로 합의한 사항 또는 신청인이 제안하고자 하는 사항에 대한 기술(중재지, 중재언어, 준거법, 중재인의 수, 중재인의 자격과 성명 등)
7. 중재합의에서 당사자의 중재인 선정을 요하는 경우, 신청인이 선정하는 중재인의 성명, 주소, 전화번호, 팩스번호, 이메일주소
8. 신청인이 원용한 서면 중재조항 또는 별도의 서면 중재합의 등 관련 계약서
9. 대리인의 성명, 주소, 국가번호와 지역번호를 포함하는 팩스번호, 전화번호

④ 신청인은 신청서와 함께 이 규칙 제4조에서 요구하는 수의 사본을 제출하여야 하며 제출일 당시 시행 중인 별표 1(신청요금과 관리요금에 관한 규정)에 따른 신청요금을 납입하여야 한다. 신청인이 이 요건 중 하나라도 준수하지 못하는 경우 사무국은 신청인의 요건 준수를 위한 기한을 정할 수 있으며, 신청인이 그 기한 내에 요건을 준수하지 못하는 경우에는 신청을 종결할 수 있다. 이 경우 신청인은 추후 별도의 신청서를 제출하여 동일한 신청을 할 수 있다.

⑤ 사무국은 충분한 수의 신청서 사본이 제출되고 필요한 예납이 이루어진 경우 피신청인이 답변서를 제출할 수 있도록 신청서 및 첨부서류의 사본을 피신청인에게 송부하여야 한다.

⑥ 일방 당사자가 이 규칙에 의하여 동일 당사자 간에 계류 중인 중재의 대상인 법률관계에 관한 신청서를 제출하는 경우, 중재판정부는 일방 당사자의 요청이 있으면 새로운 신청의 성격, 중재의 단계, 기타 관련 상황을 고려하여, 계류 중인 절차에 새로운 신청서 상의 청구를 포함시킬 것인지 여부를 결정할 수 있다.

제9조(신청에 대한 답변과 반대신청) ① 피신청인은 사무국으로부터 신청서를 수령한 날로부터 30일 이내에 다음 사항이 기재된 답변서를 제출하여야 한다.

1. 피신청인의 성명, 주소, 팩스번호, 전화번호
2. 피신청인에 대한 기재 -피신청인이 회사인 경우 그 설립지와 회사 형태, 개인인 경우 국적과 주된 거주지 또는 근무지
3. 신청인이 신청서에 기재한 청구의 전부 또는 일부에 대한 인정여부 및 신청서에 기재된 신청취지에 대한 답변
4. 신청인의 제안 및 이 규칙 제11조와 제12조에 따른 중재인의 수와 선정에 관한 의견, 필요한 경우 중재인의 선정
5. 중재지, 준거법 및 중재언어에 대한 의견
6. 중재합의에서 당사자의 중재인 선정을 요하는 경우, 피신청인이 선정하는 중재인의 성명, 주소, 전화번호, 팩스번호, 이메일주소
7. 대리인의 성명, 주소, 팩스번호, 전화번호

② 피신청인이, 중재인의 수 및 중재인 선정에 관한 의견 또는 이 규칙 제11조, 제12조에 따른 중재인의 선정 등의 내용을 포함하고 있는 기한연장신청서를 제출한 경우에 한하여 사무국은 답변서 제출기한을 연장할 수 있다. 피신청인이 위 사항의 기한연장신청서를 제출하지 않는 경우 답변서 제출기한은 연장되지 않는다.

③ 답변서는 이 규칙 제4조에 규정된 수의 사본을 사무국에 제출하여야 한다.

④ 피신청인의 반대신청은 답변서와 함께 제출하여야 하며(또는 중재판정부가 정황을 고려하여 그 지연이 정당하다고 판단하는 경우에는 그 이후의 중재절차에서 제출할 수 있다), 다음과 같은 사항이 기재되어야 한다. 다만, 반대신청의 원인은 신청인과 피신청인 사이의 중재합의에 기초하여야 한다.

1. 반대신청의 원인이 된 분쟁의 성질과 상황에 대한 기술
2. 반대신청취지(가능한 한도 내에서 반대청구금액 포함)

⑤ 답변의 취지 및 이유가 반대신청의 내용을 포함하고 있다고 판단할 경우 중재판정부는 피신청인에게 그 부분에 대하여 제4항의 규정에 의한 반대신청을 하는 것인지의 여부를 밝히도록 요구할 수 있다.

⑥ 답변서 제출 해태의 경우에도 피신청인은 중재절차에서 청구를 부인하거나 반대신청을 제기할 수 있다. 그러나 중재합의에서 당사자의 중재인 선정을 요구하는 경우, 피신청인이 답변서를 제출하지 않거나 기한 내에 중재인을 선정하지 못하거나 아예 선정하지 않으면 해당 당사자의 중재인 선정권은 종국적으로 포기된 것으로 간주된다.

제3장 중재판정부

제10조(일반 규정) ① 이 규칙에 따른 중재인들은 항상 공정성과 독립성을 유지하여야 한다.

② 중재인으로 선정된 자는 선정을 수락하기에 앞서, 자신의 공정성과 독립성에 관하여 정당한 의심을 야기할만한 사유가 있는 경우 이를 사무국에 서면으로 고지하여야 한다. 중재절차 진행 중이라도 그러한 의심을 야기할만한 새로운 사유가 발생하면 중재인은 이를 당사자와 사무국에 서면으로 즉시 고지하여야 한다.

③ 중재인의 선정, 교체, 해임과 관련된 모든 사항에 대한 사무국의 결정은 종국적이며 불복할 수 없다.

제11조(중재인의 수) 이 규칙에 따른 중재사건은 원칙적으로 단독 중재인이 심리한다. 다만 당사자들이 3인 중재인의 심리로 합의하거나 사무국이 당사자 의사, 분쟁금액, 분쟁의 복잡성 기타 요소들을 고려하여 3인의 중재인의 심리가 적절하다고 판단하는 경우에는 3인의 중재인의 심리로 결정할 수 있다.

제12조(중재인의 선정) ① 분쟁이 단독 중재인에게 회부되는 경우, 당사자들은 피신청인이 중재신청서를 수령한 날 또는 이 규칙 제11조에 따라 사무국이 단독 중재인에 의할 것임을 결정한 경우에는 그 통지를 받은 날부터 30일 이내에 합의하여 단독 중재인을 선정하여야 한다. 당사자들이 위와 같이 정해진 기간 또는 사무국이 연장을 허용한 기간 내에 합동으로 단독 중재인을 선정하지 못하는 경우에는 사무국이 단독 중재인을 선정한다.

② 당사자들이 3인 중재인에 의하여 분쟁을 해결하기로 합의한 경우에는 신청인은 중재 신청서에서 또는 사무국이 허용한 연장기간 내에 1인의 중재인을 선정하고, 피신청인은 답변서에서 또는 사무국이 허용한 연장기간 내에 1인의 중재인을 선정하고, 제11조에 따라 사무국이 3인의 중재인에 의할 것임을 결정한 경우에는 당사자들은 사무국으로부터 그 통지를 받은 날부터 30일 이내 또는 사무국이 허용한 연장기간 내에 각각 1인의 중재인을 선정한다. 일방 당사자가 위 기한 내에 중재인을 선정하지 못한 경우에는 사무국이 이를 선정한다. 양 당사자에 의해 중재인 2인이 선정되면 2인의 중재인이 합의하여 제3의 중재인을 선정하고 그가 중재판정부의 의장이 된다. 2인 중재인이 두 번째 중재인의 선정일로부터 30일 이내에 의장으로 활동할 제3의 중재인을 선정하지 못하면 사무국이 이를 선정한다.

③ 중재판정부가 3인의 중재인으로 구성되는 경우, 신청인이나 피신청인이 복수인 때에는, 복수의 신청인들 또는 복수의 피신청인들 공동으로 이 규칙 제12조 제2항에 따라 중재인을 각각 선정한다. 그러한 선정이 이루어지지 못하고 당사자들이 중재판정부의 구성 방법에 합의하지 못한 경우에는 사무국이 중재판정부를 구성하는 중재인 전원을 선정하며 그 중 1인을 의장으로 지명한다.

④ 중재인 선정시 사무국은 선정될 중재인의 경험, 일정, 국적 및 거주지를 고려하여야 한다. 당사자 일방이 요청하는 경우 사무국은 다른 특별한 사정이 없는 한, 각 당사자들과 국적이 다른 자를 단독 중재인이나 중재판정부의 의장으로 선정하여야 한다.

⑤ 이 규칙에 따라 중재인 전원이 선정된 경우, 사무국은 쌍방 당사자 및 중재인 모두에게 중재인 전원의 성명, 주소 및 직업을 서면으로 지체 없이 통지하여야 한다.

제13조(중재인 기피) ① 중재인의 공정성과 독립성에 정당한 의심을 야기할 만한 사유가 있는 경우, 당사자는 중재인에 대하여 기피를 신청할 수 있다. 다만, 그 중재인의 선정에 참여한 당사자는 선정 이후에 알게 된 사유를 근거로 하여서만 기피를 신청할 수 있다.

② 중재인의 공정성 및 독립성 결여 또는 기타의 사유에 의한 중재인에 대한 기피신청은 그 기피의 원인이 된 사유와 사실을 기술한 서면을 사무국에 제출함으로써 이루어진다. 당해 사건의 각 중재인 및 각 당사자에게 이 서면의 사본을 전달하여야 한다.

③ 기피신청이 유효하기 위해서는, 일방 당사자가 중재인의 선정사실을 통지 받은 날 또는 해당 당사자가 기피의 원인이 된 사유와 사실을 알게 된 날로부터 15일 이내에 기피신청을 하여야 한다.

④ 기피의 대상이 된 중재인, 상대방 당사자 및 중재판정부의 다른 구성원들은 기피신청을 수령한 날로부터 15일 이내에 기피에 대하여 서면으로 의견을 밝힐 수 있다. 그러한 의견은 사무국, 각 당사자와 각 중재인에게 통지하여야 한다.

⑤ 일방 당사자가 중재인에 대하여 기피신청을 한 경우 상대방 당사자는 기피에 동의할 수 있고, 이러한 동의가 있는 경우 중재인은 사임하여야 한다. 그러한 동의가 없는 경우에도 기피대상인 중재인은 자진 사임할 수 있다. 다만, 위의 경우에 사임하였다고 하여 기피 이유의 타당성을 인정하는 것을 의미하지는 않는다. 상대방 당사자가 기피신청에 동의하지 않거나 기피 대상인 중재인이 사임하지 않는 경우, 사무국은 기피신청에 대한 결정을 하여야 한다.

제14조(중재인의 교체 및 해임) ① 중재인은 사망, 사무국의 중재인 사임 수리, 사무국

의 기피결정 또는 중재의 모든 당사자가 요청하는 경우에 교체되어야 한다.

② 사무국은 중재인이 자신의 임무를 수행하지 않거나 임무수행을 부당하게 지연하는 경우 또는 법률상 또는 사실상 자신의 임무를 수행할 수 없는 경우 해당 중재인을 해임할 수 있다.

③ 중재절차 진행 중에 중재인이 교체되는 경우, 새로운 중재인은 교체된 중재인의 선정에 적용되었던 이 규칙 제12조에 규정된 방식에 따라 선정한다.

④ 중재인이 교체되는 경우, 중재판정부는 당사자들과 협의한 후 중재판정부가 재구성되기 이전의 절차를 반복할 것인지 여부 및 그 범위를 결정한다.

⑤ 심리가 종결된 이후에는 사무국은 사망, 사임 또는 해임된 중재인을 교체하지 않고 나머지 중재인들로 하여금 중재를 완료하도록 결정할 수 있다. 사무국은 그러한 결정을 함에 있어 나머지 중재인 및 당사자와 협의하여야 하고, 그러한 결정에 필요하다고 보는 기타의 사항을 고려할 수 있다.

제4장 중재절차

제15조(절차일정표) ① 중재판정부는 당사자들과 협의한 후 중재 진행을 위한 잠정적인 일정표를 별도의 서면으로 작성하여 중재판정부의 구성일로부터 30일 이내에 사무국과 당사자들에게 통지하여야 한다.

② 중재판정부는 제1항의 규정에도 불구하고, 후속 절차를 준비하고 그 일정을 정하기 위하여 일반적으로 답변서 제출 이후에 준비회의를 열 수 있다.

제16조(추가서면) ① 중재판정부는 당사자들이 중재신청서와 답변서(반대신청서)에 대한 추가서면을 제출하도록 재량에 따라 허가하거나 요구할 수 있고, 그러한 경우 해당서면의 제출을 위한 기간을 정하여야 한다.

② 추가서면 제출을 위하여 중재판정부가 정하는 기간은 45일을 초과할 수 없다.

③ 제1항의 규정에 따라 추가서면을 제출하는 당사자는 그 당사자가 주장의 근거로 삼는 서류로서, 이전에 제출되지 않은 주요 문서의 사본(특별히 양이 많은 경우에는 그 목록)과 관련 견본 및 서증을 첨부하여 상대방 당사자와 중재판정부에 제출하여야 한다.

제17조(신청, 답변 및 반대신청의 변경) 당사자는 중재판정부가 절차의 지연, 상대방 당사자의 권리 침해 또는 기타 사유를 이유로 하여 수정이나 보완이 적절하지 않다고 판단하는 경우를 제외하고는, 중재절차 진행 중에 신청, 반대신청 또는 답변을 변경하거나 보완하고 이를 상대방 당사자와 사무국에 통지할 수 있다. 그러나 그 변경이나 보완이 중재합의의 범위를 벗어나는 경우에는 신청이나 반대신청을 변경하거나 보완할 수 없다.

제18조(중재지) ① 당사자들의 합의가 없는 경우 중재지는 대한민국 서울로 한다. 다만 중재판정부가 당해 사안의 모든 사정을 고려하여 다른 장소가 더 적합하다고 결정한 경우에는 예외로 한다.

② 중재판정부는 심리 및 기타 회의를 당사자들과의 협의를 거쳐 적절하다고 판단하는 어떤 장소에서도 개최할 수 있다.

③ 중재판정부의 합의는 스스로 적절하다고 판단하는 어느 장소에서도 할 수 있다.

제19조(중재판정부의 관할권에 대한 이의신청) ① 중재판정부는 중재조항 또는 별도의 중재합의의 존부 및 유효성에 관한 이의를 포함하여, 중재판정부의 관할권에 대한 이의신청에 대하여 판단할 권한을 가진다.

② 중재판정부는 중재조항을 포함하는 계약의 존부나 유효성을 결정할 권한을 가진다. 중재조항은 계약의 다른 부분과는 독립된 합의로 취급한다. 중재판정부가 당해 계약이 무효라고 결정하였다고 하여 중재조항까지 무효가 되지는 않는다.

③ 중재판정부의 관할권에 대한 이의신청은 이 규칙 제9조에 따라 신청서에 대한 답변서를 제출할 때까지, 반대신청의 경우에는 반대신청에 대한 답변서를 제출할 때까지 제기하여야 한다.

④ 일반적으로 중재판정부는 관할권에 대한 이의신청을 선결문제로 판단하여야 하나, 중재절차를 진행한 후 최종판정에서 판단할 수도 있다.

제20조(중재의 진행) ① 이 규칙의 강행규정에 반하지 아니하는 한 당사자들은 중재절차에 관하여 합의할 수 있다.

② 중재판정부는 당사자들을 동등하게 대우하고 당사자들에게 의견을 표명할 권리를 부여하며 사안에 관하여 진술할 공평한 권리를 부여하는 한, 이 규칙에 따라 적절하다고 생각되는 방식으로 중재를 진행할 수 있다.

③ 중재판정부는 절차를 분리하거나 당사자들로 하여금 사건의 전부 또는 일부의 해결과 관련된 쟁점에 대하여만 논의하도록 지시할 수 있다.

제21조(절차에 관한 규칙) 중재판정부는 이 규칙에 따라 절차를 진행하여야 하고, 이 규칙에 정함이 없는 경우에는 당사자들의 합의에 따르며, 당사자 사이의 합의도 없는 경우에는 중재판정부가 정하는 바에 따른다.

제22조(증거) ① 당사자들이 달리 서면으로 합의하지 않는 한, 중재판정부는 절차진행 중 언제라도 당사자들에게 다음의 사항을 명할 수 있다.

1. 문서, 서증 또는 필요, 적절하다고 보는 기타 증거의 제출
2. 당사자들의 지배 하에 있고 중재의 대상과 관련이 있는 재산, 장소, 기타 물건에 대한 중재판정부, 다른 당사자, 또는 전문가의 조사 허용

② 중재판정부는 당사자가 자신의 신청, 반대신청, 답변을 뒷받침하기 위하여 제출하고자 하는 서류 및 기타 증거의 요약본을 중재판정부와 상대방 당사자에게 전달할 것을 요구할 수 있다.

③ 각 당사자는 신청, 반대신청, 항변을 뒷받침하는 사실에 대한 입증책임을 부담한다.

④ 중재판정부는 증거의 증거능력, 관련성 및 증명력에 관하여 판단할 권한을 가진다.

제23조(전문가) ① 중재판정부는 1인 또는 수인의 전문가를 선정하여, 중재판정부가 결정하고 당사자들에게 통지하여야 하는 특정 쟁점에 관하여 보고하도록 할 수 있다. 전문가에게 위임할 사항은 중재판정부가 정하고, 당사자들에게 그 사본을 전달하여야 한다.

② 중재판정부는 전문가에게 관련 정보를 제공하거나, 관련 서류, 동산 또는 기타 재산을 전문가가 조사할 수 있게 하도록 당사자에게 명할 수 있다.

③ 중재판정부는 전문가의 보고서 수령 후 그 사본을 모든 당사자에게 송부하고 당사자들이 보고서에 대하여 의견을 표명할 수 있는 기회를 부여하여야 한다. 당사자는 전문가가 그 보고서를 작성함에 있어서 근거로 삼은 모든 서류를 검토할 수 있다.

제24조(중재 언어) 당사자 간에 합의가 없을 때에는 중재판정부는 계약 언어를 비롯한 모든 관련 상황을 적절히 고려하여 중재 언어를 결정한다.

제25조(준거법) ① 당사자는 분쟁의 본안에 관하여 중재판정부가 적용할 실체법 및 법원칙에 대하여 자유롭게 합의할 수 있다. 그러한 합의가 없는 경우 중재판정부는 적절하다고 판단하는 실체법이나 법원칙을 적용한다.

② 모든 사안에 있어서 중재판정부는 계약 조항 및 관련 거래관행을 고려하여야 한다.

③ 중재판정부는 당사자들이 합의하여 명시적으로 권한을 부여한 경우에 한하여, 선의의 중재인으로서의 권한을 가지고 형평과 선에 의하여 판단할 수 있다.

제26조(심리) ① 심리가 열릴 경우 중재판정부는 적절한 통지를 함으로써 중재판정부가 정한 일시와 장소에 당사자들이 출석하도록 하여야 한다.

② 중재판정부는 심리를 전적으로 관장하며 모든 당사자는 심리에 참석할 수 있다. 중재판정부 및 당사자의 승인이 없으면 해당 중재절차와 무관한 사람은 심리에 참석할 수 없다.

③ 당사자는 본인이 직접 또는 적법하게 수권된 대리인을 통하여 참석할 수 있다. 당사자는 자문을 받을 수 있다.

④ 심리는 당사자들이 달리 합의하거나 법에 달리 규정되어 있는 경우를 제외하고는 비공개로 한다. 중재판정부는 증인의 증언이 진행되는 동안 다른 증인의 퇴정을 요구할 수 있다. 중재판정부는 증인신문 방식을 결정할 수 있다.

⑤ 사무국은 중재판정부 또는 일방 당사자의 요청에 따라 녹음이나 통역, 속기록 작성, 심리를 위한 공간, 기타 중재절차의 진행을 위해 필요한 사항을 당사자의 경비부담으로 제공할 수 있다.

제27조(심리의 종결) ① 중재판정부는 당사자들이 자신의 주장을 진술할 적절한 기회를 부여 받았다고 판단하는 경우 심리의 종결을 선언하여야 한다. 심리 종결 이후에는, 중재판정부가 요청하거나 허용하는 경우를 제외하고는 추가 서면이나 주장, 증거를 제출할 수 없다.

② 중재판정부는 판정 전에는 언제든지 재량에 따라 직권으로 또는 당사자의 신청에 의하여 심리를 재개할 수 있다.

제28조(보전 및 임시적 처분) ① 당사자들이 달리 합의하지 않는 한, 중재판정부는 관련서류를 수령하는 즉시 당사자 일방의 신청에 의해 적절하다고 생각되는 보전 및 임시적 조치를 명할 수 있다. 중재판정부는 적절한 담보의 제공을 조건으로 그러한 조치를 명할 수 있다. 그러한 조치는 중재판정부가 적절하다고 생각하는 바에 따라 이유를 기재한 명령 또는 판정 등의 형식으로 한다.

② 중재판정부가 관련서류를 수령하기 전에 또한 적절한 상황에서는 그 이후에도, 당사자는 관할법원에 임시조치 또는 보전조치를 신청할 수 있다. 당사자 일방이 법원에 그러한 조치를 신청하거나 중재판정부가 명한 조치의 집행을 신청하더라도 중재합의 위반이나 권리포기로 간주되지 않으며, 중재판정부가 보유한 해당 권한도 유지된다. 그러한 신청의 제기 및 법원이 이에 대해 취한 모든 조치는 지체 없이 사무국에 통지되어야 하며 사무국은 이를 중재판정부에 통지하여야 한다.

제29조(의무의 해태) ① 피신청인이 충분한 이유를 소명하지 못하고 중재판정부가 정한 기간 내에 답변서를 제출하지 못하는 경우 중재판정부는 절차의 속행을 명하여야 한다.

② 당사자 중 어느 일방이 적법하게 심리에의 출석을 요청 받았음에도 정당한 이유 없이 출석하지 않은 경우 중재판정부는 심리를 진행할 권한을 가진다.

③ 당사자가 서면증거의 제출을 적법하게 요청 받았음에도 정당한 이유 없이 정해진 기간 내에 이를 이행하지 않는 경우 중재판정부는 제출된 증거에 의거하여 판정을 내릴 수 있다.

제5장 판정

제30조(의사 결정) 중재인이 복수이고 특정 쟁점에 관하여 합의하지 못하는 경우, 판정 또는 결정은 중재인 과반수의 결의에 따른다. 그러한 결의가 성립되지 않는 쟁점에 대해서는 의장 중재인의 결정에 따른다.

제31조(판정의 형식과 효력) ① 판정은 서면으로 한다. 당사자들이 달리 합의하지 않는 한, 중재판정부는 판정에 그 이유를 기재하여야 한다.

② 중재판정문에는 판정일자를 기재하고, 중재판정부 전원이 서명한다. 과반수에 미달하는 일부 중재인이 중재판정문에 서명하기를 거부하거나 서명하지 못하는 경우에는 다른 중재인이 그 사유를 기재하고 서명하여야 한다. 중재판정은 중재지에서 중재판정문에 기재된 일자에 내려진 것으로 본다.

③ 모든 판정은 당사자들을 구속한다. 당사자들은 판정을 지체없이 이행하여야 한다.

제32조(잠정판정, 중간판정 및 일부판정) ① 중재판정부는 종국판정뿐만 아니라 잠정판정, 중간판정 또는 일부판정을 내릴 수 있다.

② 일부판정의 경우 중재판정부는 상이한 쟁점에 관하여 그 시점을 달리하여 판정을 내릴 수 있으며, 이는 이 규칙 제36조에서 규정한 절차에 따라 정정될 수 있다. 중재판정부가 달리 명시 하지 않는 한 일부판정도 판정 즉시 개별적으로 집행할 수 있다.

제33조(종국판정의 기한) ① 모든 당사자들이 달리 합의하지 않는 한 중재판정부는 최종 서면의 제출일과 심리의 종결일 중 나중의 날짜로부터 45일 이내에 판정을 내려야 한다.

② 사무국은 중재판정부의 이유 있는 요청이 있는 경우, 또는 기한의 연장이 필요하다고 판단하는 경우에는 직권으로 종국판정의 기한을 연장할 수 있다.

제34조(화해중재판정) 이 규칙에 따라 중재신청이 접수되고 예납금이 납입된 후에 당사자들이 화해에 이른 경우, 중재판정부는 당사자 일방의 요청에 따라 화해내용을 기재한 화해중재판정을 내릴 수 있다. 당사자들이 화해중재판정을 요구하지 않는 경우, 당사자들이 합의에 이르렀음을 확인하는 서면을 사무국에 제출함으로써 중재판정부의 임무는 종료되며 중재절차는 종료된다. 다만 당사자들은 미납된 중재비용을 납입하여야 한다.

제35조(판정의 통지 및 기탁) ① 판정이 내려지고, 당사자들 또는 당사자 일방이 중재비용 전액을 사무국에 납입한 경우에 사무국은 중재판정부가 서명한 중재판정문을 당사자에게 통지한다. 이 통지 이후에 당사자들은 중재판정부에 대하여 별도의 통지 또는 기탁을 요구할 권리를 상실한다.

② 중재판정부와 사무국은 중재판정에 추가적으로 요구되는 형식성을 구비할 수 있도록 당사자들을 지원하여야 한다.

제36조(판정의 정정 및 해석) ① 중재판정부는 판정 후 30일 이내에 중재판정문의 오기, 오산, 오타 등의 오류를 직권으로 정정할 수 있다.

② 당사자들이 달리 합의하지 않는 한, 일방 당사자는 중재판정문의 수령 후 30일 이내에 사무국에 통지함으로써 중재판정부에 제1항의 오류 정정이나 판정의 해석을 요청할 수 있다. 정정이나 해석은 그 요청의 수령 후 30일 이내에 서면으로 이루어져야 한다. 그러한 정정이나 해석은 판정의 일부를 구성한다.

제37조(추가판정) 당사자들이 달리 합의하지 않는 한, 일방 당사자는 중재판정의 수령 후 30일 이내에 상대방 당사자에 대한 통지와 함께 사무국에 대한 통지로써, 중재절차에서 제기하였으나 판정에서 판단되지 않은 청구에 대한 추가판정을 중재판정부에 신청할 수 있다. 중재판정부는 그 신청이 정당하다고 판단하는 경우 신청서 수령일로부터 60일 이내에 추가판정을 내려야 한다.

제6장 신속절차

제38조(적용범위) 이 장의 규정은 다음 각 호의 어느 하나에 해당하는 경우에만 적용한다.

1. 신청금액이 2억원 이하인 경우
2. 당사자 사이에 이 장에서 정한 신속절차에 따르기로 하는 합의가 있는 경우

제39조(반대신청의 기한 및 신청·반대신청금액의 증액) ① 피신청인은 반대신청금액이 2억원을 초과하는 경우에는 제9조 제4항에 따른 제출기한 내에 반대신청을 하여야 한다. 이 경우 당사자 사이에 합의가 없는 한 이 장의 규정을 적용하지 아니한다.

② 이 장에 따른 신속절차의 진행 중에 당사자의 증액신청에 의해 신청금액 또는 반대신청금액이 2억원을 초과하게 되는 경우에는 이 장의 규정을 적용하지 아니한다. 다만, 당사자 사이에 위 증액 이후에도 이 장의 절차를 따르기로 하는 합의가 있고, 중재판정부가 이미 구성된 경우 그 판정부가 이를 승인 한 때에는 그러하지 아니하다.

제40조(중재인의 선정) ① 당사자 사이에 다른 합의가 없는 경우 이 규칙 제12조의 방법에 의하지 아니하고 사무국이 국제중재인명부 중에서 1인의 중재인을 선정한다.

② 당사자들이 중재합의를 통하여 3인의 중재판정부에 의하기로 합의한 경우 사무국은 당사자들에게 단독판정부에 의할 것을 합의하도록 권유할 수 있다.

제41조(구술심리절차) ① 중재판정부는 구술심리의 일시와 장소를 결정하여 구술, 인편, 전화 또는 서면 등을 포함하여 적절한 방법으로 당사자 및 사무국에 통지하여야 한다.

② 구술심리는 1회로 종결함을 원칙으로 한다. 다만, 중재판정부는 필요한 경우 종결한 심리를 재개하거나 또는 심리 종결 후 추가서면의 제출을 요구할 수 있다.

제42조(서면심리) ① 당사자 사이에 다른 합의가 없고 신청금액 및 반대신청금액이 각 2천만원 이하인 경우 중재판정부는 서면심리를 한다. 다만 중재판정부는 어느 한쪽 당사자의 신청에 따라 또는 직권으로 1회의 구술심리를 개최할 수 있다.

② 중재판정부는 서면제출의 기간과 방법에 관하여 적절한 절차를 마련하여야 한다.

제43조(판정) ① 중재판정부는 판정부가 구성된 날로부터 3개월 이내에 판정하여야 한다. 다만, 사무국은 중재판정부의 요청에 따라 또는 직권으로 필요하다고 인정한 경우 판정기간을 연장할 수 있다.

② 당사자 사이에 다른 합의가 없으면 중재판정부는 그 판정의 근거가 되는 이유의 요지를 기재하여야 한다.

제44조(준용) 이 장에서 규정하지 않은 사항은 이 규칙의 다른 규정을 준용한다.

제7장 비용

제45조(중재비용의 납입의무) ① 중재비용은 "신청요금과 관리요금에 관한 규정(별표 1)"과 "중재인의 수당과 비용에 관한 규정(별표 2)"에 따른 신청요금, 관리요금, 중재인의 수당과 경비 및 중재절차 중에 발생하는 기타 경비로 구성된다.

② 당사자들은 연대하여 사무국에 중재비용을 납입하여야 한다.

③ 이 규칙 제17조에 따라 신청이 변경되어 분쟁금액이 감액되는 경우에도 관리요금과 중재인수당은 반환하지 않는다.

제46조(중재비용의 예납) ① 당사자들은 절차 중에 발생하는 중재비용을 충당하기 위하여, 사무국이 정한 방식과 기간에 따라 사무국이 정한 예납금을 납입하여야 한다. 예납금은 중재절차 중 언제든지 변경할 수 있다.

② 사무국은 예납금 또는 추가 예납금의 금액을 결정한다. 사무국은 각 당사자에게 예납금으로 일정액을 예치할 것을 요구하여야 한다. 당사자들이 달리 합의하지 않는 한, 예납금은 신청인과 피신청인이 균분하여 납입한다. 납입은 현금으로 한다.

③ 신청인 또는 피신청인이 수인인 경우, 그러한 수인의 당사자는 해당 신청인 또는 피신청인 모두를 위하여 연대하여 예납할 책임을 진다. 그 비용은 해당 당사자들이 달리 합의하지 않는 한 균분하여 납입한다.

④ 일방 당사자가 제1항 내지 제3항의 예납을 하지 않는 경우, 사무국은 중재판정부와 협의 후 중재절차의 중지 또는 종료를 명할 수 있다.

⑤ 일방 당사자가 예납금 중 자신의 부담부분을 납입하지 않는 경우, 상대방 당사자는 예납금 전액을 납입할 수 있다. 이 경우 전액을 납입한 당사자는 잠정판정, 중간판정 또는 일부판정을 통하여 상대방 당사자에게 그 부담부분을 지급할 것을 명하도록 중재판정부에 요청할 수 있다.

⑥ 사무국은 중재절차 종료 후, 예납금을 정산하여 이를 납입한 당사자에게 그 잔액을 반환하여야 한다.

⑦ 예납금으로부터 발생한 이자는 반환하지 않는다.

제47조(중재비용의 분담) ① 관리요금을 포함한 중재비용은 원칙적으로 패소한 당사자의 부담으로 한다. 그러나 중재판정부는 사건의 정황을 고려하여 재량으로 그러한 비용을 당사자 사이에 분담시킬 수 있다.

② 중재판정부는 판정을 내릴 때에 중재비용을 정하여야 한다. 다만, 잠정판정, 중간판정 및 일부판정의 경우에는 비용에 관한 결정을 종국판정시까지 연기할 수 있다.

제48조(당사자가 부담한 비용) 변호사비용이나 전문가, 통역, 증인을 위한 비용 등 중재절차 중 당사자가 부담하는 필요비용은 중재판정에서 중재판정부가 결정하는 분담비율에 따라 당사자가 부담한다. 당사자가 달리 합의하지 않는 한, 중재판정부는 그 사안의 제반 사정을 고려하여 중재절차 중 발생한 필요비용을 당사자가 분담하도록 결정한다.

제8장 기타

제49조(기한의 변경) 당사자들은 서면합의로 이 규칙에서 규정한 기한을 변경할 수 있다. 중재판정부는 적절하다고 판단하는 경우 판정기한을 제외하고는 이 규칙에서 정한 모든 기한을 연장할 수 있다. 중재판정부는 사무국을 통하여 기한의 연장과 그 이유를 당사자에게 통지하여야 한다.

제50조(포기) 이 규칙의 규정, 중재합의, 중재절차에 적용되는 다른 규칙 또는 중재판정부의 지시가 준수되지 않았음을 알면서도 그에 대하여 즉시 이의를 제기하지 않고 절차를 계속 진행한 당사자는 이의를 제기할 권리를 포기한 것으로 본다.

제51조(면책) 중재인과 사무국 임직원은 이 규칙에 따라 진행된 중재와 관련된 작위 또는 부작위에 대하여 고의 또는 무모한 행위에 해당되지 않는 한 책임을 지지 않는다.

제52조(비밀유지) ① 중재절차 및 그 기록은 공개하지 아니한다.

② 중재인, 사무국 임직원, 당사자 그리고 그 대리인과 보조자는 당사자 사이에 합의되거나 법률상 또는 소송절차에서 요구되는 경우를 제외하고는 중재사건과 관련된 사실 또는 중재절차를 통하여 알게 된 사실을 공개하여서는 아니 된다.

부칙

① (시행일) 이 규칙은 2011년 9월 1일부터 시행한다.

② (중재가 진행 중인 사건에 대한 경과조치) 이 규칙 시행 당시에 중재절차가 진행 중인 사건에 대해서는 종전의 규정을 따른다. 다만, 당사자가 이 규칙을 따르기로 합의한 경우에는 합의 후의 절차에 대하여 이 규칙을 적용하되, 이 규칙 시행 전에 종전의 규정에 따라 행한 행위의 효력에는 영향을 미치지 아니한다.

③ (적용례) 이 규칙은 시행일 이후 이 규칙 제3조에서 정하는 당사자 간의 중재합의가 이루어진 중재에 대하여 적용한다.

별표 1. 신청요금과 관리요금에 관한 규정

제1조(신청요금) ① 신청인은 신청서를 제출할 때에 신청요금으로 100만원을 납입하여야 한다. 단, 신청금액이 사무국이 정하는 일정금액 이하인 경우에는 신청요금을 면제할 수 있다.

② 신청인이 신청요금을 납입하지 않을 경우 중재원은 중재절차를 진행하지 아니한다.

③ 신청요금은 반환하지 아니한다.

④ 전항의 규정들은 반대신청에도 적용된다.

제2조(관리요금) ① 당사자는 아래 표와 같이 분쟁금액에 따른 관리요금을 사무국에 예납하여야 한다.

	분쟁금액(원)	관리요금(원)
Ⅰ	10,000,000 이하	2%(최저 5만원)
Ⅱ	10,000,000 초과 50,000,000 이하	200,000 + (신청금액 - 10,000,000) × 1.5%
Ⅲ	50,000,000 초과 100,000,000 이하	800,000 + (신청금액 - 50,000,000) × 1.0%
Ⅳ	100,000,000 초과 5,000,000,000 이하	1,300,000 + (신청금액 - 100,000,000) × 0.5%
Ⅴ	5,000,000,000 초과 10,000,000,000 이하	5,800,000 + (신청금액 - 5,000,000,000) × 0.25%
Ⅵ	10,000,000,000 초과	38,300,000 + (신청금액 - 10,000,000,000) × 0.2%
Ⅶ	금액 없는 경우	3,000,000

1. 관리요금은 최대 1억 5천만원을 상한액으로 한다.
2. 사무국은 위 요율을 초과하지 않는 범위 내에서 실행요율을 조정할 수 있다.

② 분쟁금액은 다음과 같이 산정한다.

1. 신청금액과 반대신청금액은 합산한다.
2. 이자에 대한 신청금액은 산입하지 않는다. 다만, 이자 신청금액이 원금 신청금액보다 많은 경우에는 이자 신청금액만을 분쟁금액 산정에 고려한다.
3. 분쟁금액이 명확하지 않은 경우 사무국은 제반 사정을 고려하여 분쟁금액을 결정할 수 있다.

③ 종국판정이 내려지기 전에 사건이 해결되거나 철회되는 경우, 사무국은 내부규정에 따라 관리요금의 일부를 반환한다.

별표 2. 중재인의 수당과 경비에 관한 규정

제1조(중재인의 수당) ① 달리 합의되지 않는 한, 중재인의 수당은 사무국이 분쟁의 성격과 분쟁금액, 중재인이 중재에 소요한 시간 등을 고려하여 아래 표의 최소액과 최대액 사이에서 결정한다.

	분쟁금액(원)	관리요금(원)	
		최소	최대
Ⅰ	50,000,000 이하	1,000,000	2,000,000
Ⅱ	50,000,000 초과 100,000,000 이하	1,000,000 + 1% × (신청금액-50,000,000)	2,000,000 + 5% × (신청금액-50,000,000)
Ⅲ	100,000,000 초과 500,000,000 이하	1,500,000 + 0.75% × (신청금액-100,000,000)	4,500,000 + 3% × (신청금액-100,000,000)
Ⅳ	500,000,000 초과 1,000,000,000 이하	4,500,000 + 0.5% × (신청금액-500,000,000)	16,500,000 + 2.8% × (신청금액-500,000,000)
Ⅴ	1,000,000,000 초과 5,000,000,000 이하	7,000,000 + 0.25% × (신청금액-1,000,000,000)	30,500,000 + 1% × (신청금액-1,000,000,000)
Ⅵ	5,000,000,000 초과 10,000,000,000 이하	17,000,000 + 0.04% × (신청금액-5,000,000,000)	70,500,000 + 0.2% × (신청금액-5,000,000,000)
Ⅶ	10,000,000,000 초과 50,000,000,000 이하	19,000,000 + 0.025% × (신청금액-10,000,000,000)	80,500,000 + 0.1% × (신청금액-10,000,000,000)
Ⅷ	50,000,000,000 초과 100,000,000,000 이하	29,000,000 + 0.015% × (신청금액-50,000,000,000)	120,500,000 + 0.07% × (신청금액-50,000,000,000)
Ⅸ	100,000,000,000 초과	36,500,000 + 0.007% × (신청금액-100,000,000,000)	155,500,000 + 0.03% × (신청금액-100,000,000,000)

② 분쟁금액의 산정 시에는 별표 I 제2조 2항을 준용한다.

③ 종국판정이 내려지기 전에 사건이 해결되거나 철회되는 경우, 사무국은 내부규정에 따라 중재인 수당을 지급한다.

④ 신청금액과 반대신청금액을 포함한 분쟁금액이 2억원 이하인 신속절차 사건에서 사무국이 선정하는 중재인에 대하여는 사무국이 정하는 바에 따라 중재인 수당을 지급한다.

제2조(중재인의 경비) 중재인의 경비는 여행, 숙박, 식사 그리고 기타 경비를 포함하여 중재절차에 필요한 한도에서 발생한 실제 경비를 의미한다. 중재인의 경비는 절차 중에 발생하는 필요비로 정의된다.

4. UNCITRAL 모범법안

UNCITRAL Model Law on International Commercial Arbitration

《국제상사중재에 관한 UNCITRAL 모범법안》

(United Nations documents A/40/17, annex I and A/61/17, annex I)

(As adopted by the United Nations Commission on International Trade Law on 21 June 1985, and as amended by the United Nations Commission on International Trade Law on 7 July 2006)

CHAPTER I. GENERAL PROVISIONS

Article 1. Scope of application[53)]

(1) This Law applies to international commercial[54)] arbitration, subject to any agreement in force between this State and any other State or States.

(2) The provisions of this Law, except articles 8, 9, 17 H, 17 I, 17 J, 35 and 36, apply only if the place of arbitration is in the territory of this State.

---

53) Article headings are for reference purposes only and are not to be used for purposes of interpretation.

54) The term "commercial"should be given a wide interpretation so as to cover matters arising from all relationships of a commercial nature, whether contractual or not. Relationships of a commercial nature include, but are not limited to, the following transactions: any trade transaction for the supply or exchange of goods or services; distribution agreement; commercial representation or agency; factoring; leasing; construction of works; consulting; engineering; licensing; investment; financing; banking; insurance; exploitation agreement or concession; joint venture and other forms of industrial or business cooperation; carriage of goods or passengers by air, sea, rail or road.

(Article 1(2) has been amended by the Commission at its thirty-ninth session, in 2006)

(3) An arbitration is international if:

(a) the parties to an arbitration agreement have, at the time of the conclusion of that agreement, their places of business in different States; or

(b) one of the following places is situated outside the State in which the parties have their places of business:

(i) the place of arbitration if determined in, or pursuant to, the arbitration agreement;

(ii) any place where a substantial part of the obligations of the commercial relationship is to be performed or the place with which the subject-matter of the dispute is most closely connected; or

(c) the parties have expressly agreed that the subject matter of the arbitration agreement relates to more than one country.

(4) For the purposes of paragraph (3) of this article:

(a) if a party has more than one place of business, the place of business is that which has the closest relationship to the arbitration agreement;

(b) if a party does not have a place of business, reference is to be made to his habitual residence.

(5) This Law shall not affect any other law of this State by virtue of which certain disputes may not be submitted to arbitration or may be submitted to arbitration only according to provisions other than those of this Law.

제1장 총 칙

제1조 적용 범위[55)]

① 이 법은 당국과 타국간에 체결된 모든 합의에 순응할 것을 조건으로 하고 국제상사[56)]중재에 이를 적용한다.

② 이 법의 규정은 제8조, 제9조, 제17조의H. 제17조의I, 제17조의J, 제35조 및 제36조를 제외하고, 중재지가 해당국의 영역 내에 있는 경우에 한하여 적용한다.(개정 2006. 7. 7)

---

55) 조항 표제는 참조를 위한 것일 뿐이며, 해석 시 고려 대상이 아니다.

56) "상사"라는 용어는 계약 또는 기타 관계를 불문하고 상업적 성격의 모든 관계에서 발생하는 사안을 다루기 위하여 광범위하게 해석된다. 상업적 성격의 관계는 상품이나 서비스의 공급 또는 교환을 위한 여하한 거래, 유통판매계약, 상업적 대리나 에이전시, 팩토링, 리스, 건설, 자문, 기술, 라이센싱, 투자, 금융, 은행, 보험, 개발계약 또는 양허, 합작사업 및 기타 형태의 산업적 또는 사업적 협력, 항공, 해상, 철도 또는 도로를 이용한 물품이나 승객의 운송 등의 거래를 포함하나 이에 국한되지 아니한다.

③ 국제중재는 다음에 해당하는 경우이다.

1. 중재합의의 당사자가 중재합의를 체결할 당시 상이한 국가 내에 영업소를 두로 있는 경우, 또는
2. 다음 장소 중 어느 한 장소가 당사자의 영업소 소계지국 외에 있는 경우
   (i) 중재합의에서 결정되어 있거나 또는 그에 따라 결정되는 중재지
   (ii) 상거래상 의무의 실질적인 부분이 이행되어야 할 장소 또는 분쟁의 본안사항과 가장밀접하게 연결되어 있는 장소, 또는
3. 중재합의의 본안사항이 2개국 이상과 관련되어 있다고 당사자들이 명시적으로 합의한 경우.

④ 제3항의 적용상

1. 일방당사자가 2개 이상의 영업소를 두고 있는 경우에는 중재합의와 가장 밀접한 관계가 있는 영업소를
2. 일방당사자가 영업소를 두고 있지 아니하는 경우에는 상거소를 참조하는 것으로 한다.

⑤ 해당국가의 법령에 의하면 특정 분쟁이 중재엔 회부될 수 없거나 이 법 이외의 규정에 따라서만 중재에 회부되어야 하는 경우에 이 법은 해당 국가의 타 법령에 영향을 미치지 아니한다.

Article 2. Definitions and rules of interpretation

For the purposes of this Law:

(a) "arbitration"means any arbitration whether or not administered by a permanent arbitral institution;
(b) "arbitral tribunal"means a sole arbitrator or a panel of arbitrators;
(c) "court"means a body or organ of the judicial system of a State;
(d) where a provision of this Law, except article 28, leaves the parties free to determine a certain issue, such freedom includes the right of the parties to authorize a third party, including an institution, to make that determination;
(e) where a provision of this Law refers to the fact that the parties have agreed or that they may agree or in any other way refers to an agreement of the parties, such agreement includes any arbitration rules referred to in that agreement;
(f) where a provision of this Law, other than in articles 25(a) and 32(2) (a), refers to a claim, it also applies to a counter-claim, and where it refers to a defence, it also applies to a defence to such counter-claim.

제2조 정의와 해석의 원칙

이 법의 적용상

1. "중재"라 함은 상설중재기관에 의하여 관리되거나 아니 되거나를 불문하고 모든 중재를 말한다.

2. "중재판정부"라 함은 단독중재인 또는 수인의 중재인단을 말한다.
3. "법원"이라 함은 한 국가의 사법기관을 말한다.
4. 제28조를 제외한 이 법의 규정이 당사자로 하여금 일정한 쟁점을 자유롭게 결정하도록 허용하고 있는 경우에는, 어떤 기관을 포함한 제3자에게 당해 결정을 내릴 권한을 부여하는 당사자의 권리가 포함된다.
5. 이 법의 규정에서 당사자가 합의하였거나 합의할 수 있다고 정하거나 또는 기타 방법으로 당사자의 합의에 관하여 언급한 경우에 그러한 합의는 그 합의 속에 언급된 모든 중재규칙을 포함한다.
6. 제25조 제1호 및 제32조 제2항 제1호를 제외하고 청구에 관한 이 법의 규정은 반대청구에도 적용된다. 방어에 관한 규정은 그러한 반대청구의 항변에도 적용된다.

Article 2 A. International origin and general principles

(As adopted by the Commission at its thirty-ninth session, in 2006)

(1) In the interpretation of this Law, regard is to be had to its international origin and to the need to promote uniformity in its application and the observance of good faith.

(2) Questions concerning matters governed by this Law which are not expressly settled in it are to be settled in conformity with the general principles on which this Law is based.

제2조의A 국제성 및 일반원칙 (개정 2006. 7. 7.)

① 이 법을 해석할 때에는 이 법의 국제적 성격, 그리고 법적용의 통일성과 신의칙 준수를 증진할 필요성을 함께 고려하여야 한다.

② 이 법이 규율하는 사안으로써 이 법의 규정으로 명확히 해결할 수 없는 문제는 이 법이 기초하는 일반원칙에 따라 해결하여야 한다.

Article 3. Receipt of written communications

(1) Unless otherwise agreed by the parties:

(a) any written communication is deemed to have been received if it is delivered to the addressee personally or if it is delivered at his place of business, habitual residence or mailing address; if none of these can be found after making a reasonable inquiry, a written communication is deemed to have been received if it is sent to the addressee' last-known place of business, habitual residence or mailing address by registered letter or any other means which provides a record of the attempt to deliver it;

(b) the communication is deemed to have been received on the day it is so delivered.

(2) The provisions of this article do not apply to communications in court proceedings.

제3조 서면통지의 수령

① 당사자 간에 달리 합의가 없는 한

1. 모든 서면통지는 수신인에게 직접 교부되거나 수신인의 영업소, 상거소 또는 우편주소지에 전달된 경우에는 수령된 것으로 본다. 또한 그러한 주소들이 합리적인 조회의 결과로써도 발견될 수 없는 경우에는 등기우편 또는 전달하려고 한 기록을 제공할 수 있는 그 밖의 다른 수단에 의하여 수신인의 최후 영업소, 상거소, 또는 우편주소지에 발송된 경우에는 서면통지가 수령된 것으로 본다.
2. 서면통지는 1호의 방법으로 전달된 일자에 수령된 것으로 본다.

② 제1항의 규정은 소송절차상의 송달에는 적용되지 아니한다.

Article 4. Waiver of right to object

A party who knows that any provision of this Law from which the parties may derogate or any requirement under the arbitration agreement has not been complied with and yet proceeds with the arbitration without stating his objection to such non-compliance without undue delay or, if a time-limit is provided therefor, within such period of time, shall be deemed to have waived his right to object.

제4조 이의신청권의 포기

이 법의 규정에 의하여 당사자가 그 효력을 배제할 수 있다는 규정이나 중재합의의 요건이 준수되지 아니한 사실을 알았거나 알 수 있으면서 당사자가 지체 없이 또는 기한이 정해져 있는 경우에는 그 기한 내에 그러한 불이행에 대해 이의를 제기하지 아니하고 중재절차를 속행한 경우에는 자신의 이의신청권을 포기한 것으로 본다.

Article 5. Extent of court intervention

In matters governed by this Law, no court shall intervene except where so provided in this Law.

제5조 법원의 관여

이 법이 적용되는 사항에 대해서 법원은 이 법이 규정한 경우를 제외하고는 관여하여서는 아니 된다.

Article 6. Court or other authority for certain functions of arbitration assistance and supervision

The functions referred to in articles 11(3), 11(4), 13(3), 14, 16(3) and 34(2) shall be performed by … [Each State enacting this model law specifies the court, courts or, where referred to therein, other authority competent to perform these functions.]

제6조 중재 지원 및 감독 기능을 수행하는 법원 또는 기타 기관

제11조 제3항, 제11조 제4항, 제13조 제3항, 제14조, 제16조 제3항 및 제34조 제2항에 규정된 기능은…[이 모범법안을 입법하는 각 국가는 법원 또는 이 기능을 수행할 수 있는 기타 기관을 명시하여야 함]…에 의하여 수행된다.

CHAPTER II. ARBITRATION AGREEMENT

Option I

Article 7. Definition and form of arbitration agreement

(As adopted by the Commission at its thirty-ninth session, in 2006)

(1) "Arbitration agreement"is an agreement by the parties to submit to arbitration all or certain disputes which have arisen or which may arise between them in respect of a defined legal relationship, whether contractual or not. An arbitration agreement may be in the form of an arbitration clause in a contract or in the form of a separate agreement.

(2) The arbitration agreement shall be in writing.

(3) An arbitration agreement is in writing if its content is recorded in any form, whether or not the arbitration agreement or contract has been concluded orally, by conduct, or by other means.

(4) The requirement that an arbitration agreement be in writing is met by an electronic communication if the information contained therein is accessible so as to be useable for subsequent reference; "electronic communication" means any communication that the parties make by means of data messages; "data message"means information generated, sent, received or stored by electronic, magnetic, optical or similar means, including, but not limited to, electronic data interchange (EDI), electronic mail, telegram, telex or telecopy.

(5) Furthermore, an arbitration agreement is in writing if it is contained in an exchange of statements of claim and defence in which the existence of an agreement is alleged by one party and not denied by the other.

(6) The reference in a contract to any document containing an arbitration clause constitutes an arbitration agreement in writing, provided that the reference is such as to make that clause part of the contract.

제2장 중재합의

제 I 안

제7조 중재합의의 정의 및 방식 (개정 2006. 7. 7.)

① "중재합의"란 계약상 분쟁인지의 여부에 관계없이 일정한 법률관계에 관하여 당

사자 간에 이미 발생하였거나 장래 발생할 수 있는 분쟁의 전부 또는 일부를 중재에 회부하기로 하는 당사자 간의 합의를 말한다. 중재합의는 계약에 포함된 중재조항 또는 독립된 합의 형식으로 할 수 있다.

② 중재합의는 서면으로 하여야 한다.

③ 중재합의 또는 계약이 구두, 일정한 행위 또는 그 밖의 방법에 의하여 체결되었는지 여부와 상관없이, 중재합의의 내용이 어떠한 형식으로든 기록이 된 경우에는 서면 중재합의에 해당한다.

④ 전자적 통신에 포함된 정보가 차후에 조회할 수 있는 형태로 이용 가능한 경우에는 중재합의의 서면 요건을 충족한다. "전자적 통신"이란 당사자들이 데이터 메시지 방법으로 행하는 모든 통신을 가리키며, "데이터 메시지"란 전자문서교환, 전자우편, 전보, 전신 또는 팩스를 포함한 전자적, 자기적, 광학적 또는 이와 유사한 수단으로 생성되거나 송달, 수령, 또는 보관된 정보를 말한다.

⑤ 또한 중재합의가 중재신청서와 답변서의 교환과정에서 포함되어 있고, 어느 한쪽 당사자가 중재합의의 존재를 주장하고 상대방이 이에 대해 다투지 않는 경우에는 서면 중재합의에 해당한다.

⑥ 계약이 중재조항을 포함한 문서를 인용하고 있는 경우에는 서면 중재합의가 있는 것으로 본다. 다만, 중재조항을 그 계약의 일부로 하고 있는 경우에 한한다.

Option II

Article 7. Definition of arbitration agreement

(As adopted by the Commission at its thirty-ninth session, in 2006)

"Arbitration agreement"is an agreement by the parties to submit to arbitration all or certain disputes which have arisen or which may arise between them in respect of a defined legal relationship, whether contractual or not.

제Ⅱ안

제7조 중재합의의 정의 (개정 2006. 7. 7.)

"중재합의"란 계약상 분쟁인지의 여부에 관계없이 일정한 법률관계에 관하여 당사자 간에 이미 발생하였거나 장래 발생할 수 있는 분쟁의 전부 또는 일부를 중재에 회부하기로 하는 당사자 간의 합의를 말한다.

Article 8. Arbitration agreement and substantive claim before court

(1) A court before which an action is brought in a matter which is the subject of an arbitration agreement shall, if a party so requests not later than when submitting his first statement on the substance of the dispute, refer the parties to arbitration unless it finds that the agreement is null and void, inoperative or incapable of being performed.

(2) Where an action referred to in paragraph (1) of this article has been

brought, arbitral proceedings may nevertheless be commenced or continued, and an award may be made, while the issue is pending before the court.

제8조 중재합의와 법원에 제소

① 중재합의의 대상이 된 사건이 법원에 제소되었을 경우로서, 일방당사자가 그 분쟁의 본안에 관한 제1차 진술서를 제출하기 이전에 이에 관한 항변을 제기하면, 법원은 그 중재합의가 무효이거나, 실효하였거나, 또는 이행불능의 상태에 있는 것으로 판단되지 아니하는 한 당사자들을 중재에 회부하여야 한다.

② 제1항에서 언급한 소송이 제기된 경우에도 중재절차는 개시되거나 속행될 수 있으며 사건이 법원에 계속 중인 경우에도 중재판정이 행해질 수 있다.

Article 9. Arbitration agreement and interim measures by court

It is not incompatible with an arbitration agreement for a party to request, before or during arbitral proceedings, from a court an interim measure of protection and for a court to grant such measure.

제9조 중재합의와 법원의 보전처분

일방당사자가 중재절차 전이나 진행 중에 법원에 보전처분을 신청하거나 법원이 이러한 조치를 허여하는 것은 중재합의에 반하지 아니한다.

CHAPTER III. COMPOSITION OF ARBITRAL TRIBUNAL

Article 10. Number of arbitrators

(1) The parties are free to determine the number of arbitrators.

(2) Failing such determination, the number of arbitrators shall be three.

제3장 중재판정부의 구성

제10조 중재인의 수

① 당사자는 중재인의 수를 자유로이 정할 수 있다.

② 그러한 결정이 없는 경우에는 중재인의 수는 3인으로 한다.

Article 11. Appointment of arbitrators

(1) No person shall be precluded by reason of his nationality from acting as an arbitrator, unless otherwise agreed by the parties.

(2) The parties are free to agree on a procedure of appointing the arbitrator or arbitrators, subject to the provisions of paragraphs (4) and (5) of this article.

(3) Failing such agreement,

(a) in an arbitration with three arbitrators, each party shall appoint one arbitrator, and the two arbitrators thus appointed shall appoint the third arbitrator; if a party fails to appoint the arbitrator within thirty days of receipt of a request to do so from the other party, or if the two arbitrators fail to agree on the third arbitrator within thirty days of their appointment, the appointment shall be made, upon request of a party, by the court or other authority specified in article 6;

(b) in an arbitration with a sole arbitrator, if the parties are unable to agree on the arbitrator, he shall be appointed, upon request of a party, by the court or other authority specified in article 6.

(4) Where, under an appointment procedure agreed upon by the parties,

(a) a party fails to act as required under such procedure, or

(b) the parties, or two arbitrators, are unable to reach an agreement expected of them under such procedure, or

(c) a third party, including an institution, fails to perform any function entrusted to it under such procedure, any party may request the court or other authority specified in article 6 to take the necessary measure, unless the agreement on the appointment procedure provides other means for securing the appointment.

(5) A decision on a matter entrusted by paragraph (3) or (4) of this article to the court or other authority specified in article 6 shall be subject to no appeal. The court or other authority, in appointing an arbitrator, shall have due regard to any qualifications required of the arbitrator by the agreement of the parties and to such considerations as are likely to secure the appointment of an independent and impartial arbitrator and, in the case of a sole or third arbitrator, shall take into account as well the advisability of appointing an arbitrator of a nationality other than those of the parties.

제11조 중재인의 선정

① 당사자가 달리 합의하지 않는 한 누구라토 자신의 국적을 이유로 중재인으로서 활동하는데 배제되지 아니한다.

② 본조 제4항과 제5항의 제한하에 당사자는 중재인의 선정절차를 자유로이 합의할 수 있다.

③ 그러한 합의가 없는 경우에

1. 3인 중재에서 각 당사자는 1인의 중재인을 선정하고 이에 따라 선정된 2인의 중재인이 제3의 중재인을 선정한다. 일방당사자가 상대방으로부터 중재인 선정을 요구받은 후 30일 이내에 중재인을 선정하지 않거나 2인의 중재인이 그 선정된 후 30

일 이내에 제3의 중재인을 선정하지 못하였을 경우에는 일방당사자의 요청에 따라 제6조에 규정된 법원이나 기타 기관이 중재인을 선정한다.

2. 단독중재의 경우에 당사자가 중재인 선정을 합의하지 못한 때에는 일방당사자의 요청이 있으면 제6조에 규정된 법원이나 기타 기관이 중재인을 선정한다.

④ 당사자가 합의한 중재인 선정절차에 따라

1. 일방당사자가 그 절차에서 요구하는 대로 이행하지 아니하거나, 또는
2. 양당사자나 2인의 중재인이 그 절차에서 기대되는 합의에 이를 수 없거나, 또는
3. 일정 기관을 포함한 제3자가 그 절차에서 위임된 기능을 수행할 수 없는 때에 당사자는 선정절차 합의내용 속에 그 선정을 보전하는 그 밖의 다른 조치가 없는 한 제6조에 규정된 법원이나 기타 기관에 필요한 처분을 취할 것을 요청할 수 있다.

⑤ 본조 제3항과 제4항에 따라 제6조에 규정된 법원이나 기타 기관에 위임된 사항에 관한 결정에 대하여는 항고할 수 없다. 중재인을 선정할 때 법원이나 기타 기관은 당사자들의 합의에서 요구하는 중재인의 자격을 고려하여야 하며 또한 독립적이며 공정한 중재인의 선정을 보장하는 데 적절한지도 고려하여야 한다. 단독중재인이나 제3의 중재인의 경우에는 당사자들의 국적 이외의 국적을 가진 중재인을 선정하는 것이 바람직한지도 고려하여야 한다.

Article 12. Grounds for challenge

(1) When a person is approached in connection with his possible appointment as an arbitrator, he shall disclose any circumstances likely to give rise to justifiable doubts as to his impartiality or independence. An arbitrator, from the time of his appointment and throughout the arbitral proceedings, shall without delay disclose any such circumstances to the parties unless they have already been informed of them by him.

(2) An arbitrator may be challenged only if circumstances exist that give rise to justifiable doubts as to his impartiality or independence, or if he does not possess qualifications agreed to by the parties. A party may challenge an arbitrator appointed by him, or in whose appointment he has participated, only for reasons of which he becomes aware after the appointment has been made.

제12조 중재인기피의 사유

① 중재인으로 직무수행의 요청을 받은 자는 그 자신의 공정성이나 독립성에 관하여 당연시되는 의심을 야기할 수 있는 모든 사정을 고지하여야 한다. 중재인은 중재인으로 선정된 때로부터 그리고 중재절차의 종료시까지 그러한 사정을 당사자에게 지체 없이 고지하여야 한다. 다만, 중재인이 그러한 사정을 이미 통지한 당사자에게 대하여는 그러하지 아니하다.

② 중재인은 그 자신의 공정성이나 독립성에 관하여 당연시되는 의심을 야기할 수 있는 사정이 존재하거나 또는 당사자가 합의한 자격을 갖추지 못한 때에 한해 기피될 수 있다. 당사자는 자신이 선정하였거나 그 선정절차에 참여한 중재인에 대하여

선정 후에 비로소 알게 된 사유에 의해서만 기피할 수 있다.

Article 13. Challenge procedure

(1) The parties are free to agree on a procedure for challenging an arbitrator, subject to the provisions of paragraph (3) of this article.
(2) Failing such agreement, a party who intends to challenge an arbitrator shall, within fifteen days after becoming aware of the constitution of the arbitral tribunal or after becoming aware of any circumstance referred to in article 12(2), send a written statement of the reasons for the challenge to the arbitral tribunal. Unless the challenged arbitrator withdraws from his office or the other party agrees to the challenge, the arbitral tribunal shall decide on the challenge.
(3) If a challenge under any procedure agreed upon by the parties or under the procedure of paragraph (2) of this article is not successful, the challenging party may request, within thirty days after having received notice of the decision rejecting the challenge, the court or other authority specified in article 6 to decide on the challenge, which decision shall be subject to no appeal; while such a request is pending, the arbitral tribunal, including the challenged arbitrator, may continue the arbitral proceedings and make an award.

제13조 중재인의 기피절차

① 본조 제3항의 제한하에 당사자들은 중재인 기피절차를 자유로이 합의할 수 있다.
② 제1항의 합의가 없는 경우에 중재인을 기피하고자 하는 당사자는 중재판정부가 구성된 후 또는 제12조 제2항의 사정을 알게 된 후 15일 이내에 중재인 기피사유를 진술한 서면을 중재판정부에 송부하여야 한다. 기피당한 중재인이 그 직무로부터 사퇴하지 아니하거나, 상대방당사자가 그 기피신청에 동의하지 아니하는 한 중재판정부는 그 기피신청에 관하여 결정하여야 한다.
③ 당사자가 합의한 절차나 본조 제2항의 절차에 따라 기피신청이 받아들여지지 아니하면, 기피신청한 당사자는 그 기피거절 결정의 통지를 받은 후 30일 이내에 제6조에서 정한 법원이나 기타 기관에 기피에 대한 결정을 신청할 수 있다. 그 결정에 대하여는 항고할 수 없으며 그러한 신청이 계속 중인 경우에도 기피신청의 대상이 된 중재인을 포함한 중재판정부는 중재절차를 속행하여 판정을 내릴 수 있다.

Article 14. Failure or impossibility to act

(1) If an arbitrator becomes de jure or de facto unable to perform his functions or for other reasons fails to act without undue delay, his mandate terminates if he withdraws from his office or if the parties agree on the termination. Otherwise, if a controversy remains concerning any of these grounds, any party may request the court or other authority specified

in article 6 to decide on the termination of the mandate, which decision shall be subject to no appeal.
(2) If, under this article or article 13(2), an arbitrator withdraws from his office or a party agrees to the termination of the mandate of an arbitrator, this does not imply acceptance of the validity of any ground referred to in this article or article 12(2).

제14조 중재인의 불이행 또는 이행불능
① 중재인이 법률상 또는 사실상 자신의 직무를 이행할 수 없거나, 다른 사유로 인하여 적정기간에 직무를 수행하지 아니하는 경우에 그가 자진하여 사임하거나 당사자의 합의로써 중재인의 직무권한은 종료된다. 이러한 사유에 관하여 다툼이 있는 경우에 각 당사자는 제6조에 기재된 법원이나 기타 기관에 대하여 중재인의 권한종료에 관하여 결정할 것을 요청할 수 있으며 그 결정에 대하여는 항고할 수 없다.
② 본조나 제13조 제2항에 따라 중재인이 자진하여 사임하거나 당사자가 중재인의 권한종료에 합의하였다 하더라도 이러한 사실이 본조나 제12조 제2항에서 언급하고 있는 기피사유의 유효성을 인정하는 것을 의미하지는 아니한다.

Article 15. Appointment of substitute arbitrator
Where the mandate of an arbitrator terminates under article 13 or 14 or because of his withdrawal from office for any other reason or because of the revocation of his mandate by agreement of the parties or in any other case of termination of his mandate, a substitute arbitrator shall be appointed according to the rules that were applicable to the appointment of the arbitrator being replaced.

제15조 보궐중재인의 선정
제13조나 제14조에 따라 또는 기타 사유로 인하여 중재인이 자진하여 사임하거나 또는 당사자의 합의로 중재인의 권한이 취소되었거나 기타 사유로 인하여 중재인의 권한이 종료되는 경우에 보궐중재인은 대체되는 중재인의 선정에 적용되었던 규칙에 따라 선정되어야 한다.

CHAPTER IV. JURISDICTION OF ARBITRAL TRIBUNAL

Article 16. Competence of arbitral tribunal to rule on its jurisdiction
(1) The arbitral tribunal may rule on its own jurisdiction, including any objections with respect to the existence or validity of the arbitration agreement. For that purpose, an arbitration clause which forms part of a contract shall be treated as an agreement independent of the other terms of the contract. A decision by the arbitral tribunal that the contract is null

and void shall not entail ipso jure the invalidity of the arbitration clause.
(2) A plea that the arbitral tribunal does not have jurisdiction shall be raised not later than the submission of the statement of defence. A party is not precluded from raising such a plea by the fact that he has appointed, or participated in the appointment of, an arbitrator. A plea that the arbitral tribunal is exceeding the scope of its authority shall be raised as soon as the

matter alleged to be beyond the scope of its authority is raised during the arbitral proceedings. The arbitral tribunal may, in either case, admit a later plea if it considers the delay justified.
(3) The arbitral tribunal may rule on a plea referred to in paragraph (2) of this article either as a preliminary question or in an award on the merits. If the arbitral tribunal rules as a preliminary question that it has jurisdiction, any party may request, within thirty days after having received notice of that ruling, the court specified in article 6 to decide the matter, which decision shall be subject to no appeal; while such a request is pending, the arbitral tribunal may continue the arbitral proceedings and make an award.

제4장 중재판정부의 관할

제16조 자신의 관할에 관한 중재판정부의 결정권한

① 중재판정부는 중재합의의 존부 또는 유효성에 관한 이의를 포함하여 자신의 관할을 결정할 권한을 가진다. 그러한 규정의 적용상 계약의 일부를 이루는 중재조항은 그 계약의 다른 조항과는 독립된 합의로 취급하여야 한다. 중재판정부에 의한 계약무효의 결정은 법률상 당연히 중재조항의 부존재 내지 무효를 의미하는 것은 아니다.
② 중재판정부가 관할권을 가지고 있지 않다는 항변은 늦어도 답변서를 제출할 때까지 제기되어야 한다. 당사자의 이러한 항변은 자신이 중재인을 선정하였거나 또는 중재인의 선정에 참여하였다는 사실 때문에 배제되지 아니한다. 중재판정부가 그 직무권한의 범위를 벗어났다는 항변은 그러한 권한유월이 주장되는 사항이 중재절차 진행 중에 제출된 즉시 제기되어야 한다. 중재판정부는 시기에 늦게 제출된 항변에 대해서도 그 지연이 정당하다고 인정하는 경우에는 이를 허용할 수 있다.
③ 중재판정부는 본조 제2항의 항변에 관하여 선결문제로서 또는 본안에 관한 중재판정에서 결정할 수 있다. 중재판정부가 선결문제로서 자신의 관할권이 있음을 결정하는 경우에 당사자는 당해 결정의 통지를 받은 후 30일 이내에 제6조에 명시된 법원에 대하여 당해 사항을 결정해 줄 것을 신청할 수 있으며 그 결정에 대하여는 항고할 수 없다. 이러한 신청이 계속 중인 경우에도 중재판정부는 중재절차를 속행하여 중재판정을 내릴 수 있다.

CHAPTER IV A. INTERIM MEASURES AND PRELIMINARY ORDERS

(As adopted by the Commission at its thirty-ninth session, in 2006)

Section 1. Interim measures

Article 17. Power of arbitral tribunal to order interim measures

(1) Unless otherwise agreed by the parties, the arbitral tribunal may, at the request of a party, grant interim measures.

(2) An interim measure is any temporary measure, whether in the form of an award or in another form, by which, at any time prior to the issuance of the award by which the dispute is finally decided, the arbitral tribunal orders a party to:

(a) Maintain or restore the status quo pending determination of the dispute;

(b) Take action that would prevent, or refrain from taking action that is likely to cause, current or imminent harm or prejudice to the arbitral process itself;

(c) Provide a means of preserving assets out of which a subsequent award may be satisfied; or

(d) Preserve evidence that may be relevant and material to the resolution of the dispute.

제4A장 임시적 처분 및 예비적 명령 (개정 2006. 7. 7.)

제1절 임시적 처분

제17조 중재판정부의 임시적 처분 명령 권한

① 당사자 간에 다른 합의가 없는 경우에, 중재판정부는 어느 한쪽 당사자의 신청에 따라 임시적 처분을 내릴 수 있다.

② 임시적 처분이란 중재판정부가 중재판정의 형식 또는 기타의 방식으로 중재판정이 내려지기 전 어느 한쪽 당사자에게 다음 각호의 내용을 이행하도록 명하는 잠정적 조치를 말한다.

1. 분쟁이 종결되기 전까지 현상(現狀)의 유지 또는 복원

2 중재절차를 훼손하는 행위를 방지하거나 금지토록 하는 조치

3. 중재판정의 이행에 필요한 자산을 보전할 수 있는 수단의 제공

4. 분쟁의 해결과 밀접한 관련이 있는 증거의 보전

Article 17 A. Conditions for granting interim measures

(1) The party requesting an interim measure under article 17(2)(a), (b) and

(c) shall satisfy the arbitral tribunal that:

(a) Harm not adequately reparable by an award of damages is likely to result if the measure is not ordered, and such harm substantially outweighs the harm that is likely to result to the party against whom the measure is directed if the measure is granted; and

(b) There is a reasonable possibility that the requesting party will succeed on the merits of the claim. The determination on this possibility shall not affect the discretion of the arbitral tribunal in making any subsequent determination.

(2) With regard to a request for an interim measure under article 17(2)(d), the requirements in paragraphs (1)(a) and (b) of this article shall apply only to the extent the arbitral tribunal considers appropriate.

제17조의A 임시적 처분의 허용조건

① 제17조 제2항 1, 2, 3호에 따른 임시적 처분을 신청하는 당사자는 중재판정부에 다음의 각호를 입증하여야 한다.

1. 임시적 처분이 거부될 경우 손해배상을 명하는 중재판정부만으로는 회복할 수 없는 손해가 발생할 가능성이 있고 그러한 손해는 임시적 처분이 내려짐으로써 상대방당사자가 입을 손해보다 크다는 점, 그리고

2. 임시적 처분을 신청하는 당사자가 본안에서 승소할 가능성이 높다는 점. 다만, 그러한 가능성에 대한 판단은, 중재판정부가 추후 다른 판단을 할 수 있는 재량에 영향을 미치지 아니한다.

② 제17조 제2항 4호에 따른 임시적 처분의 신청과 관련하여, 동조 제1항 1, 2호상의 요건은 중재판정부가 적절하다고 판단하는 범위 내에서만 적용된다.

Section 2. Preliminary orders

Article 17 B. Applications for preliminary orders and conditions for granting preliminary orders

(1) Unless otherwise agreed by the parties, a party may, without notice to any other party, make a request for an interim measure together with an application for a preliminary order directing a party not to frustrate the purpose of the interim measure requested.

(2) The arbitral tribunal may grant a preliminary order provided it considers that prior disclosure of the request for the interim measure to the party against whom it is directed risks frustrating the purpose of the measure.

(3) The conditions defined under article 17A apply to any preliminary order, provided that the harm to be assessed under article 17A(1)(a), is the harm likely to result from the order being granted or not.

제2절 예비적 명령

제17조의B 예비적 명령의 신청 및 허용 조건

① 당사자 간에 다른 합의가 없는 경우에, 어느 한쪽 당사자는 상대방 당사자에 대한 통지 없이 임시적 처분의 신청과 함께, 당사자가 그러한 임시적 처분의 목적을 훼손시키지 못하도록 하는 예비적 명령을 신청할 수 있다.

② 임시적 처분 신청의 사실을 처분의 상대방 당사자에게 사전에 공개하면 그 목적이 훼손될 것이라 판단하는 경우 중재판정부는 예비적 명령을 내릴 수 있다.

③ 제17조의A 제1항 1호상의 손해가 예비적 명령의 허용 여부에 따라 발생하는 손해인 경우, 제17조의A에 규정된 조건은 모든 예비적 명령에 적용된다.

Article 17 C. Specific regime for preliminary orders

(1) Immediately after the arbitral tribunal has made a determination in respect of an application for a preliminary order, the arbitral tribunal shall give notice to all parties of the request for the interim measure, the application for the preliminary order, the preliminary order, if any, and all other communications, including by indicating the content of any oral communication, between any party and the arbitral tribunal in relation thereto.

(2) At the same time, the arbitral tribunal shall give an opportunity to any party against whom a preliminary order is directed to present its case at the earliest practicable time.

(3) The arbitral tribunal shall decide promptly on any objection to the preliminary order.

(4) A preliminary order shall expire after twenty days from the date on which it was issued by the arbitral tribunal. However, the arbitral tribunal may issue an interim measure adopting or modifying the preliminary order, after the party against whom the preliminary order is directed has been given notice and an opportunity to present its case.

(5) A preliminary order shall be binding on the parties but shall not be subject to enforcement by a court. Such a preliminary order does not constitute an award.

제17조의C 예비적 명령에 관한 특별규정

① 중재판정부는 예비적 명령 신청에 관한 결정을 내린 후 즉시, 모든 당사자에게 임시적 처분 또는 예비적 명령의 신청 사실, 예비적 명령을 허용하는 경우 그 내용 그리고 이와 관련하여 당사자와 중재판정부 간에 있었던 구두 대화 내용을 포함한 모든 통신 내용을 고지하여야한다.

② 동시에 중재판정부는 예비적 명령의 상대방 당사자에게 가능한 조속한 시일 내에 자신의 입장을 진술할 기회를 부여하여야 한다.

③ 중재판정부는 예비적 명령에 대한 이의에 관하여 즉시 결정하여야 한다.
④ 예비적 명령은 중재판정부가 명령을 내린 날로부터 20일이 경과하면 효력이 상실한다. 그러나 중재판정부는 예비적 명령의 상대방 당사자가 통지를 수령하고 자신의 입장을 진술할 기회를 부여받은 뒤에는 예비적 명령을 인용하거나 또는 수정하는 임시적 처분을 내릴 수 있다.
⑤ 예비적 명령은 당사자들을 구속하나, 법원에 의한 집행의 대상이 되지 아니한다. 이러한 예비적 명령은 중재판정에 해당하지 아니한다.

Section 3. Provisions applicable to interim measures and preliminary orders

Article 17 D. Modification, suspension, termination

The arbitral tribunal may modify, suspend or terminate an interim measure or a preliminary order it has granted, upon application of any party or, in exceptional circumstances and upon prior notice to the parties, on the arbitral tribunal' own initiative.

제3절 임시적 처분 및 예비적 명령에 적용할 규정

제17조의D 수정, 중지, 종료

중재판정부는 일방당사자의 신청에 따라 또는 예외적인 경우 당사자들에게 사전 고지한 후 이미 내린 임시적 처분 또는 예비적 명령을 직권으로 수정, 중지 또는 종료할 수 있다.

Article 17 E. Provision of security

(1) The arbitral tribunal may require the party requesting an interim measure to provide appropriate security in connection with the measure.
(2) The arbitral tribunal shall require the party applying for a preliminary order to provide security in connection with the order unless the arbitral tribunal considers it inappropriate or unnecessary to do so.

제17조의E 담보의 제공

① 중재판정부는 임시적 처분을 신청하는 당사자에게 적절한 담보를 제공하도록 요구할 수 있다.
② 중재판정부는 예비적 명령의 신청인에게 당해 명령과 관련하여 담보를 제공하도록 요구할 수 있다. 다만, 중재판정부가 적절하지 않다거나 필요하지 않다고 판단하는 경우에는 그러하지 아니하다.

Article 17 F. Disclosure

(1) The arbitral tribunal may require any party promptly to disclose any

material change in the circumstances on the basis of which the measure was requested or granted.
(2) The party applying for a preliminary order shall disclose to the arbitral tribunal all circumstances that are likely to be relevant to the arbitral tribunal' determination whether to grant or maintain the order, and such obligation shall continue until the party against whom the order has been requested has had an opportunity to present its case. Thereafter, paragraph (1) of this article shall apply.

제17조의F 공개
① 중재판정부는 당사자에게 임시적 처분의 신청 및 허용의 기초가 된 사정에 중대한 변경이 발생한 경우, 즉시 이를 공개하도록 요구할 수 있다.
② 예비적 명령의 신청인은 중재판정부가 이를 허용 또는 유지할지 여부를 판단하는데 관련되는 모든 사정을 중재판정부에게 공개하여야 하며 이러한 공개 의무는 예비적 명령의 상대방당사자가 자신의 입장을 진술할 기회를 부여받을 때까지 지속된다. 그 이후에는 본조 제1항이 적용된다.

Article 17 G. Costs and damages
The party requesting an interim measure or applying for a preliminary order shall be liable for any costs and damages caused by the measure or the order to any party if the arbitral tribunal later determines that, in the circumstances, the measure or the order should not have been granted. The arbitral tribunal may award such costs and damages at any point during the proceedings.

제17조의G 비용 및 손해배상
중재판정부가 추후에 해당 임시적 처분과 예비적 명령을 같은 상황이라면 내려지지 않았어야할 것이라고 판단하는 경우에는 임시적 처분 또는 예비적 명령을 신청한 당사자는 다른 당사자들이 그러한 임시적 처분 또는 예비적 명령으로 인하여 입은 제반 비용과 손해를 배상하여야 한다. 중재판정부는 그러한 비용 및 손해에 대하여 중재절차의 어느 단계에서든 판정을 내릴 수 있다.

Section 4. Recognition and enforcement of interim measures

Article 17 H. Recognition and enforcement
(1) An interim measure issued by an arbitral tribunal shall be recognized as binding and, unless otherwise provided by the arbitral tribunal, enforced upon application to the competent court, irrespective of the country in which it was issued, subject to the provisions of article 17 I.
(2) The party who is seeking or has obtained recognition or enforcement of

an interim measure shall promptly inform the court of any termination, suspension or modification of that interim measure.
(3) The court of the State where recognition or enforcement is sought may, if it considers it proper, order the requesting party to provide appropriate security if the arbitral tribunal has not already made a determination with respect to security or where such a decision is necessary to protect the rights of third parties.

제4절 임시적 처분의 승인 및 집행

제17조의H 승인 및 집행

① 중재판정부가 내린 임시적 처분은 구속력 있는 것으로 승인되어야 하며 중재판정부가 달리정하지 않은 경우, 제17조의 I의 규정에 벗어나지 않는 한 그 처분이 어떤 국가에서 내려졌느냐에 관계없이 관할법원에 신청하면 집행하여야 한다.
② 임시적 처분의 승인 또는 집행을 구하거나 이를 허락 받은 당사자는 그 처분의 종료, 정지 또는 수정 사항을 즉시 관할법원에 고지하여야 한다.
③ 임시적 처분의 승인 및 집행을 요청받은 국가의 관할법원은 적절하다고 판단하는 경우, 중재판정부가 담보의 제공과 관련한 결정을 내리지 않았거나 또는 제3자의 권리 보호를 위해 필요한 경우에는 신청 당사자에게 적절한 담보를 제공하도록 명할 수 있다.

Article 17 I. Grounds for refusing recognition or enforcement[57)]

(1) Recognition or enforcement of an interim measure may be refused only:
(a) At the request of the party against whom it is invoked if the court is satisfied that:
(i) Such refusal is warranted on the grounds set forth in article 36(1)(a)(i), (ii), (iii) or (iv); or
(ii) The arbitral tribunal' decision with respect to the provision of security in connection with the interim measure issued by the arbitral tribunal has not been complied with; or
(iii) The interim measure has been terminated or suspended by the arbitral tribunal or, where so empowered, by the court of the State in which the arbitration takes place or under the law of which that interim measure was granted; or

57) The conditions set forth in article 17 I are intended to limit the number of circumstances in which the court may refuse to enforce an interim measure. It would not be contrary to the level of harmonization sought to be achieved by these model provisions if a State were to adopt fewer circumstances in which enforcement may be refused.

(b) If the court finds that:

(i) The interim measure is incompatible with the powers conferred upon the court unless the court decides to reformulate the interim measure to the extent necessary to adapt it to its own powers and procedures for the purposes of enforcing that interim measure and without modifying its substance; or

(ii) Any of the grounds set forth in article 36(1)(b)(i) or (ii), apply to the recognition and enforcement of the interim measure.

(2) Any determination made by the court on any ground in paragraph (1) of this article shall be effective only for the purposes of the application to recognize and enforce the interim measure. The court where recognition or enforcement is sought shall not, in making that determination, undertake a review of the substance of the interim measure.

제17조의I 승인 및 집행의 거부 사유[58)]

① 임시적 처분의 승인 또는 집행은 다음의 사유에 한하여 거부될 수 있다.

1. 임시적 처분의 상대방 당사자의 신청에 따라 법원이 다음 각목을 인정하는 경우

(i) 동법 제36조 제1항 1호 (i) 내지 (iv)목의 거절사유가 인정되는 경우, 또는

(ii) 중재판정부가 임시적 처분과 관련하여 담보제공을 결정하였으나 이행되지 않은 경우, 또는

(iii) 임시적 처분이 중재판정부에 의하여 종료 또는 중지되었거나, 중재지 법원 또는 임시적 처분의 근거가 된 법률에 의하여 종료 또는 중지된 경우, 또는

2. 법원이 다음 사실을 인정하는 경우

(i) 법원이 임시적 처분의 실질적 내용을 수정하지는 않더라도, 당해 법원에 부여된 권한 또는 임시적 처분의 집행에 관한 절차에 맞게 임시적 처분의 형식을 조정하지 않는 한, 그 처분이 법원의 권한을 벗어난다는 점, 또는

(ii) 동법 제36조 제1항 2호 (i)목 또는 (ii)목의 사유가 임시적 처분의 승인 및 집행에 적용된다는 점.

② 본조 제1항의 사유에 근거하여 법원이 내린 결정은, 임시적 처분의 승인 및 집행 신청의 목적 내에서만 유효하다. 임시적 처분의 승인 및 집행의 신청을 받은 법원은 그 임시적 처분의 내용에 관한 실질심사를 할 수 없다.

Section 5. Court-ordered interim measures

Article 17 J. Court-ordered interim measures

A court shall have the same power of issuing an interim measure in relation to arbitration proceedings, irrespective of whether their place is in

58) 제17조의 I에 명시된 조건은 법원이 임시적 처분의 집행을 거부할 수 있는 경우의 수를 제한하기 위한 것이다. 국가가 집행 거부 사유를 더 제한적으로 도입하고자 할 경우 이는 동 모범 조항이 이루고자 하는 조화의 수준에 반하지 아니할 것이다.

the territory of this State, as it has in relation to proceedings in courts. The court shall exercise such power in accordance with its own procedures in consideration of the specific features of international arbitration.

제5절 법원의 임시적 처분

제17조의J 법원이 내리는 임시적 처분

법원은 중재지가 해당국 내에 있는지 여부와 관계없이, 중재절차와 관련하여 소송절차에서와 같은 임시적 처분발령 권한이 있다. 법원은 국제중재의 특수성을 고려하여 내부규칙에 따라 그러한 권한을 행사하여야 한다.

CHAPTER V. CONDUCT OF ARBITRAL PROCEEDINGS

Article 18. Equal treatment of parties

The parties shall be treated with equality and each party shall be given a full opportunity of presenting his case.

제5장 중재절차의 진행

제18조 당사자의 동등한 대우

양당사자는 동등한 대우를 받아야 하며 각 당사자는 자신의 사안을 진술할 수 있는 충분한 기회를 가져야 한다.

Article 19. Determination of rules of procedure

(1) Subject to the provisions of this Law, the parties are free to agree on the procedure to be followed by the arbitral tribunal in conducting the proceedings.

(2) Failing such agreement, the arbitral tribunal may, subject to the provisions of this Law, conduct the arbitration in such manner as it considers appropriate. The power conferred upon the arbitral tribunal includes the power to determine the admissibility, relevance, materiality and weight of any evidence.

제19조 중재절차규칙의 결정

① 이 법의 규정에 따라 당사자는 중재판정부가 중재절차를 진행할 때 지켜야 할 절차규칙에 관하여 자유로이 합의할 수 있다.

② 제1항의 합의가 없는 경우에 중재판정부는 이 법의 규정에 따라 스스로 적절하다고 여기는 방식으로 중재를 진행할 수 있다. 중재판정부의 권한에는 증거의 채택 여부, 관련성, 중요성 및 그 경중을 결정할 권한이 포함된다.

Article 20. Place of arbitration

(1) The parties are free to agree on the place of arbitration. Failing such agreement, the place of arbitration shall be determined by the arbitral tribunal having regard to the circumstances of the case, including the convenience of the parties.

(2) Notwithstanding the provisions of paragraph (1) of this article, the arbitral tribunal may, unless otherwise agreed by the parties, meet at any place it considers appropriate for consultation among its members, for hearing witnesses, experts or the parties, or for inspection of goods, other property or documents.

제20조 중재지

① 당사자는 중재지에 관하여 자유로이 합의할 수 있다. 그러한 합의가 없는 경우는 중재지는 중재판정부가 당사자의 편의 등을 포함한 당해 사건의 사정을 고려하여 결정한다.

② 본조 제1항의 규정에도 불구하고 당사자의 별도 합의가 없는 한 중재판정부는 그 구성원간의 협의를 위해서나 증인, 감정인 또는 당사자의 심문을 위하여 또는 물품, 기타 재산 또는 문서의 조사를 위하여 중재판정부가 적당하다고 여기는 장소에서 회합할 수 있다.

Article 21. Commencement of arbitral proceedings

Unless otherwise agreed by the parties, the arbitral proceedings in respect of a particular dispute commence on the date on which a request for that dispute to be referred to arbitration is received by the respondent.

제21조 중재절차의 개시

당사자 간에 달리 합의하지 않는 한 특정한 분쟁에 관한 중재절차의 진행은 당해 분쟁을 중재에 부탁할 것을 요구한 서면이 피신청인에 의하여 수령된 일자에 개시된다.

Article 22. Language

(1) The parties are free to agree on the language or languages to be used in the arbitral proceedings. Failing such agreement, the arbitral tribunal shall determine the language or languages to be used in the proceedings. This agreement or determination, unless otherwise specified therein, shall apply to any written statement by a party, any hearing and any award, decision or other communication by the arbitral tribunal.

(2) The arbitral tribunal may order that any documentary evidence shall be accompanied by a translation into the language or languages agreed upon by the parties or determined by the arbitral tribunal.

제22조 언어

③ 당사자는 중재절차의 진행에 사용되는 일개 또는 수개 언어에 관하여 자유로이 합의할 수 있다. 그러한 합의가 없는 경우에는 중재판정부는 중재절차에 사용되는 일개 또는 수개 언어를 결정하여야 한다. 그러한 합의 또는 결정은 그 속에 별도의 의사가 명시되어 있지 않는 한당사자의 서면진술, 중재판정부의 심문 및 판정, 결정 또는 기타 통지에도 적용된다.

④ 중재판정부는 어떤 서증에 대하여서도 당사자에 의하여 합의하거나 중재판정부가 결정한 일개 또는 수개 언어로 번역한 문서를 첨부하도록 명할 수 있다.

Article 23. Statements of claim and defence

(1) Within the period of time agreed by the parties or determined by the arbitral tribunal, the claimant shall state the facts supporting his claim, the points at issue and the relief or remedy sought, and the respondent shall state his defence in respect of these particulars, unless the parties have otherwise agreed as to the required elements of such statements. The parties may submit with their statements all documents they consider to be relevant or may add a reference to the documents or other evidence they will submit.

(2) Unless otherwise agreed by the parties, either party may amend or supplement his claim or defence during the course of the arbitral proceedings, unless the arbitral tribunal considers it inappropriate to allow such amendment having regard to the delay in making it.

제23조 중재신청서와 답변서

① 당사자가 합의하였거나 또는 중재판정부가 결정한 기간 내에 신청인은 청구의 원인사실, 쟁점사항과 신청취지를 진술하여야 하고, 피신청인은 그러한 세부사항에 대한 답변내용을 진술하여야 한다. 그러나 당사자가 그러한 진술의 필요한 사항을 달리 합의하는 경우에는 그러하지 아니하다. 당사자는 직접 관계가 있다고 보는 모든 서류를 상기 진술서에 첨부하여 제출할 수 있으며 자신이 제출하고자 하는 기타 증거에 참고자료로 추가할 수도 있다.

② 당사자 간에 달리 합의하지 않는 한 어느 일방 당사자가 중재절차 진행 중에 자신의 청구 내용이나 답변을 수정하거나 보충할 수 있다. 다만 중재판정부가 이를 인정함으로써 야기되는 지연을 고려하여 그러한 수정을 허용하는 것이 부적절하다고 여기는 경우에는 그러하지 아니하다.

Article 24. Hearings and written proceedings

(1) Subject to any contrary agreement by the parties, the arbitral tribunal shall decide whether to hold oral hearings for the presentation of evidence or for oral argument, or whether the proceedings shall be conducted on the basis of documents and other materials. However, unless the parties have

agreed that no hearings shall be held, the arbitral tribunal shall hold such hearings at an appropriate stage of the proceedings, if so requested by a party.

(2) The parties shall be given sufficient advance notice of any hearing and of any meeting of the arbitral tribunal for the purposes of inspection of goods, other property or documents.

(3) All statements, documents or other information supplied to the arbitral tribunal by one party shall be communicated to the other party. Also any expert report or evidentiary document on which the arbitral tribunal may rely in making its decision shall be communicated to the parties.

제24조 구술심리 및 서면절차

① 당사자 간에 반대의 합의를 하지 않는 한, 중재판정부는 증거의 제출이나 구술변론을 위하여 구술심문을 할 것인지 아니면 서면 및 기타 자료에 근거하여 중재절차를 진행시킬 것인지를 결정하여야 한다. 그러나 당사자 간에 구술심문을 개최하지 아니한다는 별단의 합의가 없는 한, 중재판정부는 당사자 일방의 요청이 있으면 중재절차 진행 중의 적절한 단계에서 그러한 구술심문을 개최하여야 한다.

② 모든 심문에 관한 통지 및 물품, 또는 기타 재산 및 문서의 조사를 위한 중재판정부의 회합의 통지는 충분한 시간적 여유를 두고 사전에 당사자들에게 발송되어야 한다.

③ 당사자의 일방에 의하여 중재판정부에 제출된 모든 진술서, 문서, 또는 기타 정보는 타방당사자에게도 통지되어야 한다. 중재판정부가 그 결정상 원용하게 될지도 모르는 감정인의 모든 보고서 또는 서증도 당사자들에게 통지되어야 한다.

Article 25. Default of a party

Unless otherwise agreed by the parties, if, without showing sufficient cause,

(a) the claimant fails to communicate his statement of claim in accordance with article 23(1), the arbitral tribunal shall terminate the proceedings;

(b) the respondent fails to communicate his statement of defence in accordance with article 23(1), the arbitral tribunal shall continue the proceedings without treating such failure in itself as an admission of the claimant' allegations;

(c) any party fails to appear at a hearing or to produce documentary evidence, the arbitral tribunal may continue the proceedings and make the award on the evidence before it.

제25조 일방당사자의 해태

당사자가 달리 합의하지 않는 한, 충분한 이유를 제시하지 아니하고

1. 신청인이 제23조 제1항에 의하여 청구에 관한 진술서를 제출하지 않는 경우에는

중재판정부는 중재절차를 종료하여야 한다.
2. 피신청인이 제23조 제1항에 의하여 방어에 대한 진술서를 제출하지 아니하는 경우에는 중재판정부는 그러한 해태의 사실 자체가 피신청인이 신청인의 주장을 그대로 인정하는 것으로 취급함이 없이 중재절차를 속행하여야 한다.
3. 당사자의 어느 일방이 심문에 출석하지 아니하거나, 서증을 제출하지 아니하는 경우에는 중재판정부는 중재절차를 속행하고 중재판정부에 제출된 증거에 근거하여 중재판정을 내릴 수 있다.

Article 26. Expert appointed by arbitral tribunal

(1) Unless otherwise agreed by the parties, the arbitral tribunal

(a) may appoint one or more experts to report to it on specific issues to be determined by the arbitral tribunal;

(b) may require a party to give the expert any relevant information or to produce, or to provide access to, any relevant documents, goods or other property for his inspection.

(2) Unless otherwise agreed by the parties, if a party so requests or if the arbitral tribunal considers it necessary, the expert shall, after delivery of his written or oral report, participate in a hearing where the parties have the opportunity to put questions to him and to present expert witnesses in order to testify on the points at issue.

제26조 중재판정부가 지정한 감정인

① 당사자가 달리 합의하지 않는 한 중재판정부는
1. 중재판정부에 의하여 결정될 특정한 쟁점에 관하여 보고할 1인 이상의 감정인을 지정할 수 있다.
2. 일방당사자로 하여금 감정인에게 관계 정보를 주거나 감정인의 조사를 위해 관련 문서의 제출, 물품 또는 기타의 재산을 조사하거나 또는 감정인이 이용할 수 있도록 명할 수 있다.

② 당사자가 달리 합의하지 않는 한 당사자 일방의 요청이 있거나 중재판정부가 필요하다고 여기는 경우에는 그 감정인은 자신의 서면 또는 구두보고를 제출한 후에도 문제된 쟁점에 관하여 당사자들이 그 감정인에게 질문할 기회 및 타감정인들이 그 전문가적 증언을 할 기회를 갖는 심문에 참가하여야 한다.

Article 27. Court assistance in taking evidence

The arbitral tribunal or a party with the approval of the arbitral tribunal may request from a competent court of this State assistance in taking evidence. The court may execute the request within its competence and according to its rules on taking evidence.

제27조 증거조사에서 법원의 협조

중재판정부나 중재판정부의 승인을 받은 당사자는 해당국가의 관할법원에 대해 증거조사에서 협조를 요청할 수 있다. 법원은 그 권한 범위 내에서 증거조사의 규칙에 따라 그러한 요청에 응할 수 있다.

CHAPTER VI. MAKING OF AWARD AND TERMINATION OF PROCEEDINGS

Article 28. Rules applicable to substance of dispute

(1) The arbitral tribunal shall decide the dispute in accordance with such rules of law as are chosen by the parties as applicable to the substance of the dispute. Any designation of the law or legal system of a given State shall be construed, unless otherwise expressed, as directly referring to the substantive law of that State and not to its conflict of laws rules.

(2) Failing any designation by the parties, the arbitral tribunal shall apply the law determined by the conflict of laws rules which it considers applicable.

(3) The arbitral tribunal shall decide ex aequo et bono or as amiable compositeur only if the parties have expressly authorized it to do so.

(4) In all cases, the arbitral tribunal shall decide in accordance with the terms of the contract and shall take into account the usages of the trade applicable to the transaction.

제6장 중재판정문의 작성과 중재절차의 종료

제28조 분쟁의 실체에 적용할 법규

① 중재판정부는 당사자들이 분쟁의 본안에 적용하려고 선택한 법규에 따라 판정을 하여야 한다. 달리 명시하지 아니하는 한 일정한 국가의 법 또는 법률체계의 지정이 있을 때는 당해 국가의 실체법을 직접 지칭하는 것으로 해석하며, 그 국가의 국제사법 원칙을 지칭하는 것으로 해석하지 아니한다.

② 당사자들에 의한 준거법의 지정이 없는 경우에는 중재판정부는 중재판정부가 적용 가능하다고 보는 국제사법 규정에 따라 결정되는 법을 적용한다.

③ 중재판정부는 당사자가 명시적으로 권한을 부여하는 경우에 한하여 형평과 선에 의하여 또는 우의적 중재인으로서 판정을 내려야 한다.

④ 전 각항의 모든 경우에 있어서 중재판정부는 계약조건에 따라 결정하여야 하며, 당해 거래에 적용 가능한 상관습을 고려하여야 한다.

Article 29. Decision-making by panel of arbitrators

In arbitral proceedings with more than one arbitrator, any decision of the arbitral tribunal shall be made, unless otherwise agreed by the parties, by a majority of all its members. However, questions of procedure may be decided by a presiding arbitrator, if so authorized by the parties or all members of the arbitral tribunal.

제29조 중재판정부의 결정방법

당사자들이 달리 합의하지 않는 한, 2인 이상의 중재인에 의한 중재절차 진행에 있어서는 중재판정부의 모든 결정은 전 구성원 중의 과반수 결의에 의한다. 그러나 중재절차의 문제는 당사자나 중재판정부 구성원 전원의 수권이 있으면 의장중재인이 결정할 수 있다.

Article 30. Settlement

(1) If, during arbitral proceedings, the parties settle the dispute, the arbitral tribunal shall terminate the proceedings and, if requested by the parties and not objected to by the arbitral tribunal, record the settlement in the form of an arbitral award on agreed terms.

(2) An award on agreed terms shall be made in accordance with the provisions of article 31 and shall state that it is an award. Such an award has the same status and effect as any other award on the merits of the case.

제30조 화해

① 중재절차 진행 중에 당사자들 자신이 분쟁을 해결하는 경우에는 중재판정부는 그 절차를 종료하여야 하며, 당사자들의 요구가 있고 중재판정부가 이의를 제기하지 않는 한 중재판정부는 그 화해를 당사자가 합의한 내용의 중재판정문의 형식으로 기록하여야 한다.

② 당사자가 합의한 내용의 중재판정문은 제31조의 규정에 따라 작성되어야 하고 이를 중재판정으로 한다고 기재되어야 한다. 그러한 중재판정문은 당해 사건의 본안에 관한 다른 모든 중재판정과 동일한 지위와 효력을 가진다.

Article 31. Form and contents of award

(1) The award shall be made in writing and shall be signed by the arbitrator or arbitrators. In arbitral proceedings with more than one arbitrator, the signatures of the majority of all members of the arbitral tribunal shall suffice, provided that the reason for any omitted signature is stated.

(2) The award shall state the reasons upon which it is based, unless the parties have agreed that no reasons are to be given or the award is an award on agreed terms under article 30.

(3) The award shall state its date and the place of arbitration as

determined in accordance with article 20(1). The award shall be deemed to have been made at that place.

(4) After the award is made, a copy signed by the arbitrators in accordance with paragraph (1) of this article shall be delivered to each party.

제31조 중재판정의 형식 및 내용

① 중재판정문은 서면으로 작성되어야 하며 중재인 또는 중재인들이 이에 서명하여야 한다. 2인 이상의 중재에 있어서는 중재판정부 구성원 중의 과반수의 서명으로 충분하다. 다만 이 경우에는 서명이 생략된 이유가 기재됨을 요한다.

② 중재판정문에는 그 판정의 근거가 되는 이유를 기재하여야 한다. 다만, 당사자 간에 이유의 불기재에 관하여 합의하였거나 또는 그 중재판정문이 제30조에 의하여 합의된 내용의 판정인 경우에는 그러하지 아니하다.

③ 중재판정문에는 작성일자와 제20조 제1항에 따라 정해진 중재지를 기재하여야 한다. 중재판정문은 당해 장소에서 작성된 것으로 한다.

④ 중재판정문이 작성된 후 본조 제1항에 따라 중재인들이 서명한 등본은 각 당사자에게 송부되어야 한다.

Article 32. Termination of proceedings

(1) The arbitral proceedings are terminated by the final award or by an order of the arbitral tribunal in accordance with paragraph (2) of this article.

(2) The arbitral tribunal shall issue an order for the termination of the arbitral proceedings when:

(a) the claimant withdraws his claim, unless the respondent objects thereto and the arbitral tribunal recognizes a legitimate interest on his part in obtaining a final settlement of the dispute;

(b) the parties agree on the termination of the proceedings;

(c) the arbitral tribunal finds that the continuation of the proceedings has for any other reason become unnecessary or impossible.

(3) The mandate of the arbitral tribunal terminates with the termination of the arbitral proceedings, subject to the provisions of articles 33 and 34(4).

제32조 중재절차의 종료

① 중재절차는 최종판정에 의하거나 본조 제2항에 따른 중재판정부의 명령에 의하여 종료된다.

② 중재판정부는 다음의 경우에 중재절차의 종료를 명하여야 한다

1. 신청인이 그 신청을 철회하는 경우. 다만, 피신청인이 이에 대하여 이의를 제기하고 중재판정부가 분쟁의 최종적 해결을 구하는 데에 대하여 피신청인에게 적법한 이익이 있다고 인정하는 때에는 그러하지 아니하다.

2. 당사자가 중재절차의 종료를 합의하는 경우

3. 중재판정부가 그 밖의 사유로 중재절차를 속행하는 것이 불필요하거나 불가능하다고 인정하는 경우

③ 제33조와 제34조 제4항의 규정에 따를 것을 조건으로 하고 중재판정부의 판정임무는 중재절차의 종료와 동시에 종결된다.

Article 33. Correction and interpretation of award; additional award

(1) Within thirty days of receipt of the award, unless another period of time has been agreed upon by the parties:

(a) a party, with notice to the other party, may request the arbitral tribunal to correct in the award any errors in computation, any clerical or typographical errors or any errors of similar nature;

(b) if so agreed by the parties, a party, with notice to the other party, may request the arbitral tribunal to give an interpretation of a specific point or part of the award.

If the arbitral tribunal considers the request to be justified, it shall make the correction or give the interpretation within thirty days of receipt of the request. The interpretation shall form part of the award.

(2) The arbitral tribunal may correct any error of the type referred to in paragraph (1)(a) of this article on its own initiative within thirty days of the date of the award.

(3) Unless otherwise agreed by the parties, a party, with notice to the other party, may request, within thirty days of receipt of the award, the arbitral tribunal to make an additional award as to claims presented in the arbitral proceedings but omitted from the award. If the arbitral tribunal considers the request to be justified, it shall make the additional award within sixty days.

(4) The arbitral tribunal may extend, if necessary, the period of time within which it shall make a correction, interpretation or an additional award under paragraph (1) or (3) of this article.

(5) The provisions of article 31 shall apply to a correction or interpretation of the award or to an additional award.

제33조 중재판정문의 정정 및 해석, 추가판정

① 당사자들이 달리 정하지 않는 한 중재판정문을 수령한 날로부터 30일 이내에,

1. 일방당사자는 상대방에게 통지함과 동시에 그 판정문의 계산상 오류, 오기나 오식 또는 이와 유사한 오류를 정정해 줄 것을 중재판정부에 요청할 수 있다.

2. 당사자 간에 합의가 있는 경우에 일방당사자는 상대방 당사자에게 통지함과 동시에 중재판정의 특정 사항이나 판정의 일부에 대한 해석을 중재판정부에 요청할 수 있다. 중재판정부는 그 요청이 이유가 있다고 보는 경우에는 이를 수령한 날로

부터 30일 이내에 정정 또는 해석하여야 한다. 그 해석은 중재판정의 일부를 형성하는 것으로 한다.

② 중재판정부는 판정일자로부터 30일 이내에 본조 제1항 1호에 규정된 유형의 오류도 정정할 수 있다.

③ 당사자들이 달리 합의하지 않는 한, 일방당사자는 상대방에게 통지함과 동시에 중재판정문을 수령한 날로부터 30일 이내에 중재절차 중에 제출되었으나 중재판정에서 유탈된 청구부분에 관한 추가판정을 중재판정부에 요청할 수 있다. 중재판정부는 그 요청이 정당하다고 보는 경우에 60일 이내에 추가판정을 내려야 한다.

④ 중재판정부는 필요한 경우 본조 제1항 또는 제3항에 따라 정정, 해석 또는 추가판정의 기간을 연장할 수 있다.

⑤ 제31조의 규정은 중재판정문의 정정이나 해석 또는 추가판정의 경우에 이를 적용한다.

CHAPTER VII. RECOURSE AGAINST AWARD

Article 34. Application for setting aside as exclusive recourse against arbitral award

(1) Recourse to a court against an arbitral award may be made only by an application for setting aside in accordance with paragraphs (2) and (3) of this article.

(2) An arbitral award may be set aside by the court specified in article 6 only if:

(a) the party making the application furnishes proof that:

(i) a party to the arbitration agreement referred to in article 7 was under some incapacity; or the said agreement is not valid under the law to which the parties have subjected it or, failing any indication thereon, under the law of this State; or

(ii) the party making the application was not given proper notice of the appointment of an arbitrator or of the arbitral proceedings or was otherwise unable to present his case; or

(iii) the award deals with a dispute not contemplated by or not falling within the terms of the submission to arbitration, or contains decisions on matters beyond the scope of the submission to arbitration, provided that, if the decisions on matters submitted to arbitration can be separated from those not so submitted, only that part of the award which contains decisions on matters not submitted to arbitration may be set aside; or

(iv) the composition of the arbitral tribunal or the arbitral procedure was not in accordance with the agreement of the parties, unless such agreement was in conflict with a provision of this Law from which the parties cannot derogate, or, failing such agreement, was not in accordance with this Law; or

(b) the court finds that:

(i) the subject-matter of the dispute is not capable of settlement by arbitration under the law of this State; or

(ii) the award is in conflict with the public policy of this State.

(3) An application for setting aside may not be made after three months have elapsed from the date on which the party making that application had received the award or, if a request had been made under article 33, from the date on which that request had been disposed of by the arbitral tribunal.

(4) The court, when asked to set aside an award, may, where appropriate and so requested by a party, suspend the setting aside proceedings for a period of time determined by it in order to give the arbitral tribunal an opportunity to resume the arbitral proceedings or to take such other action as in the arbitral tribunal' opinion will eliminate the grounds for setting aside.

제7장 중재판정에 대한 불복

제34조 중재판정에 대한 유일한 불복방법으로서 취소신청

① 중재판정에 대하여 법원에 제기하는 불복은 본조 제2항과 제3항에 따라 취소신청을 함으로써 가능하다.

② 중재판정은 다음에 해당하는 경우에 한하여 제6조에 명시된 관할법원에 의해 취소될 수 있다.

1. 취소신청을 한 당사자가 다음의 사실에 대한 증거를 제출하는 경우

(i) 제7조에 규정된 중재합의의 당사자가 무능력자인 사실 또는 그 중재합의가 당사자들이 준거법으로서 지정한 법에 의하여 무효이거나 그러한 지정이 없는 경우에는 중재판정이 내려진 국가의 법률에 의하여 무효인 사실, 또는

(ii) 취소신청을 한 당사자가 중재인의 선정 또는 중재절차에 관하여 적절한 통지를 받지 못하였거나 기타 사유로 인하여 방어할 수가 없었다는 사실, 또는

(iii) 중재판정이 중재부탁의 내용에 예정되어 있지 아니하거나 그 범위에 속하지 아니하는 분쟁을 다루었거나 또는 중재부탁합의의 범위를 유월한 사항에 관한 결정을 포함하고 있다는 사실. 다만, 중재에 부탁된 사항에 관한 결정이 부탁되지 아니한 사항에 관한 결정으로부터 분리될 수 있는 경우에는 중재에 부탁되지 아니한 사항에 관한 결정을 포함하는 중재판정 부분에 한하여 취소될 수 있다는 사실, 또는

(iv) 중재판정부의 구성이나 중재절차가 당사자 간의 합의에 따르지 아니하였다는

사실 또는 그러한 합의가 없는 경우에 이 법에 따르지 아니하였다는 사실. 다만, 그 합의는 당사자에 의해 배제될 수 없는 성격을 가진 본법의 규정에 저촉되어서는 아니 된다는 사실, 또는

2. 법원이 다음의 사실을 알았을 경우,
   (i) 분쟁의 본안이 해당국의 법령상 중재로 해결할 수 없다는 사실, 또는
   (ii) 중재판정이 해당국의 공서양속에 저촉되는 사실.

③ 중재판정취소의 신청인이 중재판정문을 수령한 날로부터 3개월이 경과하였거나 또는 제33조에 의하여 신청을 하였을 경우에는 당해 신청이 중재판정부에 의해 처리된 날로부터 3개월이 경과한 후에는 제기할 수 없다.

④ 중재판정 취소신청이 있을 경우에 법원은 당사자의 신청이 있고 또한 그것이 적절한 때에는 중재판정부로 하여금 중재절차를 재개하게 하거나 중재판정부가 취소사유를 제거하는 데 필요한 기타의 조치를 취할 기회를 허여하기 위하여 일정한 기간을 정하여 정지할 수 있다.

CHAPTER VIII. RECOGNITION AND ENFORCEMENT OF AWARDS

Article 35. Recognition and enforcement

(1) An arbitral award, irrespective of the country in which it was made, shall be recognized as binding and, upon application in writing to the competent court, shall be enforced subject to the provisions of this article and of article 36.

(2) The party relying on an award or applying for its enforcement shall supply the original award or a copy thereof. If the award is not made in an official language of this State, the court may request the party to supply a translation thereof into such language.[59]

(Article 35(2) has been amended by the Commission at its thirty-ninth session, in 2006)

제8장 중재판정의 승인과 집행

제35조 승인과 집행

① 중재판정은 그 판정이 어느 국가에서 내려졌는지 불문하고 구속력 있는 것으로 승인되어야하며 관할법원에 서면으로 신청하면 본조 및 제36조의 규정에 따라 집행되어야 한다.

59) The conditions set forth in this paragraph are intended to set maximum standards. It would, thus, not be contrary to the harmonization to be achieved by the model law if a State retained even less onerous conditions.

② 중재판정을 원용하거나 그 집행을 신청하는 당사자는 중재판정문의 원본 또는 정당하게 증명된 등본을 제출하여야 한다. 중재판정문이 해당국의 공용어로 작성되어 있지 아니한 경우에 당사자는 정당하게 증명된 해당국의 공용어 번역본을 제출하여야 한다.[60] (개정 2006. 7. 7.)

Article 36. Grounds for refusing recognition or enforcement

(1) Recognition or enforcement of an arbitral award, irrespective of the country in which it was made, may be refused only:

(a) at the request of the party against whom it is invoked, if that party furnishes to the competent court where recognition or enforcement is sought proof that:

(i) a party to the arbitration agreement referred to in article 7 was under some incapacity; or the said agreement is not valid under the law to which the parties have subjected it or, failing any indication thereon, under the law of the country where the award was made; or

(ii) the party against whom the award is invoked was not given proper notice of the appointment of an arbitrator or of the arbitral proceedings or was otherwise unable to present his case; or

(iii) the award deals with a dispute not contemplated by or not falling within the terms of the submission to arbitration, or it contains decisions on matters beyond the scope of the submission to arbitration, provided that, if the decisions on matters submitted to arbitration can be separated from those not so submitted, that part of the award which contains decisions on matters submitted to arbitration may be recognized and enforced; or

(iv) the composition of the arbitral tribunal or the arbitral procedure was not in accordance with the agreement of the parties or, failing such agreement, was not in accordance with the law of the country where the arbitration took place; or

(v) the award has not yet become binding on the parties or has been set aside or suspended by a court of the country in which, or under the law of which, that award was made; or

(b) if the court finds that:

(i) the subject-matter of the dispute is not capable of settlement by arbitration under the law of this State; or

---

60) 본 항에 명시된 조건은 최대 기준을 정하기 위함이다. 그러므로 국가가 부담이 되는 조건을 더 적게 도입하는 경우 본 모범법안을 통하여 이루고자 하는 조화의 수준에 반하지 아니할 것이다.

(ii) the recognition or enforcement of the award would be contrary to the public policy of this State.

(2) If an application for setting aside or suspension of an award has been made to a court referred to in paragraph (1)(a)(v) of this article, the court where recognition or enforcement is sought may, if it considers it proper, adjourn its decision and may also, on the application of the party claiming recognition or enforcement of the award, order the other party to provide appropriate security.

제36조 승인 또는 집행의 거부사유

① 중재판정의 승인과 집행은 판정이 내려진 국가에 관계없이 다음의 경우에 한하여 거부할 수 있다.

1. 중재판정이 불리하게 원용되는 당사자의 신청이 있을 때 그 당사자가 다음의 사실에 대하여 승인 또는 집행을 신청한 관할법원에 증거를 제출하는 경우
   (i) 제7조에 규정된 중재합의의 당사자가 무능력자인 사실 또는 그 중재합의가 당사자들이 준거법으로서 지정한 법에 의하여 무효이거나 그러한 지정이 없는 경우에는 중재판정이 내려진 국가의 법에 의하여 무호인 사실. 또는
   (ii) 중재판정이 불리하게 원용되는 당사자가 중재인의 선정 또는 중재절차에 관하여 적절한 통지를 받지 못하였거나 기타 사유로 인하여 방어할 수 없었다는 사실, 또는
   (iii) 중재판정이 중재부탁의 내용에 예정되어 있지 아니하거나 그 범위에 속하지 아니하는 분쟁을 다루었거나 또는 중재부탁합의의 범위를 유월한 사항에 관한 결정을 포함하고 있다는 사실. 다만, 중재에 부탁된 사항에 관한 결정이 부탁되지 아니한 사항에 관한 결정으로부터 분리될 수 있는 경우에는 중재에 부탁되지 아니한 사항에 관한 결정을 포함하는 중재판정 부분에 한하여 취소될 수 있다는 사실, 또는
   (iv) 중재판정부의 구성이나 중재절차가 당사자 간의 합의에 따르지 아니하였다는 사실 또는 그러한 합의가 없는 경우에 이 법에 따르지 아니하였다는 사실. 다만, 그 합의는 당사자에 의해 배제될 수 없는 성격을 가진 본 법의 규정에 저촉되어서는 아니 된다는 사실, 또는
   (v) 중재판정이 당사자에 대한 구속력을 아직 발생하지 않았거나 중재판정이 이루어진 국가의 법원에 의하여 또는 중재판정의 기초가 된 국가의 법률이 속하는 법원에 의하여 취소 또는 정지된 사실, 또는
2. 법원이 다음의 사실을 알았을 경우,
   (i) 분쟁의 본안이 해당국의 법령상 중재로 해결할 수 없다는 사실, 또는
   (ii) 중재판정이 해당국의 공서양속에 저촉되는 사실.

② 중재판정의 취소 또는 정지신청이 본조 제1항 1호 (v)목에서 정한 법원에 제출되었을 경우에 승인 또는 집행의 청구를 받은 법원은 정당하다고 판단하는 경우에 그 결정을 연기할 수 있으며 중재판정의 승인 또는 집행을 구하는 당사자의 신청이 있으면 상대방에게 상당한 담보를 제공할 것을 명할 수 있다.

5. 외국중재판정의 승인 및 집행에 관한 UN협약

Convention on the Recognition and
Enforcement of Foreign Arbitral Awards
(The 1958 New York Convention)
(In force as from 7 June 1959)

UNITED NATIONS CONFERENCE ON INTERNATIONAL COMMERCIAL ARBITRATION

《외국중재판정의 승인 및 집행에 관한 UN협약》

(1958년 뉴욕협약)
(1959. 1. 1. 발효)

Article I

1. This Convention shall apply to the recognition and enforcement of arbitral awards made in the territory of a State other than the State where the recognition and enforcement of such awards are sought, and arising out of differences between persons, whether physical or legal. It shall also apply to arbitral awards not considered as domestic awards in the State where their recognition and enforcement are sought.
2. The term "arbitral awards" shall include not only awards made by arbitrators appointed for each case but also those made by permanent arbitral bodies to which the parties have submitted.
3. When signing, ratifying or acceding to this Convention, or notifying extension under article X hereof, any State may on the basis of reciprocity declare that it will apply the Convention to the recognition and enforcement of awards made only in the territory of another Contracting State. It may also declare that it will apply the Convention only to differences arising out of legal relationships, whether contractual or not, which are considered as commercial under the national law of the State making such declaration.

제1조

1. 이 협약은 중재판정의 승인 및 집행의 요구를 받은 국가 이외의 국가의 영토 내에서 내려진 판정으로서, 자연인 또는 법인 간의 분쟁으로부터 발생하는 중재판정의 승인 및 집행에 적용한다. 이 협약은 또한 그 승인 및 집행의 요구를 받은 국가에서 내국판정이라고 인정되지 아니하는 중재판정에도 적용한다.
2 "중재판정"이라 함은 개개의 사건을 위하여 선정된 중재인이 내린 판정뿐만 아니라 당사자들이 부탁한 상설 중재기관이 내린 판정도 포함한다.
3. 어떠한 국가든지 이 협약에 서명, 비준 또는 가입할 때, 또는 이 제10조에 의하여 확대 적용을 통고할 때에 상호주의의 기초에서 다른 체약국의 영토 내에서 내려진 판정의 승인 및 집행에 한하여 이 협약을 적용한다고 선언할 수 있다. 또한 어떠한 국가든지 계약적 성질의 것이거나 아니거나를 불문하고 이러한 선언을 행하는 국가의 국내법상 상사상의 것이라고 인정되는 법률관계로부터 발생하는 분쟁에 한하여 이 협약을 적용할 것이라고 선언할 수 있다.

Article II

1. Each Contracting State shall recognize an agreement in writing under which the parties undertake to submit to arbitration all or any differences which have arisen or which may arise between them in respect of a defined legal relationship, whether contractual or not, concerning a subject matter capable of settlement by arbitration.
2. The term "agreement in writing" shall include an arbitral clause in a contract or an arbitration agreement, signed by the parties or contained in an exchange of letters or telegrams.
3. The court of a Contracting State, when seized of an action in a matter in respect of which the parties have made an agreement within the meaning of this article, shall, at the request of one of the parties, refer the parties to arbitration, unless it finds that the said agreement is null and void, inoperative or incapable of being performed.

제2조

1. 각 체약국은 계약적 성질의 것이거나 아니거나를 불문하고 중재에 의하여 해결이 가능한 사항에 관한 일정한 법률관계에 관련하여 당사자 간에 발생하였거나 또는 발생할 수 있는 전부 또는 일부의 분쟁을 중재에 부탁하기로 약정한 당사자 간의 서면에 의한 합의를 승인하여야 한다.
2. "서면에 의한 중재합의"란 당사자들에 의하여 서명되었거나 서신 또는 전보 교환 속에 담긴, 주된 계약상 중재조항 또는 중재합의를 포함한다.
3. 당사자들이 본 조에서 의미하는 합의를 한 사항에 관한 소송이 제기되었을 때에는, 체약국의 법원은, 전기 합의를 무효, 실효 또는 이행불능이라고 인정하는 경우를 제외하고, 일방당사자의 청구에 따라서 중재에 부탁할 것을 당사자에게 명하여야 한다.

Article III

Each Contracting State shall recognize arbitral awards as binding and enforce them in accordance with the rules of procedure of the territory where the award is relied upon, under the conditions laid down in the following articles. There shall not be imposed substantially more onerous conditions or higher fees or charges on the recognition or enforcement of arbitral awards to which this Convention applies than are imposed on the recognition or enforcement of domestic arbitral awards.

제3조

각 체약국은 중재판정을 다음 조항에 규정한 조건하에서 구속력 있는 것으로 승인하고 그 판정이 원용될 영토의 절차 규칙에 따라서 그것을 집행하여야 한다. 이 협약이 적용되는 중재판정의 승인 또는 집행에 있어서는 내국중재판정의 승인 또는 집행에 있어서 부과하는 것보다 실질적으로 엄격한 조건이나 고액의 수수료 또는 과징금을 부과하여서는 아니된다.

Article IV

1. To obtain the recognition and enforcement mentioned in the preceding article, the party applying for recognition and enforcement shall, at the time of the application, supply:
   (a) The duly authenticated original award or a duly certified copy thereof;
   (b) The original agreement referred to in article II or a duly certified copy thereof.
2. If the said award or agreement is not made in an official language of the country in which the award is relied upon, the party applying for recognition and enforcement of the award shall produce a translation of these documents into such language. The translation shall be certified by an official or sworn translator or by a diplomatic or consular agent.

제4조

1. 전조에서 언급된 승인과 집행을 얻기 위하여 승인과 집행을 신청하는 당사자는 신청서에 다음의 서류를 제출하여야 한다.
   (a) 정당하게 인증된 중재판정원본 또는 정당하게 증명된 그 등본
   (b) 제2조에 규정된 합의의 원본 또는 정당하게 증명된 그 등본
2. 전기 판정이나 합의가 원용될 국가의 공용어로 작성되어 있지 아니한 경우에는, 판정의 승인과 집행을 신청하는 당사자는 그 문서의 공용어 번역문을 제출하여야 한다. 번역문은 공적인 또는 선서한 번역관, 외교관 또는 영사관에 의하여 증명되어야 한다.

Article V

1. Recognition and enforcement of the award may be refused, at the request of the party against whom it is invoked, only if that party furnishes to the competent authority where the recognition and enforcement is sought, proof that:
   (a) The parties to the agreement referred to in article II were, under the law applicable to them, under some incapacity, or the said agreement is not valid under the law to which the parties have subjected it or, failing any indication thereon, under the law of the country where the award was made; or
   (b) The party against whom the award is invoked was not given proper notice of the appointment of the arbitrator or of the arbitration proceedings or was otherwise unable to present his case; or
   (c) The award deals with a difference not contemplated by or not falling within the terms of the submission to arbitration, or it contains decisions on matters beyond the scope of the submission to arbitration, provided that, if the decisions on matters submitted to arbitration can be separated from those not so submitted, that part of the award which contains decisions on matters submitted to arbitration may be recognized and enforced; or
   (d) The composition of the arbitral authority or the arbitral procedure was not in accordance with the agreement of the parties, or, failing such agreement, was not in accordance with the law of the country where the arbitration took place; or
   (e) The award has not yet become binding on the parties, or has been set aside or suspended by a competent authority of the country in which, or under the law of which, that award was made.
2. Recognition and enforcement of an arbitral award may also be refused if the competent authority in the country where recognition and enforcement is sought finds that:
   (a) The subject matter of the difference is not capable of settlement by arbitration under the law of that country; or
   (b) The recognition or enforcement of the award would be contrary to the public policy of that country.

제5조

1. 판정의 승인과 집행은 판정이 불리하게 원용되는 당사자의 청구에 의하여, 그 당사자가 판정의 승인 및 집행의 요구를 받은 국가의 권한 있는 기관에게 다음의 증거를 제출하는 경우에 한하여 거부될 수 있다.
   (a) 제2조에 규정된 합의의 당사자가 그들에게 적용될 법률에 의하여 무능력자이

었던가, 또는 당사자들이 준거법으로서 지정한 법령에 의하여 또는 지정이 없는 경우에는 판정을 내린 국가의 법령에 의하여 전기 합의가 무효인 경우 또는

(b) 판정이 불리하게 원용되는 당사자가 중재인의 선정이나 중재절차에 관하여 적절한 통고를 받지 아니하였거나 또는 기타 이유에 의하여 변론할 수 없었을 경우 또는

(c) 판정이 중재부탁조항에 규정되어 있지 아니하거나 또는 그 조항의 범위에 속하지 아니하는 분쟁에 관한 것이거나 또는 그 판정이 중재부탁의 범위를 벗어나는 사항에 관한 규정을 포함하는 경우. 다만, 중재에 부탁한 사항에 관한 결정이 부탁하지 아니한 사항과 분리될 수 있는 경우에는 중재부탁사항에 관한 결정을 포함하는 판정의 부분은 승인되고 집행될 수 있다.

(d) 중재기관의 구성이나 중재절차가 당사자 간의 합의와 합치하지 아니하거나, 또는 이러한 합의가 없는 경우에는 중재를 행하는 국가의 법령에 합치하지 아니하는 경우 또는

(e) 판정이 당사자에 대한 구속력을 아직 발생하지 아니하였거나 또는 판정이 내려진 국가 또는 판정의 기초된 법이 속하는 국가의 권한 있는 기관에 의하여 취소 또는 정지된 경우

2. 중재판정의 승인 및 집행이 요구된 국가의 권한 있는 기관이 다음의 사항을 인정하는 경우에도 중재판정의 승인과 집행은 거부할 수 있다.

(a) 분쟁의 대상인 사항이 그 국가의 법률하에서는 중재에 의한 해결을 할 수 없는 경우 또는

(b) 판정의 승인이나 집행이 그 국가의 공공의 질서에 반하는 경우

Article VI

If an application for the setting aside or suspension of the award has been made to a competent authority referred to in article V(1)(e), the authority before which the award is sought to be relied upon may, if it considers it proper, adjourn the decision on the enforcement of the award and may also, on the application of the party claiming enforcement of the award, order the other party to give suitable security.

제6조

판정의 취소 또는 정지를 요구하는 신청이 제5조 1항의 (e)에 규정된 권한 있는 기관에 제기되었을 경우에는, 판정의 원용이 요구된 기관은, 그것이 적절하다고 인정될 때에는 판정의 집행에 관한 판결을 연기할 수 있고, 또한 판정의 집행을 요구한 당사자의 신청에 의하여 타당사자에 대하여 적당한 보장을 제공할 것을 명할 수 있다.

Article VII

1. The provisions of the present Convention shall not affect the validity of multilateral or bilateral agreements concerning the recognition and enforcement of arbitral awards entered into by the Contracting States

nor deprive any interested party of any right he may have to avail himself of an arbitral award in the manner and to the extent allowed by the law or the treaties of the country where such award is sought to be relied upon.

2. The Geneva Protocol on Arbitration Clauses of 1923 [2] and the Geneva Convention on the Execution of Foreign Arbitral Awards of 1927 [3] shall cease to have effect between Contracting States on their becoming bound and to the extent that they become bound, by this Convention.

제7조

1. 이 협약의 규정은 체약국에 의하여 체결된 중재판정의 승인 및 집행에 관한 다자 또는 양자 협정의 효력에 영향을 미치지 아니하며, 또한 어떠한 관계 당사자가 중재판정의 원용이 요구된 국가의 법령이나 조약에서 인정된 방법과 한도 내에서 그 판정을 원용할 수 있는 권리를 박탈하지도 아니한다. 1923년 중재조항에 관한 제네바 의정서 및 1927년 외국중재판정의 집행에 관한 제네바 협약은 체약국 간에 있어 이 협약에 의한 구속을 받게 되는 때부터 그 구속을 받는 한도 내에서 효력을 종료한다.

Article VIII

1. This Convention shall be open until 31 December 1958 for signature on behalf of any Member of the United Nations and also on behalf of any other State which is or hereafter becomes a member of any specialized agency of the United Nations, or which is or hereafter becomes a party to the Statute of the International Court of Justice, or any other State to which an invitation has been addressed by the General Assembly of the United Nations.
2. This Convention shall be ratified and the instrument of ratification shall be deposited with the Secretary-General of the United Nations.

제8조

1. 이 협약은 국제연합회원국, 현재 또는 장래의 국제연합 전문기구의 회원국, 현계 또는 장래의 국제사법재판소규정의 당사국, 또는 국제연합총회로부터 초청장을 받은 기타 국가의 서명을 위하여 1958년 12월 31일까지 개방된다.
2. 이 협약은 비준되어야 하며 비준서는 국제연합사무총장에게 기탁되어야 한다.

Article IX

1. This Convention shall be open for accession to all States referred to in article Ⅷ.
2. Accession shall be effected by the deposit of an instrument of accession with the Secretary-General of the United Nations.

제9조

1. 이 협약은 제8조에 규정된 모든 국가의 가입을 위하여 개방된다.
2. 가입은 국제연합사무총장에게 가입서를 기탁함으로써 발효한다.

Article X

1. Any State may, at the time of signature, ratification or accession, declare that this Convention shall extend to all or any of the territories for the international relations of which it is responsible. Such a declaration shall take effect when the Convention enters into force for the State concerned.
2. At any time thereafter any such extension shall be made by notification addressed to the Secretary-General of the United Nations and shall take effect as from the ninetieth day after the day of receipt by the Secretary-General of the United Nations of this notification, or as from the date of entry into force of the Convention for the State concerned, whichever is the later.
3. With respect to those territories to which this Convention is not extended at the time of signature, ratification or accession, each State concerned shall consider the possibility of taking the necessary steps in order to extend the application of this Convention to such territories, subject, where necessary for constitutional reasons, to the consent of the Governments of such territories.

제10조

1. 어떠한 국가든지 서명, 비준 또는 가입시에 국제관계에 있어서 책임을 지는 전부 또는 일부의 영토에 이 협약을 확대 적용할 것을 선언할 수 있다. 이러한 선언은 이 협약이 관계국가에 대하여 효력을 발생할 때 발효한다.
2. 이러한 확대적용은 그 이후 어느 때든지 국제연합사무총장 앞으로 통고함으로써 행할 수 있으며, 그 효력은 국제연합사무총장이 통고를 접수한 날로부터 90일 후 또는 관계국가에 대하여 이 협약이 효력을 발생하는 날 중의 늦은 편의 일자에 발생한다.
3. 서명, 비준 또는 가입시에 이 협약이 확대 적용되지 아니한 영토에 관하여는, 각 관계국가는 헌법상의 이유에 의하여 필요한 경우에는 이러한 영토의 정부의 동의를 얻을 것을 조건으로 하고, 이 협약을 이러한 영토에 확대 적용하기 위하여 조치를 취할 수 있는 가능성을 고려하여야 한다.

Article XI

In the case of a federal or non-unitary State, the following provisions shall apply:

(a) With respect to those articles of this Convention that come within the legislative jurisdiction of the federal authority, the obligations of the federal Government shall to this extent be the same as those of Contracting States which are not federal States;

(b) With respect to those articles of this Convention that come within the legislative jurisdiction of constituent states or provinces which are not, under the constitutional system of the federation, bound to take legislative action, the federal Government shall bring such articles with a favourable recommendation to the notice of the appropriate authorities of constituent states or provinces at the earliest possible moment;

(c) A federal State Party to this Convention shall, at the request of any other Contracting State transmitted through the Secretary- General of the United Nations, supply a statement of the law and practice of the federation and its constituent units in regard to any particular provision of this Convention, showing the extent to which effect has been given to that provision by legislative or other action.

제11조

1. 연방국가 또는 비단일국가의 경우에는 다음의 규정이 적용된다.

(a) 이 협약은 조항 중 연방정부의 입법 관할권 내에 속하는 것에 관하여는, 연방정부의 의무는 그 한도 내에서 연방국가 아닌 다른 체약국의 의무와 동일하여야 한다.

(b) 이 협약의 중재조항 중 주 또는 지방의 입법권의 범위 내에 있고 또한 연방의 헌법체제하에서 입법조치를 취할 의무가 없는 것에 관하여는, 연방정부는 주 또는 지방의 관계기관에 대하여 가급적 조속히 호의적 권고를 첨부하여 이러한 조항에 대한 주의를 환기시켜야 한다.

(c) 이 협약의 당사국인 연방국가는, 국제연합사무총장을 통하여 전달된 기타 체약국의 요청이 있을 때에는, 이 협약의 어떠한 특정 규정에 관한 연방과 그 구성단위의 법령 및 관례와 아울러 입법 또는 기타 조치에 의하여 그 규정이 실시되고 있는 범위를 표시하는 설명서를 제공하여야 한다.

Article XII

1. This Convention shall come into force on the ninetieth day following the date of deposit of the third instrument of ratification or accession.
2. For each State ratifying or acceding to this Convention after the deposit of the third instrument of ratification or accession, this Convention shall enter into force on the ninetieth day after deposit by such State of its instrument of ratification or accession.

제12조

1. 이 협약은 세 번째의 비준서 또는 가입서의 기탁일자로부터 90일 이후에 발효한다.
2. 세 번째의 비준서 또는 가입서의 기탁일자 후에 이 협약을 비준하거나 또는 이 협약에 가입하는 국가에 대하여는 그 국가의 비준서 또는 가입서의 기탁일로부터 90일 후에 효력을 발생한다.

Article XIII

1. Any Contracting State may denounce this Convention by a written notification to the Secretary-General of the United Nations. Denunciation shall take effect one year after the date of receipt of the notification by the Secretary-General.
2. Any State which has made a declaration or notification under article X may, at any time thereafter, by notification to the Secretary-General of the United Nations, declare that this Convention shall cease to extend to the territory concerned one year after the date of the receipt of the notification by the Secretary-General.
3. This Convention shall continue to be applicable to arbitral awards in respect of which recognition or enforcement proceedings have been instituted before the denunciation takes effect.

제13조

1. 어떠한 체약국이든지 국제연합사무총장 앞으로의 서면통고로서 이 협약을 폐기할 수 있다. 폐기는 사무총장이 통고를 접수한 일자로부터 1년 후에 발효한다.
2. 제10조에 의하여 선언 또는 통고를 한 국가는, 그 후 어느 때든지 사무총장이 통고를 접수한 일자로부터 1년 후에 관계영토에 대한 확대 적용이 종결된다는 것을 선언할 수 있다.
3. 폐기가 발효하기 전에 시작된 판정의 승인이나 집행절차에 관여하는 이 협약이 계속하여 적용된다.

Article XIV

A Contracting State shall not be entitled to avail itself of the present Convention against other Contracting States except to the extent that it is itself bound to apply the Convention.

제14조

체약국은 타 체약국에 대하여 이 협약을 적용하여야 할 의무가 있는 범위를 제외하고는 이 협약을 원용할 권리를 가지지 못한다.

Article XV

The Secretary-General of the United Nations shall notify the States contemplated in article Ⅷ of the following:

(a) Signatures and ratifications in accordance with article Ⅷ;

(b) Accessions in accordance with article Ⅸ;

(c) Declarations and notifications under articles I, Ⅹ and Ⅺ;

(d) The date upon which this Convention enters into force in accordance with article Ⅻ;

(e) Denunciations and notifications in accordance with article XIII.

제15조

국제연합사무총장은 제8조에 규정된 국가에 대하여 다음의 사항에 관하여 통고하여야 한다.

(a) 제8조에 의한 서명 또는 비준

(b) 제9조에 의한 가입

(c) 제1조, 제10조 및 제11조에 의한 선언 및 통고

(d) 제12조에 의하여 이 협약이 효력을 발생한 일자

(e) 제13조에 의한 폐기 및 통고

Article XVI

1. This Convention, of which the Chinese, English, French, Russian and Spanish texts shall be equally authentic, shall be deposited in the archives of the United Nations.
2. The Secretary-General of the United Nations shall transmit a certified copy of this Convention to the States contemplated in article Ⅷ.

제16조

1. 중국어, 영어, 프랑스어, 러시아어 및 스페인어로 된 이 협약은 동등한 효력을 가지며 국제연합 기록 보관소에 기탁 보존되어야 한다.
2. 국제연합사무총장은 이 협약의 인증 등본을 제8조에 규정된 국가에 송부하여야 한다.

Reservation made by Korea

By virtue of Paragraph 3 of Article I of the present Convention, the Government of the Republic of Korea declares that it will apply the Convention to the recognition and enforcement of arbitral awards made only in the territory of another Contracting State. It further declares that it will apply the Convention only to the differences arising out of legal relationships, whether contractual or not, which are considered as commercial under its national law.

대한민국의 유보

이 협약 제1조 제3항에 따라 대한민국 정부는 타 체약국의 영토 내에서 내려진 중재판정의 승인과 집행에 한하여 이 협약을 적용할 것이라고 선언한다. 또한 대한민국 정부는 계약적 성질의 것이거나 아니거나를 불문하고 국내법상 상사상의 것이라고 인정되는 법률관계로부터 발생하는 분쟁에 한하여 이 협약을 적용할 것이라고 선언한다.

참고문헌

국내서적

강이수 (2002), 「국제거래분쟁론」, 서울: 삼영사.
김갑유 (2012), 「중재실무강의」, 서울: 박영사.
김경배 (2005), 「국제무역분쟁과 ADR」, 서울: 무역경영사.
대한상사중재원 (1996), 「상사중재 30년사」.
_______________ (2010), 「국제중재규칙 해설」.
목영준 (2011), 「상사중재법」, 서울: 박영사.
사법연수원 (1998), 「국제상사중재」.
손태빈, 이주원 (2002), 「무역클레임과 중재론」, 서울: 도서출판 두남.
신두식, 이주원 (2011), 「국제무역클레임과 중재실무」, 서울: 도서출판 두남.
양병회 외 (2006), 「주석 중재법」, 대한상사중재원, 한국중재학회.
윤종진 (2003), 「현대 국제사법」, 서울: 한올출판사.
이성민, 김종득, 김장호 (2003), 「국제무역분쟁과 상사중재」, 서울: 도서출판 두남.
이시윤 (2005), 「민사소송법」, 서울: 박영사.
이태희 (1989), 「국제계약법」, 서울: 법문사.
장문철 (2000), 「현대 중재법의 이해」, 서울: 세창출판사.
장문철, 서정일, 정선주, 강병근 (1999), 「UNCITRAL 모델중재법의 수용론」, 서울: 세창출판사.
전자문서・전자거래분쟁조정위원회 (2013), 「2013 전자거래분쟁조정사례집」.
정익인 (1986), 「상사중재론」, 서울: 무역경영사.
한주섭 (1990), 「국제상사중재론」, 서울: 동성사.
森井淸 (1970), 「國際商事仲裁」, 東洋經濟報社.

국내논문

강병근 (2006), "UNCITRAL의 활동이 중재법 개정에 미칠 영향," 「계간 중재」, 2006년 여름, 대한상사중재원.
김석민, 이성민 (2010), "중국 무역대리제도 관련 중재판정의 계약법 제402조 적용에 관한 연구," 「국제상학」, 제25권, 제2호, 한국국제상학회.
김태훈, 차경자 (2012), "대한상사중재원(KCAB) 중재규칙의 최근 개정내영에 관한 고찰," 「중재연구」, 제22권, 제1호, 한국중재학회.
김홍규 (1980), "외국중재판정의 승인집행의 요건과 절차," 「상사중재연구총서」, 제22집, 대한상사중재원.
노태악 (2010), "UNCITRAL 모델중재법 및 중재규칙 개정에 따른 국내법 개정의 필요성 검토," 「국제사법연구」, 제16호, 국제사법학회.
목영준 (1999), "중재인의 법률상 지위," 「저스티스」, 제32권, 제4호, 한국법학원.
신군재 (2002), "ADR을 통한 전자상거래 분쟁해결방안에 관한 고찰," 「국제상학」, 제17권, 제2호, 한국국제상학회.
우광명 (2003), "온라인 중재의 실행에 관한 법적 문제에 관한 고찰," 「통상정보연구」, 제5권, 제1호, 한국통상정보학회.
이영찬, 김영성, 강동준 (2007), "온라인 대체적분쟁해결제도에 관한 연구," 「전자무역연구」, 제5권, 제1호, 중앙대학교 한국전자무역연구소.
장복희 (2002), "중재합의의 형식과 내용," 「중재논총」, 대한상사중재원.
전덕수 (2005), "운송 중 분실관련 알선 사례," 「계간중재」, 2005년 가을호, 대한상사중재원.
전순환, 홍선의 (2007), "전자상거래 분쟁해결을 위한 온라인 ADR의 활성화 방안에 관한 연구," 「분쟁해결연구」, 제5권, 제1호, 단국대학교 분쟁해결연구소.
주이화, 배상필, 심상렬 (2012), "중재판정부의 임시적 처분과 국제중재기관들의 긴급중재인제도 비교 연구"' 「중재연구」, 제22권, 제3호, 한국중재학회.
최석범 (2008), "온라인 ADR의 운영현황과 활성화 방안에 관한 연구," 「중재연구」, 제18권, 제3호, 한국중재학회.
최석범, 정재우 (2004), "온라인분쟁해결제도의 활용과 발전방향에 관한 연구," 「통상정보연구」, 제6권, 제2호, 한국통상정보학회.
최장호 (2002), "알선제도 발전방안에 관한 고찰," 「계간중재」, 2002년 가을호, 대한상사중재원.

▌해외저술

Born, Gary B. (2009), *International Commercial Arbitration*, Kluwer Law International.
Craig, William Laurence, William W Park and Jan Paulsson (1981), "French codification of a legal framework for international commercial arbitration: the decree of May 12, 1981," *Law and policy in international business*, 13(3).
David, René (1985), *Arbitration in International Trade*, Kluwer Law and Taxation Publications, p.143
Garner, Bryan (2009), *Black's, Law Dictionary*, 9th Ed., Thomson West.
Pryles, Michael (2007), "Limits to Party Autonomy in Arbitral Procedure," *Journal of International Arbitration*, Vo1. 24, No. 3.
Redfern, Alan and Martin Hunter (2004), *Law and Practice of International Commercial Arbitration*, London: Sweet & Maxwell, Limited.
Sanders, p.and A. J. Van den Berg (eds.) (1986), *The Netherlands Arbitration Act 1986*, New York: Kluwer Law & Taxation Publishers.
Simpson, John Liddle and Hazel Fox, *International Arbitration: Law and Practice*, London: Stevens Ltd..

Van den Berg, Albert Jan (1981), *The New York Arbitration Convention of 1958: Towards a Uniform Judicial Interpretation*, Kluwer Law International.

Wehringer, Comeron K. (1969), *Arbitration: precepts and principles*, Oceana Publications.

Yu, Li (2003), "An Introduction to Commercial Arbitration in China," *Dispute Resolution Journal*, May-June.

찾아보기

| 가 |

가압류 ········ 49
가처분 ········ 49
각하 ········ 159
감정보고서 ········ 52
강제중재 ········ 106
강행규정 ········ 262
개인정보분쟁조정위원회 ········ 80
계획적 클레임 ········ 24
공공질서 ········ 215
공공질서위반 ········ 317
공서양속 ········ 336
공정의무 ········ 252
관할권 항변 ········ 274
관할배제합의 ········ 173
광해배상 ········ 34
구상권 ········ 21
구속력 ········ 313
구속력 없는 중재판정 ········ 334
국가법원의 개입기준 ········ 202
국가행위이론 ········ 157
국내중재 ········ 102
국내중재규칙 ········ 129
국제무역법위원회 모범법안 ········ 109
국제무역법위원회 중재규칙 ········ 110
국제물품매매조약에 관한 유엔협약 33
국제사법 ········ 134
국제사법재판소 ········ 118
국제상업회의소 중재규칙 ········ 111
국제상업회의소 중재재판소 ········ 118
국제연합무역법위원회 상설중재 재판소 ········ 119
국제적 공서양속 ········ 336
국제중재 ········ 102
국제중재규칙 ········ 131
국제투자분쟁해결기구 ········ 119
금반언 ········ 312
기속력 ········ 312
기판력 ········ 312
기피신청권 ········ 242
긴급중재인제도 ········ 249

| 나 |

나태 ········ 257
날인계약 ········ 49
내국중재판정 ········ 324
내국판정 ········ 105
뇌물죄 ········ 255
뉴욕협약 ········ 108
뉴욕협약 비적용 중재판정 ········ 326
뉴욕협약 적용 중재판정 ········ 325

| 다 |

답변서 ········ 271
당사자 자치의 원칙 ········ 262
당사자선정중재인 ········ 222
당사자자치의 원칙 ········ 214
대내알선 ········ 62
대외무역법상의 조정 ········ 66
대외알선 ········ 62
대체적 분쟁해결 ········ 71
대한상사중재원 ········ 138
동등대응의 원칙 ········ 263

| 라 |
런던국제중재법원 ········ 191
런던중재법원 ········ 266

| 마 |
마켓클레임 ········ 24
만민법 ········ 89
매도인클레임 ········ 24
매수인클레임 ········ 24
모국지 ········ 202
모두진술 ········ 284
무권대리 ········ 123
무역거래상의 클레임 ········ 21
무역분쟁의 구상 ········ 21
무역분쟁조정 ········ 68
무역클레임 전가 ········ 54
무환수출허가 ········ 37
민사소송법 ········ 133
민사집행법 ········ 133

| 바 |
반대신청 ········ 273
반대청구 ········ 304
방소항변 ········ 159
방어권의 침해 ········ 315, 329
배임죄 ········ 256
번역관 ········ 339
법정지국 ········ 176
법정지이론 ········ 210
변론주의 ········ 264
보전처분 ········ 248
보통재판적 ········ 60
보험클레임 ········ 21
부가적 손해 ········ 37
부작위에 ········ 258
불가항력 ········ 32
비밀유지 원칙 ········ 265
비밀준수의무 ········ 254
비상위험 ········ 18
비송사건 ········ 100

| 사 |
사건관리회의 ········ 278
사법적 실현의 거부 ········ 258
사법적 조정 ········ 65
사실관계 증인 ········ 287
사실문제 ········ 48
사전명령 ········ 248
사전준비기일 ········ 277
상당인과관계설 ········ 35
상사성 ········ 99
상사유보 ········ 102
상사유보선언 ········ 108
상설중재 ········ 105
상호주의 유보선언 ········ 108
서면성 요건의 완화 ········ 182
서면심리 ········ 283
서증 ········ 280
성실의무 ········ 254
소 제기 기한 ········ 317
소멸시효 ········ 48
소송 ········ 70
소송상 화해 ········ 60
손해담보계약 ········ 34
손해배상 ········ 34
손해배상책임 ········ 258
승인 ········ 322
신뢰성분쟁조정 ········ 68
신속절차 ········ 292
신용조사 ········ 29
신청인 국가 중재 ········ 204
신청취지 ········ 304
실질적 확정력 ········ 312
실체법 ········ 209
심리기일 ········ 278
심리기일 전 회의 ········ 285
심리분리절차 ········ 299
심리장소 ········ 200
심리종결 ········ 290

| 아 |

악의 ······ 50
알선 ······ 62
압류 ······ 49
엄격책임 ······ 40
영국물품매매법 ······ 33
영토적 기준 ······ 62, 128
온라인 분쟁해결 ······ 71
올레롱해법 ······ 90
외견존재 ······ 164
외국판정 ······ 105
우의성 ······ 94
우의적 조정자 ······ 218
우의적 중재 ······ 217
운송클레임 ······ 20
워싱턴협약 ······ 109
유럽협약 ······ 108
의무이행지 ······ 208
의장중재인 ······ 222
의제자백판결 ······ 272
이의신청권 ······ 264
이행불능 ······ 176
일반적 클레임 ······ 24
일부판정 ······ 298
일실이익 ······ 35
임시적 처분 ······ 247
임시중재 ······ 105
임의중재 ······ 106

| 자 |

작성일자 ······ 307
잠정판정 ······ 298
재판상 화해 ······ 60
전문가 ······ 287
전문가 증인 ······ 287
전자문서·전자거래분쟁조정위원회 ······ 76
절차명령 ······ 298
절차법 ······ 209
절차일정표 ······ 278
절충주의 ······ 98
제3중재인 ······ 222
제네바의정서 ······ 107
제네바협약 ······ 107
제소전 화해 ······ 60
조정 ······ 65
종국판정 ······ 298
주권면제이론 ······ 157
주의의무 ······ 253
주장서면 ······ 279
준거법 ······ 202
준거법의 결정기준 ······ 201
중거법설 ······ 202
중국국제경제무역중재위원회 ······ 116
중단조치 ······ 49
중재가능성 ······ 173, 316, 335
중재가능성의 결여 ······ 335
중재법상 화해 ······ 61
중재법상의 조정 ······ 67
중재부탁계약 ······ 156
중재신청서 ······ 266
중재심리 ······ 282
중재요청서 ······ 266
중재위탁요지서 ······ 273
중재인 ······ 221
중재인결정주의 ······ 211
중재인의 국적 ······ 227
중재인의 법적 자격요건 ······ 224
중재인의 사임권 ······ 251
중재인의 서명 ······ 308
중재인의 월권 ······ 315
중재인의 자기권한 심사 ······ 172
중재적격여부 ······ 174
중재절차의 개시효과 ······ 268
중재절차의 비공개 ······ 265
중재조항 ······ 156
중재조항의 유효성 ······ 172
중재지 ······ 199
중재지법설 ······ 202
중재지법주의 ······ 211
중재판정 ······ 297

중재판정문의 송부 ······ 309
중재판정부 ······ 222
중재판정부의 권한 유월 ······ 330
중재판정의 서면성 ······ 302
중재판정의 이유 ······ 304
중재판정취소소송 ······ 314
중재합의 ······ 155, 178
중재합의의 범위 일탈 ······ 330
중재합의의 분리·독립성 ······ 171
중재협정을 통한 중재합의 ······ 206
증거조사 ······ 286
증인신문 ······ 287
직권탐지주의 ······ 264
직소금지 ······ 159
진행준칙 ······ 261
집중심리 ······ 212
집행 ······ 322
집행력 ······ 313
징벌적 손해배상 ······ 304

| 차 |

책문권 ······ 332
책임면제 ······ 257
청구 ······ 49
청구권 포기 ······ 59
촉탁 ······ 246
추가신청 ······ 273
추가판정 ······ 299
출소기한 ······ 48
출소제한 ······ 268

| 카 |

콘솔라토 델 마아레 ······ 90
콘텐츠분쟁조정위원회 ······ 82
클레임 노트 ······ 51
클레임 명세서 ······ 52
클레임 수락 ······ 53
클레임 수령 ······ 53
클레임 청구서 ······ 52

| 타 |

탈국가이론 ······ 210
특정이행 ······ 38

| 파 |

판정권한 ······ 245
판정기한 ······ 295
포기의 원칙 ······ 264
표준중재조항 ······ 186
피신청인 국가 중재 ······ 205

| 하 |

하자통지의무 나태 ······ 48
한·일 중재협정 ······ 205
할부선적 ······ 38
해사중재 ······ 90
해위능력의 결여 ······ 327
해의 ······ 257
해태 ······ 288
행위능력 ······ 215
헤이그상설중재재판소 ······ 117
형식적 확정력 ······ 312
형평과 선 ······ 301
화해 ······ 60
화해조서 ······ 61
화해중재판정 ······ 299
휴대폰/ARS결제중재센터 ······ 81

• 저자약력

이 성 민 (李 城 旼)

<smalee@chosun.ac.kr>

조선대학교(경영학사)
성균관대학교(경제학 석사)
단국대학교(경영학 박사)

국제무역분쟁과 상사중재, 두남, 2003
국제통상분쟁 사례연구, 조선대학교 출판부, 2006
무역클레임과 상사중재실무, 보명, 2006
중국비즈니스문화론, 보명, 2007
외환론: 이론과 실제 형설출판사, 2007
무역학원론, 형설출판사, 2007
무역결제와 신용장, 조선대학교 출판사, 2008
국제운송물류론, 삼영사, 2013 외 다수

現) 조선대학교 경상대학 무역학과 명예교수
한국무역학회 부회장
한국수출보험학회 부회장
한국국제상학회 부회장
대한상사중재원 중재인
前) 조선대학교 경상대학 학장

김 석 민 (金 錫 珉)

<ksm@chosun.ac.kr>

아주대학교(공학사)
조선대학교(경영학 석사)
조선대학교(경영학 박사)
중국길림대학교(경제학 박사)

국제 시사통상용어 해설, 한림, 2004
중국 반덤핑제도의 이론과 실제, 한림, 2005
중국통상정보론, 한림, 2005
글로벌시대의 인재경영론, 한림, 2005

現) 조선대학교 경상대학 무역학과 부교수
안전행정부 국가직 5급 출제 및 선정위원
광주광역시 중국투자유치팀 자문교수
국제지역학회 부회장
한국동북아학회, 한국국제상학회 이사
前) 중국광동외어외무대학 교수

무역클레임과 국제상사중재론 – 개정판

초 판 1쇄 발행 —— 2013년 9월 10일
개정판 1쇄 발행 —— 2014년 8월 25일
개정판 2쇄 발행 —— 2018년 2월 10일
지은이 —— 이 성 민 · 김 석 민
펴낸이 —— 전 두 표
펴낸곳 —— 도서출판 두남
서울시 강동구 성내로6길 34-16 두남빌딩
신 고 : 제25100-1988-9호
TEL : 02) 478-2065~7, 2311
FAX : 02) 478-2068
E-mail : dunam1@unitel.co.kr
http://www.dunam.co.kr

정가 25,000원

ISBN 978-89-6414-551-7 93320